心 之 所 向： 室 利 · 阿 罗 频 多 精 神 自 述

室利·阿罗频多，约 1914 年，本地治里

梵 澄 译 丛 · 主编 闻 中

心之所向

室利·阿罗频多精神自述

[印] 室利·阿罗频多 著

梁海翎 包佳琨 韩 笑 译

GUANGXI NORMAL UNIVERSITY PRESS
广西师范大学出版社
· 桂林 ·

室利·阿罗频多，1911 年 8 月，本地治里

推荐序一

室利·阿罗频多生活在一个重要的历史时期。1872年，阿罗频多·高斯（即室利·阿罗频多）出生于加尔各答，彼时，印度正处于英国统治之下，少数几个西方国家在政治、经济和文化上统治着全球，亚洲的命运岌岌可危。1950年，当室利·阿罗频多在本地治里去世时，英国人已离开印度，去殖民化浪潮也已席卷全球。他本人也曾为印度的独立运动做出巨大贡献，使他毕生所从事的亚洲复兴梦想更加趋于实现。

《室利·阿罗频多自传笔记及其他具有历史意义的作品》（中译本更名为《心之所向：室利·阿罗频多精神自述》）是了解这位杰出人物一生的重要资料来源。现在，该书的首个中译本得以出版，其中包含大量传记笔记和历史资料，相信该书会成为研读室利·阿罗频多主要哲学著作的宝贵手册。经由徐梵澄先生这位中印两国人民早期文化交流的先驱所译，室利·阿罗频多的部分著作已有中文版，但仍有许多重要著作有待译为中文，对于具有强烈历史感的中国人来说，在现阶段选择本卷了解这位印度现代圣人的生平和思想是适切的，也是独具慧眼的。

本书包括室利·阿罗频多的众多笔记、信件和公开声明，主要按时间顺序排列，读者可以根据自己的喜好选择阅读顺序。不过，

1

从开篇的"自传笔记"开始阅读还是很有意义的。室利·阿罗频多认为有必要撰写这些说明，因为在他生前流传着大量关于他的错误信息。例如，在提到拉姆钱德拉·马宗达所写的文章时，他评论道："他的记忆力确实'厉害'，不仅对实实在在发生过的事实记得含混不清，还能'回忆'起从未发生过的事情。他的叙述充斥着大量的低级错误和添油加醋的内容，……很遗憾要如此评价这些华丽的辞藻，但历史和传记必须要求真实性。"

大部分自传笔记都是相对简短的陈述，编辑将其归入"在印度和英国的早期生活""早期精神发展"和"哲学起源"等标题下。此外还收录了两篇较长的文章：《室利·阿罗频多生平简介》和《室利·阿罗频多的政治生活概要》。在这里，室利·阿罗频多消除了人们对其外部政治生活的诸多误解。更重要的是，他还揭示了他的内心世界。关于他在狱中作为政治犯的一年，他（以第三人称）透露："在此期间，室利·阿罗频多的人生观发生了根本性的变化，他学习瑜伽的初衷是为了获得精神力量和能量，并为自己的生活和工作提供神圣指引。现在，随着内在精神生活和自我觉悟的深度和广度与日俱增，他完全被内在的工作所占据，而外部工作只是内在的一部分，或是结果而已。也许之前，他对内在精神生活只是窥其一二，但现在，内在精神生活已超越服务和解放国家的外在行动，成为他的至高目标，这是一个关乎全世界和全人类未来的至高目标。"

书中一半以上是写给家人、政治伙伴、公众人物和其他人的信。这些信大多写于一百多年前，但其中的许多段落却与我们今天的处境息息相关，无论我们身处何地。通过此书，我们发现自己身边有这样一个人，他能够以坚定不移的平和心态面对生活，并将目光投向未来，将理想主义和实用主义罕见地融为一体。1914 年 8 月，在欧洲战争爆发后不久，室利·阿罗频多写道："从去年开始，世界上出现了新的力量，现在这些力量已非常强大，足以改变整个世界。目前的战争只是一个开始，而非结束，我们必须考虑在这种形势下我们该何去何从，我们的机会又在哪里？……我希望你们中的有识之士，能够像我说的这样看待形势，反复思考，打破那些已不合时宜的旧观点，开始学习从全新的大局观出发去行动。"

室利·阿罗频多一生都在不断扩充自己的观点，早期的民族主义观点被日益国际化的视野所取代，因此，在阅读他的著作时有必要了解这些观点的时间发展。1940 年，当另一场大战席卷全球时，他这样解释这场战争对印度的影响："战后，旧秩序将发生改变，……原因在于，人类的生活实际上已成为一个庞大但松散的单元，基于这一事实，必然会有与之相应的新的世界秩序诞生。民族利己主义不可能在孤立的独立中发展并自足，因为现在一切都依赖于整体。……尽管印度（对独立）有迫切需求，但若能认识到民族利己主义已不再适用，也是件好事。无论新秩序或战后新格局如何，印度都必须为自己争取自由和平等，同时还要认识到，国际化的理念及实现这一理念已变得同样迫切，必要且必然。"

最终，室利·阿罗频多甚至超越世界各民族在多样性中和谐统一的理想，展望了人类生活的更大变革，他期望亚洲文化及其深厚的精神遗产能够为此做出重要贡献。本书最后两部分收集的室利·阿罗频多晚年的一些公开讲话尤其涉及这一愿景。在印度独立后的第二年，即 1948 年 12 月，室利·阿罗频多发表了一篇讲话，并以这样的告诫作为结尾："世界其他地方越来越多地转向印度寻求精神帮助，而如果这个时候，我们却抛弃了自己的精神遗产，那无疑是对印度命运最可悲的讽刺。这绝不能也绝不会发生。但危险依然存在。……毫无疑问，我们会取得胜利，但我们绝不能掩饰这样一个事实：在经历了漫长的压迫和限制后，我们内在和外在寻求解放和改变的力量都被削弱了，只有我们在内在和外在都取得巨大进步，印度才能实现掌控自己的命运。"

在印度从殖民奴役过渡到自由国家的重要时期，本书所涵盖的内容如同一扇窗，使我们得以了解印度这位重要的历史人物、思想家和精神领袖的生活和思想。更重要的是，这本书让我们看到了室利·阿罗频多超越其所处时代和地域的思想，以及对全球尚待实现的共同未来的展望。我们希望，对室利·阿罗频多思想日渐增多的认识，可以激励那些期待亚洲寻回更深层次的自我精神并恢复在人类进步中曾经发挥引领作用的人。

理查德·哈茨

室利·阿罗频多修道院

本地治里

2024 年 4 月

注：理查德·哈茨（Richard Hartz），印度室利·阿罗频多修道院研究员，早年毕业于美国耶鲁大学哲学系。自 1980 年起于修道院工作，负责《室利·阿罗频多全集》（*The Complete Works of Sri Aurobindo*）的编辑。自 2012 年开始研习中文，目前在南印度从事中印思想的比较研究。

推荐序二
其犹龙乎：室利·阿罗频多其人其学

19世纪末20世纪初，大不列颠帝国夕日不落、欧风美雨荡涤世界之际，同为东方大国的中国和印度皆不得不以数千年文明之精华应对此数千年未有之大变局，一时间浪激云涌，英雄圣哲辈出。在印度，室利·阿罗频多以一人之身，于东西精神学问、诗歌、瑜伽皆臻化境，成为印度一代哲圣，为圣雄甘地之所仰慕、全体印人之所依赖、国家精神之所寄托。

室利·阿罗频多七岁来到伦敦，后就读于剑桥，毕业后回到祖国，毅然献身于民族独立运动，惨淡经营、不屈不挠，成长为反抗英帝国殖民统治的革命领袖。在狱中监禁期间，他修炼瑜伽，读《薄伽梵歌》，竟然证悟自我、感通天人。自此于南印度本地治里遁迹潜修，著书冥思，后得法国"神圣母亲"米拉之助，建立修道院，开拓黎明村，弘扬瑜伽于五天竺，声教及于海外，开启联合国世界大同之实践。

在室利·阿罗频多看来，印度乃至世界的政治、经济、文化、社会皆应建立在超越表层意识、心思的精神或灵性、本我之上，成为此精神的载体、工具或世间表达。此灵性在个人层面之实现乃成就崇高人生，而在集体层面之实现乃成就印度之活力、亚洲的整体性，以及人类的融合。印度于 1947 年 8 月 15 日独立，这天也是室利·阿罗频多的七十五岁生日。在活动开始之前，室利·阿罗频多接受全印度电台的邀请发表一个广播讲话，他以先知般的语气讲述了他的洞见和梦想。

在这多灾多难的时代，越来越多的人将寻求希望的目光投向印度的心理与精神实践之法。印度的灵性正以迅猛的势头进入欧洲和美国，印度的精神将不断发展，为世界呈上一份精神礼物。

我最终的梦想，是人类在进化道路上迈出新的一步，将人类意识提升到更高更广的层次，解决人类自有思想以来一直困扰我们的问题，追求完美的个人和社会生活之终极理想。

这是我个人的希望和想法，是一个已经开始在人类前瞻性思维中生根发芽的理想。这条道路上的困难比任何其他领域的困难都更为艰巨，但只要至上意志与我们同在，就一定能克服困难。这一进化的发生，必须依靠精神和内在意识的成长，这一灵性进化的起点与最重要的转变来自印度，并将遍布全世界。

在写给一位求道者的信中，室利·阿罗频多言简意赅地阐述了何为"精神和内在意识的成长"。

简单来说，人有两种意识状态，处在其中任何一种中都可以生存。一种是更高的意识，它位于生命游戏之上并支配它，这被称为一个人的本我、灵性或神性。另一种是人们在生活中的一般意识，是一种表层的意识，是圣灵游戏人间的工具。处于一般意识中生活和行动的人，完全受制于心意的普遍活动，自然而然受制于悲伤、喜悦、焦虑、欲望及其他构成俗世生活的一切事物。在一般意识状态下，人们可以获得心理上的平静和幸福，但无法长久也不稳固。如果一个人可以完全生活在精神意识中，那毫无疑问，光明、平和、力量和喜乐，就会自然而然地、永久地属于他。即使一个人只是部分地处在精神意识中，或持续地向精神意识敞开心扉，也能获得足够的精神之光、平和、力量和喜乐，从而帮助他面对生活中的艰难险阻。如果一个人向这种精神意识保持开放，他能获得的取决于他想寻求的。如果寻求的是宁静，就能获得宁静；如果寻求的是光或知识，一个人就能沐浴在伟大的光芒中，获得比人类普通头脑所能获得的更深刻、更真实的知识；如果寻求的是力量或能量，就能获得内在生命的精神力量，或指引外在工作和行动的瑜伽能量；如果寻求的是幸福，那他所获得的至福会远远超过那些普通生活所能给予的所有欢乐或幸福。

有许多方式可以开启或进入这种神圣意识。我对他人的开示是，通过持续的习练，走进自己的内在，通过对神圣存在的渴望打开自己，一旦意识到神圣存在及其行动，就将自己完全交托于他。这种自我交托意味着，没有任何企求，只愿与神圣意识保持持续的联结和合一，渴望它的平和、力量、光明与喜乐，别无他求。个体生命及行动只是神圣存在的工具，用以完成他赋予我们在世间的所有工作。如果一个人能够被启引并感受到神圣力量，即精神意志在身、心、灵中运作的力量，余下的就是保持对它的忠诚，始终呼唤它，允许它降临并发挥作用，同时还要拒绝较低意识和较低本性的所有低级力量。

　　室利·阿罗频多的"灵性"论说并非个人思辨的产物，而是渊源于古老的吠陀哲学传统，尤其是他毕生服膺、孜孜体证的《薄伽梵歌》。据室利·阿罗频多的见道之作《薄伽梵歌论》，《薄伽梵歌》之所以成为印度民族之"圣经"，盖因其综合全部古代思想之菁华，从而确立神圣工作之原则，此即行动瑜伽之精神。以行动瑜伽之实践综合智慧瑜伽与奉爱瑜伽，乃为综合瑜伽，其为教是"织《薄伽梵歌》以为经，缉'奥义诸书'而为纬"，如此，主体（自我、心灵）与本体（自在天、大梵）不二，事业（工作、战斗）与永生（奉献）并行。此原则对每一自性（三德：萨埵性、罗阇性、答摩性）之人、每一族姓（婆罗门、刹帝利、吠舍、首陀罗）之人皆有普遍的适用性，即平等性，"此乃自由精神与世界之自由关系之结节也"。吠檀多是本体论，瑜伽是工夫论，四大瑜伽即四种基本的使精神和内在意识得以成长的方法、途径；以行动瑜伽之入世实践综合究心于天人、性命的智慧瑜伽和奉爱瑜伽就是知行合一、天人合一、性情合一的中庸之道或内圣外王之道，此为综合瑜伽，为一大综合论。以半生之力钻研、翻译室利·阿罗频多著作的徐梵澄先生评注曰："综合者，集大成之谓也。网罗百家之学而无遗，一一皆究其极，然后从而比较抉择进退抑扬于其间，立定主旨方案，一以贯之而发其和谐，斯之谓综合也。然亦非有所发明增上不为功。"阿罗频多之学可谓大矣，何以能大？"为综合，故能大"。
　　跟商羯罗不二论的"世界为幻，唯梵真实"相比，阿罗频多并

8

没有把世界当成摩耶编织的幻象，而是视其为神圣能量（Shakti）的运化或在下降过程中的神圣意识的作用、表显，这就为现实人生和现实世界提供了担保，使其有可能在与神圣意识的联结下成为神圣人生和"法的世界"，呈现出"既内在又超越"的格局，从而超越了商羯罗哲学中残余的佛教虚无主义余风，让印度思想重新回归到大中至正的吠陀传统，为印度文化的返本开新打开了通路。如此，印度思想一方面可以与西方思想的精神脉络相对接，另一方面又与中国的儒道传统暗通款曲，不但可以与儒道思想互相印证对勘，并且可以和中国文化在精神性、超越性方面相互弥补，这也正是徐梵澄先生为阿氏学所倾倒的内在原因。室利·阿罗频多在 1949 年七十七岁生日写的《给美国的讯息》信中阐扬了他的东西方文化互补论。

我们必须认识到，当前的趋势是，东西方之间虽没有绝对的差异，但却存在着越来越大的不同与分歧。最高的真理是精神的真理，一种至上精神，在这个世界和所有存在中无处不在，但又超越这个世界。它支持并引导人的本性从原始模糊的无意识状态，通过意识的逐渐成长，走向自我实现的目标。在这个发展过程，意识是存在的一个面向，为我们寻找人类存在的秘密和世界的意义提供了线索。

东方一直并越来越强调精神的至高真理，甚至在其终极哲学中，将世界视为幻象，将精神视为唯一的实在。西方则越来越关注这个现实世界，关注意识与生活和物质世界的关系、人类对物质世界的掌控、意识和生活的完美，以及某些人类存在的自我实现。最近，这一思潮已经走向极端——对精神世界的否认，甚至将物质加冕为唯一的实在。

一方面，将精神完美视为唯一的理想；另一方面，种族、社会、人类意识和生活，以及物质生存的完美发展，也已成为人类未来最大的梦想。然而，两者都是真理，可以看作是精神在自然世界的意图的一部分。两者并非互不相容，相反，分歧必须得到弥补，应被调和并纳入人类对未来的共同愿景中。……《吠陀经》中有一种真理意识，我称之为超心思，（在超心思中）人拥有知识，不用追逐也不会错过。有本《奥义书》中讲道，知识存在被认为是精神存在的更高阶段，灵魂从中升起，获得精神存在的完美喜乐。如果本性可以进化到这个阶段，那将臻达圆满，我们可以在此生获得生命的圆满，在这个身体中，甚至在一个完美的身体中，实现完满的精神生活。我们甚至可以在地球上获得一种神圣人生，人类所梦想的完美将会实现，与此同时，人类宗教和精神先知们、思想家们曾经渴望的天堂将在地球上得以实现。

人类灵魂的最高目标和根本所在可以上升到至高灵魂，因为那是至高无上的实在。但至高灵魂及其力量也可能下降进入世界，证明物质世界的存在，赋予其意义和神圣的目的，并解开其中的谜团。在人类追求最高远最伟大理想的路途中，东方和西方得以调和，精神拥抱物质，物质亦在精神中找到隐藏在万物中的真实存在。

由此观之，室利·阿罗频多无疑是印度思想史上承前启后的人物，也是开启中、西、印跨文化对话的抟聚风云的先知。若阿氏者，其犹龙乎？余曾游历南天竺，亲赴本地治里拜谒室利·阿罗频多真身塚，流连感慨，遂赋诗一首，兼怀徐梵澄先生。诗曰：

> 只履游天竺，百年叩法坛，
>
> 云生看海曙，劫后拂灰残，
>
> 梵汉通根本，东西会胆肝，
>
> 孰能从往圣？墓草映光寒。

徐达斯

2024 年 3 月 22 日，写于铁印斋

注：徐达斯，作家、东方学专家。毕业于天津大学，后求学于剑桥大学比较宗教学系，对古印度文化和瑜伽哲学有独到而深入的理解。代表作《世界文明孤独史》。

译者序

　　19世纪末至20世纪上半叶，是殖民统治下的印度人民逐步走向民族觉醒的时代，更是印度思想史上风起云涌的时代。在这场百年思想风暴中，涌现出众多近现代印度的政治、宗教和精神的领袖人物，其中，室利·阿罗频多因其在精神哲学上的卓越成就和历史贡献，被印度人民尊为"圣哲"，与甘地、泰戈尔并称为现代"印度三圣"。

　　室利·阿罗频多（1872—1950）自幼在英国接受西式教育，青年时期回国后致力于印度的自治、独立和发展，先是付诸政治活动，继而又坚定不移地转向终其余生的精神工作，在印度民族独立运动和精神发展史上留下了浓墨重彩的一笔。室利·阿罗频多一生著作颇丰，留下了丰富且宝贵的精神财富，后经整理，形成了浩瀚的《室利·阿罗频多全集》，已出版三十六卷，另有两卷待出版。本书原名《室利·阿罗频多自传笔记及其他具有历史意义的作品》，是全集中的第三十六卷，此译本为该卷首个中译本，为便于读者理解，更名为《心之所向：室利·阿罗频多精神自述》。

　　本书并不是室利·阿罗频多单一思想主题的作品，而是通过他在不同时期的笔记、书信、草稿、演讲稿等将其一生如画卷般展现在读者眼前。这部书信体"自传",涵盖了多篇关于室利·阿罗频多早期个人经历、政治生活、精神实践及灵性提升的自述,为我们了解他的一生提供了翔实可信的第一手资料。沿着《心之所向:室利·阿罗频多精神自述》之路,读者得以从第一视角亲睹室利·阿罗频多"圣—人"的人格世界,参悟这位伟大"圣—哲"的精神哲学。

与之一同呈现的还有始于19世纪后期的波澜壮阔的印度独立自治运动,借助这些印度的人文、地理、风俗和文化背景,读者可以更深入地了解室利·阿罗频多所处的时代,而书中精心挑选的具有代表性的各个时期的信件和文稿,也为研究历史时代背景下室利·阿罗频多的思想发展提供了宝贵线索,全方位地展现了这位印度圣哲的生平和思想。

印度传统的吠檀多哲学将现象世界唤为"摩耶",谓之虚幻不实,似乎只有出世才是个体解脱的唯一之道,但在室利·阿罗频多看来,"人类目前在物质世界中的存在的确是一种建立在无觉知的无明状态之上的生活,但即使在这样的黑暗和无明中,也有神性的存在和可能性。这个被创造的世界不是一个错误,也不是浮华或幻觉,更不是人们在灵魂回归天堂或涅槃后要抛弃的东西,这个世界是精神进化的道场"。

书中,室利·阿罗频多以书信形式亲笔写下的对瑜伽修习的描述、解读与指导,在其他相关书籍中甚为少见。他的瑜伽教义充满了积极、力量与不执,是智慧瑜伽和行动瑜伽的完美融合,正如书中所说,"大多数瑜伽道路都是以精神超越为目标,而最终远离生活,室利·阿罗频多的瑜伽是要提升到至高的精神层面,并带着这些收获再次下降到现实层面,将精神的光芒、力量和喜乐融入日常生活,并实现转化"。

也许谈瑜伽的神圣理想对世俗中的我们有些遥不可及，那不妨来看看这位圣哲为我们描摹的普通人的人生理想："在一个人的整体存在之上，建立清明、强大和理性的意识，完善正确和理性的意志，掌控情绪、生命和身体，发展自身能力，创造自身整体和谐，并在生活中全然践行。"

上述令人读之欢欣鼓舞的字句并不是室利·阿罗频多瑜伽教义的简单说教，而是通过那一封封书信、一篇篇笔记，让我们真真切切感受到的真实体验。无论是在退隐本地治里之初的穷困潦倒时期，还是修道院逐渐成形后潜心瑜伽修习与指导时期，这些真实而鲜活的文字无不清晰而坚定地诠释了室利·阿罗频多的证悟——工作和生活的真正基础是精神。

室利·阿罗频多说："对我来说，没有什么是世俗的东西；对我来说，人类的一切活动都包含在完整的精神生活中。"于是，他既可以在政治大会上慷慨陈词，开启民智，又可以在狱中和法庭上沉思冥想，如入无人之境；他既可以在衣食无着时每封信言必称"钱"，又可以在弥留之际拒绝治疗，一言不发，"因为说了你们也不会懂"；他既可以在指导弟子时循循善诱，像极了家里絮絮叨叨的"老母亲"，又可以和同道中人大谈特谈"形而上"；他既可以是早期的"激进民族主义分子"，又可以是后期的"人类精神领袖"。这一切都是室利·阿罗频多的"完整的精神生活"。

在这条精神修习之路上，他说："一个人要拥有平静的心灵、坚定的意志、完全的自我克制和始终凝望至上的双眼，才能在这样一个可谓撕裂遍布的时代毫不气馁地生活下去。于我而言，心之所向，无问西东。结果不属于我，甚至连现在的劳作也不属于我。"

这便是室利·阿罗频多的教导，指引人们走出一条修炼身心、净化心灵、转化本性，最终实现人生理想的正道。无怪乎诗人泰戈尔称室利·阿罗频多是"火焰一样的使者，给我们带来神圣的光芒"。

室利·阿罗频多既是才华横溢的诗人，又是极具影响力的政治思想家，既是近现代印度最著名的哲学家，又是潜心修炼的一代综合瑜伽大师。他建造了以"精神进化论"为轴心的"整体吠檀多"哲学体系，创立了以印度精神哲学为基础的"社会进化论"和"人类统一论"的社会学说，并搭建了一个综合印度文化与西方文化的完整思想系统，一种新的"人类宗教"。作为一位具有世界影响的思想家，他的名字传扬四海，他的哲学思想和精神教义在印度和世界范围内被广泛传播与研究，其著作也被翻译为十几种文字，持续不断地影响着世界各地为"合一与团结"这一人类共同目标而努力的人们。

提到室利·阿罗频多著作的中译本，就一定不能不提大学者徐梵澄先生（1909—2000）。先生曾于1945年远赴印度，自1951年起在室利·阿罗频多修道院工作、学习、生活二十多年，翻译了室利·阿罗频多的多部作品，包括《薄伽梵歌论》《神圣人生论》《综合瑜伽》等。这些著作大多是室利·阿罗频多在隐退本地治里后思想逐渐成熟时期所著，体现了印度古老吠陀经典的真正教义和室利·阿罗频多在瑜伽修习中获得的内在智慧。但遗憾的是，国内出版的大部分译作在2005年后陆续绝版，且先生半文半白的译文对当今读者来说总有些深奥难懂。

于是，室利·阿罗频多的这本书信集便被广西师范大学出版社·纯粹Pura"梵澄译丛"选中，提上了翻译日程。但精神性的文本翻译历来不易，室利·阿罗频多的精神哲学是基于实修的亲证，也必然是无法经由人的基本常识与逻辑理性所能理解的"思想"，毕竟灵性体验是难以落成文字的。此外，这位学究天人，淹贯古今的超级"学霸"有着非凡的写作才华，这也给翻译工作带来了不小的挑战。有时我们一边感慨原文字行间那飞扬的文采，一边又如庖丁解牛般地在长篇大论中寻找一个句号；有时我们又不得不停下译笔，在文字带来的澎湃的灵性冲击中反复进行自己的哲学和语言思考。翻译的这种"被动性"，对译者来说是一种特殊的训练。在孜孜不倦寻其原意的时候，我们仿佛听到了远处传来的"圣哲"的声音：

> 实际上，这些事情更多地取决于我们自身而非外部因素，如果我们能对出现的困难置之不理，不用自己的思想和心理去增加难度，能保持内心的冷静与平和，就不会激起"敌人"的攻击，一般来说，外部的种种可能性也就不会发生了。

就这样，"圣哲"的精神力量加持并激励着我们的翻译工作。译事不易，但这绝不能成为不认真对待翻译的理由。本书的三位译者身处不同城市，都有各自繁杂的日常工作与生活，超三十五万字的译稿，近三百个译者注，近两年的译程，既备受折磨又心生欢喜。在此，衷心感谢在此书翻译过程中给予我们无私帮助的"梵澄译丛"主编闻中老师，徐达斯老师，印度室利·阿罗频多修道院的 Richard Hartz、Devdip Ganguli、Manoj Das Gupta 大师。除了幸运，我们无法表达能与良师益友一路同行的喜悦，感恩有幸通过翻译走进室利·阿罗频多的精神世界。然而，我们虽已勤勉不怠，但终不敢确

17

信译文的准确与畅达，若有任何疏漏与错误，还望学界与读者不吝指正。

为了帮助读者更好地阅读和理解本书，以下是译者对此书的简单介绍与阅读建议。

本书正文包含四个部分，第一部分是"自传笔记"，其中大部分内容是室利·阿罗频多以书信或笔记的形式纠正他人对他的生平的错误陈述，使读者得以近距离了解他的生平、哲学起源和早期精神发展。第二部分是"具有历史意义的信件"，时间跨度从1890年至1938年，沿时间与主题两条线展开，包括写给家人、同事、朋友、政治伙伴、弟子和公众人物等的信件。特别要提的是，第二部分第二节收录了室利·阿罗频多早期关于瑜伽修习的信件，相信这部分内容会让国内众多的瑜伽爱好者受益匪浅（1927年至1950年间关于瑜伽的信件则单独收录在《瑜伽信札》一书中）。

第三部分是1940年至1950年间"有关印度和国际事件的公开声明及信件"，虽然此时室利·阿罗频多已处于长期的静默止语状态，但每当时局发展到危及印度及世界的关键时期，他便毅然选择公开发声，直面历史的滚滚洪流，展现了其身为精神领袖的灵性远见。正文最后的第四部分是"关于室利·阿罗频多修道院和瑜伽的公开声明和通知"，介绍了室利·阿罗频多修道院的缘起和他的教义，这部分内容于全书体量而言并不算多，但对于想深入了解这两个主题的读者来说，亦极具参考价值。

我们将原书末尾处的大量注释调整到相对应的每篇文章之前，同时在原有编者注的基础上删除了重复内容，并添加了诸多译者注。相信这些对相关概念、主要人物及历史背景的简介会很好地辅助读者的阅读与理解。

综上，这本书信体"自传"对初次了解室利·阿罗频多的读者最为合适不过，希望这本"入门之书"可以帮助读者打开室利·阿罗频多博大精深的思想体系的大门。

此外，为方便读者阅读，译者还对本书目录做了调整，并整理了三个附录，现简要说明如下：

1. 在本书目录中，小号字体是译者在原版目录的基础上加的小标题，以增强目录的指引性，读者可依此标题来挑选感兴趣的内容。

2. 附录1："本书主要人物分类列表"，分类整理了本书中的主要人物信息，以方便读者索引。

3. 附录2："本书主要著作及报刊列表"，列举了本书中所提及的主要书名和报刊名。

4. 附录3："室利·阿罗频多年谱"，读者可一览室利·阿罗频多的简要生平。

遥想1999年，徐梵澄先生病重之际，仍勉力校阅《薄伽梵歌论》的清样稿，他曾叹息："看来我的学问是没人继承了……"说来令人扼腕。不忘初心，必果本愿，真心希望这本书和我们作为译者所尽的一点绵薄之力，能让先生在天之灵得到些许慰藉，能让更多的读者走进印度文化的宝库，研读室利·阿罗频多的思想，在先贤智慧之光的指引下，接受新的启示。

梁海翎　包佳琨　韩　笑
2024 年 7 月

目　录

第三部分　有关印度和国际事件的公开声明及信件
（1940—1950）

第一部分　自传笔记

　　室利·阿罗频多从来没有写过任何传统意义上的自传。这部分收录的大部分内容是他在纠正他人有关他生平的陈述。

第一节　生平简介和其他自传笔记

室利·阿罗频多生平简介

1930 年 6 月，室利·阿罗频多写了这篇文章，发表在他的弟子迪利普·库马尔·罗伊（Dilip Kumar Roy）所著的《伟大之中》（*Among the Great: Conversations with Sri Aurobindo, Mahatma Gandhi, Rabindranath Tagore, Romain Rolland, Bertrand Russell*）一书中。他使用第三人称是希望这篇文章以来自匿名的"权威来源"的形式出现，而非个人陈述。

迪利普在《伟大之中》记录了他与五位杰出的同时代人物——罗曼·罗兰、圣雄甘地、伯特兰·罗素、拉宾德拉纳特·泰戈尔和室利·阿罗频多的会面记录和通信摘录。迪利普在 20 世纪 20 年代后期开始书写此书手稿，1928 年 9 月左右，他将其中一部分，包括他写的生平简介，寄给了室利·阿罗频多，室利·阿罗频多对这篇生平简介的评论收录在文后附录的第［1］项。

1928 年 11 月，迪利普成为修道院的一员。一年半后，1930 年 3 月，他得知纽约一位出版商对他的书很感兴趣，当月 15 日，他写信将这些信息告知了室利·阿罗频多，并提交了一些他希望包含在书中的材料，文后附录的第［2］项收录了室利·阿罗频多的回复。

迪利普不愿接受室利·阿罗频多的"省略所有叙述或描述"的建议。他写了另一份生平简介的草稿，室利·阿罗频多在 3 月 25 日的一封信中评论了该草稿（见文后附录的第［3］项）。最后，室利·阿罗频多同意亲自写一份生平简介。6 月 1 日，在一封关于另一个主题的信中，他指出，"我要看看这十天能不能把这部分（生平简介）完成"，最后，他在 6 月 27 日前写完了。

（见文后附录的第［5］项）

后来，纽约的出版商没有出版《伟大之中》。该书于1945年首次在印度出版（孟买：那烂陀出版社，即 Nalanda Publications），"生平简介"作为本版的附录出现。书中迪利普这样注释："为满足西方读者的兴趣，我在此附上一份来自权威来源的室利·阿罗频多的生平简介，包括主要的公众事件及外部生活。"

其实"生平简介"这篇文章在这之前已经发表了。1934年8月15日，加尔各答双周刊《前进》（*Onward*）转载了删节版（其他报纸随后发表了完整的文本）。1937年，雅利安出版社（Arya Publishing House）的拉达坎塔·纳格（Radhakanta Nag）提议将其作为小册子出版，这个想法于1937年2月23日提交给室利·阿罗频多，他冷淡地以一句"很好"表示同意，这本小册子于同年晚些时候出版。1948年，这篇文章再次被转载，加了一些编辑和补充，收录在一本名为《室利·阿罗频多和他的修道院》（*Sri Aurobindo and His Ashram*）（加尔各答：雅利安出版社）的小册子中，这本小册子的后续版本对文字做了进一步的编辑和修改。1975年，修改后的文本出现在"室利·阿罗频多诞辰百年系列丛书"第三十卷索引和词汇表中。1985年4月，原文转载于《室利·阿罗频多：档案与研究》（*Sri Aurobindo: Archives and Research*），这是"生平简介"第一次以作者室利·阿罗频多的名字出版。《室利·阿罗频多：档案与研究》的编辑附加了两封室利·阿罗频多与迪利普的通信，信中解释了文本构成的情况，并清楚地说明了为什么他不希望以个人名义出版。这两封信连同其他三封，收录在文后附录中。

图 1 室利·阿罗频多与家人，1879 年，伦敦。后排左起：大哥贝诺布桑（12 岁）、父亲克里希那丹·高斯（35 岁）、二哥曼莫汗（10 岁）；前排左起：妹妹萨罗吉尼（3 岁）、母亲斯瓦那拉达（27 岁）、阿罗频多（7 岁）

图 2 室利·阿罗频多，1879 年，伦敦

  1872 年 8 月 15 日，室利·阿罗频多出生在加尔各答。1879 年，七岁的他与两个哥哥一起前往英国接受教育，并在那里生活了十四年。最初，他住在曼彻斯特的一个英国家庭，后进入伦敦的圣保罗学校（St. Paul's School）。[①] 1890 年，他进入剑桥的国王学院学习两年，获得最高古典文学奖学金。1890 年，他通过了印度公务员的公开考试，但在两年的试用期结束时未参加骑术考试，被取消了服务资格。此时，巴罗达的盖克沃尔[②]在伦敦，阿罗频多见到了他，获得

---

① 室利·阿罗频多于 1884 年 9 月进入伦敦的圣保罗学校。——原注

② 盖克沃尔（Gaekwar）：旧时印度巴罗达土邦统治者的称号。——译者注，以下注释皆为译者注的，不再一一标出

图 3 室利·阿罗频多，1884 年，伦敦 图 4 室利·阿罗频多，1890—1892 年，
剑桥国王学院

了在巴罗达公职服务的任命，并于 1893 年 1 月离开英国回到印度。[①]

　　1893 年至 1906 年，室利·阿罗频多在巴罗达担任公职十三年，首先在税务部和巴罗达大君的秘书处工作，之后在巴罗达学院担任英语教授，最后成为巴罗达学院的副校长。这些年，室利·阿罗频多以自修和从事文学创作为主，并为未来的工作做准备，后来在本地治里（Pondicherry）出版的大部分诗歌都是在此期间写成的。按照父亲[②]的指示，他在英国接受了完全的西方教育，与印度和东方文化没有任

---

① 室利·阿罗频多回印度的轮船迦太基号（Carthage）于 1893 年 1 月 12 日离开伦敦，
　2 月 6 日抵达孟买。——原注
② 室利·阿罗频多的父亲克里希那丹·高斯（Krishnadhan Ghose）是当地一位有名的
　医生。

何接触。① 在巴罗达，他弥补了这一不足，学习了梵语和几种现代印度语言，吸收了古老与现代印度的文明精神。这一时期的最后几年，室利·阿罗频多将大部分时间用在非公开的政治活动中，因为他在巴罗达的公职，被禁止从事公共政治活动。1905 年在孟加拉爆发的反分治斗争使室利·阿罗频多有机会放弃公职，公开参加政治运动。他于 1906 年离开巴罗达，前往加尔各答担任新成立的孟加拉国民学院的院长。

　　1902 年至 1908 年，室利·阿罗频多的政治活动持续了七年之久。在此期间的前半段，他在幕后工作，与其他同事一起为 "斯瓦德西" 运动（Swadeshi movement②，印度的新芬党③）做准备，直到孟加拉的斗争开启了更加直接激进的政治行动，替代了印度国大党之前一直采用的温和改良主义。1906 年，室利·阿罗频多带着这个目的来到孟加拉，加入了新党，这是在国大党内部刚成立的一个先进党派，人数不多且影响力有限。该党的政治理论是相当模糊的不合作主义，行动上也只是以一个秘密的 "从属委员会" 的形式在国大党的年会上与温和派领导人发生一些冲突，效果甚微。室利·阿罗频多说服

---

① 可以看出，室利·阿罗频多在英国的教育让他对古代、中世纪和现代的欧洲文化有了广泛的了解。他是希腊语和拉丁语方面的杰出学者。他从小在曼彻斯特学习法语，还自学了德语和意大利语，可以阅读但丁和歌德的原文作品。他以优等成绩通过了剑桥大学的文学士荣誉学位考试，并在印度公务员考试中获得了希腊语和拉丁语有史以来的最高分数。（见本节附录的第［5］项）——原注

② 斯瓦德西：梵语 swadeshi, swa 意为 "自我" 或 "自己"，desh 意为 "国家"，swadeshi 意思是 "自己国家的"，引申指本国生产。以此命名的 "斯瓦德西" 运动，是 20 世纪初印度开展的发展民族工业，实现经济上的自立和自给自足的运动，是印度独立运动的一部分。

③ 新芬党（Sinn Fein）：北爱尔兰民族主义政党。

了该党派在孟加拉的领袖，对全印度的党派公开提出一个明确且具有挑战性的计划，推选广受欢迎的马拉地人提拉克（Tilak）[①]为其首领，并攻击当时占主导地位的温和派（改革派或自由派）寡头政治和资深政客，夺取对国大党和国家的控制。这就是印度历史上温和派和民族主义者（被其对手称为"极端分子"）之间历史性斗争的起源，这场斗争在两年内彻底改变了印度的政治面貌。

这个新成立的民族主义党派以独立（Swaraj）为目标，反对主张以缓慢的改革在遥远的一两个世纪后实现殖民自治的温和主义。新党派提出了一项可执行的计划，在精神上而非行动上非常类似于几年后在爱尔兰发展并取得成功的新芬党的政策。这项新政策的原则是自助，一方面旨在有效地组织国民力量，另一方面声称完全不与（英国）政府合作，它主张抵制（Boycott）英国和外国商品并培养印度独立工业，抵制英国法院并建立自己的仲裁法院系统，抵制英国政府大学和学院并建立自己的国民学院和学校系统，建立青年男子社团并在需要时从事警察和国防工作，必要时的消极抵抗政策是该计划最重要的项目之一。

室利·阿罗频多希望掌控国大党，使其成为有组织的国家行动的指导中心，成为一个非正式的国中国，为自由而战，直到赢取胜利。他说服该党将新成立的日报《向祖国致敬》（*Bande Mataram*）设为官方认可机构，并提供资金。从1907年初到1908年入狱前，阿罗频多是该报的执行编辑，负责报纸的全部运作，那时《向祖国致敬》几乎传遍了整个印度。阿罗频多入狱后，《向祖国致敬》被迫

---

① 提拉克：即巴尔·甘加达尔·提拉克，印度国大党激进派领袖。

停刊，但在其短暂而重要的存在期间，它改变了印度的政治思想，这种思想从根本上被保留下来，其烙印在后来的发展中清晰可见。依据这些思想路线发起的斗争，在当时虽然非常重大、激烈且对历史发展具有重要意义，但却没有持续多长时间，因为当时的印度还没有准备好实施如此大胆的计划。

1907 年，室利·阿罗频多因煽动叛乱而被起诉，但后来被无罪释放。在这之前，他一直是一名组织者和写作者，但因起诉事件，以及其他领导人或被监禁或失踪，他首次走到台前，以党的发言人的身份出现，成为该党派在孟加拉公认的领导人。1907 年，他主持了在苏拉特（Surat）[①] 举行的民族主义者大会，会上两派政党势均力敌，冲突激烈，国大党也走向支离破碎。

1908 年 5 月，他因涉嫌参与其弟巴林德拉（Barindra）领导的革命团体的行动而在阿利普尔阴谋案（Alipore Conspiracy Case）[②] 中被捕，但因没有任何有价值的指控证据，他再次被宣告无罪。在阿利普尔监狱被关押一年后，阿罗频多于 1909 年 5 月出狱。这时，他发现党组织已经破裂，领导人因监禁、驱逐或自我流放而散落四处，队伍虽然存在，但却消沉萎靡，无法组织起任何强有力的行动。

在接下来近一年的时间里，他单枪匹马地努力着，成为印度民族主义阵营唯一的领导人，以期重振这场运动。他出版了一份英文周报《行动瑜伽士》（Karmayogin）和一份孟加拉语周刊《达摩》（Dharma）。但最后，他不得不承认，这个国家的人民还没有准备好执行他的政策和计划。他同时也看到，开展这些运动的时机尚未成

① 苏拉特：印度西部港市。
② 阿利普尔阴谋案：1908 年，年轻的孟加拉革命者密谋刺杀英国官员的案件。

熟，他本人也注定不是这些运动的领袖。有一段时间，他认为必须先通过温和的地方自治运动（Home Rule Movement）或由圣雄甘地在南非开始的不抵抗运动（Passive Resistance）来培养印度人民。此外，在阿利普尔监狱被关押的十二个月里，他完全沉浸在瑜伽修习中，他的内在精神生活要求他全然的专注，于是，他决定退出政治舞台，至少退出一段时间。

1910年2月，室利·阿罗频多在金德讷格尔（Chandernagore）秘密退隐，并于4月初乘船前往法属印度的本地治里。此刻，他因在《行动瑜伽士》上发表的署名文章而被第三次起诉，在他缺席的情况下，报纸印刷工被宣判有罪，随后在加尔各答高等法院的上诉中，该定罪被撤销，对他的第三次起诉失败了。

室利·阿罗频多离开孟加拉时，希望可以在更有利的情况下重返政治领域。但很快，他决定将全部精力投入对他极为重要的精神工作中，最终切断了自己与政治的联系，一再拒绝国大党主席的职位，彻底隐退。自1910年至今[①]，他在本地治里越来越专注于精神生活和个人修习（Sadhana）。

1914年，在四年安静的瑜伽修习后，室利·阿罗频多开始出版哲学月刊《雅利安》（*Arya*）。他的大部分重要著作，已出版的《伊莎奥义书》（*The Isha Upanishad*）、《薄伽梵歌论》（*The Essays on the Gita*）以及其他尚未出版的作品《神圣人生论》（*The Life Divine*）、《综合瑜伽》（*The Synthesis of Yoga*）都在《雅利安》陆续发表。这些著作体现了他在瑜伽修习中获得的内在智慧。他的其他著作则关注

---

① 这篇生平简介写于1930年，出版于1937年。室利·阿罗频多的隐退一直持续到1950年12月去世。——原注

印度文明与文化的精神和意义，吠陀典籍（the Vedas）[①]的真正教义，人类社会的进步，诗歌的本质和演变，人类统一的可能性等。此时，他也开始发表自己的诗歌，包括在英国和巴罗达时所写的诗，起初数量较少，后来增加了他在政治活动期间和在本地治里居住的最初几年中所写的诗。《雅利安》在连续出版六年半后于 1921 年停刊。

室利·阿罗频多起初在本地治里和四五名弟子住在一起，之后，越来越多的人前来追随他的精神道路，人数越来越多，就必须建立一个修习者的社团，以指导这些为了更高精神生活而舍弃一切的人。这是室利·阿罗频多修道院的基础，它的创建与成长均以室利·阿罗频多为中心。

室利·阿罗频多于 1905 年开始练习瑜伽。起初，他通过印度传统的神圣共融和精神实现的道路将灵性体验的诸多基本要素融会贯通，接着，他通过对存在的两端——精神和物质——的统一调和继续寻找更为完整的体验。大多数瑜伽体系都是以精神超越为目标，而最终远离生活，室利·阿罗频多的瑜伽则是要提升到至高的精神层面，并带着这些收获再次下降到现实层面，将精神的光芒、力量和喜乐融入日常生活，并实现转化。

人类目前在物质世界中的存在是一种建立在无觉知的无明（Ignorance）状态之上的生活，但即使在这样的黑暗和无明中，也有神性的存在和可能性。这个被创造的世界不是一个错误，也不是浮云或幻觉，更不是人类在灵魂回归天堂或涅槃（Nirvana）后要抛

[①] 吠陀：又译为"韦达""韦陀""围陀"等。Vedas 的意思是"知识""启示"，它是印度最古老的文献材料和文体形式，是印度宗教、哲学及文学之基础，是婆罗门教和现代印度教最重要和最根本的经典。

弃的东西。这个世界是精神进化的道场。在这里，从无意识的物质状态开始，神圣意识（the Divine Consciousness）按不同等级依次显现。心思是人类心思进化中已达到的最高等级，但并不是人类所能达到的最高境界。在心思之上有一个超心思（Supermind）或永恒的真理意识（Truth-consciousness），它本质上是神圣知识（Divine Knowledge）的自我意识和自我认知的光和力。意识在无明中追求真理，这种自具的知识，以它自有的形式和力量和谐地呈现着，只有通过超心思的下降，人类所有的最高梦想才能得以完美实现，人类才有可能抵达更高的充满光和喜乐的神性意识状态，找到真实的自我，保持与神性的持续合一，并将这超心思力量下降到生活中，以转变我们的心思、生命和肉体。实现这种可能性一直是室利·阿罗频多的瑜伽目标。

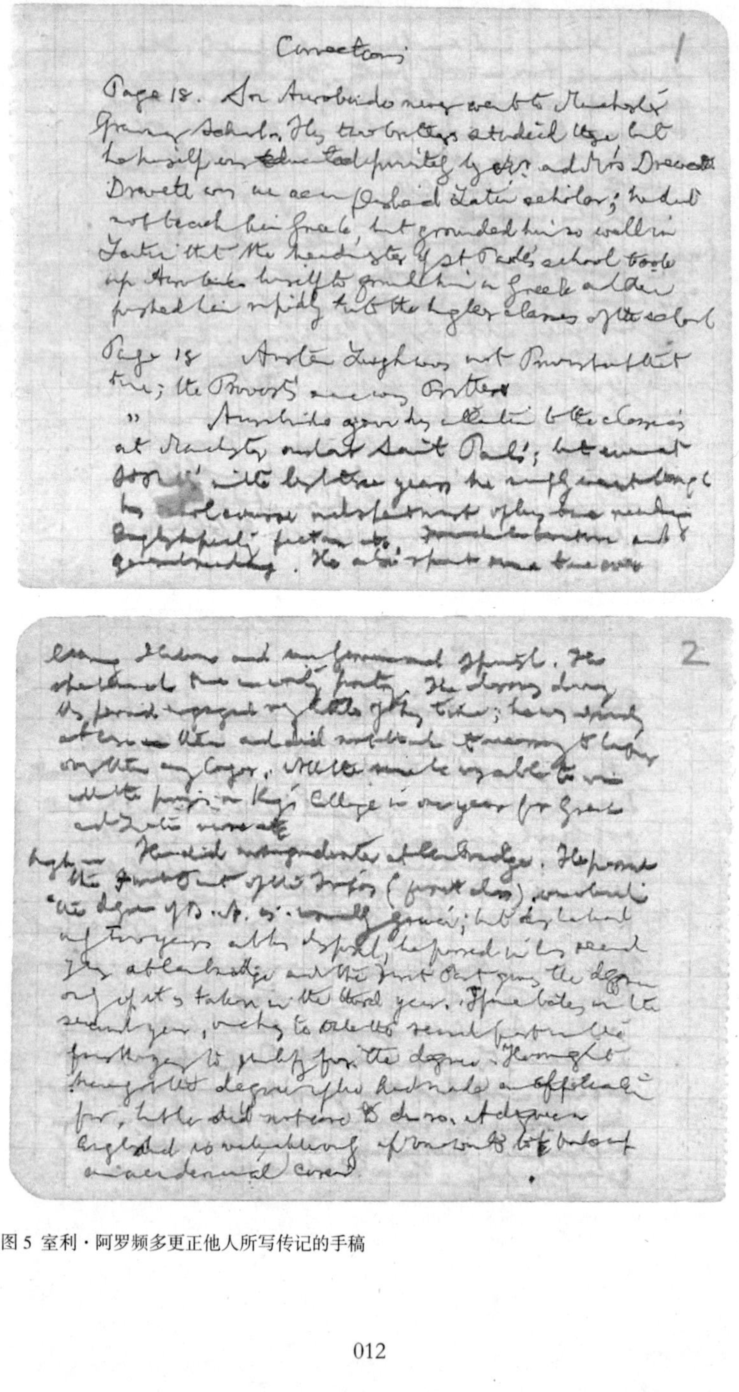

Corrections 1

Page 18. Sri Aurobindo never went to Manchester Grammar School. His two brothers attended there but he himself was educated privately by Mr. and Mrs Drewett. Drewett was an accomplished Latin scholar; he did not teach him Greek, but grounded him so well in Latin that the headmaster of St Paul's school took up Aurobindo himself to ground him in Greek and then pushed him rapidly into the higher classes of the school.

Page 18 Austen Leigh was not Provost at that time; the Provost's name was Prothero.

" Aurobindo gave his attention to the classics at Manchester and at Saint Paul's; but [illegible]

2

[illegible] in King's College in one year for Greek and Latin verse [illegible]

[illegible] Cambridge. He passed the first part of the Tripos (first class) [illegible] the degree of B.A. [illegible]

图 5 室利·阿罗频多更正他人所写传记的手稿

附录

关于"室利·阿罗频多生平简介"的信件

[1]

迪利普·库马尔·罗伊在 1928 年 11 月加入修道院前不久给室利·阿罗频多写了封信,室利·阿罗频多在信的空白处写了如下内容,时间大约是 1928 年 9 月至 10 月。

我已经阅读了大部分手稿,但其中关于我的生活的叙述多有不实。我会尽快就这部分做出纠正。

1928 年

[2]

本段是室利·阿罗频多于 1930 年 3 月 16 日写给迪利普的一封信的一部分。室利·阿罗频多在这封信的其余部分谈及他的其他一些文章,迪利普希望将这些文章纳入《伟大之中》一书中。

我不知道你是从哪里得到这些关于我的生活的描述的,其中充满了错误和不准确之处,完全无法发表。我曾尝试对此部分进行纠正,但现在只能绝望地放弃。至于我的灵性体验,我指的是在孟买发生的事情,我想你是道听途说了一些夸张的描述,这部分也不能发表。我认为最好的办法是删除所有这些不实的叙述(应该没有多长的篇幅),只保留那些你认为有必要留下的。

1930 年 3 月 16 日

[3]

室利·阿罗频多阅读了迪利普在《伟大之中》所写的"传记"（即生平简介）后写下了这封信。

我看到你一直坚持要写我的传记，你真的认为这很有必要或有意义吗？这种尝试注定是失败的，因为你和其他任何人一样，都对我的一生一无所知，我的生活并没有在人们可以看到的层面上呈现。

你对我的政治行动的描述让我感觉自己是一个狂热的理想主义者，既对现实没有任何把握，也没有任何理智的政治路线或行动计划，只会疯狂地冲向一个不可能的目标，不撞南墙不回头。我相信公众也会产生同样的感觉，这样的画面很难给西方务实的人们留下良好的印象，并很可能让他们怀疑我的瑜伽也是如此！

1930 年 3 月 25 日

[4]

这封信的手稿没有注明日期，但显然写于 1930 年 6 月。信的开始，室利·阿罗频多即直接回答了迪利普·库马尔·罗伊的问题：能否以室利·阿罗频多的名义发表"生平简介"？

不，当然不行。如果以我的名义发表，就好像我在你的书中给自己做广告一样。正如之前所说，我并不介意你写任何关于我的生平的内容，但我认为这些并不重要，充其量只是一些外在事实的简述，没有任何关于我个人和内在的东西。因为有许多关于我的描述是歪曲的或演绎的，我自己来写至少会厘清一些事情。如果你愿意，你可以说这是来自权威来源的对室利·阿罗频多公开生活主要事实的简要陈述。

当然，我只提到了那些突出的事实，忽略了所有细节，我也并没有给出任何自我评价。在我看来，一个人的价值不在于他的学问、地位或名声，也不在于他做了什么，而在于他是什么样的人，以及他的内心是什么样子的，对此我没有涉及。我不想再修改已写完的东西。如果你愿意，你可以在"西方教育"一节标注我所受的教育包括希腊语和拉丁语以及两三种现代语言，但我认为没有这个必要。

1930 年 6 月

［5］

这封信是一份草稿，室利·阿罗频多就迪利普提出的添加到"生平简介"中"西方教育"一节的内容（见第［4］封信最后一句）予以回复。在"生平简介"的印刷文本中，楷体字的段落被印为脚注。关于考试和分数的那句话，他本人是想省略的，却被潦草地以两条竖线的方式处理了。在提交给他的打字稿中，室利·阿罗频多将"学习但丁和歌德"修改为"阅读但丁和歌德"。

我更喜欢另一种形式，更符合本文基调，例如：

可以看出，室利·阿罗频多在英国的教育让他对古代、中世纪和现代的欧洲文化有了广泛的了解。他是希腊语和拉丁语方面的杰出学者，┃他以优等成绩通过了剑桥大学的文学士荣誉学位考试，并在印度公务员考试中获得希腊语和拉丁语有史以来的最高分数┃。他从小在曼彻斯特学习法语，还自学了德语和意大利语，可以阅读但丁和歌德的原文。

我不记得有关剑桥和公务员考试以及分数这些细节了，也没有必要说这些琐事。如果省略上面两条竖线中的内容，读起来会好得多。

（这些和比奇可罗夫特有什么关系呢？他被插入在这个大括号中，以至于他似乎是"这些古老语言"方面的专家，我超过了他才获得了历史上的最高分数。此外，任何一位聪明的读者都会从你的文字中推断，是比奇可罗夫特出于同学情谊才在这两个考试中"放我一马"。但事实并非如此，我只是在印度公务员考试中见过他，我们的对话不超过两句。如果他的潜意识认为是他放过了我，那他一定是借此表达对我的散文风格的由衷钦佩吧。不要把他扯入此事了，让他安息吧。）

1930 年 6 月 27 日

生平概述

这些作品来自室利·阿罗频多20世纪20年代的手稿，当时的写作背景不得而知。

生平概要（约 1922 年）

1920 年代初期，室利·阿罗频多写下了从出生到 1914 年的生平概要。（文中提到的不合作运动始于 1920 年 8 月，结束于 1922 年 2 月。）

生于 1872 年。

1879 年 前往英国接受教育。

曾就读于伦敦圣保罗学校和剑桥大学国王学院。

1893 年 2 月 返回印度。

1893—1906 年 巴罗达的准备生活。

1902—1910 年 政治生活。

"斯瓦德西"运动筹备于 1902 年至 1905 年间，由室利·阿罗频多、提拉克、拉杰帕特·拉杰（Lajpat Rai）[①] 等人于 1905 年明确提出。这是一次寻求印度独立的运动，通过不合作和消极抵抗，在国家委员会或行政部门管理下（这一点并没有实现），建立仲裁、国家教育、经济独立的组织，特别是手工纺织业，包括纺车行业，以及

---

① 拉杰帕特·拉杰：即拉拉·拉杰帕特·拉杰，印度政治家、作家、自由战士。

印度独资并管理的独立工厂，抵制英国商品、英国法院，以及所有政府机构、头衔等。圣雄甘地的不合作运动是"斯瓦德西"运动的复制，只不过更强调纺车行业，并通过消极抵抗，将"非暴力不合作"（Satyagraha）从一种政治手段转变为一种强调灵魂力量和征服痛苦的道德和宗教教条。运营《向祖国致敬》日报只是室利·阿罗频多的政治活动之一。

监禁——三次被起诉 第一次是煽动叛乱罪，后于 1908 年与他的弟弟巴林德拉（革命运动的主要领导人之一）一起被无罪释放。

第二次是因策划反对现政府的斗争被以阴谋罪指控。作为受审囚犯被拘留一年，大部分是在单独牢房中，随后被无罪释放。

最后一次是在 1910 年，再次以煽动叛乱罪被指控。他缺席了此次审判，在上诉中指控也未能成立。

1909 年后，在独自坚持了一年"斯瓦德西"运动后（其他领导人或在监狱，或在流亡），室利·阿罗频多接到内心的启示，离开了政治领域，开启了精神生活。这个启示是"斯瓦德西"运动必须结束，随后将在其他人的领导下展开地方自治运动和甘地式的不合作运动。

1910 年 来到本地治里。

1914 年 开始发行《雅利安》月刊。

自撰简历（约 1928 年）

室利·阿罗频多在 1928 年或 1929 年将这段话写在了用于记录哲学和瑜伽的笔记本上。

阿罗频多于 1872 年 8 月 15 日出生于加尔各答。他的父亲非常能干且性格坚强，是第一批去英国接受教育的印度人之一。父亲的生活习惯、思想和理想完全英国化，以至于阿罗频多小时候只说英语和印度斯坦语，直到从英国回来后才学会了母语。父亲决心让他的孩子们接受完整的欧式教育，在印度期间，孩子们被送到大吉岭（Darjeeling）的一所爱尔兰修女学校开始接受教育。1879 年，三个儿子被送到英国，安置在一对英国牧师夫妇的家里。父亲不允许他们结识任何印度人或受到印度人的影响，这些指示被严格执行，阿罗频多是在对印度人民、宗教和文化完全不了解的情况下长大的。

图 6 室利·阿罗频多的父亲克里希那丹·高斯

其他自传笔记

前两个作品均写于 1903 年，但并无关联。第三个（第二个的修订版）写于 1928 年。

斯利那加的一天

1903 年 5 月下旬至 9 月中旬，室利·阿罗频多在克什米尔（Kashmir），并在此期间担任巴罗达大君的私人秘书。他在克什米尔为大君写的信表明，王室至少三次在斯利那加（Srinagar）[①] 停留：5 月 28 日（或稍早一点）到 6 月 6 日或 7 日，6 月 23 日左右停留几天，再到 9 月 5 日之后停留了十天或更多。这些记录在不同页面的日记似乎是在第一次访问克什米尔首府时写的，即 5 月 28 日至 6 月 6 日。在此期间唯一的星期六（除去 6 月 6 日为前往 Icchabal 做准备，此地或被室利·阿罗频多拼写为"Archibal"）是 1903 年 5 月 30 日。以上是这些笔记可能的日期。第一篇文章中提到的萨德赛是马拉地历史学家戈文德·萨哈拉姆·萨德赛（Govind Sakharam Sardesai），他曾是大君的军官。大君通常被称为殿下（H.H.），他在巴罗达的主要住所是拉克希米维拉斯宫（Lakshmi Vilas Palace），这是一座宏伟的建筑，但未能很好地融合意大利、印度和其他建筑元素。

---

① 斯利那加：位于印度河支流杰赫勒姆河畔，坐落在克什米尔的中心地带。

克什米尔，斯利那加

1903 年 5 月 30 日

星期六

早上，萨德赛来了，我们一起去了通德（Dhond），去和拉贾拉姆（Rajaram）吃饭。晚餐是婆罗门的日常菜式，木豆和米饭，两个带有土豆和蔬菜的薄饼，托盘一侧有一大块澄清的黄油用于调味。幸运的是，这些菜肴不是很辛辣，有了这样的待遇，我可以很容易地成为地道的婆罗门。

和大君一起用餐时，他一直在说些八卦琐事，没有了和儿子的争吵，大君又开始和妻子拌嘴。自从马哈拉尼（Maharani）[①] 来到穆里（Murree），他们一直就男洗衣工和其他不入流的话题吵个不停。大君存心要激怒他的妻子，又提起了塔拉拜·加奇（Tarabai Ghadge）的运输津贴的话题，他的妻子虽没有任何马车却一直很坦然地领着津贴，由于疏忽大意而导致了"无故支付款项"，莫希特（Mohite）、Raoji Sirgavkar 和 Chitnis 分别被罚款 105 卢比。要注意的是，只有莫希特被认为是始作俑者，因为他签署了声明，确认津贴接受者拥有交通工具。这种事情已经变得司空见惯了，不论大君做什么，都是下面的官员背锅。[②] 该命令补充说，如果任何被罚的人有异议，可以提出来，如果合理就可撤销罚款。这样做就好比先吊死一个人，然后再尝试救他一样，或者准确地说，就好比我把鞋子扔在你的脸上，然后允许你证明这种"敬礼"的方式是无意的，在这种情况下，

[①]　马哈拉尼：印度的土邦主之妻。

[②]　这句原文室利·阿罗频多用了拉丁语：*Quicquid delirant reges*，*plectuntur*，意为"对于他们国王的任何疯狂，都是某某挨打"。

我又很高兴地把鞋穿回到脚上。

另一个典型的命令是，将萨凡特（Savant）从私人助理贬回普通文员，并命令莫希特决定是否应继续支付他的津贴。"殿下认为这不应该，但还是由 K.K. 决定"。同样，如果翻译过来，可能会是这样："我判处被告席上的罪犯六个月的苦役，陪审团现在可能会考虑他是否应该被判刑。"最近的麻烦事是关于从穆里到斯利那加的"不必要的口舌"，然而，大君确信，如果他坚持立即开始，就没有其他麻烦了，当时他已承诺会批准所有费用。现在他自己得到方便，便选择性遗忘曾经的承诺，这样他在向无辜之人泄愤时还能感到一些可怜的欣慰。他还下令，任何人不得在山中度假区出售玉米，除非此事引起他的注意，并且他个人对价格高于巴罗达感到满意，那商户的价格，还有看似不起眼的不公平将如何解决呢？

阿舒达（Ashudad）让维斯瓦斯（Visvas）的儿子汉姆钱德拉（Hemchandra）带给我一张字条。这个小伙子是一个身高五英尺十英寸的赫拉克勒斯[1]，肌肉发达，声音洪亮，听到无论好坏的任何笑话都能狂笑不已，典型的孟加拉外乡人。他的同伴，一个卡维拉杰（Kaviraj）[2]，有一个很奇特的名字——诗意之人-萨坚德拉纳特·班纳吉（Satyendranath Banerji Kobirunjun），他是一个蠢货和懦夫，但人并不坏。休会期间，萨德赛、安贝加夫卡尔（Ambegavkar）、巴拉拜医生（Dr. Balabhai）、我和两名孟加拉人等乘坐大君的绿垫船，沿着宽阔的达尔湖（Lake Dal）出发，穿过船闸和运河进入杰赫勒姆河（Jhelum）。船夫说，如果我们打开锁就会被淹死，汉姆先生（Hem

---

① 赫拉克勒斯（Hercules）：希腊神话中的大力士。
② 卡维拉杰：中世纪印度王室授予诗人、吟游诗人、歌手的荣誉称号。

Babu）虽然承认这可能会有一点危险，但还是这样做了。结果，舷侧进了一点儿水，水像鸟儿找窝一样自然地流到我的左裤腿。那个卡维拉杰被吓得不轻，一直在抗议，直到我们来到河水中央。水面排满了装饰有食人魔——猴子的船屋，其中一些美轮美奂，是典型的克什米尔风格。拜访了阿舒达后，我们去了医院，我发现自己的体重回到了之前的重量（113 磅），穿着鞋子的身高达到了 5.5 英尺。我们又冒雨去了汉姆先生的家。在那里，我们见到了他的父亲，一位和蔼可亲的好客之人，身材高大健壮，笑脸盈盈，蓄着令人敬重的胡须。还有其他几位孟加拉人，让我看看自己是否还能记住他们的名字，外国领事馆的 Chunilal Ray，长着一张纯粹的印度-阿富汗式的面孔，看起来更像旁遮普人或克什米尔人，一位辩护律师 Gurucharan Dhar，来自警察分局的 Bhabani 先生，还有一位是 Lolit 先生，但我不知他来自哪里。记名字不是我的强项。那天的茶很糟糕，但香烟和来宾都不错。

随后，马车载着我们穿过小镇的街道，不知是车夫迷路了还是不愿意找返程的路，我们又原路返回了。尽管风景偶尔还可以，但街道非常狭窄，房屋也很破旧。这些房屋都是用砖块、石头或其他材料随意拼凑的，并非建造而成，完全没有用水泥。窗户通常用纸糊住了，我想是为了保护隐私，但房间一定会变得非常阴暗。屋顶长满了野草和野花，倒是非常漂亮。大君的宫殿在河边，以真正古朴的印度教建筑方式建成，是斯利那加令我印象深刻的一座建筑，比拉克希米维拉斯宫那自命不凡的建筑怪物要好得多！这次活动终于完成，并证实了我对克什米尔的观察，乡村男人通常比城里的男人更帅气。

提供给国王学院登记处的信息

[1]

1903 年 9 月 16 日，在斯利那加期间，室利·阿罗频多收到了剑桥大学入学登记处的一份表格，要求他提供大学和随后职业的信息。9 月 16 日，他填写了表格并寄回。以下是国王学院图书馆保存的原始文件的副本。

对 1903 年收到的表格中的问题的答复（右列）

国王学院注册	
所需详情	信息
名字	高斯（Ghose）
教名	阿拉温德·阿克罗伊德（Aravind Acroyd）
其他名衔（例如牧师）	无
父亲姓名和地址	克里希那丹·高斯
职业	外科医生
在世或去世	去世
学校名称（大学前）	圣保罗学校
学校荣誉 （a）体育方面 （b）学术方面 大学期间运动荣誉及日期	无
大学期间学术荣誉和奖学金及日期	高级古典文学奖学金 1884 希腊语抑扬格和拉丁六音部诗大学奖 1890（？）
剑桥大学文学士荣誉学位	文学士荣誉学位 1892 一等三类
其他学位和日期	无
其他大学奖学金（如有）和日期	无

国王学院注册	
所需详情	信息
职业生涯简短描述 从第一学位之日起至今,包括职业、职务、出版物、政治表现和荣誉等	(1893 年)[①]2 月进入巴罗达土邦政府工作,大部分时间担任特殊职务。后至巴罗达学院,担任法语讲师三年,英文助理教授两年。
结婚日期(如有)和妻子姓名	1901 年(4 月)[②],密娜里尼·博斯(Mrinalini Bose)
目前职业(如有)	巴罗达土邦政府代理秘书
永久地址	马场路,巴罗达
俱乐部	巴罗达军官俱乐部 巴罗达体育俱乐部

签名:阿拉温德·A. 高斯

日期:1903 年 9 月 16 日

斯利那加

克什米尔（Cashmere）[③]

[2]

依据室利·阿罗频多 1903 年提交的信息,《剑桥国王学院 1850—1900 年入学登记册》[约翰·J. 威瑟斯（John J. Withers）汇编,伦敦,1903 年] 收录了一条室利·阿罗频多的简短条目。1928 年,该作品第二版的编辑将 1903 年条目的副本发送给室利·阿罗频多,请他在空白处更正和更新。在下面的文本中,旧条目按照提交给室利·阿罗频多的方式打印,被取消的段

---

① 室利·阿罗频多于 1893 年 2 月开始在巴罗达的工作。——原注
② 室利·阿罗频多于 1902 年 4 月结婚,可能是 4 月 29 日。——原注
③ Cashmere : Kashmir 的旧拼。

落设置为"删除"模式，添加部分设置为常规格式。以下是国王学院图书馆保存的原始文件的副本。修改后的条目收录于《剑桥国王学院1797—1928年入学登记册》（约翰·J.威瑟斯汇编，伦敦，1929年）。

旧条目

阿拉温德·阿克罗伊德·高斯（Aravind Acroyd Ghose）：已故克里希那丹·高斯医生的儿子，印度孟加拉邦库尔纳（Khulna）[①]。

学校：圣保罗中学。

1890年10月11日被录取，学士，奖学金获得者，古典文学奖学金一等奖。

1892年，巴罗达土邦政府。

~~自1903年2月起，代理秘书。~~

1901年6月与密娜里尼·博斯结婚。

~~地址：巴罗达，马场路。~~

对以上条目的更正

1893年2月至1905年，巴罗达学院英文教授兼副校长。

最新的附加信息

1906年至1908年，加尔各答国民学院院长。

1914年至1921年，《雅利安》哲学月刊编辑。

---

① 库尔纳：孟加拉西南部城市。

永久邮寄地址：

室利·阿罗频多·高斯（Sri Aurobindo Ghose）

弗朗索瓦马丁路 28 号（28 Rue Francois Martin）

本地治里

签名：阿罗频多·高斯

日期：1928 年 8 月 31 日

第二节　对传记和其他出版物中内容的更正

室利·阿罗频多在 1943 年至 1947 年间写下这些笔记，以更正其他作者在他的传记、其他书籍或报纸文章中关于他的生平的错误或误导性陈述，这些文章是作者在出版前提交给他的，或者在出版后其他人提请他注意的。为方便读者，编者按事件的发生日期安排了笔记的顺序，并把相关的笔记划分在同一节中。

1. 关于《室利·阿罗频多》（*Sri Aurobindo*）一书的笔记〔作者：斯里尼瓦桑·艾扬格博士（K.R.Srinivasa Iyengar）〕

1943 年 2 月，时任巴萨韦什瓦尔（Basaveshvar）学院英语教授的艾扬格博士将他所写的 133 页室利·阿罗频多传记手稿带到修道院，希望室利·阿罗频多能够阅读并评论。室利·阿罗频多同意了，并亲自对艾扬格的手稿进行了多次更正。在完成并打印了大约 35 处更正后，室利·阿罗频多进一步更正，重新打印并再次更正，最终交给艾扬格博士包含 39 处更正笔记的打印副本。在接下来的 10 个月里，艾扬格将他的手稿扩大到 300 多页。1943 年 11 月，他再次将手稿带到修道院，留给室利·阿罗频多。室利·阿罗频多在手稿上直接做了一些修正，但在记事本上记录了更多的更正内容，这些笔记中有 28 条被打印出来做进一步修订。室利·阿罗频多在 1944 年 5 月之前完成了这项工作，将更正副本交给艾扬格，艾扬格将这些修正纳入他书籍的最终手稿，该书由加尔各答的雅利安出版社于 1945 年出版。

室利·阿罗频多在 1943 年和 1944 年为艾扬格的《室利·阿罗频多》一书写了 67 份笔记，其中大部分收录在 1953 年出版的《室利·阿罗频多：关于自己和关于母亲》(*Sri Aurobindo on Himself and on the Mother*)一书中。1972 年这些笔记在《关于自己：笔记和信件汇编》(*On Himself: Compiled from Notes and Letters*)中重印。本书包含所有已发表的笔记，以及一些篇幅较小的笔记。

2. 关于《瑜伽士阿尔温德》(*Yogi Arvind*)[①] 一书的笔记〔作者：库尔卡尼(V. D. Kulkarni)〕

这本书用马拉地语写成，1935 年出版。8 年后，即 1943 年 3 月，室利·阿罗频多看了此书的副本，他在页边空白处写了 8 条评论。这些评论于 1953 年首次发表在《室利·阿罗频多：关于自己和关于母亲》一书中。

3. 关于《室利·阿罗频多的生平》(*The life of Sri Aurobindo*)一书的笔记〔作者：A.B. 普拉尼(A.B. Purani)〕

普拉尼于 1918 年成为室利·阿罗频多的弟子，1923 年成为修道院的成员，他多年以来一直收集室利·阿罗频多的传记材料，并于 1957 年出版了室利·阿罗频多的传记《室利·阿罗频多的生平》。大约在 1943 年至 1945 年间，普拉尼拿到了室利·阿罗频多在巴罗达土邦任职服务的 3 个记录，他提交给室利·阿罗频多进行更正。室利·阿罗频多在两张纸的空白处及行间写下了 9 条更正意见。他还在不同的纸上写了 10 张笔记，更正了另一个题为《室利·阿罗频多：巴罗达的官员》的文本中的描述。所有这些笔记首次发表于 1978 年的《室利·阿罗频多：档案与研究》。

4. 关于《室利·阿罗频多和孟加拉的斯瓦德西时代》(*Sri Aurobindo o Banglay Swadeshi Jug*)一书的笔记〔作者：吉里贾·尚卡尔·雷乔杜里(Girija Shankar Raychaudhuri)〕

---

① 室利·阿罗频多在巴罗达担任行政官员和教授时曾被称为阿尔温德(Arvind)或阿拉温德(Aravind)或阿罗频多·高斯。

20 世纪 40 年代，这部孟加拉语作品在孟加拉语月刊《新生》(*Ud-bodhan*)①上开始连载，并于 1956 年由加尔各答的新印度出版社（Navabharat Publishing）出版。大约在 1943 年到 1945 年间，A. B. 普拉尼将《新生》杂志中两期内容翻译并打印出来，交给了室利·阿罗频多。作为回应，室利·阿罗频多写了 7 篇长短不一的笔记。大约在同一时间，他对吉里贾·尚卡尔的这一传记发表了以下评论：

> 吉里贾·尚卡尔在本书中关于室利·阿罗频多的描述并不属实，大多基于虚构或歪曲的信息，属于虚假的陈述，或是臆断和猜测。

5. 关于《室利·阿罗频多》一书的笔记〔作者：加布里埃尔·E. 莫诺德-赫尔岑（Gabriel E. Monod-Herzen）〕

莫诺德-赫尔岑是一名科学家和教授，在 20 世纪 40 年代曾住在室利·阿罗频多修道院。大约在 1946 年，他向室利·阿罗频多提交了一份传记手稿，室利·阿罗频多对该手稿口述了 38 处更正，并交给莫诺德-赫尔岑相应的打字版用于更正传记中的内容。该书以法语写成并于 1954 年出版，大部分更正都包含在 1953 年出版的《室利·阿罗频多：关于自己和关于母亲》一书中。

在更正莫诺德-赫尔岑的手稿时，室利·阿罗频多决定单独写一篇关于自己政治生活的说明，最终成稿为一篇 20 页的《室利·阿罗频多的政治生活概要》，收录于该传记作品的第 47—66 页。这篇文章的打字稿日期是 1946 年 11 月 7 日，后来又被修订和增补，并于 1948 年匿名发表在小册子《室利·阿罗频多和他的修道院》（加尔各答：雅利安出版社）中。这本小

---

① 《新生》：1899 年由斯瓦米·辨喜（Swami Vivekananda）亲自创立，是罗摩克里希纳道院出版的唯一一份孟加拉语杂志，也是唯一一本连续出版 124 年的印度语杂志。

册子的所有后续版本中都收录了这篇文章。该文章也被收录在《关于自己》（*On Himself*，1972 年）一书中。

6. 关于《尼薇迪塔：印度的女儿》（*Nivedita : Fille de l'Inde*）一书的笔记 [作者：丽泽尔·雷蒙（Lizelle Reymond）]

7. 对其他出版物内容的更正

关于室利·阿罗频多学习英语的笔记是回应《泰晤士报文学副刊》（伦敦）于 1944 年 7 月 8 日发表的一篇对《室利·阿罗频多诗集和戏剧集》的评论，马德拉斯的季刊《降临》（*Advent*）① 的编辑 R. Vaidyanathaswamy 于 1945 年 1 月 6 日发表在 TLS 上的一封信中引用了这部分笔记。关于室利·阿罗频多在英国的教育和宗教背景以及对"第一次转向精神探求"的笔记来自室利·阿罗频多的手稿，但写作背景不详。第一篇写于 1940 年前后，第二篇写于 1942 年前后。本段中提到的笔记首次发表于 1977 年 12 月的《室利·阿罗频多：档案与研究》。

---

① 《降临》：一份与室利·阿罗频多修道院有关联的季刊，创办于 1944 年。

在印度和英国的早期生活

（1872—1893）

语言学习

在他五岁之前，他也许已经知道零星的孟加拉语了。此后一直到二十一岁，他只说英语。

在我父亲的家里，只说英语和印度斯坦语。我不懂孟加拉语。

*　*

很早，他就被送到大吉岭的圣保罗学校，当他展现出不同寻常的潜力时，又被送到了剑桥国王学院。……

……他选择英语作为他的主要表达语言。

这里有另一个错误需要纠正。评论家们似乎认为室利·阿罗频多是直接从印度被送到剑桥国王学院的，他需要把英语作为一门外语来学习。事实并非如此，室利·阿罗频多在他父亲家里已经会说英语和印度斯坦语，他从小就用英语思考，甚至不了解自己的母语孟加拉语。七岁时，他被带到英国并在那里一直待了十四年，期间一直说英语，用英语思考，没有其他语言。他从七岁到十一岁在曼彻斯特接受私人教育，学习法语和拉丁语以及其他科目，之后在伦敦圣保罗学校学习了大约七年，之后，他去了国王学院。他从来没有把英语作为一门学科来学习，虽然英语不是他的母语，但由于环境的影响，英语就是他从小自然习得的语言。

在曼彻斯特

他对人类与自然的美很敏感……他痛苦地注视着人与人之间各种残忍的状况。

那种感觉比痛苦更令人厌恶，室利·阿罗频多从小就对各种残忍和压迫有着强烈的憎恨和厌恶，痛苦这个词并不能准确地描述这种感觉。

* *

我在英国接受的是古典教育，以纯粹的知识和审美训练为主，并没有任何积极的宗教或精神因素，也并没有激发我对精神生活的任何兴趣。与基督教（不遵奉圣公会的新教教徒）的唯一一次个人接触，给我带来的是排斥而不是吸引。我对中世纪欧洲的信仰只是一般性的了解，并没有被它吸引和影响。

在学校

1880 年至 1884 年间，室利·阿罗频多就读于曼彻斯特的文法学校。

我从未上过曼彻斯特文法学校，甚至从未踏足其中，在那里学习的是我的两个兄弟。我接受的是德莱威特先生（Mr. Drewett）的家庭教育。德莱威特先生是一位拉丁语学者（他曾是牛津大学古典拉丁语成绩最好的学生），他教我拉丁语（并不是希腊语，我是在伦敦的圣保罗学校开始学习希腊语的）和英国历史等，他还教我法语、地理和算术。没有科学，当时还不流行科学。

* *

阿罗频多在曼彻斯特文法学校学习了大约五年。……圣保罗学校的
校长从一开始就对阿罗频多的品格和学业给予了很高评价。

【第一句改为】阿罗频多在家学习，德莱威特夫妇教授他拉丁
语、法文和其他科目。

室利·阿罗频多从未上过曼彻斯特文法学校，是他的两个兄弟
在那里学习。他本人接受的是德莱威特夫妇的家庭教育。德莱威特
先生是一位非常优秀的古典学者，教授阿罗频多拉丁文，为他奠定
了坚实的基础，以至于后来当圣保罗大学校长亲自教授他初级希腊
语后，立即将他从低年级调到了高年级学习。校长并没有对阿罗频
多的品格表示钦佩。

图 7 德莱威特先生宅邸，莎士比亚街 84 号，曼彻斯特

【另一版本】室利·阿罗频多从未上过曼彻斯特文法学校。他的两个兄弟在那里学习，他本人接受的是德莱威特夫妇的私人教育。德莱威特先生是一位非常有学识的拉丁学者，他并没有教阿罗频多希腊语，但他为阿罗频多打下了很好的拉丁语基础，以至于当圣保罗学校的校长亲自教授阿罗频多希腊语时，很快将他升入更高的年级。

* *

在圣保罗，阿罗频多研究了荷马（Homer）。

校长只教了他希腊语的语法基础，并让他跳级到高年级。

在伦敦

他被送到伦敦的寄宿学校。

圣保罗是一所走读学校。三兄弟与德莱威特先生的母亲在伦敦生活了一段时间，但她和曼莫汗（Manmohan）①就宗教问题发生争吵后，便离开了他们。老德莱威特夫人是一位热诚的福音派教徒，她说她不会和无神论者住在一起，因为房子可能会倒塌在她身上。之后，贝诺布桑（Benoybhusan）②和阿罗频多搬到了南肯辛顿自由俱乐部（South Kensington Liberal Club）的一个房间，那里的秘书 J. S. 科顿先生（J. S. Cotton），是亨利·科顿爵士（Henry Cotton）的兄弟，曾有一段时间担任孟加拉副总督③，贝诺布桑曾协助过他的工作。曼

---

① 曼莫汗：室利·阿罗频多的二哥。

② 贝诺布桑：室利·阿罗频多的大哥。

③ 亨利·科顿爵士从未担任过孟加拉的副总督，而是孟加拉省政府的其他职位。——原注

图 8 圣保罗学校

图 9 南肯辛顿自由俱乐部，
室利·阿罗频多在伦敦的第二个住所

莫汗则借住在别处，这是他们最痛苦和贫困的时期。随后，阿罗频多单独借住，直到他前往剑桥大学。

＊ ＊

现在，阿罗频多将他的全部注意力转向古典研究。

在曼彻斯特和圣保罗学习期间，阿罗频多将注意力集中在经典名著上，在圣保罗学习的三年里，他完成了学校课程，业余时间大都花在了课外读物上，尤其是英国诗歌、文学和小说，法国文学以及古代、中世纪和现代欧洲历史。他还花了一些时间学习意大利语、一些德语和一点西班牙语，他也花了很多时间写诗。学校的学习对他来说很容易，不必过多费心也很少占用他的时间。尽管如此，他还是在一年内获得了国王学院的希腊文和拉丁文等所有奖项。

＊ ＊

因此，年轻的阿罗频多在很早的时候就取得了罕见的学术成就。他掌握了希腊语、拉丁语和英语，并且对德语、法语和意大利语等欧洲大陆语言也有足够的了解……

他掌握了希腊语、拉丁语、英语和法语，还对德语和意大利语等欧洲大陆语言有一定的了解。

早期诗歌

毫无疑问，派生元素在他早期的大部分诗歌中非常突出，有很多外来的名字、容貌、装扮和典故，文字上也有很多不同来源的引用。

什么是外来的？那时他对印度和印度文化一无所知。这些诗歌所表达的是纯粹的欧洲文化和环境下的教育、想象、思想和感情，也不可能是其他的。同样，这本书中关于印度主题和环境的诗歌，也同样表达了他回国后对印度和印度文化的初步了解和第一印象。

* *

就像麦考利（Macaulay）的《雅各宾派的墓志铭》（*A Jacobite's Epitaph*）一样，阿罗频多的诗歌 "Hic Jacet"[①] 也通过简洁的文字实现了它的严肃之美。阿罗频多的诗歌的主题、节奏和语言，都让人想起麦考利……

如果是这样，那一定是一种无意识的影响，因为在童年早期之后，麦考利的诗歌《谎言》（*The Lays*）对他便不再有吸引力了。《雅各宾派的墓志铭》，他很可能只读过一次，并没有留下任何印象。

---

① *Hic Jacet*：拉丁语，意为"墓志铭"。

在剑桥

据说，国王学院的教务长奥斯汀·利先生（Mr. Austen Leigh）很快就认可了阿罗频多不同寻常的才华和正直的品格。

【更改为】阿罗频多不同寻常的才华很早就引起了当时剑桥大学著名人物奥斯卡·布朗宁（Oscar Browning）的钦佩。

奥斯汀·利不是教务长，教务长是普罗瑟罗（Provost），[①]这里所说的也不是奥斯汀·利，而是奥斯卡·布朗宁，当时一位著名的学者和作家。布朗宁表示，阿罗频多的奖学金考试论文是他所见过的最好的，非常了不起，他对室利·阿罗频多的学识表示钦佩，与品格无关。

* *

阿罗频多现在将他的全部注意力转向古典研究，并于 1892 年从国王学院学成毕业，以优等成绩通过了剑桥大学的古典文学士荣誉学位考试。

室利·阿罗频多没有毕业，他在第二年参加并通过了文学士荣誉学位考试，为了毕业，必须在第三年参加这个考试，或者在第四年通过此考试的第二部分。室利·阿罗频多并不专注于古典研究，他更忙于阅读普通文学和诗歌写作。

【另一个版本】他没有从剑桥毕业。他以高分（一等）通过了文学士荣誉学位考试的第一部分，一般情况下通过了第一部分的考试后，即会被授予学士学位。但由于他只有两年的时间，他只能在第二年完成考试，但第一部分的考试只有在第三年完成才能获得学位，如果在第二年参加第一部分的考试，则必须在第四年参加第二部分

---

① 奥斯汀·利确实是室利·阿罗频多在国王学院期间（1890—1892）的教务长，而普罗瑟罗是当时剑桥大学的一位讲师，很关注室利·阿罗频多。——原注

才有资格获得学位。如果当时他申请了学位，他可能会获得，但他并不在乎这个，因为只有想做学术研究时，英国的学位才有价值。

骑术考试

然而，在试用期结束时，他没有参加部门的骑术考试，因此被取消了公务员资格。阿罗频多现在能够将他的全部注意力转向古典研究了。

这些研究当时已经完成了。

* *

经过几年的紧张学习，他于1892年从国王学院毕业，以一等成绩通过了文学士荣誉学位考试。

这发生在早些时候，而不是在公务员考试失利之后。

* *

然而，在试用期结束时，他没有选择参加部门的骑术考试，他内心的某种东西把他困在了房间内……

【最后一句改为】阻止他按时参加考试。

没有什么东西能把他困在房间里。他并不愿意去做公务员，正在寻找某种方法来摆脱这种束缚。他设法让自己的骑术考试资格被取消，而不是直接拒绝做公务员，因为他的家人不允许他这样做。

* *

据阿罗频多的妹妹萨罗吉尼（Sarojini）说，阿罗频多本应去参加笔试的时候，却在伦敦的住所打牌。

萨罗吉尼显然记错了。当时我在伦敦街头徘徊，打发时间，而不是打牌。最后，当我去考场时已经晚了。我回到家告诉哥哥贝诺布桑，我放弃了考试。他以哲学的态度提出打牌，于是我们坐下来开始打牌。后来曼莫汗来了，听到我放弃的消息，对于我们在这样灾难性的时刻还能打牌大声叫嚷起来。

政治兴趣和活动

在英国，阿罗频多早年就坚定了解放印度的决心。

不完全是这样，在这个年龄，室利·阿罗频多只是对他以前一无所知的印度政治开始感兴趣。他的父亲将《孟加拉人报》(*The Bengalee*) 刊登的英国人虐待印度人事件的报道寄给他，并在信中谴责在印度的英国政府是一个无情的政府。十一岁的时候，室利·阿罗频多就已经强烈地感受到，世界将迎来一个遍布动荡但充满伟大变革的时期，而他本人注定要参与其中。他的注意力被印度吸引，逐步形成了解放祖国的想法。但直到四年后才做出"最终决定"。当他去剑桥时，就已经做好了这个决定，他加入了剑桥的印度论坛 (Indian Majlis)[①]，并做了一段时间的秘书，在此期间，他发表了许多革命性的演讲。后来他了解到，这些表现使得当局将他排除在印度公务员之外，骑术考试的失败只是一个借口，因为当时在印度类似的情况还是有机会弥补的。

*　*

阿罗频多写过一首关于帕内尔 (Parnell)[②]的诗，这表明帕内尔影响

①　印度论坛：印度学生在剑桥大学成立的一个政治组织。
②　帕内尔：即查尔斯·斯图尔特·帕内尔 (Charles Stewart Parnell, 1846—1891)，爱尔兰民族主义者、爱尔兰自治运动领袖。

了他。

这仅表明我对帕内尔非常感兴趣，仅此而已。

*　*

在伦敦期间，他经常参加费边社（Fabian Society）^①的每周会议。

从来没有过！

*　*

阿罗频多在英国成立了一个秘密社团。

这是不正确的。在伦敦的印度学生确实曾一度聚集在一起，成立了一个秘密社团，浪漫地称之为"莲花剑社"（the Lotus and Dagger），每个成员都发誓要为印度的解放而努力，并为实现这一目标从事某些特殊的工作。这是印度学生在英国的首次尝试，阿罗频多并没有组建这个社团，但他和兄弟们都是其中的成员。这个社团刚成立，阿罗频多就离开剑桥返回了印度。当时的印度政坛充满了胆怯和温和，在印度本土，阿罗频多的外祖父拉杰·纳拉扬·博斯（Raj Narayan Bose）曾组建一个秘密社团，当时还很年轻的泰戈尔是该社团的成员，外祖父还设立了一个民族革命宣传机构，但最终一无所获。后来在马哈拉施特拉邦（Maharashtra）出现了革命组织，一个以一名拉其普特（Rajput）^②贵族为首的秘密社团在印度西部成立，该组织在孟买成立了一个五人委员会，成员中有几位著名的马哈拉特邦（Mahratta）政治家。室利·阿罗频多在 1902 年至 1903 年的某段时间加入了该社团，在那之前，他已经以个人名义在孟加拉开始了秘密的革命工作。他发现，孟加拉有一些非常小的秘密组织，

---

① 费边社：20 世纪初英国的一个工人社会主义派别。

② 指拉其普特人，印度北方一部分专操军职的人。

在没有明确方向的情况下单独行动，因此他试图通过一个共同的纲领将它们联合起来。这种联合没能完成，也没能持续下去，但革命运动开始发展壮大，很快成为孟加拉动荡的一个巨大因素。

与巴罗达大君的会晤

在亨利·科顿爵士的儿子詹姆斯·科顿（James Cotton）的帮助下，阿罗频多在英国期间获得了和巴罗达大君萨亚吉拉奥（Sayajirao）见面的机会。詹姆斯·科顿是亨利爵士的兄弟，不是他的儿子。

* *

亨利·科顿爵士与阿罗频多的外祖父拉杰·纳拉扬·博斯关系密切。他的儿子詹姆斯·科顿那时在伦敦。由于这些有利因素，阿罗频多得以与巴罗达大君会面。

科顿是我父亲的朋友，他们安排我在孟加拉任职，但我与巴罗达大君的会面和他无关。詹姆斯·科顿和我大哥相熟，因为科顿曾是我们居住的南肯辛顿自由俱乐部的秘书，而我哥哥是他的助手。他很照顾我们，是他安排了这次会面。

* *

在英国，卡塞罗·贾达夫（Khaserao Jadhav）先生首次将室利·阿罗频多介绍给了伟大的巴罗达大君萨亚吉拉奥。

不是这样的。室利·阿罗频多在抵达巴罗达两三年后，通过卡塞罗的兄弟马达夫拉奥·贾达夫（Madhavrao Jadhav）中尉与他相识。是亨利爵士（阿罗频多的父亲高斯医生的朋友）的兄弟詹姆斯·科顿将室利·阿罗频多介绍给了巴罗达大君。科顿是南肯辛顿自由俱乐部的秘书，贝诺布桑和阿罗频多两兄弟曾住在那里。贝诺布桑协助科顿为俱乐部做一些文书工作，每周薪酬 5 先令。科顿对三兄弟很感兴趣，当室利·阿罗频多在骑术考试中失败时，他试图为他争取另一个机会（这其实大大违背了室利·阿罗频多的本意，能从公务员考试中解放出来，他感到欣喜若狂），但没有成功。后来科顿将阿罗频多介绍给巴罗达大君，以便他可以在巴罗达获得一个公职。科顿后来访问巴罗达时，在巴罗达学院见到了室利·阿罗频多。

离开英国

他在英国生活了十四年，与祖先的文化脱节，他已经养成了外国的品位和偏好，已经像他自己的国家一样被去民族化了，阿罗频多对这样的自己并不满意。

他应该从头开始，并尝试将自己重新民族化……

这些并没有引起阿罗频多的任何不快，当时他也没有任何刻意重新民族化的意愿。在抵达印度之后，他很自然地被印度文化和生活方式所吸引，出于对印度人的性情和气质的喜爱，阿罗频多逐渐重新民族化。

＊　＊

他要离开，他想离开，但一想到要离开英国，他也有一丝遗憾……他感到一阵难以言喻的顾虑和遗憾，他通过诉诸诗意的表达来摆脱这种感受。

离开英国没有那种遗憾，既没有对过去的眷恋，也没有对未来的担忧。在英国，阿罗频多没有任何亲密的友谊，精神上也没有意气相投的朋友。所以，并没有所谓逃离英国的说法。

***   *

> 阿罗频多要回到印度，在巴罗达大君手下工作。他最后看了一眼收养他的国家，说了一声"出发"（Envoi）。

不是这样的。这段话似乎是说从一种文化过渡到另一种文化。阿罗频多对英国和欧洲的思想与文学有一种依恋，但对英国这个国家却没有。他和英国没有任何连接，也没有像曼莫汗那样将英国视为收养他的国家。如果说他对欧洲有一些作为第二故土的依恋的话，那从理智和情感上讲，他依恋的是自己从未到过也未生活过的法国，而不是英国。

***   *

> 阿罗频多从英国出发的轮船在里斯本附近失事。这个消息对克里希那丹·高斯医生来说是一个意外的打击，他以为自己永远失去了三个儿子。

这和两个哥哥没有关系，当时的报道只提到了阿罗频多的死讯，他的父亲是在念着他的名字的悲伤中去世的。

***   *

> 父亲去世后，养家糊口的责任落到了他的身上，他不得不尽快谋职。

那个时候养家糊口是没有问题的。只是回到印度一段时间后，生计才出现问题。

***   *

> 名字"阿罗频多·阿克罗伊德·高斯"（Aurobindo Acroyd Ghose）

在离开英国之前，室利·阿罗频多从他的名字中去掉了"阿克罗伊德"（Acroyd），从此再也没有使用过。

巴罗达的生活

（1893—1906）

在巴罗达土邦的服务

室利·阿罗频多是由英国的卡塞罗·贾达夫先生首次介绍给伟大的巴罗达大君殿下室利·萨亚吉拉奥的。

事实并非如此。室利·阿罗频多到巴罗达两三年后才结识了卡塞罗，是科顿把阿罗频多介绍给巴罗达大君的。

大君被年轻的阿罗频多的才华和学识所震撼，邀请他做自己的审稿人，并以此身份来到巴罗达。

没有审稿人这样的职位，也没有这样的邀请。室利·阿罗频多首先去了结算部，后来去了税务部，然后进入了学院。

室利·阿罗频多常常大量阅读，并为大君做了有价值的笔记，他与大君就各种主题进行了自由而富有启发性的讨论。

完全没有进行过这样的讨论。

大君……任命他为私人助理秘书。

室利·阿罗频多与助理部门没有任何关系，也从未被任命为私人秘书。他经常被要求起草重要的信件、合同、发货单、与英国政府的通信或其他文件，还协助大君准备一些演讲稿。有一次，大君要求他指导英语语法，并对句子结构等列出详细准确的规则。他只是偶尔被召唤来处理类似这样的杂事，除了在克什米尔期间，他没有被任命为秘书。

尽管室利·阿罗频多还很年轻，对这个职位还很陌生，但他研究了很多政府的重要事务，并以非凡的敏锐和精准很快熟悉了政务。无论大君是否同意，他总是用直截了当的方式大胆表达自己的观点，大君很欣赏这种坦率，也愈加钦佩他。有时，他的论述逻辑清晰有力，让权威者无力回击。

这整段文字全部都是花哨的吹嘘。

大君带他去了克什米尔、乌提（Ootie）和马哈巴莱什瓦尔（Mahabaleshwar）等地。

室利·阿罗频多被派往乌提，准备巴帕特案（Bapat case）的预审和司法意见。他和大君一起去了奈尼塔尔（Nanini Tal）。在克什米尔之行中，他被任命为秘书（仅在此次访问期间）。

室利·阿罗频多一直热爱朴素的生活，从未被宫廷的华丽生活所吸引。尽管他经常收到邀请，但他总是拒绝参加王宫的宴会。

室利·阿罗频多的生活与宫廷完全无关，他也不记得收到过任何这样的邀请。

在他的同事中，与他最亲密的是卡塞罗·贾达夫和大律师克沙夫拉奥·德什潘德（Keshavrao Deshpande），他与他们讨论了哲学、精神生活和印度重建的问题。

在巴罗达，室利·阿罗频多最亲密的朋友是卡塞罗的哥哥，马达夫拉奥·贾达夫中尉，中尉赞同他的政治思想和规划，并在政治工作中给予他尽可能的帮助。在巴罗达的大部分时间里，他们一起住在马达夫拉奥的家里。他们并没有讨论哲学，当时的室利·阿罗频多对哲学完全不感兴趣。关于精神生活，他也只是对罗摩克里希纳（Ramakrishna）①的语录和生活，以及辨喜②的言论和著作感兴趣。从踏上印度海岸的那一刻起，他便开启了丰富的内在体验，但当时他对瑜伽一无所知，并没有将两者联系起来。后来，他从德什潘德和其他人那里听说并了解了一些关于瑜伽的事情，起初他是拒绝接受的，因为在他看来，这是一种对生活的逃避。当时他们也没有谈论过印度的重建，只讨论过印度的解放。

　　他板球打得很好。

没有的事。他小时候只在曼彻斯特德莱威特先生家的花园里打过板球，打得一点也不好。

　　在萨达尔·马宗达（Sardar Majumdar）的家里，他第一次遇到了瑜伽士勒勒（Yogi Lele），并在精神修习上得到了他的一些帮助。

不。勒勒来自瓜廖尔（Gwalior）③。他是接到巴林的电报后来的，在贾达夫家遇到了室利·阿罗频多。勒勒带他去了马宗达家，在顶楼进行了冥想。

＊　＊

　　室利·阿罗频多于 1893 年 2 月加入巴罗达公共服务部，担任巴罗达学院的客座英语教授。

不对。

　　……月薪 300 卢比。

---

① 罗摩克里希纳：近代印度最伟大的灵性导师和瑜伽士之一。
② 辨喜：又译斯瓦米·韦维卡南达，印度近代伟大的哲学家、社会活动家、印度教改革家、瑜伽士。
③ 瓜廖尔：印度中央邦西北部城市。

是 200 卢比，不是 300 卢比。

1899 年 7 月 31 日的公共文件中记录，当时他的年龄为 26 岁两个月 22 天。

不对。是 11 个月 16 天。

1900 年，他的职位调动被推迟了。1901 年 4 月 17 日，他被调到税务局。1904 年 4 月，大君下令室利·阿罗频多从 6 月 1 日起担任他的助理私人秘书。

所有这些都是不正确的。我最初不是在学院工作。起初，我被安排在结算部，没有固定岗位，只是为了实习。之后，我被安排在税务部，然后进入秘书处（不是私人秘书）。我还记得在瓦希瓦达尔（Vahivatdar）办公室实习的一些片段。我在学院的第一份工作是法语讲师，但只是每天一个小时，剩下的时间用于其他工作。我不记得曾被任命为助理"私人"秘书。很长一段时间后，我成为学院的英语教授，这是一个终身任命，我被任命为副校长之前一直担任英语教授，直到离开巴罗达。[1] 这些是我记得的。也许私人秘书是指我在秘书处的任职，但从英文理解是直接为大君做秘书。实际上，我为大君所做的工作尽管很频繁，但都是断断续续的，而且经常是在大君家里做，而不是在办公室。

* *

1901 年转入税务部。1901 年 4 月 17 日（不是学院）360 卢比。辩论协会主席和大学联盟主席。

这是在 1901 年的什么时间？如果我当时在税务部工作，就不可

---

[1] 室利·阿罗频多于 1901 年 4 月停止了在巴罗达学院的教学，1904 年 9 月恢复教职。——原注

能同时担任这些职位。

如果 1901 年到 1904 年在税务部工作，那我在那些地方做什么？职位是什么呢？[1] 我唯一记得的一项特殊工作，是研究一种政府官方史志［古泽拉蒂手稿（Guzerati manuscript）］，也许是用英语做个总结。我不记得具体日期了。

1902 年，为大学提供法语服务，每周六小时（1902 年 8 月 6 日）。

我记得，我在学院的第一份工作是担任法语讲师，之后还增加了其他工作。（在这之前）一定还提供过法语服务，但没有记录。学院之前的几年没什么可写的，但我清楚地记得在税务部（在结算部之后）和秘书处的工作。（在这些早期职位中没有任何正式任命。）

他还负责编写行政报告的工作。

这可能是我上面提到的事件。据我的记忆，我与当时的行政报告没有任何关系。但我在王宫中有一项私人工作，编纂一本书（应该是关于大君在欧洲旅行的书）。

* *

室利·阿罗频多在巴罗达的任职。他首先被安排在土地结算部，在印花税局短暂任职后，又到中央税务部和秘书处工作。之后，他并没有马上加入学院，而是在做其他工作的同时，在学院担任法语讲师，后来，应他自己的要求被任命为英语教授。这些年中，每当

---

① 据巴罗达政府档案文件记载，1901 年 5 月至 1904 年 9 月，室利·阿罗频多是在税务部领取的工资。这段时间他主要为大君工作，一开始并没有正式任命。1903 年 5 月至 9 月，他被任命为大君的执行秘书。1903 年底至 1904 年 9 月，他被任命为秘书办公室的助手。1904 年 9 月，他再次进入巴罗达学院，担任副校长和英语教授。——原注

需要写一些措辞严谨的文件时，大君都会召唤他，大君还请室利·阿罗频多负责起草一些他的公开演讲和其他文学或教育性质的工作。之后，室利·阿罗频多成为学院的副校长，并担任了一段时间的代理校长。他为大君做的大部分工作都是以非官方身份完成的。大君通常会邀请他一起在宫殿吃早餐，然后留他工作。

＊　＊

阿罗频多被任命为巴罗达大君的私人秘书。无论是作为大君的私人秘书、税务局的官员、英语教授，还是后来在巴罗达学院担任副校长，室利·阿罗频多总是认真地履职尽责。

任命为私人秘书不是事实。他首先被派往结算部，目的是培训他从事税务工作。出于同样的原因，他在印花税局和其他部门或秘书处待了一段时间，只是为了培训，而不是正式任命。

【另一个版本】室利·阿罗频多从未被任命为私人秘书。他先是被安排在结算部，不是作为工作人员，而是为了学习，然后在印花税局和税务部门，他在秘书处工作了一段时间，负责起草公文等。最后，他转入学院，最初是法语兼职讲师，后来成为英语教学的正式教授，最后被任命为副校长。与此同时，只要大君认为合适，都会派人来请他写信、撰写演讲稿或起草各种文件，这些文件需要特别谨慎的言语措辞。这些工作都是非正式的，他并没有被任命为私人秘书。有一次，大君邀请室利·阿罗频多担任克什米尔之行的秘书，但在访问期间，他们之间有很多摩擦，后续也就没有类似的经历了。

＊　＊

他很勤奋认真，所以在很多人看来，他真的很有成就感。

事实上，以上描述并不正确。大君并没有对室利·阿罗频多的品质做出"勤奋、认真"这样的评价。大君对他的能力和智力是肯定的，但也指出了他的缺点，比如不守时、不按常规办事。与其说"勤奋认真""值得赞扬的"，不如说他才华横溢、办事敏捷高效更准确一些。

在巴罗达的语言学习

当室利·阿罗频多到达印度时，除了一点孟加拉语外，他不会任何印度语言。孟加拉语是公务员考试的必学科目之一。

孟加拉语不是竞争激烈的公务员考试（ICS）的科目。在通过公务员考试后，室利·阿罗频多选择孟加拉作为实习的省份，才开始学习孟加拉语。但当时所能提供的课程很差，他的老师是一位来自孟加拉的退休英国法官，能力不是很强，但室利·阿罗频多也学到了一些。之后，在巴罗达的大部分时间，室利·阿罗频多都在自学孟加拉语。

* *

在巴罗达，室利·阿罗频多请了专家做老师，开始逐渐掌握孟加拉语和梵语。

他请了一位孟加拉语老师，是一位年轻的孟加拉语文学家，但并没有请梵文老师。

* *

室利·阿罗频多在巴罗达，定期向迪南德拉·库马尔·罗伊（Dinendra Kumar Roy）学习孟加拉语。

不，不是定期课程。迪南德拉与室利·阿罗频多一起生活，他的工作是帮助室利·阿罗频多纠正和完善自己的孟加拉语知识，使他习惯于用孟加拉语交谈，而不是定期教学。

【另一个版本】室利·阿罗频多不是迪南德拉·库马尔的学生，他已经自学了孟加拉语，只是请迪南德拉来稍做辅导。

> 室利·阿罗频多……聘请了一位年轻的孟加拉语老师并开始逐渐掌握孟加拉语……

关于孟加拉语的学习，可以说在聘请老师之前，室利·阿罗频多已经掌握了足够的语言，可以欣赏班吉姆（Bankim）[①]的小说和马杜苏丹（Madhusudan）[②]的诗歌。后来他学会了用孟加拉语写作，并创办了孟加拉语周刊，其中大部分文章是自己写的，但他对孟加拉语的掌握程度无法与英语相比，他也不敢用孟加拉语发表演讲。

* *

> 他在巴罗达学习印地语。

室利·阿罗频多从未学过印地语，但他对梵语和其他印度语言的掌握，使他很容易在没有任何常规学习的情况下学会印地语，并能阅读、理解印地语书籍或报纸。他不是通过孟加拉语学习梵语，而是直接学习或通过英语学习。

* *

> 在巴罗达，对所有文献、历史等进行了比较研究后，他开始意识到

---

① 班吉姆：即班吉姆·钱德拉·查特吉（Bankim Chandra Chattopadhyay，1838—1894），印度孟加拉语小说家、孟加拉语现代文学的先驱。

② 马杜苏丹：即迈克尔·马杜苏丹·杜特（Michael Madhusudan Dutt，1824—1873），印度文学家、印度新文学和新戏剧运动的先驱之一，也是印度独立运动人士和人权活动家。

吠陀典籍的重要性。

不是的。他是在本地治里开始研习吠陀经典。

在巴罗达的诗歌写作

《致默蒂拉之歌》(*Songs to Myrtilla*) 一书中的五首诗是在英国写的，其余都是在巴罗达写的。

正相反，书中所有的诗都是在英国写的，除了后来的五首，那是他回到印度后写的。

* *

《维杜拉》(*Vidula*)，最初发表在 1907 年 6 月 9 日的《向祖国致敬》周刊上，《巴吉帕布》(*Baji Prabhou*) 于 1910 年在《行动瑜伽士》周刊中连载。但它们不太可能是室利·阿罗频多在巴罗达的最后几年里构思或完成的。

不，这些诗是在孟加拉的政治活动期间构思并创作的。

在德奥古尔与外祖父会面

我在德奥古尔（Deoghur）[1] 住过几次，在那里见到了我的外祖父，起初他身体健康，后来因瘫痪卧床不起。由于我不在学院，所以一定是特意请假去的。

---

[1] 德奥古尔：印度贾坎德邦的一个县。

* *

在德奥古尔，他和他的岳父母住在一起。

在德奥古尔，室利·阿罗频多是与外祖父拉杰·纳拉扬·博斯的家人一起住。他的岳父母不在德奥古尔。

* *

室利·阿罗频多将他对印度民族主义的观点归功于外祖父拉杰·纳拉扬·博斯的影响。他转向哲学可能也归因于同样的影响。

我不认为我的外祖父是个哲学家，他从来没有和我谈过哲学。我的政治观点在我回到印度之前就已经形成。外祖父和我谈起过他过去的民族主义活动，但我并没有从中学到任何新东西。我很钦佩我的外祖父，喜欢他的著作"Hindu Dharmer Sreshtatwa"和"Se Kal ar E Kal"，但认为他对我有任何影响是不正确的。我在英国的见识早已远超他过时的观念。他从来没有和我谈过罗摩克里希纳和辨喜。

* *

他与外祖父的会面是出于政治目的。

这是不正确的。在这些会面中，他并不关心政治。几年后，他与德瓦布拉塔·博斯（Devabrata Bose）一起旅行［此人是巴林在《新时代》（*Yugantar*）的助手］，是为了访问一些已经形成的革命中心，也是为了会见这些地区的领导人，了解国家的总体形势和革命运动的可能性。这段旅程中的经历使他相信，如果没有一场广泛的公众运动，引发一种普遍的爱国热情，并将独立思想作为印度政治的理想和目标普及开来，那么秘密准备或行动本身是不可能奏效的。正是这种信念决定了他后来的行动。

政治生活

（1893—1910）

室利·阿罗频多的政治生活概要

　　室利·阿罗频多的政治思想和活动包括三个方面。第一，他的政治生活始于一个秘密的革命宣传组织，该组织的中心目标是准备武装起义。第二，公共宣传，旨在将整个国家转变为理想的独立国家。在他进入政坛的时候，绝大多数印度人认为这种理想完全不切实际，甚至是异想天开。人们普遍认为，大英帝国是如此强大，印度却是如此羸弱，印度的武装被完全解除，人民更是想都不敢想抗争的胜利。第三，通过持续的不合作和消极抵抗运动，将人民组织起来，团结一心，公开反对并逐渐削弱外国的统治。

　　那时，各大帝国的军事组织和军事行动手段还没有像现在这样势不可挡且无法抗衡。步枪是决定性武器，空中力量尚未发展，火炮的威力也不如后来那么强大。虽然印度武装被解除，但室利·阿罗频多认为，如果有合适的组织和外部的帮助，这个困难是可以克服的。印度国土幅员辽阔，而英国正规军规模很小，一般性抵抗和游击战可能奏效，印度军队还可能发生大规模起义。同时他还研究了英国人的性格和特点以及他们政治本能的转变，他相信，尽管英国政府会抵制印度人民自我解放的努力，但只要不削弱他们的帝国控制，他们还是会非常缓慢地承认这些改革。如果他们发现印度人民的抵抗和反抗变得普遍而持久，他们并不会毫不留情地镇压到底，最终，他们会尝试妥协，以挽救他们的帝国，或者在极端情况下，他们宁愿给予印度独立，也不会让印度从他们手里"被夺走"。

有人认为室利·阿罗频多的政治立场完全是和平主义，他在原则上和实践中反对一切暴力，并谴责恐怖主义、起义等，认为这是违背印度教的精神和教义的，甚至有人认为他是非暴力（Ahimsa）信仰的先驱。这是非常不正确的，室利·阿罗频多既不是无能的道德家，也不是软弱的和平主义者。

将政治行动限定在消极抵抗的规则中，这在当时被视为民族运动的最佳策略，但这并不是非暴力或和平主义的信仰。和平是人类最高理想的一部分，但和平必须具有精神基础，或至少心理基础。如果不改变人性，和平终将遥遥无期，寄希望于任何其他基础（心理原则、非暴力信仰，抑或其他）的和平主义也必将失败，甚至可能更糟。

他支持通过国际协定和国际力量来平息战争，这是现在的"新秩序"（New Order）所设想的，如果这被证明是可能的，那也不是非暴力，而是用法律力量推翻无政府主义力量，人们依然不能确定这是否能带来永久的和平。在各国内部，这种和平已得到保障，但还不能防止偶发的内战及革命、政治运动爆发和镇压，有时甚至是血腥的，当类似的和平发生在世界范围内时，同样的事情也可能在印度发生。室利·阿罗频多从未掩饰过自己的观点，即如果一个国家有能力这样做，或别无他法的话，那么这个国家有权通过暴力获得自由，是否应该这样做，取决于什么是最好的策略，而不是道德考量。室利·阿罗频多在这件事上的立场和做法与提拉克和其他民族主义领导人相同，他们绝不是和平主义者或非暴力的崇拜者。

在印度的最初几年，室利·阿罗频多没有参加任何政治活动，除了在期刊《印度教之光》（Indu Prakash）①上撰写文章，他研究国家局势，以便能够更成熟地判断可以做什么。后来，他前往孟加拉开始了第一次行动，他的副手是巴罗达军队中一名年轻的孟加拉士兵贾廷·班纳吉（Jatin Banerji）。他认为这项准备和行动计划需要三十年才有可能取得成果，事实上，解放运动用了五十年才初见成果。他去孟加拉的计划是通过各种假象和掩护，秘密地，或在可以采取明显行动的情况下，在整个孟加拉进行革命宣传和招募。这项计划在孟加拉的青年中推行，同时从具有进步观点或可以争取到的老年人那里获得理解和支持，以及财政和其他援助。计划包括在所有城镇建立革命中心，最终扩展到每个村庄，建立年轻人在文化、知识和道德等各个方面的社团，争取那些已经存在的社团用于革命用途，训练年轻人，例如骑马、体能训练、各种田径运动、演习和有组织的运动，以期有助于最终的军事行动。这个计划一经传播便迅速蓬勃发展起来，那些已有的但还没有明确想法或既定革命纲领的青年小团体和协会开始朝着这个方向发展，一些已经有革命目标的人也被组织起来，并开始开展活动，革命队伍迅速壮大起来。

与此同时，室利·阿罗频多在印度西部会见了秘密社团的一名成员，宣誓加入了该社团，并被介绍到孟买的委员会。委员会没有对他未来的行动给出任何指示，但他自己承担了在孟加拉为其目标

----

① 《印度教之光》：印度独立运动期间在孟买发行的一本很有影响力的马拉地语期刊。

寻求广泛支持的任务，因为该协会在孟加拉还没有成员或追随者。他向 P. 米特（P. Mitter）和孟加拉革命团体的其他领导人谈到了该社团及其目标，他们也宣誓加入了该社团，并同意按照室利·阿罗频多建议的路线和目标行事。米特小组所用的特殊掩护是拉提（Lathi）[①]武术协会，之前通过萨拉拉·戈沙尔（Sarala Ghoshal），拉提已在孟加拉的年轻人中得到了一定程度的普及，而其他团体则使用另外的身份做掩护。室利·阿罗频多试图将整个运动紧密组织起来，虽然这个尝试并没有成功，但运动本身并没有因此受到影响，因为人们已接受了其整体思想，许多独立团体的活动使革命运动更加广泛地传播开来。随后发生了孟加拉分治运动，反抗起义全面爆发，这有利于激进派政党和伟大的民族主义运动的崛起。室利·阿罗频多后续的活动更多地逐渐转向这个方向，秘密行动成了次要和从属的部分。然而，他利用"斯瓦德西"运动普及了暴力反抗的思想。

在巴林的建议下，他同意并开始创立名为《新时代》的报纸，该报旨在宣扬对英国统治的绝对否认和公开反抗，并刊登了一系列指导游击战的文章。室利·阿罗频多本人为早期的《新时代》写了一些开篇社论，并总体负责该报工作。当一名副编辑（斯瓦米·辨喜的兄弟）在搜查中主动向警方自首并被起诉时，在室利·阿罗频多的命令下，《新时代》采取了拒绝在英国法院为自己辩护的策略，理由是它不承认外国政府，这极大地提高了该报的威望和影响力。该报由三位孟加拉最能干的年轻作家担任主要撰稿人和负责人，迅速在整个孟加拉产生了巨大影响。值得注意的是，秘密社团并未将恐

---

① 拉提：印度古老的武术之一，现在仍然是印度村庄的一项流行运动。

怖主义纳入其计划，但由于孟加拉当局的强烈镇压，反倒使恐怖主义在孟加拉发展起来。

室利·阿罗频多的公共活动始于在《印度教之光》上撰写文章。这九篇文章是应该报编辑——室利·阿罗频多的剑桥朋友 K.G. 德什潘德的要求撰写的，标题为"辞旧迎新"（*New Lamps for Old*）[1]，强烈谴责了当时国大党的祈祷、请愿和抗议政策，呼吁建立基于自助和无畏的更有活力的领导层。但一位温和派领导人威胁了编辑，不让报纸再发表这种直言不讳但无可辩驳的批评。室利·阿罗频多的思想无法在报纸上得到充分的表达，他不得不转向一般性的问题，例如必须将代表大会的活动扩展到资产阶级或中产阶级的圈子之外并号召广大群众参加。

最后，室利·阿罗频多暂停了所有此类公开活动，一直秘密工作到 1905 年，但他与提拉克取得了联系，他认为提拉克是唯一可能的革命政党领导人。室利·阿罗频多和提拉克在艾哈迈达巴德（Ahmedabad）代表大会上会面，提拉克把他带出临时会场，在外面交谈了一个小时。提拉克表达了他对改革派运动的蔑视，并解释了他在马哈拉施特拉邦的行动路线。

室利·阿罗频多鼓励年轻人宣传"斯瓦德西"思想，这是他政治活动中一项重要的内容，当时这一思想还处于萌芽阶段，只有少数人热衷于此，后来"斯瓦德西"成为民族主义党公共纲领中的重要组成部分。这些革命团体中，有一位非常能干的马哈拉特邦人，名

---

[1] "辞旧迎新"系列，标题为"New Lamps for Old"，其字面意思是"以新灯换旧灯"。该系列一共九篇文章，于 1893 年 8 月 7 日至 1894 年 3 月 6 日之间陆续发表在《印度教之光》上。

叫萨卡拉姆加·迦内什·德斯卡尔（Sakharam Ganesh Deuskar），他是一位很有才华的孟加拉语作家（他的家人长期居住在孟加拉）。他以孟加拉语写了一部关于希瓦吉（Shivaji）①的通俗小说，于书中首先提出了"Swaraj"（自治）的叫法，后来民族主义者使用"Swaraj"代表独立，成为民族主义四大纲领之一。他还出版了一本书，名为《该国的故事》（*Desher Katha*），书中详尽描述了英国对印度商业和工业的剥削和压榨。这本书在孟加拉产生了极大的反响，引起了孟加拉年轻人的关注，成为"斯瓦德西"运动筹备过程中最重要的助力。室利·阿罗频多本人一直认为，摆脱这种经济枷锁，发展印度自己的贸易和工业，始终是革命不可分割的一部分。

只要室利·阿罗频多在巴罗达政府工作，他就不能公开参与政治活动，但其实，他并不喜欢自己的名字被公开，更愿意在幕后行动和领导。直到作为《向祖国致敬》的编辑被政府起诉，他才被迫进入公众视野，继续一直以来的革命行动，公开成为民族主义党的杰出领袖、孟加拉的主要行动领导人，以及其政策和战略的组织者。他已经在脑海中勾勒出国家的行动路线，与后来在爱尔兰发展的新芬运动非常相似，但并非像一些人说的那样，他是从爱尔兰的运动中获得的启发，因为爱尔兰运动是在这之后才变得为人所知，直到隐退到本地治里之后，他才知道新芬运动。此外，与爱尔兰相比，印度的历史背景令他的革命工作更加困难。爱尔兰人民习惯于反抗英国的统治，在历史上甚至被描述为一场旷日持久的独立斗争，其行动虽时断时续，但大体上说，斗争一直存在。在印度则没有这样

---

① 希瓦吉：即贾特拉帕蒂·希瓦吉（1630—1680），17世纪在印度次大陆中德干地区独立的马拉塔王国的缔造者，反抗莫卧儿王朝外族统治的印度教民族英雄。

的斗争历史。

室利·阿罗频多认为，首先必须在印度人民的心目中确立并普及独立的思想，同时，推动一个政党，然后是整个国家，去展开一场激烈的有组织的政治活动，才能够实现这一理想。他的想法是先控制国大党，使其成为革命行动的工具，而不是一个胆怯的宪政活动中心，只会和外国政府空谈以及发布一些决议和建议。如果不能控制国大党，那么就必须建立一个像"国中国"一样的中央革命机构，创建有组织的团体和机构开展行动，向群众发出指示。完成这项工作，必须广泛深入地继续不合作运动和消极抵抗运动，这将使外国政府难以继续并最终无法管理这个国家。大面积的动乱会削弱政府的镇压力量，最终，如有必要，在全国各地展开公开反抗。该计划还包括抵制英国贸易，用印度本国学校取代英国政府学校，建立人民可以诉诸的仲裁法院（而不是依靠普通法院），创建志愿军，这将成为公开反抗军队的核心力量，以及所有其他可以使该计划完成的行动。

室利·阿罗频多公开参与印度政治活动的时间很短，因为他在1910年改换了方向，并退居本地治里。在这之后，他的大部分计划都中断了，但他已经做了很多足以改变印度整体政治形势和印度人民整体精神面貌的事情，独立已成为目标，不合作和抵抗成为方法，尽管政策执行得不尽完善并升级到零星叛乱，但也足够带来斗争的胜利。随后的局势发展在很大程度上遵循了室利·阿罗频多的想法。国大党最终被民族主义党控制，宣布以独立为目标组织行动，几乎整个国家（除大多数伊斯兰教徒和少数贫困阶层外）都接受其领导，最终形成了第一个印度政府——虽然不是完全独立的政府，但确保英国接受了独立的印度。

　　起初，室利·阿罗频多只是在幕后参与国大党的政治活动，因为他还没有决定放弃在巴罗达的工作。但他休了很长时间的无薪假期，除了秘密从事革命工作之外，他还参加了被警察驱散的巴里萨尔会议（Barisal Conference）[①]，与贝平·帕尔（Bepin Pal）[②]一起考察了东孟加拉邦，并与国大党中的激进团体保持密切联系。正是在此期间，他与贝平·帕尔一起负责《向祖国致敬》的编辑工作，在孟加拉成立了新政党，并出席了在加尔各答举行的国大党年会。在这次会议中，仍占少数的激进派在提拉克的领导下成功说服国大党接受了他们的部分政治计划。

　　孟加拉国民学院的成立为室利·阿罗频多提供了机会，使他能够辞去巴罗达的职位，加入学院担任院长。苏博德·穆里克（Subodh Mullick）是室利·阿罗频多秘密行动的合作者之一，后来也参与了国大党的政治活动，在加尔各答时，室利·阿罗频多通常住在他家。穆里克为国民学院捐赠了 10 万卢比，并明确要求该学院授予室利·阿罗频多教授职位，薪水为 150 卢比。现在，室利·阿罗频多可以将全部时间用于为祖国效力。

　　贝平·帕尔长期以来一直在他的周刊中阐述自治和不合作的政策，创办了一家名为《向祖国致敬》的日报，但这也许只是一次短暂的冒险。因为一开始他口袋里只有 500 卢比，也没有任何财政援

---

① 巴里萨尔会议：指 1906 年在孟加拉东部城市巴里萨尔（Barisal）召开的孟加拉全省大会。

② 贝平·帕尔：即贝平·钱德拉·帕尔（Bepin Chandra Pal，1858—1932），印度国大党激进派领袖之一，印度民族主义运动早期领导人之一。

助的有力保证。他邀请室利·阿罗频多加入，室利·阿罗频多看到了为革命目标进行必要的公共宣传的机会，同意加入。他召集国大党中的青年激进分子一起开会，决定以成立新党派的形式，公开与由提拉克领导的马哈拉施特拉邦的相关团体联手，在加尔各答会议上与温和派较量。他还说服大家将《向祖国致敬》作为党报，并成立了一家同名的公司为该报提供资金，贝平·帕尔前往各区巡回宣传新党的宗旨和计划，他不在的时候，由室利·阿罗频多负责《向祖国致敬》的管理工作。

新党很快取得成功，《向祖国致敬》开始在印度各地传播。工作人员不仅有贝平·帕尔和室利·阿罗频多，还有其他一些非常有能力的作家：希亚姆·桑达尔·查克拉瓦蒂（Shyam Sundar Chakra-varty）、赫门德拉·普拉萨德·高斯（Hemendra Prasad Ghose）和贝乔伊·查特吉（Bejoy Chatterji）。希亚姆·桑达尔和贝乔伊是英文大师，都有自己独特的风格，希亚姆·桑达尔的写作风格与室利·阿罗频多有些类似，后来许多人误以为他的文章是室利·阿罗频多所写。

但一段时间后，由于脾气不合以及政治观点的分歧，贝平·帕尔与公司董事和其他出资人之间产生了分歧，特别是贝平·帕尔反对秘密革命行动而其他人对此表示理解与支持，这很快以贝平·帕尔与《向祖国致敬》的分裂而告终。室利·阿罗频多不同意这种分裂，他认为帕尔的品质是《向祖国致敬》的一笔巨大财富，帕尔虽然不是一个有行动力的人，也没有政治领导才能，但他可能是印度最优秀、最具独创性的政治思想家，也是一位出色的作家和伟大的演说家。这场分裂发生时，室利·阿罗频多刚经历了一场严重的发烧，身体还在恢复中，所以并不知情。后来，在未经他同意的情况下，室利·阿罗频多的名字便作为编辑出现在《向祖国致敬》上，但只有一天，因为他立即叫停了这一行为，当时他仍在正式担任巴罗达的职务，不能也不急于将自己的名字公之于众。

此后，室利·阿罗频多全面负责《向祖国致敬》以及新党派在孟加拉的政策方针。贝平·帕尔曾表示新党派的目标是建立不受英国管控的完全自治的政府，但这可能意味着，或至少包括殖民自治政府这一温和目标。实际上，作为国大党加尔各答会议主席的达达拜·纳奥罗吉（Dadabhai Naoroji）[1]曾试图夺取"Swaraj"一词为殖民自治政府所用，而这原本是激进派的独立纲领。作为工作的重中之重，室利·阿罗频多公开宣布完全和绝对独立是印度政治行动的目标，并坚持在报纸上宣传这一目标。他是印度第一位有勇气在公共场合这样做的政治家，并立即获得了成功。该党派用"Swaraj"来表达他们的印度独立理想，并很快在各地传播开来。但在后来的国大党拉合尔（Lahore）[2]会议上，这一提法被民族主义党派进行了重组和革新，转而被视为国大党的理念。

《向祖国致敬》为印度制定了新的政治纲领，即民族主义党纲领：不合作、消极抵抗、斯瓦德西、抵制英货、国民教育、通过民间仲裁解决法律纠纷等，以及室利·阿罗频多的其他观点。室利·阿罗频多发表了一系列关于消极抵抗和革命政治哲学的文章，还撰写了许多文章抨击温和派领导人那些迷信的陈词滥调，比如相信英国的

---

[1]　达达拜·纳奥罗吉：印度民族解放运动早期最著名的活动家。

[2]　在 1929 年 12 月的国大党拉合尔会议上，首次通过了将印度的完全独立作为目标的决议。——原注

正义和他们给予印度的好处、信任英国法院、相信外国政府对印度学校和大学所提供的充分的教育。他大声疾呼，反复指出外国政府统治的恶果，比如社会进步缓慢、停滞，甚至衰落、经济依赖、工业匮乏、人民贫困，等等。他还特别强调，即便外国统治是仁慈的、有益的，也不能取代自由和健康的国民生活。

在这种宣传的帮助下，民族主义者的思想在各地都获得了支持，特别是在温和派的主要阵营旁遮普邦。《向祖国致敬》改变了民众思想，为印度的革命做了思想准备，其影响力在新闻史上几乎是独一无二的。但《向祖国致敬》的财务状况非常艰难，因为激进派仍然是穷人的政党。在室利·阿罗频多负责时，他努力获取外部支持来维持正常运行，但无法如他所愿壮大这份报纸。当他被捕并被监禁一年后，《向祖国致敬》的经济状况陷入走投无路的境地。室利·阿罗频多一直小心翼翼地处理《向祖国致敬》的社论文章，不涉及煽动反抗和任何对报纸的存在造成致命威胁的过激言论。《政治家日报》（ The Statesman ）[①]的一位编辑抱怨说，《向祖国致敬》的字里行间都充斥着显而易见的煽动、反抗的意味，但却写得如此巧妙，让政府无法对其采取任何法律行动。但最后，由于财务原因，他们决定这份报纸应该光荣地停刊而不是穷困致死，于是他们委托贝乔伊·查特吉写一篇会使政府下令停刊的文章。这一谋划成功了，《向祖国致敬》的生命在室利·阿罗频多缺席的情况下被终结了。

在被政府严厉镇压并中断之前，民族主义纲领只实施了一部分，其中最重要、最实用的是"斯瓦德西"和抵制英货。为了更好地展开

---

① 《政治家日报》：印度的一份综合日报，创立于 1875 年，在印度的四个地方出版。

"斯瓦德西"运动，他们做了很多工作，并开始了一些尝试，随着时间的推移，成果逐渐得以显现。室利·阿罗频多希望，这部分运动不应只在理念上传播，还应有一个切实可行的组织和有效的武装力量。他从巴罗达写信询问是否有可能引入实业家和制造商，以及获得土地大亨的财政支持，去创建一个组织，让具有工商能力和经验的人（而不是政治家）设计政策的执行方法并指导运营。但他被告知这是不可能的，实业家和土地大亨们都太胆小了，不敢参加运动，而大商人只对进口英国商品感兴趣，因此站在了另外一边。所以他不得不放弃组织"斯瓦德西"运动和抵制英货的想法。

提拉克和室利·阿罗频多都赞成有效抵制英国商品，但仅限于英国商品，因为国内几乎没有什么东西可以替代外国商品，他们建议用德国、奥地利和美国的商品，以便最大程度地对英国施加压力。他们希望抵制成为一种政治武器，而不仅仅是对"斯瓦德西"运动的声援，但全面抵制所有外国商品是一个不切实际的想法，国大党决议中建议了抵制的适用范围，但非常有限，少得可怜，在政治上起不了什么作用。抵制运动是为了在重要行业、必需品生产以及印度拥有天然资源的制造业生产中实现国家自给自足，但完全自给自足或经济独立似乎不切实际，甚至不可取，因为自由的印度也需要出口商品，并需要进口来满足国内消费并维持国际交流。但是，抵制所有外国商品的热情是如此普遍且呈席卷之势，领导人不得不顺应民众的呼声，接受抵制运动给"斯瓦德西"理念所带来的助推。

国民教育是室利·阿罗频多非常重视的另一领域，他一直以来都非常厌恶英国在学校、学院和大学中提供的教育体制，作为巴罗达学院的教授，他对此深有体会。他认为这种体制中狭隘的信息和机械性的指令破坏了印度人的独创性和生产力，束缚了印度人天生的敏捷、聪明和灵活的智力，使他们变得迟钝和贫乏，并养成不良的智力习惯。国民教育运动开局良好，在孟加拉建立了许多国民学校，许多有才能的人成为教师，但发展仍然不够充分，学校的经济状况岌岌可危。室利·阿罗频多曾决定亲自参与这场运动，看看是否能建立更强大的基础并扩张，但在他离开孟加拉后，这个计划便中断了。在镇压和由此引发的大萧条中，大多数学校都没能生存下来，但这一理念已生根发芽，假以时日，一定会发展出合适的形式和主体。

人民法院的想法在一些地区被采纳并付诸实施，虽有成功的例子，但同样也在这场风暴中消亡了。志愿者团体则具有更强的生命力，生存下来并得到了壮大和显著发展，其成员在争取自由的斗争中一直是行动先锋。

民族主义运动中最纯粹的政治火种一直在延续，每一次镇压和萧条之后，独立解放运动鲜明的生命力总是可以重新焕发，并在近五十年的斗争中历久弥新。室利·阿罗频多在那些年所做的最伟大的事情，就是在这个国家创造了一种新的精神，随着"向祖国致敬"的呐喊声响彻万里，人们在席卷四方的热情中感受到激情、勇气、团结和希望所带来的荣耀，旧的冷漠和胆怯被打破，新的坚不可摧的力量一次又一次地崛起，直到带领印度开启了一场彻底的胜利。

在《向祖国致敬》事件之后，室利·阿罗频多成为孟加拉公认的民族主义领袖。他领导该党派参加了在米德纳普尔（Midnapore）

举行的地区会议①，会上两派之间发生了激烈的冲突。他第一次作为发言人，公开走上政治舞台，在苏拉特的大型会议上发表讲话，主持了民族主义者会议。在返回加尔各答的路上，他在几个地方停留，并在集会上演讲。② 他再次领导该党参加了在胡格利（Hooghly）举办的省会议③。在这次会议中，民族主义者首次占据优势，在代表中占多数席位。在主题委员会中，室利·阿罗频多拒绝接受温和派的改革计划，指责其既不充分也不实际。最后，温和派的决议失败，室利·阿罗频多的决议得以通过，但温和派领导人以退出会议作为威胁。为了避免分裂，室利·阿罗频多同意了温和派的决议，但在公开会议上解释了他的决定，并要求民族主义者们默认这一决定，以保持孟加拉政治力量的某种团结。民族主义代表们一开始得意扬扬，吵吵嚷嚷，但后来接受了室利·阿罗频多的决定，并在室利·阿罗频多的示意下安静地离开了会议大厅，这样他们就不必投票支持或反对温和派的决议。这引起温和派领导们极大的惊讶和不安，他们大吵大闹地抱怨说，人们拒绝倾听他们这些久经考验的老领导的意见，但在一个年轻的政治新手的要求下，他们却像一个集体一样遵守纪律，保持沉默。

　　大约在此期间，室利·阿罗频多决定接管孟加拉的一份日报《九种沙克提》（*Nava Shakti*），并从与妻子和妹妹同住的位于斯科特

---

① 米德纳普尔：位于印度西孟加拉邦的一个城市。1907 年 12 月，国大党在米德纳普尔举行了地区会议，历史上称为"米德纳普尔会议"。——原注
② 本段前四句中所叙述的事件发生在 1907 年下半年到 1908 年初之间。——原注
③ 1909 年 9 月，国大党在胡格利召开的孟加拉省会议，历史上称为"胡格利会议"。——原注

巷的出租屋搬到了日报的办公室居住。一天凌晨,警察拿着左轮手枪冲进了他的房间,逮捕了睡梦中的他。于是,室利·阿罗频多还没来得及开始他新的冒险事业,就被带到警察局,然后被带到阿利普尔监狱,在地方法官的调查和阿利普尔地审法院审判期间,他在那里待了一年。

图 10 室利·阿罗频多被捕入狱,1908 年 5 月

图 11 阿利普尔监狱,室利·阿罗频多在此单独牢房内觉悟到宇宙意识(Cosmic Conciousness)

　　一开始他被关在一间单独的牢房里,但后来被转移到监狱的一个大区,和同一案件的其他囚犯同住在一个大房间内,在这一时期,室利·阿罗频多结识了同案的大多数被告。后来,监狱里的一名囚犯被暗杀,所有的囚犯都改为被关在单独但相邻的牢房里,只

能在法庭上或日常活动中见面，不能交谈。在监狱里，他将几乎所有的时间都用来阅读《薄伽梵歌》（*Bhagavad Gītā*）[1]和《奥义书》（*Upanishads*）[2]，专注冥想以及练习瑜伽，甚至在和其他囚犯住在一起的时候也是如此。当时他没有机会独处，不得不习惯于在谈笑、嬉闹和喧嚣的环境中冥想，在单独囚禁的时期，他则充分利用了这一机会。在法庭上，被告们都被关在一个大囚笼里，他一整天都在沉思冥想，很少关注庭审，也几乎不听证词。C.R.达斯[3]是他的民族主义合作者之一，也是一位著名的律师，他放下大量其他工作，几个月来一直致力于为室利·阿罗频多辩护。室利·阿罗频多将案件完全交由他处理，不为此耗费心力，也得到了内部消息，知道自己会被无罪释放。

在此期间，室利·阿罗频多的人生观发生了根本性的变化，他学习瑜伽的初衷是为了获得精神力量和能量，并为自己的生活和工作提供神圣指引。现在，随着内在精神生活和自我实现的深度和广度与日俱增，他完全被内在的工作所占据，而外部工作只是内在的一部分，或是结果而已。也许之前，他对内在的精神生活只是窥其一二，但现在，内在精神生活已超越服务并解放国家的外在行动，成为他的至高目标。

---

① 《薄伽梵歌》：简称为《歌》（*Gītā*），印度教的重要经典与古印度瑜伽典籍，是印度两大史诗之一《摩诃婆罗多》中的第六篇。

② 《奥义书》：印度古典哲学典籍，《吠陀》的最后一部分，记载印度教历代导师和圣人的观点。《奥义书》在很大程度上是后来印度哲学的基础。

③ C.R.达斯：指吉德伦金·达斯，加尔各答的一名律师，后来进入政界。

图 12 室利·阿罗频多在阿利普尔监狱的单独牢房内冥想

　　出狱后，室利·阿罗频多发现国家的整个政治面貌都发生了变化，大多数民族主义领导人或是被捕入狱，或是自我流放，虽仍心系祖国，但在日益加剧的镇压下，大家普遍感到沮丧和消沉。室利·阿罗频多决心继续斗争，他每周都会在加尔各答召开大会，以前有热情洋溢的数千人参加，现在只有几百人，曾经的规模和活力不复存在。他也到各个地区发表演讲，其中一次在乌塔尔帕拉（Uttarpara）[1]，他第一次公开谈论自己的瑜伽和精神体验。他还创办了两份周刊，一份是英文版的《行动瑜伽士》，另一份是孟加拉文版的《达摩》，都有很大的发行量，与《向祖国致敬》不同，这两份周刊的资金不成问题，可以自给自足。

---

[1]　乌塔尔帕拉：印度西孟加拉邦城市。

图 13《行动瑜伽士》封面（英文版）　　　　图 14《达摩》封面（孟加拉文版）

　　1909 年，室利·阿罗频多参加了在胡格利召开的国大党省会议并发表讲话，在取代了国大党的中央温和派机构里虽然没有民族主义党派的代表，但由于之前在巴布纳（Pabna）①达成的妥协，两党派都参加了这次会议，并没有完全分裂。室利·阿罗频多和其他一两位民族主义领导人出席了苏伦德拉·纳特·班纳吉（Surendra Nath Banerji）②召集的一次私人会议，讨论在拉合尔会议③上联合两党派共同打击温和派右翼势力的计划。苏伦德拉一直梦想再次成为团结的

---

① 1908 年 2 月国大党在孟加拉东部城市巴布纳召开的孟加拉省会议。——原注
② 苏伦德拉·纳特·班纳吉（1848—1925）：印度民族解放运动早期著名的活动家，国大党温和派领袖。
③ 指 1909 年 12 月国大党在拉合尔举行的会议，此次会议讨论了国大党内部不同党派的联合问题。——原注

孟加拉邦的领袖，以激进派政党作为他强有力的左膀右臂，但这将意味着民族主义党要接受孟加拉温和派的代表任命，以及在苏拉特强推的宪法。室利·阿罗频多表示拒绝，他要求修改宪法，使新成立的联盟能够选举代表，这样民族主义者可以作为独立派代表参加全印会议（All-India session），谈判就此破裂。室利·阿罗频多开始考虑如何在当前变化的环境下重振民族运动，他看到了重启英国政府无法镇压的地方自治运动的可能性，事实上，贝赞特夫人（Mrs. Besant）[1]后来也意识到了这点，但这意味着印度独立理想的推迟和退步。室利·阿罗频多也考虑过组织激进的消极抵抗运动的可能性，也就是后来甘地采取的策略，但他认为自己不会成为这一运动的领导者。

他拒绝与当时政府所宣扬的虚假改革有任何瓜葛，并始终高举"不妥协"的旗帜，正如他在《行动瑜伽士》上发表的《致同胞的公开信》中所说，"无控制不合作"（no co-operation without control）。除非将真正的政治、行政和财政控制权交给代表大会选出的民选部长们，否则他不会理会英国政府的任何提议。但他一直看不到希望，直到蒙塔古改革（Montagu Reforms）[2]方案的出现，他才第一次隐约看到一直以来所争取的东西。当时，他已预见英国政府将不得不做出让步，尝试满足国民心声，但那一刻真正到来之前，他不抱有

---

[1] 贝赞特夫人：指安妮·贝赞特夫人，19世纪著名的社会改革家及精神领袖。1917年任印度国大党主席。

[2] 蒙塔古改革：1918年7月，英国政府为平息印度国内高涨的民族主义情绪，迫于形势发布进行改革的报告书。因报告由英国印度事务大臣蒙塔古（Edwin Samuel Montagu）和印度总督切姆斯福德（Lord Chelmsford）提出，故又名蒙塔古-切姆斯福德改革。

任何希望。蒙塔古改革方案是在室利·阿罗频多隐退到本地治里九年后才发布，当时他已经放下了所有公共政治活动，专注于精神工作，只通过他的精神力量在印度运动中发挥作用。克里普斯[①]提案（Cripps' Proposal）和一系列事件之后，英国政府与印度领导人之间开启了真正的谈判，这些都印证了室利·阿罗频多的预见。

与此同时，政府将室利·阿罗频多视作在推行镇压政策中令人头疼的障碍，决意摆脱他，由于无法将他送去安达曼群岛（Andamans）[②]，便决定将其驱逐出境。尼薇迪塔修女（Sister Nivedita）[③]知道了这个消息，她通知室利·阿罗频多赶紧离开英属印度，从外围展开工作，以避免革命停止或完全中断。室利·阿罗频多在《行动瑜伽士》上发表了一篇署名文章，其中谈到了递解出境的计划，声称离开这个国家是他最后的意愿。他确信这会打消政府的想法，事实证明确实如此。

驱逐出境计划失败后不久，政府一直伺机以煽动叛乱罪起诉他。当室利·阿罗频多在《行动瑜伽士》上发表了另一篇评论政治局势的署名文章后，政府仿佛嗅到了机会。但其实这篇文章的语气非常温和，后来高等法院不认为其具有煽动性，并宣判出版方无罪。一天晚上，室利·阿罗频多在《行动瑜伽士》办公室突然收到消息，政府要搜查办公室并逮捕他。正在考虑如何处理时，他突然接到来自上方（from above）的指令，让他去法属印度的金德讷格尔。他立刻听从指令，这是他现在的行动原则——只听从神圣指引而行动，绝不反抗和违背神圣意志。他没有与任何人商量，在十分钟内赶到恒河

---

① 克里普斯：指斯塔福德·克里普斯爵士，20世纪上半叶的英国工党政治家。
② 安达曼群岛：孟加拉湾与安达曼海之间的岛群，属印度。
③ 尼薇迪塔修女（1867—1911）：爱尔兰修女，印度宗教改革家，辨喜的女弟子。

边的码头，找了艘船，几个小时后便抵达金德讷格尔，去了那里的秘密住所。他给尼薇迪塔修女传递了一条信息，请她在自己不在的时候担任《行动瑜伽士》的编辑工作，他与这两份期刊的关系就此画上了句号。

在金德讷格尔，他完全沉浸在独自的冥想中，并停止了所有其他活动。后来他再次得到启示，要他去本地治里。乌塔尔帕拉的一些年轻革命分子驾船把他带到了加尔各答，在那里，他登上了杜普莱号（Dupleix），于 1910 年 4 月 4 日抵达本地治里。

到本地治里后，室利·阿罗频多完全投入瑜伽修习中，他不再参与任何公开的政治活动，多次拒绝了主持重新恢复的印度国大党会议的请求。他定下规矩，不公开发表任何与他的精神活动无关的言论、著作或文章，除了后来在《雅利安》上所写的内容。有几年的时间，他通过一两个人与曾领导过的革命力量保持一些私人联系，但一段时间后，他中断了这一联系，完全放弃以任何形式参与政治。随着对未来愿景的逐渐清晰，室利·阿罗频多坚信，随着印度革命力量的发展，印度的最终独立是确定不移的。在印度反抗力量和国际形势的压力下，英国最终将被迫承认印度的独立，尽管还有不甘的顽抗，但形势已经在朝着这个方向发展了。所以他认为，没有必要进行武装起义，在不损害民族主义事业的情况下，可以放弃准备秘密武装起义的计划，但仍要保持毫不动摇的革命精神。鉴于此，他本人对政治的干预就没那么必要了。

除此之外，摆在他面前的精神工作的重要性也日渐清晰，需要对其倾注所有精力。因此，在修道院成立后，他让修道院远离所有政治行动，即使后来，他曾在特殊情况下两次干预政治，但均出于个人名义，与修道院无关。英国政府和许多人都无法相信室利·阿罗频多停止了一切政治活动，猜测他仍在秘密参与革命活动，甚至在法属印度的保护下成立了一个秘密组织。但这些纯属子虚乌有的臆想和谣言。他从政治活动中完全隐退，与世隔绝，正如他在1910年隐退一样。

但这并不意味着，也不是很多人想象的那样，室利·阿罗频多的精神体验已经达到了某种高度，他不再对世界和印度的命运有任何兴趣。他的瑜伽的根本原则是不仅要实现神性，达到圆满的精神意识，还要将所有生命和世间活动纳入这一精神意识和行动的范畴，将生活建立在精神之上，赋予其精神意义。隐退期间，室利·阿罗频多密切关注着印度和世界所发生的一切，必要时都会积极干预，以精神力量和无声的精神行动来干预，这是那些在瑜伽中取得长足进展的人的修习体验的一部分。在物质世界中，除了心思、生命和身体的普通力量和活动之外，还有其他力量在背后、在上方发挥着作用。有一种精神动力，具有高阶精神意识的人可以掌控它，尽管不是所有人都想拥有或拥有后愿意使用这种力量，但这种充满活力的力量的确比任何其他力量都更强大，更有效。室利·阿罗频多获得了这种力量并开始使用它，起初只用在个人工作上，随后持续作用在世界范围内。他对这些结果感到满意，认为没有必要再采取任何其他行动。

不过，还是有两次，他认为应采取公开行动。第一次公开行动与第二次世界大战有关，起初，他并没有过多的担心，但当希特勒（Hitler）似乎要粉碎所有反对他的势力，纳粹主义（Nazism）就要统治世界时，他开始介入，公开宣称自己站在同盟国一边，响应募集资金的呼吁，捐款捐物，并鼓励那些向他寻求建议的人参军或参与战争。自敦刻尔克（Dunkirk）那一刻起，他就用自己内在的精神力量支持盟军，当时所有人都以为英国会沦陷，希特勒会取得最终胜利。而他欣慰地看到，德国的胜利戛然而止，战争开始朝相反的方向发展。他之所以这样做，是因为他看到希特勒和纳粹主义的背后是黑暗的阿修罗①力量（Asuric forces），他们的得逞将意味着人类被邪恶的暴政所奴役，是人类整体进化，特别是精神进化的倒退，这会导致纳粹不仅对欧洲，甚至对亚洲的奴役。在印度，这种奴役将比这个国家所经历的任何一次奴役都要可怕，印度人民为解放所做的一切努力也将付诸东流。正是这一原因促使他公开支持克里普斯提案，并敦促国大党领导人接受这一提案。

由于种种原因，他没有用自己的精神力量干预日本的侵略，直到日本打算公然进攻、侵略和征服印度。他允许公开发表他的一些支持战争的信件，以表明他对希特勒主义的恶魔本性和其必然结果的看法。他支持克里普斯提案，因为通过该提案，印度和英国可以团结起来，共同对抗阿修罗力量，并帮助印度逐步走向独立。谈判失败后，室利·阿罗频多又回到依靠自身精神力量单独对抗侵略者的状态，他欣然地看到，日本曾经席卷一切的胜利浪潮旋即转变为一场迅速被摧毁的彻底溃败。一段时间后，他也很高兴地看到自己对印度未来的预见得到了验证，无论有怎样的内部困难，印度最终都将走向独立。

写于 1946 年 11 月 7 日，1948 年修订出版

---

① 阿修罗：吠陀教和印度教神话中具有魔法力量的地界人物，与天神为敌。

《印度教之光》

室利·阿罗频多在脑海中反复思考这些事情，不停地阅读、写作和思考。难道不能做些什么吗？难道他不能在孟加拉广大的社会中找到为祖国效力的机会吗？

他在英国时就已下定决心，要一生致力于报效祖国，解放印度。回到印度后，他很快开始在《印度教之光》上就政治问题发表匿名文章，试图唤醒国民对未来的看法。但当时的领导人对此很是反感，阻挠这些文章继续发表，室利·阿罗频多只好沉默。但他没有放弃自己的想法，仍对革命行动充满希望。

* *

"辞旧迎新"系列发表在《印度教之光》，是关于印度文明的。

这个标题不是指印度文明，而是指国大党政治。文章不是在讲阿拉丁的故事，而是在暗示应用新灯取代国大党陈旧的、微弱的改革之光。

* *

据说，室利·阿罗频多是被拉纳德（Mahadeo Govind Ranade）说服，停止了向《印度教之光》投稿。

事实是，在看了最早的两篇文章后，拉纳德打电话给报纸的业主，称这些文章是关于革命的，会有危险，当局可能因此对该报提起煽动叛乱的诉讼。业主被吓坏了，要求编辑德什潘德停止该系列文章。最后的结论是，比较温和的文章是可以继续发表的，文章语气要和缓，内容要更具学术性。作品被打压后，室利·阿罗频多对投稿一事也没了兴趣，间隔很久才发一些内容，最终不再投稿了。

当时，拉纳德是室利·阿罗频多唯一的联系人，他们见了一面，拉纳德建议室利·阿罗频多写一些特别的主题，比如监狱改革，也许当时他已经预感到这位作家很快就会有关于监狱的亲身经历，成为这个主题的专家吧！

【另一个版本】关于在《印度教之光》发表文章的事实是这样的：这始于阿罗频多在剑桥的朋友，《印度教之光》的编辑德什潘德。前两篇文章引起轰动后，吓坏了拉纳德和其他国大党领导人，拉纳德警告报纸的业主，如果这样下去，他肯定会因煽动叛乱而被起诉。因此，在业主的要求下，该报只得放弃这个系列的最初计划。德什潘德要求室利·阿罗频多以修改后的基调继续发表文章，室利·阿罗频多虽勉强同意，但对此已无兴趣，后来的文章都间隔很长时间才发表，直到最终停发。

* *

当局反对他的爱国活动。

指的是巴罗达当局吗？室利·阿罗频多并不知道巴罗达当局反对他的言论或著作。他在《印度教之光》发表的文章是匿名的，尽管孟买许多人都知道他是作者。

图15 克沙夫拉奥·迦内什·德什潘德

除此之外，他还在王宫举办的活动中发表了几次演讲，例如接待穆里克医生（S. K. Mullick），但都与政治无关，大多时候，他都是以巴罗达学院联盟主席的身份发言。在离开巴罗达之前，他还主持过一些辩论，从来没有人提出过任何反对意见。在英国剑桥期间，他在印度论坛的聚会上发表了革命性的演说，曾被印度政府列为不良记录。

革命运动的起源

在巴罗达逗留期间，室利·阿罗频多接触了一些有影响力的人物和团体。之后他前往孟加拉，"看看有没有复兴的希望，看看人民的政治面貌如何，是否有可能开展真正的运动"。

可以补充一点，他开始了又一项匿名的工作。正是在这个过程中，他去了孟加拉，"看看有没有复兴的希望"，等等。

* *

他发现孟加拉"蔓延着冷漠和绝望的情绪"。除了等待时机，别无选择。

应该补充一句：他在幕后默默地继续政治工作，公开活动的时机尚未成熟。

他的工作一旦开始就会继续下去，情况允许时，他才会加入公开活动。

* *

即便是室利·阿罗频多所在的勇敢的孟加拉邦，也没有被他铿锵的民族主义誓言所说服。

当时的孟加拉邦并不勇敢，是《向祖国致敬》的誓言和革命活

081

动的高涨改变了那里的人民。

* *

　　他派了一些巴罗达和孟买的朋友去孟加拉，为革命运动做准备。

　　代表他去孟加拉的不是他在巴罗达和孟买的任何朋友，而是一位孟加拉青年。室利·阿罗频多在巴罗达军队的朋友帮助这位孟加拉青年参加了骑兵团，尽管当时英国政府禁止孟加拉人加入印度军队。

　　这位青年精力充沛，能力出众，在加尔各答组建了第一个小组，并迅速发展，后来成立了许多分支。他还与 P. 米特和该省的其他革命分子建立了联系。在这期间，巴林也来到巴罗达，加入了他们的行列。

* *

　　当天的主要人物之一是 P. 米特，他是一位实证主义者。

　　P. 米特有自己的精神生活和抱负，以及强烈的宗教情感，和贝平·帕尔以及孟加拉新民族主义运动的其他几位杰出领导人一样，米特也是著名的瑜伽士比乔伊·戈斯瓦米（Yogi Bejoy Goswami）[1]的弟子，但他没有将这些东西带入自己的政治活动。

* *

　　此时，孟买有一个秘密组织，由乌代普尔（Udaipur）[2]的拉其普特王子（Rajput prince）领导。

　　这位拉其普特不是王子，而是执政首领，他是乌代普尔邦的贵族，是位塔库尔（Thakur）[3]。这位塔库尔不是孟买地方委员会的成

---

① 比乔伊·戈斯瓦米：印度一位伟大的圣哲，一名瑜伽和冥想大师。
② 乌代普尔：印度拉贾斯坦邦的一个城市。
③ 塔库尔：首领或大师（印度刹帝利种姓中的尊称）。

082

员，而是整个运动的领导者，他带领委员会组织马哈拉施特拉邦和马哈拉特邦的运动。他本人主要在印度军队工作，赢得了两三个军团的支持。室利·阿罗频多专程前往印度中部，与其中一个军团的印度军官和士兵会面并交谈。

* *

　　自 1902 年以来，室利·阿罗频多一直希望加入政治斗争，为印度的解放与复兴贡献自己的力量。他举办私人会谈、通信，并向一线领导人施加压力，但到目前为止，他能做的还很有限。

这个看法不正确。他已经与一些激进的领导人组建了政治行动团体 ①，以期在时机成熟时采取行动。只是在这一阶段，他在公开场合所做甚少。

对暴力革命的态度

　　室利·阿罗频多不相信，也不支持暴力革命。

这是不正确的。如果室利·阿罗频多不相信或不支持暴力革命的有效性，他就不会加入以筹备全国暴动为目标的秘密组织。他对

① 这个组织的最初纲领是独立（Swaraj），斯瓦德西和抵制英货。Swaraj 意味着完全独立。"Swaraj"一词最初是由孟加拉马拉地的政论家萨卡拉姆加·迦内什·德斯卡尔使用，他写了一本《该国的故事》，书中讲述了印度经济被奴役的所有细节，对孟加拉的年轻人产生了巨大的影响，并促使他们成为革命分子。这个词被革命党视为理想，并经由布拉玛班达布·乌帕德亚（Brahmabandhab Upadhyaya）编辑的本地语报纸《黄昏》广为人知。在国大党加尔各答大会上，达达拜·纳奥罗吉将其贬低为殖民自治，但使用这种说法的时间不长。室利·阿罗频多是第一个将英文"independence"一词用于对应"Swaraj"的人，并在《向祖国致敬》中不断重申这是当前国家政治的唯一目标。（摘自室利·阿罗频多的笔记）——原注

历史的研究并没有像这里所说的让他"引以为戒"，相反，他饶有兴趣地研究了那些最终引导民族走向解放的革命运动和起义，例如，中世纪法国反对英国人的斗争以及解放美国和意大利的起义。他从这些运动及其领导人身上获得了很多灵感，尤其是圣女贞德（Jeanne d'Arc）[1]和马志尼（Mazzini）[2]。在公开活动中，他将不合作和消极抵抗作为争取独立的斗争手段，但不是唯一手段。在孟加拉，他保持秘密的革命活动，准备一旦消极抵抗失败，即开展公开反抗。

室利·阿罗频多的政治观点

有人认为室利·阿罗频多的政治立场完全是和平主义，他在原则上和实践中反对一切暴力，并谴责恐怖主义、起义等，认为这是违背印度教的精神和教义的，甚至有人认为他是非暴力信仰的先驱。这是非常不正确的，是对室利·阿罗频多错误的看法。

他在《薄伽梵歌论》第一辑中概括说明了自己对这个问题的看法。书中他支持《薄伽梵歌》中"正法之战"（dharmya yuddha）[3]的思想，并批评了甘地关于灵魂力量的思想（尽管没有明确说明）。如果他坚持和平主义的理想，就永远不会在这场战争中支持盟军（或其他任何人），更不用说允许他的一些弟子参军，成为军队里的飞行

---

① 圣女贞德（1412—1431），法国民族英雄，天主教圣人。在英法百年战争中她带领法国军队对抗英军的入侵，最后被捕并被处决，被法国人视为民族英雄。

② 马志尼：即朱塞佩·马志尼（Giuseppe Mazzini，1805—1872），意大利革命家，民族解放运动领袖，意大利建国三杰之一。

③ dharmya yuddha：意为"正义的战争"或"道德战争"，指既遵循正法又遵守公平规则的战争。

员、士兵、医生、电工，等等。书中引用的宣言和声明并不是他的，可能是他的律师提出来的，或更有可能是《向祖国致敬》那些谨慎有余真诚不足的同事写的。

将政治行动限定在消极抵抗的规则中，这在当时被视为民族运动的最佳策略，但这并不是非暴力或和平主义的信仰。和平是人类最高理想的一部分，但和平必须具有精神基础，或至少具有心理基础。如果不改变人性，和平终将遥遥无期，寄希望于任何其他基础（心理原则、非暴力信仰，抑或其他）的和平主义也必将失败，甚至可能更糟。他支持通过国际协定和国际力量来平息战争，这是现在的"新秩序"所设想的，如果这被证明是可能的，那也不是非暴力，而是用法律力量推翻无政府主义力量，人们依然不能确定这是否能带来永久的和平。在各国内部，这种和平已得到了保障，但还不能防止偶发的内战及革命、政治运动爆发和镇压，有时甚至是血腥的，当类似的和平发生在世界范围内时，同样的事情也可能在印度发生。

室利·阿罗频多从未掩饰过自己的观点，即如果一个国家有能力这样做，或别无他法的话，那这个国家有权通过暴力获得自由，是否应该这样做，取决于什么是最好的策略，而不是道德考量。室利·阿罗频多在这件事上的立场和做法与提拉克和其他民族主义领导人相同，他们绝不是和平主义者或非暴力的崇拜者。他们中那些参与革命活动的人，由于不能公开讨论的原因，还不能抛头露面。室利·阿罗频多知晓这一切，并采取了自己的革命路线，但他一直希望待时机成熟时将这些公之于众。

因此，为了还原真相，必须省略或重写那些传递出相反含义的段落。关于当时民族主义活动与室利·阿罗频多的关系，这部分无须再说。

尼薇迪塔修女

尼薇迪塔修女于 1904 年应巴罗达大君的邀请来到巴罗达。

我不记得她是否被邀请，但我想她是作为国宾来到巴罗达的。卡塞罗和我去车站接了她。

* *

室利·阿罗频多和尼薇迪塔修女谈到了罗摩克里希纳和辨喜。

我不记得尼薇迪塔和我谈过关于灵性的话题，或是谈过罗摩克里希纳和辨喜，我们谈到了政治和其他话题。在从车站到城里的路上，她看到学院大楼惊呼起来，认为那座建筑着实丑陋，圆顶看上去头重脚轻，但她称赞了旁边的达兰萨拉（Dharmashala）①。卡塞罗看着她，觉得她的想法有点奇怪。当时我非常着迷于她写的《卡利母亲》（*Kali the Mother*）②一书，我想我们谈到了这一点。她听说我崇尚力量，觉得我和她一样，属于秘密革命党。她与大君见面时我也在场，她请求大君支持秘密革命，并说可以通过我与她联系。大君非常狡诈，不会投身如此危险的事业，更从未与我谈论过此事。我记得的就是这些了。

* *

室利·阿罗频多被斯瓦米·辨喜的言论传达出的爱国热情所感染，例如辨喜题为《吠檀多的使命》的演讲。

---

① 达兰萨拉：供朝圣者免费居住的房子。
② 卡利：又译迦梨、迦利、时母，是印度教的一个重要女神，代表死亡、时间和世界末日。卡利是湿婆神的妻子帕尔瓦蒂的化身，体现沙克提能量。

室利·阿罗频多并不知道这一演讲，也不了解辨喜的任何政治活动。他只是偶然听说辨喜强烈的爱国情怀鼓舞了尼薇迪塔修女。

《巴瓦尼·曼迪尔》

《巴瓦尼·曼迪尔》（*Bhawani Mandi*）[①]是室利·阿罗频多写的，但其内容更多是巴林的想法。它不是教导人民采取暗杀行动，而是为国家革命做准备。就室利·阿罗频多而言，他很快就放弃了这个想法，但巴林在曼尼克塔拉花园（Maniktala Graden）[②]尝试过这一想法，汉姆钱德拉指的显然是这一点。

＊ ＊

有人试图找一个地方，可以实施"巴瓦尼·曼迪尔"这一想法，后来该计划被取消了。

室利·阿罗频多不记得有此类事情，也不记得有过任何正式决定要中止"巴瓦尼·曼迪尔"计划。关于地点和负责人的选择，肯定只是巴林的想法而已，他曾深入山林，试图找一个合适的地方，但染上了高山热，不得不放弃并返回巴罗达。随后他回到孟加拉，但室利·阿罗频多没听说他发现了什么合适的地方。斯瓦米·萨卡里亚（Sakaria Swami）是巴林的导师，他曾是兵变中反抗方的一名士兵，在国大党苏拉特大会开幕时表现出强烈的爱国主义情绪，但过

---

① 《巴瓦尼·曼迪尔》：室利·阿罗频多于1905年写的一个宣传册，激励印度人民的爱国热情，号召人们为印度的自由而战。其中一个想法是在深山里建立一个叫作"巴瓦尼·曼迪尔"的秘密革命组织。

② 曼尼克塔拉花园：印度西孟加拉邦北加尔各答的一个住宅区。

激的情绪却唤醒了曾被疯狗咬伤留在他体内的毒素，这些毒素原本通过他的瑜伽意志可以控制，现在却让他丢了性命。室利·阿罗频多不会选择这样的人来管理革命组织的政治工作。"巴瓦尼·曼迪尔"计划很自然地终止了，室利·阿罗频多也没有再考虑此事，但巴林一直坚持这个想法，试图在曼尼克塔拉花园做小规模尝试。

印度国民大会党：温和派和激进派

艾伦·休谟（Allan Hume）[①]创立了印度国民大会党（The India National Congress），扮演了英国和印度精英阶层之间中间人的角色。

当时，国大党很难认可或是承认自己是"中间人"这种说法，英国政府也不认同这一点，他们并不喜欢这个组织，想尽办法视而不见。此外，室利·阿罗频多也完全反对由他代表国家与英国政府有任何接触。他认为国大党的政策只是徒劳的请愿和抗议，只有自治、不合作和组织全国所有力量进行革命行动才是唯一有效的政策方针。

* *

室利·阿罗频多和所有同胞一样，非常尊重戈卡尔（Gokhale）[②]……

【更改为】和所有同胞一样，室利·阿罗频多不会忘记戈卡尔思想和品格中的闪光点。

按指示更正。在行驶于艾哈迈达巴德和巴罗达间的火车上，室利·阿罗频多与戈卡尔交谈了一个小时。交谈后，除（认可）戈卡

---

① 艾伦·休谟：英国人，印度国大党之父。
② 戈卡尔：即戈帕尔·克里什纳·戈卡尔，印度国大党早期活动家，"温和派"领导人。

尔个人的优秀品质以外，室利·阿罗频多并没有对作为政治家的他持很大的尊重。

＊　＊

1904 年，国大党成立了一个激进派分支，其成员期待在同年 12 月孟买举行的会议上粉墨登场。

不清楚这句指的是什么。1904 年激进派还未公开成立，尽管国大党中有一个较为激进的部门，在马哈拉施特拉邦势力很强大，但在其他地方仍然势单力薄。这个部门主要由年轻人组成，有时在幕后会有争执，但从未走入公众视野，这些持激进观点的年轻人甚至算不上一个有组织的团体。1906 年，正是室利·阿罗频多说服了孟加拉的这个团体，作为一个党派公开立场，宣布提拉克为他们的领导人，并与温和派领导人就国大党的控制权、国家的公众舆论和行动展开争夺。两党之间第一次重大的公开冲突发生在加尔各答的国大党会议上，室利·阿罗频多当时在场，但仍从事幕后工作。第二次冲突发生在米德纳普尔的地区会议上，室利·阿罗频多首次公开担任孟加拉民族主义者的领导人，最后一次决裂发生在 1907 年的苏拉特大会上。

巴里萨尔会议和《新时代》

在 1906 年 4 月的巴里萨尔会议上。

室利·阿罗频多参加了巴里萨尔会议，在被警方驱散的游行队伍中，他在三人组成的第一排^①。会议结束后，他陪同贝平·帕尔走访了东孟加拉，不顾地方治安官的禁令，在那里举行了许多会议。

＊　＊

　　除室利·阿罗频多之外，还有其他民族主义新理念的狂热传播者，特别是布拉玛班达布·乌帕德亚、布彭德拉纳特·杜特（Bhupendranath Dutt）和室利·阿罗频多的弟弟巴林德拉·库马尔·高斯（Barindra Kumar Ghose）。

　　为真实起见，布彭德拉纳特·杜特这个名字应该省略。布彭·杜特当时在《新时代》办公室里默默无闻，不会写任何重要的东西，只是革命队伍中的普通新人，完全无法领导任何人，包括他自己。当警察搜查该报办公室时，他挺身而出，虚张声势地声称自己是编辑，其实并不然。事后，他想为自己辩护，但作为一份主张武装暴动的革命报纸，《新时代》不能这样做，必须拒绝在英国法庭上申辩。由于一直坚守这个立场，《新时代》的声望大振。后来布彭被判了刑，刑满后他去了美国，这是当时他"成名"的唯一由头。

　　《新时代》的真正编辑或作家（因为没有任命编辑）是巴林、乌朋·班那吉（Upen Banerji，也是《向祖国致敬》的副主编）和德瓦布拉塔·博斯。德瓦布拉塔·博斯在阿利普尔案中被无罪释放，随后加入了罗摩克里希纳传道会（Ramakrishna Mission），成为阿尔莫拉（Almora）著名的十六位桑雅士（Sannyasi）^②之一，并为传道会的

---

① 据官方记载和当时的报纸，巴里萨尔会议中第一排的三人是苏伦德拉·纳特·班纳吉、布彭德拉·纳特·博斯（Bhupendra Nath Bose）和莫提拉尔·高斯（Motilal Ghose）。——原注。莫提拉尔·高斯是《甘露市场报》的编辑。——译者注
② 桑雅士：古鲁（精神领袖、灵性导师）的信徒，印度教的遁世者。

期刊撰稿。乌朋和德瓦布拉塔都是孟加拉语散文大师，正是他们和巴林的作品为《新时代》赢得了无与伦比的知名度。这些都是事实，只是无须再提布彭的名字了。

图 16 巴林德拉·库马尔·高斯, 1908 年 5 月

孟加拉国民学院院长

　　孟加拉国民学院是……成立，室利·阿罗频多任院长。但是（他的民族主义活动）并不受管理层的欢迎，室利·阿罗频多就此辞去了该职位。

早期，他将学院工作留给教育家萨蒂什·穆克吉（Satish

Mukherjee）后，便投身政治活动了。当《向祖国致敬》案对他提起诉讼时，为了不让学院难堪，他辞去了职务，但在被判无罪后又恢复原职。在阿利普尔案中，他应学院的要求最终辞职。

现在（从孟加拉国民学院辞职后），室利·阿罗频多可以自由地与民族主义党及《向祖国致敬》积极联系了。

如上所述，早在最终辞职之前就已经是这样了。

＊　＊

看来，他全权负责学院时，曾经每周讲课十小时，除了英国文学外，他还教授英国、希腊和罗马历史。

不正确，应删除。

创办《向祖国致敬》

现在，室利·阿罗频多在加尔各答如鱼得水。他放弃了巴罗达的工作、稳定的薪水和令人羡慕的前途，他要不顾一切地陷入危险和未知的境地吗？……

室利·阿罗频多于1904年和1906年出席了国大党会议，参与了激进派政党的顾问工作，以及四重纲领的制定：独立、斯瓦德西运动、抵制英货、国民教育（National Education）。两派在幕后进行了激烈的斗争，温和派领导人被迫将这些纲领纳入了1906年的决议。

贝平·帕尔刚刚创办了一份日报《向祖国致敬》，口袋里只有500卢比。室利·阿罗频多担任了该报的联合编辑，在贝平·帕尔缺席期间负责该报，并促成民族主义党将此报作为官方报纸并提供资助。他召集了一次党内领导人会议，会议决定放弃与温和派的幕后博弈，转而公开宣战。对国家而言，这无疑是一场革命动员。此后一段时间，他放弃了巴罗达的工作，开始了无限期的无薪休假，出于这个原因，他没有公开正式担任《向祖国致敬》的编辑，但在贝平·帕尔离任后，的确是由室利·阿罗频全权负责该报的方针政策。

＊ ＊

《向祖国致敬》创立于 1906 年 8 月 7 日，1906 年 10 月 18 日宣布成立股份公司，1906 年 8 月至 10 月，贝平·帕尔担任编辑。

贝平·帕尔用哈里达斯·哈达尔（Haridas Haldar）捐赠的 500 卢比创办了《向祖国致敬》。他请我帮忙当助理编辑，我同意了。我在加尔各答召集了一次民族主义领导人的私人会议，他们同意将《向祖国致敬》作为党报，苏博德·穆里克和尼罗德·穆里克（Nirod Mullick）是主要的财政支持者。虽然筹划并成立了一家公司，但该报主要是由苏博德资助并维持的。贝平·帕尔得到了 C.R. 达斯等人的大力支持，继续担任编辑，赫门德拉·普拉萨德·高斯和希亚姆·桑达尔·查克拉瓦蒂加入了编辑团队，但他们很难与贝平先生共事，并得到了穆里克们（Mullicks）的支持。贝平·帕尔最终不得不退出，我不记得是 11 月还是 12 月了，可能是在 12 月。我那时在莫特巷的岳父家中，病得很重①，所以并不知道发生了什么。在未经我同意的情况下，他们将我的名字作为编辑登在报纸上，我与报纸的干事严词交涉，要求他们拿掉我的名字，还就此事给苏博德写了一封措辞强硬的信。从那时起，贝平·帕尔就与《向祖国致敬》没有任何关联了。有人说在我因阿利普尔案被捕后，贝平恢复了编辑

---

① 1906 年 11—12 月间。

工作，我从未听说过此事。出狱后，贝乔伊·查特吉告诉我，希亚姆·桑达尔、赫门德拉和他本人仍以某种方式继续经营着该报纸，但财务上举步维艰，所以他故意写了一篇文章，让政府谴责该报并下令停刊，这样《向祖国致敬》便能在掌声和名誉中体面地停刊。

《向祖国致敬》的政治方针

室利·阿罗频多也试图通过其他形式笼络印度和英国的民心……《维杜拉》①……出现在《向祖国致敬》第二期中，其中还包括阿吉特·辛格（Ajit Singh）②在被捕前夕和一位英国人的一段"未公开的对话"。其中另一条鼓舞人心的新闻是……

作为一名政治家，室利·阿罗频多的原则之一便是永远不去讨好英国人，他认为这属于乞丐政策。这些文章和页面上的其他内容［讽刺诗、仿作等，当然不是《维杜拉》和《珀尔修斯》（Perseus）③］是希亚姆·桑达尔·查克拉瓦蒂的作品，不是室利·阿罗频多的。希亚姆·桑达尔是一个诙谐的仿作家，文笔幽默，也很有说服力。他有时模仿室利·阿罗频多的风格，许多人无法区分他们的作品。阿罗频多不在加尔各答的时候，除了他从德奥古尔发来的那些社论外，《向祖国致敬》的大部分社论都出自希亚姆·桑达尔之手。

* *

他在思考如何用政治洗去仇恨……

---

① 维杜拉：印度史诗中一个英勇的刹帝利女人。

② 阿吉特·辛格（1881—1947）：印度爱国主义者、革命家。

③ 珀尔修斯：古希腊神话故事中的英雄人物。

室利·阿罗频多从未将任何仇恨带入自己的政治活动。他对英国或英国人民从未有过任何仇恨，他对印度自由的主张基于固有的自由权利，而不是对政府管理不善或压迫的指控。如果他猛烈地抨击他人，也是针对他们的观点或政治行动，而不是出于任何其他动机。

《向祖国致敬》煽动案

1907年早些时候，他因担任《向祖国致敬》的编辑，并以《新征程》为题为该报撰写系列文章而受到起诉。

不对。指控是源于有人给编辑写了封信，还有在"《新时代》报事件"中的那些文章，但实际上，检方并未使用这些"证据"。《向祖国致敬》从未因其社论文章而受到起诉，《政治家日报》的编辑曾发牢骚，说《向祖国致敬》的编辑们绝顶聪明，擅于措辞，即便字里行间充满了煽动性，但在法律层面依然无懈可击。关于这点政府肯定也有同感，因为他们从不敢抨击该报的社论或其他文章，无论是室利·阿罗频多，还是其他三位编辑的文章。还有一点也是事实，室利·阿罗频多对自由的主张自始至终都是基于国家不可剥夺的独立权利，而不是什么种族仇恨、暴政或对政府失职的控诉。他的立场是，再好的政府也不能取代独立的国家政府。

* *

室利·阿罗频多当时已被宣判无罪，起诉把他推到了革命的前沿，印度知识分子从未像现在这样渴望研读独一无二的《向祖国致敬》的专栏。

室利·阿罗频多一直致力于在幕后从事写作和领导工作，并不在乎宣传或展示自己。但由于其他领导人的监禁和流放，以及案件对他的曝光，迫使他不得不站出来，开始在公开场合发挥领导作用。

图 17《向祖国致敬》版面

图 18《向祖国致敬》头版，对室利·阿罗频多的指控被取消，1907 年 9 月，加尔各答

苏拉特大会

这个版本与室利·阿罗频多印象中的事实有出入。据他所知，没有人试图纵火。代表大会最初安排在那格浦尔（Nagpur），但那格浦尔是马赫拉塔族（Mahratta）①和暴力极端主义分子聚居的城市。而当时古吉拉特邦（Gujerat）主要由温和派领导，民族主义者很少，

① 马赫拉塔族：印度的一个民族。

苏拉特是温和派的大本营，所以温和派领导人决定在苏拉特召开大会（尽管后来，特别是在甘地领导之后，古吉拉特邦成为最具革命性的省份之一）。然而，民族主义者亦不甘示弱，从四面八方会聚而来并举行了一次公开会议，由室利·阿罗频多任会议主席。一段时间以来，人们都在猜测哪一方会占上风，最终在这个"温和的城市"，温和派吸引了1300名所谓的代表，而民族主义者以同样的方式召集了1100多名代表。众所周知，温和派领导人已经准备了新宪法，提请国大党审议，这意味着在今后任何年会上，激进派都不太可能获得多数席位。年轻的民族主义者，特别是来自马哈拉施特拉邦的民族主义者，决心不惜一切手段阻止这种情况发生，宁可破坏这次大会，也不能让温和派得逞。提拉克和其他年长的领导人并不知道这个决定，但室利·阿罗频多知道。

会议上，提拉克走上讲台，提出了一项关于国大党主席职位的决议，温和派任命的主席拒绝让他发言，但提拉克坚持自己的权利，开始宣读他的决议并发言。这引发了巨大的骚动，年轻的古吉拉特志愿者将椅子举过头顶砸向提拉克。马赫拉塔人顿时愤怒，一只马赫拉塔人的鞋子从听众席飞出来，瞄着主席拉什·比哈里·博斯（Rash Behari Bose）[1]博士，却击中了苏伦德拉·纳特·班纳吉的肩膀。马赫拉塔族的年轻人集体冲上讲台，温和派领导人迅速逃离，人们开始在讲台上用椅子互殴，会议无法继续，就此中断。

温和派领导人决定暂停代表大会，代之以召开全国制宪会议，以确保其政党的安全。与此同时，拉杰帕特·拉杰告诉提拉克，如

---

[1]　拉什·比哈里·博斯：印度自由斗争的革命领袖之一。

图 19 室利·阿罗频多在苏拉特，1904 年

果国大党分裂，政府会用最残酷的手段镇压激进派。提拉克认为，印度还没有准备好要如何面对这样的镇压，发生的事件也证明他的判断是对的。他建议民族主义者参加制宪会议，并签署声明，遵守温和派制定的新宪法，以此规避温和派和政府的计划。室利·阿罗频多和其他一些领导人反对这个意见，他们不相信温和派会接纳任何民族主义者参加他们的会议（事实证明确实如此），他们想看到的就是国家被推进镇压的泥潭。代表大会因此一度中断，与此同时温和派的会议也不顺利，与会人数不多，并且持续减少。室利·阿罗频多曾希望印度可以足够强大，抵抗镇压，至少在孟加拉和马哈拉施特拉邦这些革命热情普遍高涨的地区。但他同时认为，即使暂时失败，镇压也会在人民的内心和思想中产生深刻的触动，整个国家

将转向民族主义，为实现独立的理想而斗争。事实上，六年后，当提拉克从缅甸监狱归来，他与贝赞特夫人合作，不仅重振国大党，还使国大党成为国家民族主义事业的代言人。温和派萎缩到只剩一小撮自由主义者，最后，也都赞同完全独立的理想。

＊　＊

苏拉特事件惨败之后，室利·阿罗频多并没有像原本计划的那样立即返回孟加拉。在内心驱使下，他转而在孟买总统府和中部省份开始进行政治巡视。

没有巡视。室利·阿罗频多和勒勒一起去了普那（Poona）①，回到孟买后去了加尔各答。他所有的演讲都是这段时期在路上停留一两天的地方发表的（除了在孟买和巴罗达的演讲）。

阿利普尔爆炸案

《甘露市场报》（*Amrita Bazar Patrika*）的社论问道："……但是为什么他们（阿罗频多和其他人）会以这种诡异秘密的方式遭到逮捕，戴了手铐，然后被拖到警察局长面前……"

不对，（双手）是用绳子绑住的，后来在国大党温和派领导人布彭·博斯（Bhupen Bose）②的抗议下被取下。

＊　＊

双手没有被绑住③，绳子系在室利·阿罗频多的腰间。离开房间

---

① 普那：印度马哈拉施特拉邦重要城市。
② 布彭·博斯：指布彭德拉·纳特·博斯，印度政治家。
③ 据当时报纸记载，双手是被绳子绑住的。——原注

之前，温和派领导人布彭德拉·纳特·博斯听到消息后赶来质询警方为何实施逮捕，在他的抗议下，绳子被取下了。

＊　＊

1908年5月，当警察搜查室利·阿罗频多的房子时，在他房间里发现了来自达克希什瓦（Dakshineshwar）①的泥土。

警察在我房间发现的泥土是一位年轻人带给我的，他与罗摩克里希纳传道会有关。

＊　＊

该案于1908年5月19日在阿利普尔地方法院开庭审理，并断断续续地持续了一年。地方法官比奇克罗夫特先生（Mr. Beachcroft）是室利·阿罗频多在剑桥的同学……案件到一定时候就提交到了地庭，1908年10月在那里开始审理。

【室利·阿罗频多表示，最后一句应该放在"比奇克罗夫特先生"之前，将"地方法官"改为"地庭法官"，并写道】初审由伯利（Birley）主持，时间很长，伯利是位年轻人，室利·阿罗频多并不认识他。比奇克罗夫特不是"地方法官"，而是地庭法官。

＊　＊

室利·阿罗频多在法庭上发表了庄严的声明，他指出，是的，他的确向印度民众传达了国家独立的思想和讯息……

室利·阿罗频多从未在法庭上发表过公开声明。被法庭问讯时，他回复会把案子交由律师为自己辩护，他本人不想发表任何声明或回答法庭的问题。如果有这类陈述，那一定是律师代为起草的，而

---

① 达克希什瓦：位于距加尔各答六七公里的恒河东岸，那里有一座供奉神圣之母卡利女神的神庙。

非出自他本人。

> 在阿利普尔监狱，室利·阿罗频多生病了。

室利·阿罗频多在狱中没有生病，健康状况良好，有段时间闹了点儿小病，但并无大碍。

> 在阿利普尔监狱中，一年的隐居和冥想无疑使室利·阿罗频多产生了巨大的转变……再一次，一如既往地，"服务"成为室利·阿罗频多行动的动力。

我的理想是为国家、为世界、为神圣者工作（nishkama karma[①]），而不是以"服务"为理想。

1909 年 7 月和 12 月的公开信

> 1909 年 7 月 31 日，室利·阿罗频多在《行动瑜伽士》上发表《致同胞的一封公开信》（*An Open Letter to My Countrymen*），1909 年 12 月 25 日发表第二封《致同胞信》（*To My Countrymen*）。

关于这两封信，有些模糊不清的地方。对第一封信的效果，室利·阿罗频多并不指望它能令政府改变政策，他清楚地写道：政府所提出的改革方案是错误的，不切实际的，不可接受的。他想要表达的是，真正的改革应被赋予真正的权力或控制权，即便只是获得部分权力，而非完全自治，民族主义党派还是有可能接受将其作为走向完全自治的方法。但在完全自治之前，民族主义者们仍将坚持斗争，秉持不合作和消极抵抗的方针。他写下这封公开信是出于一

---

① nishkama karma：字面的意思是"无欲望的行动"，比如无私的行动。更广泛的意思是"不被私欲驱使和不被结果束缚的行动"。

种直觉，认为如果政府明白即使他不在，其他人也会继续执行他所制定的方针，就会认为将他驱逐出境并不是明智之举，或者根本没有意义。此外，第一封信和自治与全面消极抵抗无关，因为当时室利·阿罗频多尚未考虑到这些。

接下来，在第二封署名信发出期间，在权衡了国家的情况和局势后，他觉得有必要暂时后退一步，以便将来能更好地采取政治行动，reculer pour mieux sauter[1]，因为这场民族运动正面临着彻底停摆的严重威胁。他认为，在不久的将来，印度也许会转为自治运动或南非式的民权运动，但他决意自己不会成为这些运动的领导者，而是一如既往地继续为独立而战。在第二封信中，他认为改革还不充分，主张重新组织并继续开展民族主义运动[2]。这封信的日期是12月25日，即第一封信发出五个月后。室利·阿罗频多不理解突然袭击与计谋是指什么，如果突袭是指计划好的搜查和逮捕，那的确是因为第二封信被指控了。由于室利·阿罗频多去了金德讷格尔，从公众视野中消失了，警察并没有（对报社）进行搜查，逮捕令和起诉也都被搁置了，直到他再次出现。这发生在来年2月，即第二封信发出一个多月后，室利·阿罗频多希望警方公开他们的证据和行动。

---

① 法语，意为"进行战略撤退以便更强大地回归"。——原注

② 如果室利·阿罗频多拿到真正的指挥权，他可能会接受二头政治（Diarchy），并以此为跳板，直到省级自治权得到承认，英国人的态度才会发生真正的改变。室利·阿罗频多接受了克里普斯提案，这是变革的重大进展，也是工党政府新政策的最终高潮（摘自室利·阿罗频多的笔记）。——原注

Constitution to subscribe to the Congress creed or statement of objects and, if they utter or allow their prominent members to utter sentiments or pass resolution inconsistent with it, the Congress would have a right to feel embarrassed and stigmatize the departure as double dealing. This is the reason why we have always opposed the limitation of the aims or beliefs of the Congress by any hard and fast rule. We would oppose it even if the creed were a declaration of the Nationalist faith. Such a limitation deprives the Congress of its free and representative character, it hampers aspiration and public opinion, it puts a premium on political hypocrisy. Even if we allow the argument of the Bengal Moderates, our fundamental objection to Article II is not removed. It is an exclusory clause, it limits the right of the people to elect any representative they choose, it sets up an authority over the electorate in the same way as the exclusory clauses of the Government Reform Councils Regulations, it is a sort of Congress Test Act arbitrary and undemocratic. The true democratic principle is that the man elected by the people must be recognized as a delegate, whatever his opinions. We shall always oppose any restriction on the freedom of election by the Government; how can we consistently do so, if we recognize a restriction in a popular assembly of our own making? And if this principle of exclusion is once admitted, where is it to stop? What guarantees us against the future introduction of a new clause demanding the signing of a declaration renouncing Boycott and passive resistance as a precondition of entrance into the Pandal?

It will be seen therefore that from whatever point of view it is taken, the refusal to accept Article II. of the Convention rules was not only reasonable, but the Nationalists could not have taken any other course without committing political and moral suicide. The reasonableness of our position on the two other points is self-evident and need not be argued. The refusal of these liberal concessions even by the Bengal Moderates shows that the holding of an united Congress is impossible. The argument that the Convention cannot accept

such terms, only shows that the Convention can never be the basis of a united Congress and, that while it exists, an united Congress is out of the question. Before, therefore, any farther steps can be taken in that direction, we must await the collapse of the Convention which we believe to be not far distant. The Nationalist party have stated the terms on which alone they will consent to a compromise, and they will not lower them, neither will they renew negotiations until either the Convention is dead and buried or the Moderate leaders give up their attachment to the Convention creed and constitution.

TO MY COUNTRYMEN.

Two decisive incidents have happened which make it compulsory on the Nationalist party to abandon their attitude of reserve and expectancy and once more assume their legitimate place in the struggle for Indian liberties. The Reforms, so long trumpeted as the beginning of a new era of constitutional progress in India, have been thoroughly revealed to the public intelligence by the publication of the Councils Regulations and the results of the elections showing the inevitable nature and composition of the new Councils. The negotiations for the union of Moderates and Nationalists in an United Congress have failed owing to the insistence of the former on the Nationalists subscribing to a Moderate profession of faith.

The survival of Moderate politics in India depended on two factors, the genuineness and success of the promised Reforms and the use made by the Conventionists of the opportunity given them by the practical suppression of Nationalist public activity. The field was clear for them to establish the effectiveness of the Moderate policy and the living force of the Moderate party. Had the Reforms been a genuine initiation of constitutional progress, the Moderate tactics might have received some justification from events. Or had the Moderates given proof of the power of carrying on a robust and vigorous agitation for popular rights, their strength and vitality as a political force might have been established, even

if their effectiveness had been disproved. The Reforms have shown that nothing can be expected from persistence in Moderate politics except retrogression, disappointment and humiliation. The experience of the last year has shown that, without the Nationalists at their back, the Moderates are impotent for opposition and robust agitation. The political life of India in their hands has languished and fallen silent.

By the incontrovertible logic of events it has appeared that the success and vigour of the great movement inaugurated in 1905 was due to the union of Moderate and Nationalist on the platform of selfhelp and passive resistance. It was in order to provide an opportunity for the reestablishment of this union, broken at Surat, that the Nationalists gathered in force at Hughly in order to secure some basis and means of negotiation which might lead to united effort. The hand which we held out, has been rejected. The policy of Lord Morley has been to rally the Moderates and coerce the Nationalists; the policy of the Moderate party led by Mr. Gokhale and Sir Pherozshah Mehta has been to play into the hands of that policy and give it free course and a chance of success. This alliance has failed of its object; the beggarly reward the Moderates have received, has been confined to the smallest and least popular elements in their party. But the rejection of the alliance with their own countrymen by the insistence on creed and constitution shows that the Moderates mean to persist in their course even when all motive and political justification for it have disappeared. Discomfited and humiliated by the Government, they can still find no way to retrieve their position nor any clear and rational course to suggest to the Indian people whom they misled into a misunderstanding of the very limited promises held out by Lord Morley.

Separated from the great volume of Nationalist feeling in the country, wilfully shutting its doors to popularity and strength by the formation of electorates as close and limited as those of the Reformed Councils, self-doomed to persistence in a policy which has led to signal disaster, the

图 20 室利·阿罗频多在《行动瑜伽士》上发表第二封《致同胞信》，1909 年 12 月 25 日

103

之前提到的计谋是他在金德讷格尔曾收到一封信，试图以此事迫使他重新露面并接受审判，他知道这封信来自一名间谍警察。他的回复是，因为既没有公开的逮捕令，也没有宣布起诉，所以没有理由让他公开露面，如果他公开露面，只会让大家认为阿罗频多是因为警察的逮捕令和公诉才这样做的，事实上人们也的确会这样想。

《行动瑜伽士》案

警察无法在《行动瑜伽士》一案中对室利·阿罗频多执行逮捕令，只抓了一名普通的印刷工。

所谓印刷工这个名号，只是为了满足在法律上需要有人对所印刷的东西负责，实际上，他并不是一个真正的印刷工。

离开加尔各答

（1910）

在《室利·阿罗频多和孟加拉的斯瓦德西时代》其中一章，吉里贾·尚卡尔引用了《新生》办公室的斯瓦米·桑达拉南达（Swami Sundarananda）写给他的一封信，信中斯瓦米·桑达拉南达说室利·阿罗频多在 1910 年前往金德讷格尔的途中曾拜访了至尊天鹅（Paramahansa）①罗摩克里希纳的遗孀莎拉达玛尼·黛薇（Saradamani Devi）。室利·阿罗频多看了这部分和吉里贾·尚卡尔文章的其他内容后，于 1944 年 12 月 15 日以致查鲁·钱德拉·杜特（Charu Chandra Dutt）的一封信的形式予以回复，发表在《新生》（Phalgun 1351）②上。

1945 年 6 月 6 日，K. 戈什（K. Ghosh）在《印度斯坦标准日报》（*Hindusthan Standard*）上发表的一封信中再次提到室利·阿罗频多拜访莎拉达玛尼·黛薇的事情。作为回应，室利·阿罗频多口述了另一封信，发表在 6 月 24 日马德拉斯的《星期日泰晤士报》（*The Sunday Times*）上。同年 6 月，大约在同一时间，室利·阿罗频多的弟子苏雷什·钱德拉·查克拉瓦蒂（Sureshchandra Chakravarty，曾与他一起从加尔各答前往金德讷格尔）在《普拉巴斯报》（*Prabasi*，Baishakh 1352）③上发表了一篇关于该事件的文

---

① 至尊天鹅：对印度教精神导师的尊称，他们被认为已经获得了启蒙，或者达到了最高的解脱状态。

② 孟加拉年历，下同。

③ 《普拉巴斯报》：当时很有影响力的一本孟加拉语月刊，创刊于 1901 年。

章。作为回应，那晚与室利·阿罗频多和苏雷什·钱德拉在一起的拉姆钱德拉·马宗达也在《普拉巴斯报》（Sraban 1352）上发表了一篇文章，质疑苏雷什·钱德拉的说法。这引起了室利·阿罗频多的注意，他口述了一份最终声明，试图澄清事实，但在有生之年没有发表。他的弟子诺里尼·坎塔·古普塔（Nolini Kanta Gupta）在一篇文章［发表于《普拉巴斯报》（Phalgun 1352）］中引用了这份声明。

上面提到的信函中，前两封出自室利·阿罗频多，收录在 1953 年出版的《室利·阿罗频多：关于自己和关于母亲》中。第三封收录在 1972 年出版的《关于自己》中。

致查鲁·钱德拉·杜特

1944 年 2 月 11 日，斯瓦米·桑达拉南达给吉里贾·尚卡尔·雷乔杜里的一封信发表在孟加拉语期刊《新生》上，查鲁·钱德拉·杜特为此写信给室利·阿罗频多，求证信中提到的某些事情。

查鲁：

关于你信中的问题，以下是我的回复。除了有一点需要解释外，其余都是基本的事实。

1. 1907 年 4 月发表的关于"消极抵抗"的系列文章，作者是我，贝平·帕尔与此无关，这点已提及。从 1906 年底，他与《向祖国致敬》就没有任何联系了，也再没有为该报撰写任何社论或文章了。我为《向祖国致敬》策划了几个类似的系列，至少发表了三个，"消极抵抗"是其中之一。

2. 1910 年 2 月到 3 月间发表在《达摩》上的那些文章不是我写

的，真正的作者是该报的一名年轻副编辑。当时办公室所有人或相关的人都知道这点，包括从那时到现在一直和我在一起的诺里尼·坎塔·古普塔。

3. 在去金德讷格尔的路上，我没有去巴格巴扎道院（Bagbazar Math）①，也没有去敬拜室利·莎拉达玛尼·黛薇。事实上，我一生中从未与她会过面。我不是从巴格巴扎，而是从另一个恒河边的码头乘船直奔金德讷格尔。

4. 伽内·马哈拉吉（Ganen Maharaj）②和尼薇迪塔修女都没有去河边送我，他们并不知道我要离开。尼薇迪塔修女是后来才知道的，我给她传递了消息，请她在我不在的时候接管《行动瑜伽士》的工作。她同意了，并且一直负责到停刊，那个时期的社论皆出自于她。

5. 我没有带妻子去接受室利·莎拉达玛尼·黛薇的启引（Initiation）③，我了解到的是，德瓦布拉塔·博斯的妹妹苏提拉·博斯（Sudhira Bose）带她去了那里。很久以后，我在本地治里的时候听说了此事，很高兴她找到如此伟大的精神慰藉，但我并未参与此事。

6. 我去金德讷格尔并不是听从尼薇迪塔修女的建议。在之前的某个场合，她告诉我政府决定将我驱逐出境，那时她的确敦促我离开英属印度，继续在外围工作，但我告诉她没有必要，我会写一些东西来阻止这个计划。正是在这种情况下，我写了署名文章《我最后的遗嘱》（*My Last Will and Testament*）。尼薇迪塔修女后来告诉我，

---

① 此处指位于巴格巴扎（Baghbazar）的罗摩克里希纳道院（Ramakrishna Math）。
② 尼薇迪塔修女的一名弟子。
③ 启引（梵文 Diksha），古鲁接受并指引弟子的一个入门仪式，在印度教、耆那教、佛教和瑜伽中都有此类仪式。

这篇文章的目的达到了，政府放弃了驱逐我的计划。她没有再劝我离开，就算是有过，我也不太可能听从，关于我离开并前往金德讷格尔的原因，尼薇迪塔修女事先并不知情。

7. 以下是关于我离开的实情。当时我在《行动瑜伽士》办公室，得到一位高级警官的消息，称警察第二天会来搜查办公室并逮捕我。（事实上，后来办公室被搜查了，但没有出具任何针对我的逮捕令，直到后来报纸被起诉，我才听说了很多关于我的逮捕令的消息，但那时我已经离开金德讷格尔去本地治里了。）当身边的人还在对即将发生的变故吵吵嚷嚷时，我突然从上方接收到一个指令，那是我熟悉的声音，只有简短的六个字："去金德讷格尔。"大约十分钟后，我已经在前往金德讷格尔的船上了。拉姆钱德拉·马宗达领我到河边并叫了艘船，我和我的亲戚比伦·戈什（Biren Ghosh）以及莫尼（Moni，即苏雷什·钱德拉·查克拉瓦蒂）上了船，他们陪我一起去金德讷格尔，我们并没有去巴格巴扎或其他任何地方。我们到达金德讷格尔时天还没亮，他们早晨便返回了加尔各答。从那时起，我一直完全投入在秘密的精神修习中，停止了与这两家周刊的联系。之后在同样的"上方指令"下，我于1910年4月4日离开金德讷格尔，抵达本地治里。

再补充一点，苏拉特大会结束后，我一直和勒勒在一起，从巴罗达、普那到孟买。但在孟买，我离开了他，因为当时我已确定一个原则，那就是我要毫无保留地遵循内在的指引，只在神圣的指引下行动，在狱中一年的精神修习已将这一原则变成了我存在的"铁律"。这也是为什么一旦我接收到"指令"（adesh），就会服从并立即采取行动。

你可以此信为依据，向《新生》的编辑说明上述要点。

1944 年 12 月 15 日

室利·阿罗频多

致《星期日泰晤士报》编辑

1945 年 6 月 17 日，马德拉斯的《星期日泰晤士报》转载了 6 月 6 日在《印度斯坦标准报》上发表的一封 K.戈什写给该报编辑的信，6 月 24 日，《星期日泰晤士报》发表了室利·阿罗频多的回复，并说明这些信息是由他的秘书诺里尼·坎塔·古普塔提供的。

经室利·阿罗频多先生授权，我对《印度斯坦标准报》第 17 期中转载的关于室利·阿罗频多曾在启程前往金德讷格尔那天拜访了室利·莎拉达玛尼·黛薇，并接受了她的某种启引的说法予以反驳。

前段时间在加尔各答的月刊上刊登了一个故事，说在 1910 年 2 月室利·阿罗频多离开加尔各答去金德讷格尔的那个晚上，曾在巴格巴扎道院拜访了室利·莎拉达玛尼·黛薇，并接受了她的祝福，随后尼薇迪塔修女和道院的一位梵行者（Brahmachari）为他送行。此外，室利·阿罗频多离开英属印度是听取了尼薇迪塔修女的建议。所有这些描述都与事实不符，室利·查鲁·钱德拉·杜特已代表室利·阿罗频多在同一月刊中对上述内容进行了反驳。

室利·阿罗频多前往金德讷格尔是在接到上方的指令后做出的一个突然的秘密决定，没有与任何人商量，也没有听取任何人的建议。他从《行动瑜伽士》办公室直接到了恒河边，没有参访道院，也没有人送他，只是叫了艘船，和两个年轻人一起上船后直奔目的地。他在金德讷格尔的住所一直保密，只有为他安排住宿的莫提拉尔·罗伊（Motilal Roy）和少数几个人知道。在离开后的第二天，室利·阿罗频多秘密通知了尼薇迪塔修女，并请她代为负责《行动瑜伽士》的工作，她同意了。在从金德讷格尔到本地治里的途中，室利·阿罗频多只在大学广场外停留了两分钟，从他表弟那里拿走了自己的行李箱，除了去英国医务官员那里取了旅行所需的医疗证明外，他没有拜访过任何人。他径直登上了杜普莱号，转天早上前往本地治里。

图 21 瑜伽士毗湿奴·巴斯卡尔·勒勒

需要强调一点，无论这个时候还是其他任何时候，室利·阿罗频多都没有从莎拉达玛尼·黛薇那里得到任何形式的启引，也没有从其他人那里接受任何正式的启引。1904 年，在巴罗达，他从一位朋友那里学习了基本的调息法（Pranayama）后，即开始自我精神修习，他得到的唯一指导来自马哈拉施特拉邦的瑜伽士毗湿奴·巴斯卡尔·勒勒（Vishnu Bhaskar Lele）。勒勒指导他如何达到心意的完全静默和整体意识的止息，三天内，室利·阿罗频多就实现了持久而强大的精神觉悟，由此开启了更为广阔的瑜伽之路。最后，勒勒告诉他，要将自己完全交托给内在神性，跟随神圣指引而行动，这样，他就不需要勒勒或其他任何人的指导了。室利·阿罗频多精神修习的全部基础和准则由此形成。从那时起（1909 年初），通过在本地治里多年的深入修习体验，他没有再受到外界的精神影响。

发表于 1945 年 6 月 24 日

关于拉姆钱德拉·马宗达的一篇文章

我的老朋友拉姆钱德拉·马宗达回复了苏雷什·查克拉瓦蒂的文章，他应该为自己在这把年纪还有如此超强的记忆力而感到骄傲，他的记忆力确实"厉害"，不仅对实实在在发生过的事实记得含混不清，还能"回忆"起从未发生过的事情。他的叙述充斥着大量的低级错误和添油加醋的内容，除了可以给时髦浪漫的、充满想象力的室利·阿罗频多传记提供一些丰富的素材之外，这篇文章一无是处。很遗憾要如此评价这些华丽的辞藻，但历史和传记必须要求真实性。下面是他的叙述中最为荒谬的一些错误。

首先，苏雷什·查克拉瓦蒂的文章否认了我在金德讷格尔旅途中曾拜访室利·莎拉达玛尼·黛薇，这一叙述符合事实，而在拉姆

111

钱德拉·马宗达的文章里，则把子虚乌有的所谓的拜访提前了几天，这反而证明了文章的不真实性。可以说，室利·阿罗频多看了苏雷什对事实的描述，他证实，苏雷什的叙述，无论整体还是细节都是真实的。

还有一个荒诞不经的故事，让我们来看看所谓的故事是如何代替真相的。室利·阿罗频多从未与尼薇迪塔修女谈过政府打算就沙姆苏尔·阿拉姆（Shamsul Alam）谋杀案① 对他提起诉讼的事情，也没有任何人向他提过政府有此意图。尼薇迪塔修女也从未指示或建议他躲藏起来，实际发生的事情与他前往金德讷格尔无关。当时的真实情况是，尼薇迪塔修女早些时候曾告诉室利·阿罗频多政府打算驱逐他，并建议他"不要躲藏"，而是离开英属印度去其他地方工作，室利·阿罗频多并未听从她的建议，而是说自己计划用一封公开信迫使政府打消这一驱逐计划，这就是后来出现在《行动瑜伽士》上题为《我最后的遗嘱》的文章。随后尼薇迪塔修女告诉他，这封信达到了预期的效果，不会再有被驱逐出境的问题了。

在去金德讷格尔的路上，室利·阿罗频多没有见尼薇迪塔修女。关于送行不过是被人遗忘的随风往事，室利·阿罗频多曾拜访过位于巴拉纳加尔（Baranagar）② 的道院，那次尼薇迪塔修女曾在河边为他送行。修女对他离开并前往金德讷格尔一无所知，直到后来室利·阿罗频多传消息给她，请她在自己不在的情况下负责《行动瑜伽士》的编辑工作，她才知道室利·阿罗频多已离开。那天，一切

---

① 沙姆苏尔·阿拉姆谋杀案：又称 Howrah-Sibpur 阴谋案。与反英革命党"健身协会"有关的 47 名革命者因谋杀沙姆苏尔·阿拉姆督察而被捕并受审。

② 巴拉纳加尔：印度西孟加拉邦的一座城市。

都发生得非常突然，正如室利·阿罗频多所说，他在《行动瑜伽士》办公室时，听说政府即将搜查办公室并逮捕他，他突然接收到一个去金德讷格尔的指令，于是当即行动，并没有通知，也没有与任何人，包括他的合作伙伴和同事们商量。一切大约在十五分钟内完成，整个过程极为保密，悄无声息。他跟随拉姆钱德拉·马宗达到了河边，苏雷什·查克拉瓦蒂和比伦·戈什在不远处跟随，叫了艘船后，三人旋即上船离开。他在金德讷格尔的逗留也很隐秘，只有少数人知道，就像他后来离开前往本地治里一样。室利·阿罗频多从未要求拉姆钱德拉·马宗达帮忙安排藏身之处，也根本没有时间进行这样的安排。由于是突然决定去金德讷格尔，室利·阿罗频多只能依靠当地的一些朋友为他安排住宿，他先是住在了莫提拉尔·罗伊的家里，然后罗伊又将他安排到其他住处，只有少数几个人知道。这是室利·阿罗频多亲自讲述的当时发生的真实情况。

还有一个"新故事"，说德瓦布拉塔·博斯和室利·阿罗频多都被要求加入罗摩克里希纳传道会，德瓦布拉塔被接受了，而室利·阿罗频多被斯瓦米·布拉玛南达（Swami Brahmananda）[1]拒绝了。这可真是天方夜谭。室利·阿罗频多从未想过要成为桑雅士，或加入任何桑雅士的团体，众所周知，他从未将成为桑雅士视为自己瑜伽的一部分。他在本地治里创立了一个修道院，但那里的成员并不是桑雅士，他们不穿赭色的外衣，也不实行完全的禁欲，而是基于精神觉悟实践生活瑜伽的修习之人。这是室利·阿罗频多一直以来的想法，别无他。他只是在乘船游览贝鲁尔道院（Belur Math）[2]时见过

① 斯瓦米·布拉玛南达：罗摩克里希纳的弟子，罗摩克里希纳教团的首任主持。
② 贝鲁尔道院：罗摩克里希纳传道会和罗摩克里希纳教团的总部所在地。

一次斯瓦米·布拉玛南达。两人交谈了大约十五分钟，但没有提到灵性的话题。斯瓦米当时正为与政府沟通的事心事重重，并就是否需要答复政府一事向室利·阿罗频多寻求建议。室利·阿罗频多说不用，斯瓦米也表示赞同。参观道院后，室利·阿罗频多便离开了，没有发生其他事情。在此之前以及之后，他从未通过信函或其他方式和斯瓦米·布拉玛南达交流过，也从未直接或间接地要求加入该团体，或成为桑雅士。

大约在这个时候，出现了一些关于室利·阿罗频多曾要求或接受过启引的说法，散布这些传闻的人似乎不知道，此时的室利·阿罗频多已不是精神修习的新手，他不需要任何人的启引或精神指导。室利·阿罗频多已经完全实现了四个伟大证悟中的两个，并在此基础上构建了他的瑜伽和精神哲学。1908 年 1 月在巴罗达，他与马哈拉施特拉邦的瑜伽士毗湿奴·巴斯卡尔·勒勒一起冥想，伴随着一种强烈的感知，他认知到整个世界的不真实性，整体意识进入完全的持久的静默，证悟到了静寂的、无限的、永恒的梵，这是他的第一次证悟。第二次觉悟发生在阿利普尔监狱，没有了第一次的感觉，而是感知到了宇宙意识，感知到所有存在中的神性，遍在的神圣存在，他曾在乌塔尔帕拉的演讲中谈及第二次证悟。另外两种证悟是以梵的静态和动态两个面向觉悟到至高实相，觉悟到意识的更高层级从而抵达超心思，他在阿利普尔监狱中冥想时已有所触及。

此外，他从勒勒那里接受的修习原则是，一个人的精神修习和外部活动，都应完全信赖于神圣指引。自那之后，他不会再接受其他任何指导，也不需要向任何人寻求帮助。事实上，室利·阿罗频多从未接受过任何人的正式启引，他通过练习调息法开始自己的修习，除了勒勒之外，他从未向任何人寻求过指引。

还有一两点，虽然不太重要，还是要提一下，由此可以看出拉姆钱德拉讲述的细节有多么不可信。他在文章中所说的（在无意识状态或在超自然力影响下）"自动写作"只是他的一种凭空想象，毫无事实根据。室利·阿罗频多完全否认他曾用"自动写作"的形式对周围的人进行道德及其他教诲，因为所谓的"自动写作"只是虚伪的把戏而已，如果写作是受作者的意识支配或引导，那任何写作都不可能是自动的。他的"自动写作"只是为了尝试或是娱乐，仅此而已。

在这里倒可以谈谈，我最初是如何开始尝试"自动写作"的。在巴罗达期间，巴林的"自动写作"非常出色，英文文笔惊艳且优美，其中的某些预言也都应验了，对某些事件的陈述也被证实是真实的，而事件的当事人或当时在场的人都并不知情。特别是他预见到了寇松勋爵（Lord Curzon）[1]后来出人意料地离开了印度，还预见到了对民族运动的首次镇压以及提拉克在这场风暴中所持的崇高态度。做出关于提拉克的预测时，提拉克本人也正好在场，当时他到巴罗达拜访室利·阿罗频多，进门时巴林正在"自动写作"。室利·阿罗频多对此深感震惊，并产生了浓厚的兴趣，他决定亲自试试这种写作方式，想找出背后的原因。他在加尔各答开始尝试，但结果并不令人满意，在本地治里时他又尝试了几次，后来便完全放弃了。他并没有像拉姆钱德拉所说的那样，认为这些努力或尝试具有很高的价

---

[1] 寇松勋爵：英国政治家，1898—1905 年任印度总督。

值，因为他的"自动写作"并没有展现出巴林那样的显著特征。最终的结论是，在"自动写作"的过程中，有时的确会有一些现象表明确实有来自另一层级的存在的干预，但并不总是这样，大多数时候，外来的不过是源于潜意识的一种夸张的、戏剧性的表现元素。有时候，潜意识中某一条闪耀的脉络被触击到，就会闪现出对未来的预测，或是对当下和过去那些不为人知的事物的描述，除此之外，这些"自动写作"没什么太大的价值。

补充一点，拉姆钱德拉所述的许多细节都不属实，没有什么名为特蕾莎的导师，实际上根本没有任何导师，不知为何总会冒出某个自称塞拉门尼斯（Theramenes）的人。这些内容杂乱无章，完全不像有些报纸声称的那样，对精神修习也没有任何指导意义。

还有一个不起眼但却更令人讶异、更荒诞的细节，文章将室利·阿罗频多描述为泰米尔语的诗人，这显然是草草"研究"的结果，不要说写泰米尔语诗歌了，室利·阿罗频多甚至都没有写过一句泰米尔语散文，都没说过一句泰米尔话。在他离开孟加拉前不久，曾有过几天，来自马拉巴尔（Malabar）[①]的奈尔（Nair）为他朗读并解释一份泰米尔语报纸上的文章。在本地治里，他开始学习泰米尔语，但没有很深入，这项学习最终因他的完全退隐而中断。

拉姆钱德拉的整个作品充斥着信口开河的错误和驴唇不对马嘴的细节。斯瑞什·戈斯瓦米（Srish Goswami）在一封信中指出，拉姆钱德拉所提到的室利·阿罗频多的占星术著作只是一些简单的笔记，没有任何意义。在巴罗达时，室利·阿罗频多研究了占星术，

---

① 印度喀拉拉邦（Kerala）的一片海岸地区。

想在其中找到自己存在的真相，而绘制这些笔记只是为了刷新过去的记忆而已。他从未打算成为一名占星家或占星术作家，这些笔记也没有整理成书，雅利安出版社也没有出版过任何室利·阿罗频多关于占星术的书籍。

另外，文中还提到室利·阿罗频多的妻子密娜里尼·黛维（Mrinalini Devi）住在学院广场米特拉（Sj.K. Mitra）的房子里，这也不属实。室利·阿罗频多本人在阿利普尔案审判期间，以及他动身前往法属印度前的那段日子经常住在那里，但他的妻子一直和班加巴斯学院（Bangabasi College）校长吉里什·博斯（Girish Bose）的家人住在一起。

文中还有一处对室利·阿罗频多的描述令人费解，即"他是一个上升到神性的人"，难道假设他是一个动物性的人，正在上升到一个思维的存在层级吗？当然，室利·阿罗频多从未写过如此让人浮想联翩但却毫无意义的"警句"。如果说"上升到神圣人性"可能还有些意义，但无论如何，这句话听起来怎么都不像是出自室利·阿罗频多之口。事实上，拉姆钱德拉文中那些所谓的室利·阿罗频多曾说过的话，都与他的言谈风格不符，例如在启程前往金德讷格尔时，室利·阿罗频多曾给拉姆钱德拉一些莎士比亚式和波洛涅斯式的建议，事实上，就算开口说话，室利·阿罗频多也不会对拉姆钱德拉说出这种华丽的语言。

这些足以说明问题了，没有必要再列出文章中所有的不实和臆断了。我认为已经非常清楚的是，任何想要了解真实的室利·阿罗频多的人都不能去拉姆钱德拉的叙述中寻找答案。他的文章可以用歌德的"诗意的虚构与真实"来形容，因为其中真相太少，虚构太多，这就像在酒馆结账，单子上全是麦芽酒，只有一块小得可怜的面包，而事实上，所有的真相只是那"一小块面包"。

1945 年

致帕维特拉（菲利普·巴比尔·圣伊莱尔）[1]

《尼薇迪塔：印度的女儿》是一本尼薇迪塔修女（原名 Margaret Noble）的传记，作者是丽泽尔·雷蒙，1945 年由法国 Victor Attinger 出版社出版。1946 年，有人将雷蒙手稿中涉及室利·阿罗频多的内容读给了他，同年 9 月 13 日，作为回应，他口述了一封信给弟子帕维特拉（Pavitra）。该信首次发表在 1953 年出版的《室利·阿罗频多：关于自己和关于母亲》上。

帕维特拉：

我必须说，丽泽尔·雷蒙记录在她书中第 318—319 页上的内容是虚构的，看似浪漫却没有任何事实依据。在阿利普尔监狱中，我的第一段囚禁时期是在一个单独牢房里度过的，后来，在纳伦·戈赛恩（Noren Gosain）被暗杀后，一直到审判前的最后几天，所有阿利普尔案件的囚犯也都是被单独关押的。在这两段单独囚禁之间，我们只有很短暂的一段时期是被集体关押的。书中说："当我冥想时，他们会聚集在我身边，当我为他们吟诵《薄伽梵歌》，他们会跟着唱和，他们有时也会问我关于灵性的问题，并接受我的指导。"这些描述并不属实，纯属想象。

我在监狱遇到狱友之前，只认识其中几位，还有几位曾与巴林

---

[1] 帕维特拉：原名菲利普·巴比尔·圣伊莱尔（Philippe Barbier Saint Hilaire），室利·阿罗频多的弟子，法国人。

一起修习过，需要帮助的话，他们会与巴林联系而不是我。在狱中，我一直学习在嘈杂和喧嚣的环境中保持独自静默的瑜伽练习，并没有其他人参与。我的瑜伽修习开始于1904年，一直都是独自隐秘地修习，周围的人只知道我是一位修行者，除此之外所知甚少。直到获释后，我才在乌塔尔帕拉第一次公开谈论我的精神体验，在去本地治里之前，我没有收过弟子，我与那些最初在本地治里陪伴我或加入我一起修习的人只是朋友和同伴的关系，还不是上师（guru）和弟子的关系，我与他们的结识是基于政治基础，而非精神。此后直到母亲从日本回来，或者更确切地说1926年修道院成立之后，我和他们才逐渐发展出精神中的关系。

1904年，在没有上师的情况下，我开始了自己的瑜伽修习，1908年，我得到一位马哈拉特邦瑜伽士的重要指导，他为我揭示了修习的基础，但从那以后直到母亲来到印度，我没有再从其他任何人那里得到灵性帮助。从最初到后期，我的瑜伽修习从来都不是建立在书本上，而是源自内在的丰富的个人体验。但在监狱里，我带了《薄伽梵歌》和《奥义书》，我练习《薄伽梵歌》中的瑜伽，也在《奥义书》的帮助下进行冥想，这些是唯一指导我的书籍。很久以后，我在本地治里开始阅读吠陀典籍，与其说吠陀是我的修习指南，不如说是证实了我已有的精神体验。在遇到问题或困难时，我有时会向《薄伽梵歌》寻求开示，通常会从中得到帮助或找到答案，但并没有出现过雷蒙书中所叙述的关于《薄伽梵歌》的情景。事实上，在监狱的时候，有两个星期的时间，我在独自冥想时不断听到辨喜的声音，他在对我说话，我能感觉到他的存在，这种情况之前从未发生过，但这与书中描述的所谓的情景无关，也与《薄伽梵歌》无关，辨喜所说的话只是关于精神体验中某一个特定的主题，在说完关于那个主题的话后，声音就消失了。

关于我与尼薇迪塔修女，我们的关系仅限于政治领域，并没有任何精神层面的关联，我不记得和她在精神领域的话题上有过交集。有一两次，她在与来访者讨论精神话题时才展现出这一面，当时我也在场，仅此而已。书中所描述的关于我和她共处二十四个小时，以及我们之间所发生的一切，都是纯粹的虚构，没有一丝一毫的事实。我第一次见到尼薇迪塔修女是在巴罗达，当时她去那里演讲，我到车站去接她，带她安排住所，并陪同她一起去面见巴罗达大君。她听说我"相信力量，崇拜卡利女神"，这说明她知道我是一名革命者，我对她也有所耳闻，读了她的书《卡利母亲》，很是仰慕，正是在那段日子里，我们建立了友谊。

后来，我通过一些特使开始在孟加拉开展革命工作，并亲自去那里查看并安排工作，我发现那里兴起了一些分散的革命小团体，但彼此之间没有联系，我试图将他们联合在一起，形成一个统一的组织，由律师P.米特担任领导人，负责孟加拉的革命运动。此外还有一个五人中央委员会，其中一位就是尼薇迪塔。在P.米特的领导下，革命工作蓬勃开展，吸收了数以万计的年轻人，同时，通过巴林的报纸《新时代》，革命精神在年轻一代中也得到广泛传播。但我回到巴罗达期间，该委员会停止了工作，因为众多团体之间无法达成一致。自那之后，直到我来到孟加拉担任国民学院院长和《向祖国致敬》报的首席社论作家，我没有机会再见到尼薇迪塔修女。那时我已经是一名公开运动的领导人，这场运动起初被称为极端主义活动，后来又被视为民族主义运动。但我们依然没有机会单独会面，只在国大党会议上见过一两次，我与她的合作仅限于秘密的革命工作时期。我们各忙各的，没有机会讨论如何开展革命运动。后来，我开始抽时间偶尔去巴格巴扎拜访她。

在一次拜访中她告诉我，政府已决定将我驱逐出境，她希望我躲藏起来或离开英属印度，去其他地方活动，以免工作中断。那个时期她的安全没有问题，无论她的政治立场如何，她一直与政府高级官员保持着友好的关系，所以对她来说并不存在被捕的可能性。我告诉她，没有必要像她建议的那样做，我会在《行动瑜伽士》上发表一封公开信，以此阻止政府的行动。文章刊登后我再次拜访她时，她告诉我这一举措完全奏效，政府已经打消了将我驱逐出境的想法。启程前往金德讷格尔是后来发生的事情，两件事之间没有任何关联，而书中的叙述却擅自将其混为一谈，与之相关的一些细节也毫无事实依据。比如，通知我搜查和逮捕消息的不是伽内·马哈拉吉，而是在《行动瑜伽士》的一名年轻男子拉姆钱德拉·马宗达，有人警告他父亲，说过一两天《行动瑜伽士》的办公室会被搜查，而我也会被逮捕。关于这件事，坊间有多个版本，甚至有人说，我是因为参与了中央情报局要员沙姆苏尔·阿拉姆谋杀案而被高等法院起诉，还有传言说，尼薇迪塔修女通知我消息，我们讨论了该如何行动，而我的离开就是讨论的结果。我从未听说过因所谓的参与谋杀案而被起诉，也没有和尼薇迪塔修女进行过任何讨论，后来对我的起诉是关于煽动叛乱。

直到我抵达金德讷格尔，尼薇迪塔修女才获悉这些突发的情况。我没有去她家，也没有见她，她和伽内·马哈拉吉来河边为我送行的说法完全不属实，因为根本没有时间通知她，在我接到来自上方的去金德讷格尔的指令后，我几乎立刻就做了决定，十分钟之内我就到了河边，叫了艘船，然后和两个年轻人一起前往金德讷格尔。那是一艘普通的恒河渡船，有两个船夫划船，那些关于这艘法式轮船如诗如画的细节描述，还有什么消逝的灯火，纯粹是浪漫的虚构。我派办公室的人通知尼薇迪塔修女，请她在我不在的时候负责《行动瑜伽士》，她同意了。事实上，从那时起直到杂志停刊，都是由她全权负责，而我则全身心投入瑜伽修习中，没有撰稿，也没有发表任何署名文章。《行动瑜伽士》中只有两篇我的署名文章，最后一篇是起诉失败的时候发表的。尼薇迪塔修女并没有为我安排在金德讷格尔的住宿，因为我事先没有通知任何人，是莫提拉尔·罗伊接待了我，并安排了秘密住处，除了他自己和几个朋友之外，没有人知道我住在哪里。在逮捕令中止约一个月后，我施了些手段迫使警方采取公开行动，在我缺席的情况下，重启逮捕令并对印刷工提起诉讼，最终以高等法院裁定无罪结束，那时我已经在前往本地治

图 22 尼薇迪塔修女（原名玛格丽特·伊丽莎白·诺布尔）

图 23 莫提拉尔·罗伊在金德讷格尔为室利·阿罗频多安排的秘密住处

里的路上了，于 4 月 4 日抵达。在本地治里，我一直秘密住在当地一位知名人士家中，直到被宣判无罪，我才公开声明自己身处法属印度。

　　这些都是基本的事实，以驳斥书中虚构的故事。您最好将我对事实的陈述转达给丽泽尔·雷蒙，以便她能在再版中进行必要的更正或省略，并删除那些错误信息，这些内容是对尼薇迪塔修女生平的一种严重贬损。

1946 年 9 月 13 日

在本地治里的生活

（1910—1950）

与母亲会面

就在这时，命运让他认识了杰出的法国人保罗·理查德（Paul Richard）和他的妻子米拉·理查德（Mirra Richard）。多年来他们一直在寻找大师……

【更改为】……杰出的法国人保罗·理查德和他的妻子，即我们现在所认识的室利·米拉·黛维（Sri Mirra Devi）。多年来，他们一直在寻找大师，希望可以找到世界导师……

* *

对这位新结识的男人所呈现的异象，米拉·理查德对此深感震撼。

【更改为】米拉·黛维已经在精神觉悟、神秘视见和体验上达到很高境界了，但依然对这一异象感到震撼……

《雅利安》

《雅利安》可能在财务运行上并不理想。

事实上，《雅利安》的财务状况很好，足够支付各种开销，并有可观的盈利。

修道院的发展

室利·阿罗频多认为，是时候在本地治里建立一所修道院了，使其成为一个精神渴望与觉悟的汇聚地，一个新社群的核心。

事实并非如此。起初并没有修道院，只有少数人来这里，住在室利·阿罗频多家附近修习瑜伽。母亲从日本回来不久，才采用了修道院的形式，主要是为了满足修习者们将全部内在和外在生活都托付给母亲的心愿。建修道院并不是母亲或室利·阿罗频多的意愿或计划。

* *

与此同时，米拉·理查德结束了对法国的访问，于 1920 年 4 月 24 日返回本地治里。现在，弟子人数呈迅速增长的趋势，室利·阿罗频多决定委托母亲米拉在更广泛的层面上组建修道院……

图 24 母亲米拉·黛维和室利·阿罗频多

事实是，与此同时，母亲结束了在法国和日本的长期逗留，于1920年4月24日返回本地治里。随后，弟子人数呈迅速增长的趋势。在修道院发展初期，主要由母亲负责各项组织工作。不久，室利·阿罗频多就完全隐居了，修道院的全部物质和精神工作都由母亲负责。

* *

作者在传记中用专门章节详细讲述了母亲。

最好删除本章第五节。一直以来，室利·阿罗频多禁止公开宣传任何有关他个人的神性、母亲的神性，以及修道院的某些生活的内容。这些事情在修道院内部，对住在修道院的人以及弟子们都是保密的，特别是不能以英语记述相关内容。本书最后几页已经涵盖了关于修道院的生活、母亲在弟子们眼中和生活中的地位等内容，这就足够了。

对盟军的支持

向总督秘书发了一封电报。

给总督秘书发的唯——封电报是附上向战争基金会捐赠的1000卢比，表明室利·阿罗频多支持同盟国、反对轴心国的决心。还有一封致马德拉斯总督的信，其中有一笔捐款及一份他对战争看法的公开声明。除此之外，他还直接向法国提供了其他捐款。后来，支持同盟国战争的信件被公开发表。至于克里普斯提案，在通过广播宣布后，我发了一封长电报表示支持，电报直接发给了克里普斯本人，而不是总督秘书。

＊　＊

电报是一种"政治姿态"。

室利·阿罗频多不知道这是否可以被描述为一种公开的政治姿态。你书中的关注点应该是历史和传记，而不是当前的政治进程，或对政治的干预。无论如何，室利·阿罗频多都不希望电报被解读为对政治的公开干预，或某种政治姿态。

早期精神发展

第一次转向精神探求

　　室利·阿罗频多第一次转向精神探求是在英国的最后一年。他曾住在一位不合主流的"公理会"①牧师家中，尽管室利·阿罗频多从未成为基督徒，但基督教和《圣经》却是他童年时期唯一熟悉的宗教。可他非但没有被呈现在他眼前的基督教所吸引，反而对其避之不及，中世纪基督教徒惨遭迫害的那些可怕故事，以及在随后发展中所展现出的狭隘和不包容都令他反感，直至最后彻底远离。有很短暂的一段时期，他是完全的无神论者，随后又持不可知论的态度。然而，在准备印度公务员考试期间，他看到了关于印度六派哲学②的简要说明，虽然内容非常笼统，但其中不二论的阿特曼（Atman）③的概念给他留下了深刻的印象。这在他的思想中留下了一粒种子，他想也许这是通往生活和世界背后的实在的一条线索。为此，他进行了一次强烈且严苛的心理尝试，试图了解这个真我（Self）或阿特曼可能会是什么，他尝试将自己意识中抽象的概念转化为具体鲜活的现实，但那时他只是将真我理解为物质世界背后或之上的东西，尚

---

① 公理会（Congregational Church）：一个信奉基督新教公理宗的传教组织。

② 六派哲学：指前弥曼差派、吠檀多派、数论派、瑜伽派、胜论派和正理派。

③ 阿特曼：在不二论（Advaita Vedanta）中，阿特曼指个体的自我或灵魂。

未理解真我就在他的内在，在每个人的内在，遍在宇宙之中。

在巴罗达开始瑜伽修习

尽管只是一位兢兢业业的老师、一位颇有才华的诗人，室利·阿罗频多却对服务与奉献的问题尤为关注……从最开始，他就非常反感只是追求个人救赎或个人福祉的想法。

这有些言过其实了。对他来说，这（指追求个人救赎或个人福祉）似乎并不是什么值得追求的至高无上的目标，而那种弃绝尘世的个体救赎最令他反感。

*　*

室利·阿罗频多在英国时的确收获了一定的卓越学识，但这远远不够，他不满足于此，他的内心依然有深深的茫然，不知道怎样才能帮到自己的同胞，也不知道该如何着手。他转向瑜伽，期望能厘清自己飘忽不定的想法和冲动，完善自己的内在。

没有什么不满足，说"茫然"未免也太强烈了。室利·阿罗频多的行事风格不是预先设计和计划，而是认准一个目标，观察事态并积蓄力量，时机一到即采取行动。年轻时期，他就开展了第一次有组织的政治活动（将那些视国家独立为理想，并愿意采取适当行动的人召集在一起），1902年前后逐渐成形。两年后，他开始修习瑜伽，不是为了看清自己的想法，而是为了探求能够支持并照亮他人生之路的精神力量。

*　*

因此可以说，阿罗频多先生在1898到1899年间开始对瑜伽产生兴趣。

不，我是 1904 年才开始修习瑜伽。

＊　＊

很早，他就从上师那里得到了指引，并已实现部分觉悟，这更使得他将瑜伽视为治愈自己"深层悲伤"和人性诸多问题的唯一方法。

【室利·阿罗频多对"上师"这个词打了一个问号，并写道】并没有求助瑜伽来治愈悲伤，因为并没有需要被治愈的悲伤。面对世界和困难，他内在的自性却相当平静，在青春期经历了一些内心的沮丧之后（不是由于外在环境，也没有到悲伤或忧郁的程度，只是情绪紧张），这种平静变得尤为稳定。

＊　＊

阿罗频多先生曾经怀着极大的兴趣听了斯瓦米·帕拉宏萨·马哈拉吉·因陀罗斯瓦鲁帕（Paramhansa Maharaj Indraswarup）的演讲……并亲自与他见面，学习体式与调息法。

只是在王宫里听了他的演讲，并没有与他见面，练习调息法是很久以后的事情了。

＊　＊

他在讷尔默达河畔（Narmada）的马尔萨尔（Malsar）遇到了圣人马达瓦达斯（Madhavadas），并学习了瑜伽体式。

可能与德什潘德一起参访过讷尔默达河畔的一两处地方，但不记得在马尔萨尔见过马达瓦达斯。当然，如果的确见过，也没什么用。

＊　＊

室利·阿罗频多先后见了室利·哈姆萨·斯瓦鲁帕·斯瓦米（Sri Hamsa Swarupa Swami）、室利·萨古鲁·布拉玛南达（Sri Sadguru

130

Brahmananda）和室利·马达瓦达斯（Sri Madhavadas）。

他与布拉玛南达尊者有过短暂的接触，只是达显（Darshan）[1]和祝福，他将尊者视为一位伟大的瑜伽士，而非上师。至于其他人则从未接触过。

＊　＊

他在讷尔默达河畔见到了布拉玛南达尊者，并就国家教育活动向其寻求建议。

早在对国家教育活动有疑问之前，室利·阿罗频多就见到了布拉玛南达尊者，但后者从未给他任何建议或意见，他们之间甚至没有任何交谈，室利·阿罗频多去他的道院只是为了达显和祝福。巴林与恒河道院（Ganga Math）有着密切的联系（只是精神上的），他的上师是布拉玛南达尊者身边的一位桑雅士。

＊　＊

然而，到目前为止，室利·阿罗频多还在瑜伽修习和公共事务之间摇摆不定。他与那伽桑雅士（Naga Sannyasis）[2]团体中的一位成员保持着联系。

这些发生在他离开巴罗达之前，也就是遇到勒勒前的那几年。

＊　＊

我们不太清楚室利·阿罗频多在本地治里退隐的最初四年里到底发生了什么，那是一个"静默瑜伽"的时期……室利·阿罗频多将他的灵

---

① 达显：在印度哲学和宗教中，尤指在印度教中，人们通过对神（尤其是以形象示人的神）、受人尊敬的人或神圣物体的注视而得到祝福。

② 那伽桑雅士：印度教苦行僧，最激进的苦行者，又称"裸体"门徒（Naga 意为"裸体"）。

131

魂当作"美妙实验室",专心致志、孜孜不倦地尝试。很快,他就超越了勒勒和前辈们给予的指导。

定居本地治里之前,他就早已做到了。

没有什么前辈。室利·阿罗频多与一名那伽桑雅士有些联系,这个人给了他一个卡利咒语[更确切地说是一个偈颂(Stotra)],并进行了某种克里亚(Kriyas)和吠陀祭祀(Vedic Yajna),但所有这些都是为了政治成功,而非瑜伽。

与毗湿奴·巴斯卡尔·勒勒的会面

……勒勒教导室利·阿罗频多,最终应只相信自己内在的精神意愿。

【最后一句改成】如果可以觉知到,最终应只相信自己内在神性的指引。

＊　＊

勒勒问室利·阿罗频多,是否能让自己完全臣服于内在的指引,并在它的推动下行动,如果可以,那他不需要勒勒或其他任何人的指导。室利·阿罗频多接受了这一思想并以此作为自己精神修习与生活的准则。在遇到勒勒之前,他完全不了解瑜伽,甚至不知道瑜伽是什么,但他已经有些灵性体验了,例如,在孟买的阿波罗码头,当他踏上印度土地的那一刻,立即感受到一股巨大的宁静的降临,这种宁静一直围绕着他,持续了数月之久;行走在克什米尔的塔赫特苏莱曼山脊上时,他曾感知到空寂的无限;在讷尔默达河畔,昌多(Chandod)的一座神庙内他看到卡利女神栩栩如生地显现;在巴

132

罗达的第一年，有一次遇到马车事故，在危险关头，他的内心显现出神圣者的画面；等等。但这些都只是毫无征兆突然出现的内在体验，并不是精神修习的一部分。他开始练习瑜伽时并没有上师，他从一位朋友那里获得修法，此人是恒河道院布拉玛南达尊者的弟子。起初，他只是很刻苦地练习调息法，每天练习六小时甚至更长的时间。瑜伽和政治之间并没有冲突，他修习瑜伽的同时也从事政治活动，并不觉得二者之间有任何对立。然而，他还是想找一位上师，在这个过程中，他遇到了一位那迦桑雅士，他曾见过这位桑雅士几乎在一瞬间治愈了巴林严重且顽固的山地热，他用刀横切了一杯水，同时反复默诵一句咒语，巴林喝下水后便痊愈了。这些使室利·阿罗频多相信瑜伽的力量，但并没有拜这位桑雅士为上师。他还见到了布拉玛南达尊者，后者给他留下了深刻的印象。但在瑜伽修习方面，他始终没有找到能帮他的人或上师，直到遇到勒勒，尽管勒勒教导他的时间并不长。

瑜伽修习

（1908—1909）

在孟买民族联盟的主持下，室利·阿罗频多于 1908 年 1 月 19 日在一次大型集会上讲话，他几乎是怀着一种莫名的空虚去的……

当然不是莫名的，这是他在巴罗达时，与勒勒一起冥想了三天后达到的意识静默状态。自那以后，这种状态就一直持续下来，在他看来，所有外在的活动都只是在表面上进行而已，甚至在表面上也什么都没有发生。勒勒告诉他，向听众致敬后，只需要等待，讲话的内容自会浮现出来，它来自其他某些源头，而不是头脑。那一次，真的就是这样的。自此，他的所有讲演、写作、思考以及外部活动都来自那个超越头脑意识的源头。

图 25 室利·阿罗频多，1908 年 1 月，孟买

* *

括号内的段落应予省略①。因为这会使人们对室利·阿罗频多的瑜伽本质以及当时发生在他身上的事产生错误的印象。即使在从事所有外部活动时，瑜伽也一直与他同在，他也没有像一些朋友所想的那样，变得孤傲清冷或迷离恍惚。他不回应那些问题或建议，只是不想回复而已，他希望在沉默中寻求庇护。

* *

室利·阿罗频多（在阿利普尔监狱）开始阅读《薄伽梵歌》并运用

---

① 无法确定所提到的段落。——原注

在日常修习中，他完全领悟了永恒正法（Sanatana Dharma[①]）的真谛和荣光。

应该说，他一直都在努力理解永恒正法的完整内涵，因为这是印度宗教和精神传统的真正内核和无上荣耀。

---

① Sanatana Dharma：所有印度教徒，无论阶级、种姓或教派，所应承担的"永恒"的或绝对的义务。

哲学与著作

哲学起源

室利·阿罗频多的才思受到希腊哲学的影响。

很小的时候，我不止一次读了柏拉图①的《理想国》和《会饮篇》，但只是摘录。诚然，在其影响下，基于对美与和谐的理解，十八岁的我开始贸然写下了自己对宇宙的诠释，但是写了三四章就写不下去了。我还读了伊壁鸠鲁②的作品，对斯多葛学派（Stoics）③和伊壁鸠鲁派的思想也很感兴趣。但我对希腊哲学并无研究，事实上，在中学和大学时代，我并没有研究形而上学，对哲学也知之甚少，只是在平时阅读中了解一二。我曾经读过一本关于黑格尔④的小书（不是黑格尔写的），但印象不深。后来在印度，我读了一本关于柏格森⑤的书，也是"雁过无痕"。我很少能记住读过的内容，也没有从中汲取什么。在我看来，德国的形而上学和自希腊以来的大多数欧洲哲学都是一堆抽象的概念，没有任何具体的实质，很难理解，

---

① 柏拉图（Plato，公元前427年—前347年）：古希腊伟大的哲学家。

② 伊壁鸠鲁（Epictetus，公元前341年—前270年）：古希腊唯物主义哲学家。

③ 斯多葛学派：古希腊的四大哲学学派之一。

④ 黑格尔：指格奥尔格·威廉·弗里德里希·黑格尔（Georg Wilhelm Friedrich Hegel，1770—1831），德国哲学家，德国古典哲学的代表人物之一。

⑤ 柏格森：指亨利·柏格森（Henri Bergson，1859—1941），法国哲学家、作家。

我也不知道如何准确地以形而上学的术语进行写作。有一次，我试着翻译康德①的作品，但没翻两页就放弃了，从此再也没有尝试过。在巴罗达时，我读了叔本华②的一篇关于六个中心的论文，感觉很有趣。我没有读过贝克莱③，只是读过休谟④。总而言之，我对形而上学的兴趣几乎为零，对欧洲哲学也可以说是不得其门而入，所知寥寥，只记得些基本概念。

至于印度哲学，稍好一些，但也没好多少。我对印度哲学没有研究，但知道吠檀多哲学（Vedanta）⑤的一般思想，除了在马克斯·穆勒⑥的作品和其他一般文本中读过以外，我对印度其他哲学几乎一无所知。在英国时，"自我"这一基本概念深深吸引了我，我开始尝试理解那可能会是什么。最初令我着迷的印度经典是《奥义书》，它激起了我强烈的热情，后来我也试着翻译了一些。早期的我还受到印度另一股强大思潮的影响，那就是罗摩克里希纳的语录和辨喜的著作与讲演，但这些只是帮我初步了解了印度灵性体验，并未涉及哲学层面。上述这些都没有将我引领到瑜伽修习中，其影响

---

① 康德：伊曼努尔·康德（Immanuel Kant，1724—1804），德国哲学家、作家，德国古典哲学创始人。

② 叔本华：阿图尔·叔本华（Arthur Schopenhauer，1788—1860），德国哲学家，唯意志论的创始人。

③ 贝克莱：乔治·贝克莱（George Berkeley，1685—1753），18世纪的哲学家、近代经验主义的重要代表之一，开创了主观唯心主义。

④ 休谟：大卫·休谟（David Hume，1711—1776），苏格兰不可知论哲学家、经济学家、历史学家。

⑤ 吠檀多哲学：印度六派哲学之一。

⑥ 马克斯·穆勒（Max Muller，1823—1900）：英国语言学家，西方比较宗教学的创始人。

只停留在思想层面。

我的哲学体系的最初基础是《奥义书》和《薄伽梵歌》，随后是吠陀典籍。这是我最初瑜伽修习的基础，我尝试在精神体验中领悟那些读到的内容，成功了！事实上，在真正的精神体验到来之前，我从未满足，我的哲学体系是建立在精神体验之上，而不是只有思想本身。在我的哲学中，没有任何东西是源自抽象的知识、推理或辩证法，即便我使用这些方法，也只是为了解释或验证我的哲学，使其有别于其他。我的哲学源泉是从上方流淌下来的知识，当我静坐冥想时，特别是当我达到更高意识层级时，来自上方源头的思想犹如洪水般倾泻而下，涌入直接知识的海洋，这些直接知识总是能转化为体验，或是转化为始于体验的直觉，并带来其他直觉和相关的体验。这一知识的源泉浩瀚无边，包罗万象，各种各样的思想在此汇聚，它们也许属于相互冲突的哲学理念，但却在一个巨大且综合的整体中得以调和。

《拯救者珀尔修斯》[1]

波利达翁（Polydaon）[2]意识到了自己的失败，即波塞冬（Poseidon）[3]的失败，……他向新的"光辉之神"祈求，起死回生，而对他功过命运的评断则留给了珀尔修斯这位新神……

---

[1] 这是室利·阿罗频多写的一部戏剧，取材于希腊神话中珀尔修斯和安德罗米达的故事，于1907年发表在《向祖国致敬》上。

[2] 戏剧中的角色名字，波塞冬的牧师。

[3] 波塞冬：希腊神话中的海神，奥林匹斯十二主神之一。

【室利·阿罗频多参透了"新神",写道】在波利达翁的心目中,新的"光辉之神"是来自奥林匹亚和希腊的"新的波塞冬",已然取代了可怕的地中海旧神波塞冬。珀尔修斯是永远的神-人。

《薄伽梵歌论》

达摩＝职责［Dharma＝devoir（duty）］

Devoir（法语）并不能表达 Dharma 的意思。"无私地履行自己的职责"——这是欧洲人对《薄伽梵歌》教导的错误解读。《薄伽梵歌》中的"达摩"是指一个人本性（Nature）的法则,有时也被描述为受自我本性（swabhava）支配的行为。

* *

魔性与神性相辅相成。

这并不是《薄伽梵歌》的教导,根据书中所言,两种本性相互对立,应通过修习瑜伽的力量摆脱魔性。室利·阿罗频多的瑜伽也坚持摒弃本性中黑暗和低级的部分。

《未来的诗歌》

室利·阿罗频多曾在《雅利安》中"未来的诗歌"专栏里发表了数篇文章,起初是受到考辛斯博士（Dr. Cousins）的书《当时机成熟时》（*in the fullness of time*）的启发,最终形成了一个长达三百多页的系列专题。

【更改为】……起初只是一篇对考辛斯博士著作的书评,后来慢慢慢形成了一个系列专题……

此系列专题并不是对考辛斯著作的长篇评论，最初的书评只是一个开始，后面的文章均是室利·阿罗频多自己的观点，以及他的艺术观与人生观。

《母亲》

现在，很多关于瑜伽的信件都已编辑成书并出版，例如《世界之谜》(*The Riddle of This World*)、《瑜伽之光》(*Lights on Yoga*)、《瑜伽的基础》(*Bases of Yoga*) 以及《母亲》(*The Mother*) 等，这些都是在修道院时期的成果。

《母亲》这本书的来源与上述其他书籍不同。本书的第一部分和其他主要内容，例如对四个沙克提 (Shaktis) 的描述等，都是单独写的，并不是信件。

一些哲学话题

这些可辨识的螺旋式上升的渐变阶段依次是"更高的意识"(Higher Mind)、"直觉"(Intuition)，或"直觉意识"(Intuitive Mind) 和"高上心思"(Overmind)。

其实不然，所谓的"直觉意识"通常是真正的直觉 (true Intuition) 与普通思维 (ordinary mentality) 的混合物，总是混杂着真实与谬误。因此，室利·阿罗频多会避免使用这个词。他区别了"严格意义上的直觉"(Intuition proper) 和"直觉性的人类思维"(an intuitive human mentality）。

＊　＊

最终，当战争的噩梦成为过去，和平的曙光必将到来，我们对神圣人生的梦想也会在时机成熟时得以实现。

室利·阿罗频多并不认为神圣人生的演变取决于战争的消逝，他的观点恰恰相反。

＊　＊

他确实捕捉到了一个影像，一个象征永恒、闪耀着三位一体光辉的影像，一个最为深邃的影像，超越了转化后的超心思，但它还不是一个真实的实在（1944）。

最好这样描述："从最高境界来说，这不是一个确切的、具显的实在，只是力量下降时带来的某种影响而已，不是实在本身，也不是全部。"

附录

此附录中笔记的来源尚不清楚。与其他以手写或口述手稿形式保存的笔记不同，这些笔记仅以印刷形式保存了下来，可能是转录自室利·阿罗频多的口头评论。其中一些收录在《室利·阿罗频多：关于自己和关于母亲》（1953），其他收录在《关于自己》（1972）中。

未确定来源的笔记

一整年的时间里，每天早上吃一两片三明治、面包和黄油以及一杯茶，晚上唯一的食物是一便士的干熏肠。

* *

这些邀请都是（大君）要求的工作，不能拒绝。

* *

室利·阿罗频多在印度的政策并非基于帕内尔主义（Parnellisom），而是与新芬党更相似，但他的理念出现在新芬党运动之前，因此并没有受其启发。

* *

室利·阿罗频多开始自己练习瑜伽，最初有位朋友，是布拉玛南达大师的弟子，教给他调息法。之后他遇到困难，便向勒勒求助，勒勒是巴林德拉从瓜廖尔请来的瑜伽士。这些都发生在 1908 年苏拉特大会之后。

（与大学当局）没有意见分歧，辞职是不想因为《向祖国致敬》案让学校难堪，在无罪释放后，学院将他召回岗位。最后一次辞职是在阿利普尔监狱时提出的。

民族主义者想提议拉杰帕特·拉杰担任主席，而不是提拉克。

没有民族主义者领袖当上主席。

第二部分　具有历史意义的信件

第一节　私人信件、实事及政务信件
（1890—1926）

家庭信件
（1890—1919）

1877 年至 1893 年，室利·阿罗频多在英国度过了他的大部分青年时光。这一时期只有一封信部分留存了下来。下面五封信是 1893 年至 1906 年间在巴罗达时写的。给岳父的两封信分别写于 1906 年（加尔各答）和 1919 年（本地治里）。

给父亲的信（节选）

这段话摘自室利·阿罗频多在 1890 年 10 月抵达剑桥后不久写给父亲 K.D. 高斯医生的一封信。1890 年 12 月，K.D. 高斯在写给他的大舅哥乔金德拉纳特·博斯（Jogindranath Bose）的信中抄写了这段话。

昨晚，我的一位导师邀请我到他家喝咖啡，在他的房间里我见到了大人物奥·布（Great O.B.），也就是奥斯卡·布朗宁，他是国王学院杰出的代表人物。他对我大加赞赏，当我们的话题从交谊舞转到学业时，他说："我想你已经知道了，你通过了一门非常高难的考试。我已经参与了十三次阅卷，从来没有见过这么优秀的论文（指我在学业考试中的古典文学论文），你的文章写得太棒了！"在写这篇《莎士比亚与弥尔顿比较论》（*A Comparision Between*

146

Shakespeare and Milton）时，我尽情地沉浸在东方意境中，文中充满了丰富热烈的意象，还有大量的对仗和箴言，无所禁忌并毫无保留地表达了我最真实的感情，我认为这是我做过的最美好的一件事。但在学校里，我的文章被指责过于亚洲化和浮夸。奥·布后来问我的房间在哪里，我回答后，他说道："是个可怜的洞穴啊！"然后他转向马哈菲（Mahaffy），说："我们对学生太无礼了！我们让优秀的人来到这里，然后把他们关在那样的盒子里！难道是为了让他们放下骄傲吗？"

1890 年

给外祖父的信

室利·阿罗频多在古吉拉特（当时是巴罗达土邦国的一部分）北部的一个小镇古扎里亚任职期间，给他的外祖父拉杰·纳拉扬·博斯写了这封信。拉杰·纳拉扬·博斯是一位著名的作家，也是梵社（Brahmo Samaj）[①]的领导人之一。

[①] 梵社：近代印度历史上第一个宗教改革团体，由拉姆·莫汉·罗易（Ram Mohum Roy）于 1828 年创立。梵社受西方新兴文明的影响，倡导废除偶像崇拜，反对迷信，反对一夫多妻制，提倡跨种姓婚姻。梵社反对寡妇殉夫的旧俗，说服英国政府于 1829 年废除了这一制度。梵社还对印度社会提出了众多改革倡议，比如提倡印度大团结、发展印度教育事业、思想解放和出版自由、政治平等、法律改革等。在宗教上，梵社提倡人类各宗教信仰之间的联合，促进了印度教徒和穆斯林教徒的友谊。罗易还是印度本土出版业之父。梵社的思想为印度开创了一个新时代，在印度社会有极大的号召力。

古扎里亚

维扎布尔·塔卢卡（Vijapur Taluka）

古吉拉特北部

1894 年 1 月 11 日

我亲爱的外祖父：

今天下午我同时收到了您的电报和明信片。我现在住在一个偏僻的地方，方圆十五英里内没有邮局，所以收发电报并不容易。下周末我大概能赶到孟加拉。我本打算这几天就到那儿，但是上个月的薪水不够用，没有钱我就没法动身。不过我已经申请了一个月的特权休假，一旦批准，我就准备出发。我会经过阿吉米尔（Ajimere），和贝诺（Beno）[1] 待上一天，去取我放在他那里的物品。我不懂乌尔都语，也不懂这个地区的其他语言，因此带着我的办事员同行可能会方便一些，为他提供住宿应该也不是什么难事。

我收到了叔叔的信，里面附有萨罗（Saro）[2] 的信，但读她的信很麻烦，因为在巴罗达没有人懂孟加拉语，至少我找不到。幸运的是，我在英国学到的一些知识对我大有帮助，靠着零零散散的猜测，我还是能理解这封信的大意。

您认识一个叫阿克沙亚·库玛拉·高沙（Akshaya Kumara Ghosha）的人吗？他住在孟买，自称是我们家的朋友。他已经和我通了信，我还在孟买见过他一次，他希望我加入他从事的一些非常值得称道的事业。我已经礼貌地给予他一些模棱两可的、象征性的鼓励，但他的来信看起来有些奇怪，要么过于理智，要么过于诚实，我认

---

① 这里指贝诺布桑，阿罗频多的大哥。

② 这里指萨罗吉尼，阿罗频多的妹妹。

148

为如果没有比他的自我介绍更好的证明，谨慎起见，我不会和他进一步交往了。

如果一切顺利，我将于 18 日离开巴罗达，无论如何，最迟不超过这一两天。

相信我。

爱您的外孙

阿拉温德·A. 高斯

给妹妹的信

室利·阿罗频多从英国归来首次走访家乡后不久，就给妹妹萨罗吉尼写了这封信。他去英国时萨罗吉尼还是个婴儿。这封信由他们的弟弟巴林德拉·库马尔发表在《新时代》上。

巴罗达营地

1894 年 8 月 25 日

我亲爱的萨罗：

前天收到了你的来信，在过去的三个星期，我一直在抓紧时间回信，但直到现在还没写完。三天的假期使我精神焕发，我今天一定可以写好，争取天黑前寄出去。

如果可以的话，我本应明天动身，但事务缠身，手头又紧，所以没法启程，我恐怕不能赶在普阁（Puja）①之前见到你了。事实上我到这儿根本就是个大错误，因为我无法忍受巴罗达。有一个关于加

---

① 普阁：印度教的礼拜，一种仪式性的崇拜，涵盖从简短的日常家庭仪式到复杂的寺庙仪式等各种仪轨。

略人犹大的古老故事，对我再合适不过了。犹大在出卖耶稣后，上吊自杀，去了地狱，被丢到最炙热的火炉里，承受永远的焚烧。但是他在生前做过一件好事，为此，上帝特别怜悯他，允许他在每年圣诞节去北极的冰山上凉快一个小时。在我看来，这不是怜悯，而是一种更为特殊的残忍，对这个可怜虫来说，在享受了冰山的清凉之后，地狱的灼烧难道不是加倍的苦不堪言吗？我不知道自己因何种滔天罪行被困在巴罗达，我就是那个在地狱的犹大，与你在拜迪亚纳特（Baidyanath）① 愉快逗留后，巴罗达让我更加难以忍受了。

我敢说，贝诺在离开英国的前三四天会给你写信，如果他这么做，你一定觉得自己很幸运。你第一次听到他的消息，很可能就是从加尔各答发来的电报。当然，他没给我写过信，我从不期待也害怕收到他的信，如果真收到我会非常震惊的，估计我会"激动"得满地打滚，大喘粗气，不能自已。不，上天的眷顾太奢侈了，不敢奢望。我敢说他会有足够的精力把你的信交给马诺（Mano）② ，因为他们俩肯定天天见面。你要给马诺一点时间回复你，他也是贝诺的弟弟啊。请告诉我贝诺的地址，我已写好给他的信，但不知道该寄往哪里。你还能告诉我巴林（Bari）的英文写作书的名字和编者吗？我非常想要这样一本书，因为它不仅在孟加拉语，而且在古吉拉特语方面对我很有用。这里没有那么好用的书。

你在信中说"这里的一切都很好"，而在接下来的一句话中，我读到"巴林发烧了"。你是说巴林不重要吗？可怜的巴林！他应该被

---

① 位于贾坎德邦的德奥古尔，是充满灵气的重要朝圣地，著名的拜迪亚纳特寺庙正坐落于此。

② 这里指曼莫汗，阿罗频多的二哥。

排除在人类的名单之外才说得过去，但要完全否认他的存在有点难。我希望他只是低烧。我很好，我从孟加拉带来一笔健康基金，我希望够我用一段时间，但我刚过了人生的第二十二个里程碑，8 月 15 日是我的生日，多可怕啊，我已经开始变老了。

我从你的信中推断你在英语方面取得了很大进步。我希望你能快点学会，然后我就可以以我的方式把我想说的话写给你了。我现在很难这么做，不知道你是否能理解。

爱你。

你亲爱的哥哥

阿罗

另：如果你想知道我名字的新拼法，去问叔叔。

图 26 室利·阿罗频多在巴罗达，1893 年

给二哥的信（节选）

室利·阿罗频多从写给他的二哥曼莫汗的一封信中选取了以下部分，想用作他 1899 年创作的诗歌《爱与死亡》（*Love and Death*）的引言。在打印本的最上方，他打上了"致二哥"，这显然是作为诗的献词，而不是信的问候语。1920 年，《爱与死亡》出版前，他删掉了（原）献词和引言。

不久前我收到了你的一封信，但我无法理解其中的一些内容。你在信中毫不留情地谴责了印度教神话，认为它们如同一个琐碎而乏味的杂物间，充斥着粗俗而骇人的想象，全都是印度教的陈词滥调，你控诉其中的人物都是毫无生气的道德典范，完全没有单纯、自然、热情和人性可言。

长久以来，我一直相信你的品位和判断，但现在我发现我们的看法有些不同了。那么，能否允许我为你强烈谴责的事物做一个小小的辩护，并解释一下为什么我会如此大胆将这首以印度教为主题的诗献给你。这首诗是以印度教的精神写成，以印度教的品位、风格和原则构思，而你却把所有这些都视为强烈的诅咒。我不是在试图说服你，只是为了证明，或至少明确我自己的观点，也许顺便可以让我对自己选择的诗歌风格感觉踏实一点。

你的品位源自希腊传统的甘露和蜜汁，因此对印度教神话有如此印象也不足为怪。印度教以宏大的努力将人类智性与宇宙紧密相连，以广阔的度量用无限和无形衡量自身，这与希腊人对对称感和有限美的强烈观念格格不入。希腊主义必然会在印度人的想象和思想中看到一大堆既脱离理想又脱离现实的粗俗幻象。但是，当它不加区别地谴责所有印度教传说时，我相信这是出于一种本能，这是优良文化的必然缺陷。因为一种文化如果想要保持纯粹、敏锐、严苛的鉴赏与批判性判断的标准，该文化就无法容异，也就是说，为了坚持自己的尺度，它会排除所有超越该尺度的东西，将其视为骇人听闻的事物。它拒绝源于好奇天性的活泼敏锐的理解力与共鸣心，否定将自身投射到不同（艺术）类型中，并通过不断拓展的艺术体验走向终极完美的尝试。希腊主义之所以拒绝，是因为这种普遍性打破了由其自身气质打造的精美范式。这并没有什么问题，然而，在艺术和批判中，是否也应为那些虽不精致但更多面的其他（艺术形式）留有空间，这样才有可能涌现新兴的元素和鲜明的反差。通常，当浪漫主义摸索着创作出颓丧朦胧的作品时，偶尔会取得一些标志性成果，创造出新的艺术形式为诗歌所用，并为诗歌鉴赏开辟出新的视野。希腊文化会发现（其他文化的）优点，但却对其严格区分，不轻易接受，这样的文化气质会对印度教传说做出怎样的评价呢？

我会仔细区分两种类型的神话，即宗教哲学寓言和真正的世俗传说，而前者是很难论证的。宗教神话源于中世纪印度教寓言和象征精神，是一种直指人类独特精神世界的诗歌，在它与印度史诗文学相碰撞的那一刻，突如其来的奇异感击破了西方人的想象力，东西方之间那条永远的分割线便显现出来了。这种差异是根源性的，难以逾越。有一种精神构成，它与富有想象力的宗教毫无关联，它接受的宗教是直接的、确切的、教条的，而这些宗教哲学语言在艺术上便显得虚伪，在意义上更是贫瘠。还有另外一种精神构成，将宗教中的形而上学与具有象征意义的想象力相结合，既创造出宗教氛围，不至让人感觉宗教遥不可及，又可以反抗教条主义。这种精神在印度教寓言中找到了永恒的快乐和活力，使得这些宗教寓言既强大又有穿透力，有时还带有史诗般的思想和相宜的灵感，所有这些又融入一种奇特且不同寻常的美。渗透在这些传说中的种种怪诞本就是其重要组成部分，要消除这些怪异之处（在欧洲人看来是怪异的，在我们看来却是鲜明而自然的），就是削弱其力量中最具特色的部分。让我们把宗教哲学寓言这一类型先放在一边，因为它超出了讨论的范畴，很难定论。

　　让我们来谈谈世俗传说吧。的确，很多世俗传说既幼稚又怪诞，令人难以忍受。但我认为，幼稚只是表象而不是本质，而这种表象正是印度教精神的特征，但这一特征并不是在印度教最好的时代形成的，而是在其衰退时期形成的一个偶然的文学现象。毗耶娑的《摩诃婆罗多》（Mahabharata）[①]最初是一部两万四千节的史诗，后来由一位诗人加以编辑扩充，这些毫无美感的创作，破坏了古老故事中淳朴而简单的美，最终被乏味的时代和低劣的作品所淹没。以此看来，这些传说中古老的纯朴之美被后来那些毫无美感的画蛇添足所破坏、毁损和贬低，也就不足为奇了。但也正是通过这一表象，大多数印度教的世俗传说被保存并流传到了我们这个世纪，这些朴素而美丽的古老传说，至今仍以其独特的印度教风格，带给我们无比美好的情感与灵感，再经由一些伟大艺术家的双手，发展成最细腻柔情或最庄严宏伟的戏剧与史诗。当人们看了《摩诃婆罗多》中对沙恭达罗（Shacountala）的故事呆板而笨拙的叙述，再去读迦梨陀娑（Kalidasa）[②]的杰作——其

---

① 《摩诃婆罗多》：享誉世界的印度史诗，与《罗摩衍那》（Ramayana）并称为印度两大史诗。

② 迦梨陀娑：公元 5 世纪左右的印度梵语诗人和剧作家，可能是印度历史上最伟大的作家。他创作的戏剧《对沙恭达罗的认可》（The Recognition of Shakuntala），通常被认为是印度历史上最伟大的文学作品。

精巧美妙的戏剧艺术和温润优雅的情感表达都达到了最高境界——人们立刻就能感知到，这些世俗传说是如何随着触摸它们的双手而产生变化的。

但你是对的，印度教神话中没有希腊神话中那种热情奔放的生活。印度教的思想过于严肃和理想主义，对恶行与原罪和疯狂的激情中蕴含的丰富多彩的诗意缺乏足够的敏感度，因此，俄狄浦斯（Oedipus）[1]或阿伽门农（Agamemnon）[2]之类的人物是其创作力所不能及的。然而，它在复仇方面有一种力量，也许你会认为这种力量于事无补，但在另外一些人看来（我承认自己是其中之一），这似乎有非常真实而独特的价值。在热情、生动而活跃的生活以及世间品位方面，印度人不如希腊人，但在精神魅力与升华上却更胜一筹，他们没有为世界的表象披上永恒美丽的外衣，而是更深入地探索事物最炽热的核心，在他们循环的思想轨迹中，向下围绕着最隐秘的存在之根源，向上则超越了那最高远的、无形的理想之门。

让我更细致地谈谈这个问题。希腊人和印度人气质的不同之处在于，一个是生命的（vital），另一个是超生命的（super-vital）；一个是物质的，另一个是形而上的。前者将阳光感知为自然的氛围和充满欢乐的活动，后者视其为金色的面纱，遮住了我们渴望的美丽

---

① 俄狄浦斯：希腊神话中忒拜的国王和王后的儿子，他在不知情的情况下，杀死了自己的父亲并娶了自己的母亲。

② 阿伽门农：古希腊神话里特洛伊战争中的希腊联军统帅，领导联军攻克特洛伊城取得胜利。战争结束后回到家乡，然而他的妻子与情人一起谋害了他。

而奇妙的事物。[①] 希腊人追求的是限制和有限的完美，因为他们真切地感受到了所有存在的有限性；印度人的思想，则从无限延伸至宏大，习惯在超然中遨游，这种偏好放在诗歌中就危险了。有限美、对称和形式总是美好的，希腊传说，即使被拙劣的诗人触及，也总能保留一些光辉、灿烂和人性的优雅或悲剧的力量。但有关无限的题材的诗歌不是所有人都能肆意加工的，它只会跟随强大的力量，一旦被低级思想碰触，便会从崇高之界落入怪诞之地。因此，不同的传说之间、同一传说在不同的人手中有着天壤之别，最好的或庄严或柔美，而最差的则平庸且乏味，几乎没有中间地带。用虔诚的双手捧起古老的神话，除去其中的污垢，使其重新散发出古老纯朴的力量和庄严深刻的意义，这是当代印度诗人令人钦佩的雄心壮志。用另外一种外国语言做类似的尝试则是一项更加艰难的任务。

　　下面，我会试着给一个古老传说穿上迷人的外衣，呈现在英国公众面前，这不是对故事进行简单翻译或像埃德温·阿诺德（Edwin Arnold）[②] 那样直白地处理。我将保留其内在精神和印度教特点，但会采取一些方式来消除其粗糙感和人们对陌生事物常有的怪异感，以此赢得一种文化认同。我们的神话传统并不为人所知，品位风格也未被广泛接受，因此上述尝试必然会困难重重。如果你认为我取得了一点成功，我会非常欣慰，如若不然，我至少可以从失败中得

---

① 金光为盖兮，掩蔽真理之面；养育者！君其除之！为真理之法兮为见！……养育者！独见者！执法者！太阳！造物之子！整君之芒！敛君之光！我乃见君之相，至福乐兮辉章！彼兮彼兮彼士，我为彼！（原文出自《伊莎奥义书》，中文选自《五十奥义书》，徐梵澄译，中国社会科学出版社 1984 年版，第 509 页。）

② 埃德温·阿诺德：将佛教和印度文化介绍给近代欧洲人的英国文学家。

到安慰，因为毕竟失败的可能性更大一些。

鲁阿鲁（Ruaru）的故事是在《摩诃婆罗多》最后的增补部分讲述的，叙事直白而幼稚，没有力量，没有美感，也没什么见地。然而，它却是我们的传说中最重要和最强大的思想之一，与其说它是一个故事，不如说是一种理想。鲁阿鲁的曾祖父^①婆利古（Bhrigou），几乎是吠陀文献中最威严和最受尊敬的名字。在雅利安时代伊始，巨大的革命运动已隐约可见，他高大的身影在难以估量的古代迷雾和尚未诞生的民族巨影中若隐若现。

在后来的故事中，婆利古的后代成了仙人中最神圣的氏族之一，而持斧罗摩（Purshurama）就是它的后裔。婆利古仙人是一位强大的先知和族长，亦是梵天的心生子之一，他与泰坦女神补罗摩（Puloma）生下了儿子吉耶伏那（Chyavana）^②，这个儿子还未出生就继承了父亲的品格、伟大和苦行的能量。吉耶伏那也成了历史思想的导师和先驱，是文明之父。阿逾娑（Ayus）是他的学生之一，这位阿逾娑是洪呼王（Pururavas）和广延天女（Urvasie）的孩子，也是月亮（Lunar）王朝［或伊利亚（Ilian）王朝］的缔造者，其后代在摩诃婆罗多的声势浩大的内战后成为印度的统治者。吉耶伏那的儿子普拉玛蒂（Pramati）^③与天女生了一个儿子，名叫鲁阿鲁，这个故事就是关于他的。后来，鲁阿鲁和父亲一样成了一位伟大的先知，但在他年轻的时候，他全心全意地爱着一个美丽的女孩毕哩阎婆陀（Priyumvada）^④，

---

① 原文写的是"祖父"，但根据印度神话人物图谱，这里应该是曾祖父。

② 又译行降仙人。

③ 又译谋远。

④ 此人名译法参考《沙恭达罗》，季羡林译本。

并娶她为妻，她是乾闼婆（Gundhurva）国王奇特罗鲁斯（Chitro-ruth）[1]与天女弥那迦（Menaca）所生的女儿，沙恭达罗的姐姐。

当他们还沉浸在结为夫妻的喜悦中时，毕哩阁婆陀像欧律狄刻[2]一样被毒蛇咬死了。鲁阿鲁痛失爱妻，悲痛欲绝，在森林中痛苦地游荡，这里曾是他们爱情的避风港和见证地，他的悲伤吞噬了整个宇宙，直到天神怜悯他，答应把妻子还给他，但要他牺牲自己一半的生命。对此，鲁阿鲁欣然同意，并付出了代价，与他的爱人团聚。

除去后面为了与《摩诃婆罗多》相关而添加的幼稚无聊的内容外，就是上述这样一个故事。如果将其与欧律狄刻的故事相比较，就会有力而清晰地证实我一直在寻找的印度神话和希腊神话不同的诗歌创作能力。俄耳甫斯[3]堕入地狱，用音乐征服了死神和地狱，让他的爱人重回阳光下，在即将成功的那一刻，由于自然而美丽的人性弱点而悲剧性地失去了她[4]，这个故事具有无限的幻想、悲怆和令人颤抖的人类情感。印度的故事缺乏这种微妙和多样性，缺乏冲突和悲剧，仅仅是故事中的一个想法。然而，这是一个信念！活着的人要用半生作为无情的代价来换取死者的复活，这是何等深刻与透彻啊！这一信念敲开了人类命运的大门，迎接来自另一个世界的清新空气，在那个世界，人类对自身潜力和局限性有着无限深刻的思考。

在这首诗中，我试着尽可能将希腊的悲情和印度的神秘这两种

---

① 又译画军。

② 希腊神话中阿波罗之子俄耳甫斯的妻子。

③ 太阳神阿波罗与史诗女神卡利俄帕的孩子，有着无与伦比的音乐才能。

④ 带妻子回人间，俄耳甫斯需要答应一个条件，那便是在妻子走出地狱之前，决不能回头看她一眼。然而当眼前已经见到人间的微光时，他未能忍住，回头拥抱了一路埋怨哭泣的妻子。

气质结合在一起，但也小心翼翼地保留了印度教精神的精髓和印度神话的特征。这些印度传说所呈现出的直接而纯粹地追求崇高和理想的基本思想——当然，我指的不仅仅是家庭生活的美好故事——让我别无选择，只能尝试史诗般的写作风格和形式。在史诗风格的选择上，我可以选择完全希腊风格，或者完全印度风格。我的选择恐怕是你最不喜欢的。

印度史诗的真正主题始终是两种遍在而对立的宇宙力量之间的斗争，而人类和神圣角色——至高的三位一体（the Supreme Triad）除外——都是这些巨大的世界力量的呈现，是无法被引导，只能被左右的棋子。也许是生活中的奥林匹亚理想与泰坦一族（Titanic）[①]理想的斗争，然后，我们有了《罗摩衍那》；又或者，它是政府和社会中的帝国理想与贵族理想的斗争，前者汇集了秩序、服从、谦逊、正义和平等的力量，而后者则是以偏行己意、暴力、独立、一意孤行、愚忠、武力统治和强权为后盾，这正是《摩诃婆罗多》的核心；或者，就像萨维特里（Savitri）[②]的故事一样，一个女人虽孤身一人，但

---

① 泰坦一族：在希腊神话中是指以宙斯父亲为首的二代泰坦十二神，奥林匹亚是指以宙斯为首的推翻二代神的神族，这里与奥林匹亚意指正邪两股势力的斗争。

② 根据印度教的传说，曾经有一位聪明美丽的公主，名叫萨维特里，她拒绝嫁给任何一个求婚者并离开宫殿去寻找真爱。她找到了萨蒂亚万（Satyavan），一位英俊的樵夫，曾经是一位王子，两人相爱并结婚。但众神的使者发出了一个可怕的预言——萨蒂亚万将在一年内死去。果然，在这对年轻夫妇结婚一周年之际，萨蒂亚万倒下身亡，死神阎摩王（Yamraj）前来夺取他的灵魂。聪明顽强的萨维特里来到地狱的入口，乞求萨蒂亚万的归来。阎摩王同意满足萨维特里的一个愿望，但不能是她丈夫的生命。于是萨维特里要求阎摩王赐予她很多孩子。阎摩王接受后，她问他，没有丈夫她该如何生孩子？因为她曾发誓只嫁给萨蒂亚万，阎摩王只能兑现诺言，让萨蒂亚万复活，这对幸福的夫妇终于得以团聚。

在她可怕的沉默和力量背后是强烈的爱，凭借着这份爱，她与收割灵魂的死神展开较量；即使是像努尔的罗曼史（Romance of Nul）这样纯粹的家庭故事中，一个铁器时代的天才被坚定的夫妻之爱所征服，其中心思想也是精神的让步；同样，在鲁阿鲁和毕哩阇婆陀的故事中，诗歌以迦摩（Cama）和阎摩（Yama）这一对掌管爱与死亡的伟大神灵来命名，他们才是真正的主角。

印度史诗模式的第二个基本特征，是你认为故事中的人物都是毫无生气的道德典范，你极为谴责这一点，而我却完全接纳。让我再次区分一下。史诗中的伟大人物是道德典范，但同时也具有混合的品质，既不完全邪恶也不极度完美。也就是说，他们是不同人物类型的完美呈现，这也源于印度人的创造性思维倾向，即透过人物观察其背后的偏好、灵感和观念。然而，罗摩（Rama）①、悉多（Sita）②、萨维特里这些伟大的人物，仅仅是道德卓越的典范吗？通过蚁垤（Valmekie）③和毗耶娑（Vyasa）④简短而有力的语言，我读了他们的故事，和他们同悲共喜，难以自拔。萨维特里那坚强而沉默的心灵、强大而微妙的个性，既有生命力又极具魅力；罗摩在他所做的一切中都注入了太多的神圣之火，不可能死气沉沉；悉多太仁慈、太甜美了，既有人性的忠诚和可爱，又有女性的柔弱和力量！鲁阿鲁和毕哩阇婆陀的故事既是典范又是理想，他们的爱，是在圆满中

---

① 罗摩：《罗摩衍那》的主人公。

② 悉多：罗摩的妻子。

③ 蚁垤：又译跋弥，古印度诗人，相传是《罗摩衍那》的作者，其身份不详，传说是一位语法学家，或古代仙人。

④ 毗耶娑：又译广博仙人，著名的仙人，被认为是往世书的作者，也被认为是史诗《摩诃婆罗多》的作者。

160

升华的完美的理想，而现实中的爱只是对这一完美理想或残缺或失败的表达。

理想的爱是一种三位一体的能量，既不只是感官的冲动，也不只是情感的或精神的。这些可能存在，但不是爱。感官冲动本身只是动物般的需要，情感只是短暂的情绪，精神则是一种迷失了方向的宗教渴望。然而，所有这些都是最高激情的必要元素。感官冲动是必要的，就像温暖的泥土之于树根；情感就像空气，赋予树以生命；精神渴望就像天上的阳光雨露，滋润树木不至于干枯。我认为，若要更好地表达爱与死亡之间的抗争，必须有对爱和死亡的充分描绘，缺一不可。对爱的描摹要建立在完美的层面上，因此要尽可能触及感官、情感与精神这三个方向的极限力量——强调感官，从而为爱赋予坚实的根基；强调情感，赋予它生命力；强调精神则是赋予它无限的永恒。如果三者延伸至极限后相遇并结合，不再是单独的三个部分，而是三位一体，那么，这便是一种得以完美呈现的爱。至少，这是我关于这首诗的构思，至于我是否完成了这一构思，就由你来评说吧。

但是，即便理解了印度的品位准则、史诗创作的原则、思想和性格类型，将印度传说翻译为英文仍然是一件非常困难的事情。对英语读者来说，印度传说无异于一片危险丛林，到处都是令人费解的粗俗词句和陌生典故。迄今为止的翻译作品中，因为对"（印度）地方色彩"的照单全收，或在英文中过于随意夹杂梵文，从而形成了一个又一个的阅读障碍，令读者生厌。只有在不影响主题的情况下，"地方色彩"才会自然呈现并被读者所接受，而对诸如梵语这样的外来词，也应只在英语中完全找不到相对应的词语时才用。过于频繁地使用外来词，要么是创作上的懒惰，要么是卖弄学问。除了少数的专业性词汇，梵语中大多词语和概念可以直接译为英文，或稍加处理后用英语做近似表达。再不济还可以自创一个英文单词，即便不能准确地表达原意，也能使英语读者产生一些近似的联想。无论怎样，毫厘之差好过故作高深。

因此，我努力避免一切不必要的地方色彩和自我炫耀，甚至偶尔使用希腊语的表达方式，比如冥界之王哈迪斯（Hades）。我相信这样的用法是合理的，因为这会让诗歌更接近读者的想象。另一方面，有些印度词语让人难以割舍，我无法也不愿放弃，比如 Rishi（先知，见者）、Naga（居住在冥界的蛇神）、Uswuttha（代表神圣的无花果树）、Chompuc（雪莱优美的抒情诗已经让人们熟悉了这个词）、Coil 或 Kokil（印度的一种布谷鸟），还有 Dharma（指正法、宗教、自然法则）、Critanta（终结者）、Yama（印度的哈迪斯）。我想，一个耐心的读者是可以忍受这些的。神话典故是印度传说中不可缺少的背景，除了一两个以外，所有的典故都是可以向有共情智慧和诗歌经验的读者解释清楚的。

在某种程度上，这些典故是必不可少的，背景和史诗体系必须是普通的印度背景和体系。只要处理得当，我认为这些都不乏诗歌中暗含的力量和美感。鲁阿鲁，婆利古的曾孙，带我们回到雅利安文明的开端，那时，我们的祖先沿着伊拉沃迪河（Iravatie）、金德拉帕迦河（Chundrobhaga）、夏得德鲁河（Shotodrou）、维德斯达河（Bitosta）和维巴夏河（Bipasha）五条河流[①]居住、战斗和歌唱。那

---

① 伊拉沃迪河，今拉威河；金德拉帕迦河，今吉那布河；夏得德鲁河，今萨得鲁季河；维德斯达河，今切勒姆河；维巴夏河，今沃亚斯河。

时，印度的发源地，我们的孟加拉还只是野兽之母，在那片阴郁而神秘的原始森林和巨大河流中，还没有人类居住，只散落着几个零星的原始部落。对她的后代而言，这片土地还是如此的陌生，而故事就发生在那个时代，这个民族是由像洪呼王这样的王子，和像婆利古、毗诃跋提（Brihuspati）、乔达摩（Gautama）这样的父权圣贤和先知们创造的。那时，先知是人类世界的领袖，他们是圣人、诗人、牧师、科学家、预言家、教育家、学者和立法者，他们创作了人类历史上最神圣的赞歌，这些强有力的诗句源于与至上者全神贯注的沟通，是印度伟大哲学的萌芽。先知们举行祭祀，在火神阿耆尼①的护佑下，国王和子民走向财富与伟大。他们留下的智慧箴言是印度科学、伦理、实践和物理的摇篮，他们对纷争的裁定是印度伟大法典和立法理论的种子。

在喜马拉雅的森林里，在大江大河的汇合处，先知们是父权家庭的中心，那时，维系家庭的纽带是思想交流，而非血缘关系。这些圣人身边的孩子们年轻而勇敢，他们目光如炬，求知若渴，注定要成为伟大的先知，或名闻遐迩的思想和行动领袖。先知是所有学问、艺术和科学的大师，他们的知识是通过冥想中的灵感和直觉获得的。对感官的控制让理性不再任性，并打开内在的视见，这种视见高于理性，正如理性高于感官。这些视见是通过直觉的闪现来完成的，在高度的专注中，灵感连绵不断迸发而出，直到形成一条完整的逻辑链。这并不是冷静思考或热烈辩论的结果，而是通过连续不断的灵感获得的。那些通过身体苦行来寻求永恒，比如坐在五堆

---

① 原文是 seven flaming tongues，意为"七火舌"，代指火神阿耆尼（Agni）。

火（四个方向各一堆火，加之头顶上方正午的太阳）中间或连续几天躺在箭床上，或者是基于高级的身体科学的瑜伽修炼，则都是后来才有的事情。

先知们是卓尔不群的思想家，他们不是通过演绎推理或任何控制感官的身体修炼来工作，他们有着巨大的品格能量，可以在强烈的冥想中与至上者对峙，成为不可估量的精神能量的主人，所以当他们开口诅咒时，其愤怒足以震慑众人，甚至让整个世界为之颤抖。这种能量会传承下来，或至少以一种隐秘的但可教导的形式传递给后代。起初，即使是未出生的孩子都是神圣的，但后来，随着民族活力的耗尽，这内在的火焰也逐渐熄灭。吉耶伏那的母亲补罗摩在嫁给婆利古之前曾与一位泰坦族人订婚，后来这位泰坦族人想趁婆利古不在时带走曾失去的爱人，而此时补罗摩已有孕在身。据说，在子宫里的吉耶伏那感觉受到了侮辱，他在母亲体内燃起一团与生俱来的神性之火，那位泰坦族抢夺者就这样被一个婴儿的愤怒烧死了。先知们并非没有激情，他们易于发怒，也极易动情，他们对自己的生命和天赋引以为傲，沉湎于对美的向往，与泰坦族的女儿们结合，或在庄严孤寂的山林中与天女交往，由此诞生了史前时代那些古老而神圣的氏族：行降仙人一族（Barghoves）[①]、毗诃跋提族（Barhaspaths）、释迦瞿昙族（Gautamas）、迦叶波族（Kasyapas）。直到今天，雅利安人的后裔们仍被分为这几大族系，也正因如此，印度将这些赋予她文明的伟人们奉若神明。

地界有先知，天界则有众神。他们是伟大而光辉的存在，维系

[①] 指婆利古与补罗摩的儿子。

宇宙，对抗混乱无序的鬼魂幽灵——阿修罗或泰坦族。他们与印度的奥林匹亚神们一直争斗不断，然而，敌意并不妨碍他们彼此间偶尔的结合。天后舍质（Sachi）是一位泰坦女，是补罗摩和阿修罗的女儿；雅亚提（Yayati，迅行王），众神的盟友，娶了一位达伊提耶（Daitya）①少女萨利米斯塔（Surmishtha），她是 Vrishopurvan 帝国的孩子（在地球上，阿修罗或达伊提耶代表雅利安文明的敌人）；而婆利古的妻子补罗摩是泰坦族血统。

众神之首是因陀罗（Indra），也是雷神，他下凡饮用人们在献祭时供奉的苏摩酒（Soma）②；风神伐由（Vaiou）；火神阿耆尼，也称胡塔希纳（Hutaashon），献祭的吞噬者，代表火的精神能量；海洋王子伐楼那（Varouna）；死神克里坦塔（Critanta），终结者，也被称为阎摩（统治者）或达摩（Dhurma，法），他带来一切物质和道德的秩序与稳定。还有一些小神，迦摩（Cama），也叫 Modon 或 Monmuth，欲望之神，他骑在鹦鹉身上，随身带着弓箭，箭头攒聚着五朵花，而弓弦则由一串蜜蜂构成；他的妻子罗蒂（Ruthie）是一个有着金色四肢的快乐精灵；萨拉斯瓦蒂（Saruswatie），印度教的缪斯（Muse）③女神，即辩才天女（Vach）、妙音天女（Word），她也是最主要的女神，她让无法表达的存在有了可见的形式，因为词语比它所表达的事物更真实，更富有灵性。萨拉斯瓦蒂是梵天的女儿，继承了父亲的创造力，作为毗湿奴（Vishnou）的妻子，共同拥有维系

---

① 达伊提耶：巨人族，专门与众神对抗，破坏祭仪的恶魔。

② 《梨俱吠陀》中常称因陀罗为"爱饮苏摩者"。

③ 缪斯：古希腊神话中掌管艺术或科学的九位女神之一。

宇宙的能量；还有蛇王婆苏吉（Vasuqie）[1] 和舍沙大蛇（Seshanaga，千头蛇），这条大蛇总是和他的主人在一起，其名字意味着有限，代表时间和空间，他用上百个如巨大的风帽般的蛇头支撑着世界，他也是至上存在毗湿奴的卧榻。还有一些半神，他们比众天神略逊一筹，比如夜叉（Yukshas），作为财神俱毗罗（Kuvere）的侍从在吉罗娑山（Ullaca）[2] 守护着宝藏。

> 雾迷群山
>
> 金光闪耀
>
> 仙帝之所
>
> 清新月光
>
> 遍撒神山
>
> 盖因一人
>
> 额顶新月
>
> 亮如紫晶

吉罗娑山，犹如仙境，在这里没有思考，只有爱情；没有年龄，只有青春；没有季节，只有鲜花。还有美丽、勇敢、嗓音甜美的乾闼婆，他们是艺术家、音乐家、诗人和出色的天界勇士；金纳里（Kinnaries）[3]、天空和山间的女半人马（Centauress）[4]，有着塞

---

[1] 婆苏吉：印度神话中巨大的蛇神，在众神与众阿修罗一起搅拌乳海之际，他被当作工具缠绕在曼荼罗山。

[2] 吉罗娑山：指冈仁波齐，湿婆的居所。

[3] 金纳里：印度教和佛教传说中的一种神话生物。她们拥有女性的上半身和鸟类的下半身，被认为是美丽和优雅的存在。

[4] 女半人马：希腊神话中的生物，上半身为女性，下半身为马。

壬（Siren）[1] 一般迷人的歌声；阿普萨拉（Opsaras）、天女、海洋之子，她们住在天堂，是天界的歌女和快乐的女儿，经常与凡人坠入爱河。我们也不能忘记恒河母亲（Ganges），这条神秘的河流是"往来三界的使者"，在天界，她是众神的恒河曼达基尼（Mundachinie）；在人间，她是人类的恒河帕吉勒提河（Bhagiratie）或杰伦吉河（Jahnavi）；在地下（这灰暗的地下世界是蛇的王国，也是阎摩的阴森领地），她是死亡的恒河布伊索里尼（Boisorinie）或盘绕的波迦瓦提（Boogavatie）[2]。萨拉斯瓦蒂河（Saraswatie），与辩才天女同名，是这位缪斯女神的影子，但更为神圣。但这些纯净之水曾经流淌过的河岸早已被野蛮人占据，他们指责河水不洁，不适宜我们的民族居住，而此时神祇已转向另一条神秘的地下溪流，这条溪流与恒河和亚穆纳河（Yamouna）在普罗亚加（Proyaga）汇合。

这些诗句充满了无尽的诗意和优美的元素，难道这还不足以让艺术家描绘不朽的愿景吗？当我发现这片处女地时，很高兴我并没有用幻象来欺骗自己。

via ... qua me quoque possim

Tollere humo victorque virum volitare per ora.[3]

---

① 塞壬：古希腊神话中的海妖。

② 波迦瓦提：萨拉斯瓦蒂河的别名。

③ 拉丁文，出自维吉尔（Virgil）的《田园诗》(3.8-9)，大意：通过这条路，我也可以在尘土中飞起，得意扬扬地在众人面前飘过。

当然，你会说，*Quorsum haec putida tendunt*①，或者，你会说："为什么要将这一与我的品位和喜好大相径庭的作品献给我？"但我认为，礼物的价值取决于送礼者的心境，而不是礼物本身是否适合收礼者。你愿意接受这首诗吗？就当是部分偿还我长期亏欠你的人情债吧。也许你不知道，从小你就教导和鼓励我成为一名诗人，正是你如日的光芒，点燃了我那一缕微弱的烛光，正是为了追随你的脚步，我一直蹒跚踯躅，努力朝着这个方向前行。现在的我身处孤岛，逐渐形成了自立的性情，虽然我可能脱离了你的引导，走上了一条可能更艰难、更崎岖，但属于我自己的道路，但你永远是我心中的第一道光和榜样。希望有一天，在遥远的天际和繁星闪耀之地，你平静睿智的天赋会给你带来持久的声望。我的名字或许也会留下些许光芒，但请一定记得，我将自己第一个倾注了巨大心血的作品献给了你！

致舅舅

这封信的收信人是室利·阿罗频多的大舅舅乔金德拉纳特·博斯。

拉奥·巴哈杜尔 K.B. 贾达夫转交

市政办公室附近

巴罗达

1902 年 8 月 15 日

---

① 拉丁文，出自贺拉斯（Horace）的《讽刺》（2.7.21），大意：这可怜的小东西能往哪里去呢？

亲爱的博斯舅舅：

很遗憾，我从萨罗吉尼那里得知，梅杰达达（Mejdada）已经停止给母亲生活费了，并扬言说要永久停止，除非您能再塑一座普鲁利亚（Purulia）女神像。这非常像他的做事风格，甚至可以用"偏执狂"来形容。当然，他这么做，是想让您听命于他，或者是要给您些颜色瞧瞧。但主要问题是，眼下该怎么办？当然，我现在可以寄出 40 卢比，只要是我一个人过日子，就没问题，但密娜里尼回到巴罗达后，就有点紧张了。但即使如此，我还是可以通过省吃俭用和控制一些开销来应付，但这背后另有一段心酸事。

萨罗吉尼建议让母亲来巴罗达，或者让母亲和我的妻子一起来。我本不应反对，但这可行吗？首先，母亲会同意来"另一个世界"生活吗？如果她真来了，生活的剧变、完全陌生的环境和面孔，还有难以理解的语言——或者更确切地说，两三种难以理解的语言，这些所带来的冲击，难道不会对她造成困扰吗？萨罗吉尼和我妻子都觉得，在这样的环境下长时间生活让人备受煎熬，母亲又怎么受得了呢？这是我最害怕的。人们可以把自己与家庭和其他一切隔绝开来，在陌生的地方营造自己的氛围，但这对女人来说并不容易，对于一个精神状况欠佳的女人怕是更不可能吧？除了这些，其他都是可以解决的。当然，我给不了她一所独栋的房子，但可以保证，无论什么时候有博斯家的人来，都会有一所房子接待他们。我想这定会使她满意。但若不能如此，或者你们认为这个尝试有风险，我还是会尽可能继续寄这 40 卢比。

然而，我刚提到的心酸事就在眼前。我们已经历了三年的物资匮乏。首先是严重的饥荒，国库几乎耗尽，只剩下可怜的三四百万

169

卢比，尽管征税手段非常苛刻甚至残忍，去年的税收还是杯水车薪。今年的巴罗达直到第一批庄稼枯萎时都没有下雨，7月5日之后，只有9英寸的降雨量，农民们勉强可以再次播种。现在，由于缺少足够的雨水，第二批庄稼也开始枯萎，也将颗粒无收。大风还在继续，雨却迟迟不下，虽然15日之后有一线希望能盼来大雨，但估计也指望不上。万一今年发生严重的饥荒，可能会发生这样的情况：要么我们所有人在接下来的十二个月里只能领一半工资，换句话说，每月靠360卢比生活的我只剩180卢比；要么工资将被永久（或至少在几年内）削减四分之一，我还是更希望可以领到270卢比；或者第三种情况（但愿上帝不允许它发生），12月前我们可以领全薪，之后每个月都会过上"丰厚"的零收入生活。在上述任何情况下，都不可能把母亲甚至密娜里尼带到巴罗达。后面还有更糟的，阿济瓦（Ajwa）水库在经历了四年的干旱之后几近枯竭，煮后才能饮用的水还可以维持一个月左右，不可饮用的水还能用两个多月。这意味着，如果不下雨，两个月内，这座城市将会霍乱肆虐，三个月后，这座城市会因为水荒而死人，更不用说拉吉（Raj）的其他地方了。当然，废旧的水井可能会被（雨水）注满，但这同样意味着霍乱的肆虐。唯一的办法就是，让整个邦的人都去讷尔默达河和玛希河（Mahi）的河岸安营扎寨。

当然，如果只能领到一半工资，我会把80卢比寄到孟加拉，90卢比用于帮助卡塞罗的开销，剩下的10卢比留作应急之用。但是，如果出现上述第三种情况呢？我就得买一张三等票去加尔各答，在吉里什·博斯或迈什欧（Mesho）的学院谋求一个150卢比的职位，倘若寇松勋爵那时还没有废除这两所学院的话。当然，我可以靠我在阿萨姆邦的岳父过活，暂时当个乞丐，但谁会向德奥古尔和贝拿勒斯（Benares）[①]寄钱呢？事到如今，会有无所不能的上帝和英国政府赐福与我们吗？倒不如祈祷老天下雨吧。

您收到信后请告知我，梅杰达达是否已经汇了钱。若没有，我就必须要担起寄钱这个责任了。顺便说一下，如果您找到了我的硕士论文——从梵文翻译过来的诗歌，可以通过"回程邮递"的方式寄给我。在您那里找东西总好过丢在邮局里不知所终。

我的身体最近不太好，虽然没有医生说得出的病症，但我得了自己才有的一种病，或者更确切地说，是马达夫拉奥特有的神经衰弱的变种，我称之为"A.G.私人专属病症"[②]。它的主要症状是，无法完成任何繁重的工作，两个小时的工作就能使我浑身发热，精疲力竭，全身烧灼，背部疼痛，然后这一天剩下的时间就什么也做不了了。所以在过去一段时间里，我的那点工作也是做做停停。有意思的是，我的胃口一直很好，而且能从事有些强度的体育运动，事实上，只是简单的锻炼，如打打槌球、散步和跑步，我就能保持良好的健康状态，但一个小时的工作又使我变得虚弱。这种状态十分尴尬，如果您知道任何顺势疗法的药物可以祛除此症，我会闭上眼睛毫不犹豫地把药吞下去。

当然，在这种情况下，写信对我也成了难事，我不知多少次试着写信给萨罗吉尼和妻子，每次都是写了两行就放弃了。然而，前几天出现了一个令人鼓舞的迹象，我开始给您写信，竟然写了一页

---

① 贝拿勒斯：又称瓦拉纳西，位于恒河河畔的圣城。是世界上现存最古老的居住区之一，有各式庙宇1500座以上。

② 这里A.G.指代Aurobindo Ghose，指阿罗频多自己。

半，这鼓励我再试一次。今天是第二天写这封信，我相信能写完（后注：我还是没有完成）。这个进步说明我整体症状有部分缓解，我把它归因于两周以来坚决又自私的懒惰。在这段时间里，我和板球队一起去了艾哈迈达巴德，看他们打了一场痛快的比赛，我们在小吃部吃了一顿大餐来庆祝胜利。我相信侍者一定以为我们是一群饥饿的劳工，穿着偷来的衣服，或是杀了赈灾的官员来销赃的。我们一共六个人，侍者们端来了十二道丰盛的菜肴，马上被一扫而光，我们又点了更多。吃掉的面包更是"可观"，一开始，他们拿来了一个巨大的烤面包架，上面大约有二十个大块的烤面包，三分钟后，除了架子，什么也没剩下。他们又拿来这么多，依然被我们吃得渣都不剩。后来，他们干脆不烤了，觉得这是份"糟糕的差事"，直接端来了两个堆满了面包的大盘子，有南丹帕哈德山（Nandanpahad）①那么大。过了一会儿，我们嚷嚷着还要更多，这令侍者们惊讶不已，他们商量了一下，几分钟后，又举来几大托盘面包，这一次我们终于吃饱了。这个小吃部要价确实很高，但我觉得他们并没有从我们这里赚到多少钱。

在那之后，我曾同巴罗达的地方治安官兼行政官、高等法院的二级法官和一位很有影响力及威望的人物去阿济瓦野餐，你可能见过他，他的名字叫阿南德劳·贾达夫（Anandrao Jadhav）。后来第二次野餐，同行的还有我们俱乐部的十几个无赖，或者说流氓更准确些。不得不说，其中最差劲的那个人，是一个大家庭的父亲，也是盖克沃尔大君殿下最信赖的官员之一，他在阿济瓦的行为如此之恶

---

① 南丹帕哈德山：位于印度贾坎德邦的一座小山，山上遍布神庙。

劣，我们没有被逮捕和关押真是个奇迹。马车中途坏在了路上，我们四个人不得不在热浪中下车走了三英里。在第一个村庄，我们遇到了一辆从阿济瓦回来的牛车，他们不顾车夫的抗议将车抢了过来，掉转方向往回走，当然，也顺便让我上车了。一开始，公牛们以为这是一趟和往常一样每小时两英里时速的悠闲旅程，但我们用伞头让牛儿们"认清了现实"，公牛们狂奔起来，我相信这些公牛这辈子都没跑得这么快过。我从未坐过这样颠簸的牛车，我感觉我的胃一分钟至少上下颠个三百回。当我们到达阿济瓦时，我必须等一个小时才能吃得进东西，结果，那天晚上我吃下十倍于平时食量的食物。

说到巴罗达大君信赖的"栋梁们"在阿济瓦的行为，最好为他们遮掩一下，我相信我是其中唯一安静体面的人。回家的路上，我所在的马车里竟然发生了打斗，车上三个人和一个随行的军官（正是前面提到的那个大家庭的父亲）企图用缰绳捆绑车夫。我们是奉巴罗达行政长官之命出行，因此我觉得自己不应置之不理。这位一家之长鲁莽地耍弄着缰绳，我不得不"赞美"一下，他像个特洛伊木马一样疯狂地攻击着，抓伤了我，还咬了我的一个助手，搞得我们都流血了。他疯狂地抽打助理骑行官的马，当马达夫拉奥过来帮助他时，他竟以抽打马达夫拉奥的骆驼来回报他的善意！

经过六英里的冲突后，我们才到达那个村子，我们把他从马车里弄出来，他才不得不结束这场闹剧。奇怪的是我们的马车竟然没有翻，事实上，一路上母马停下了好几次，以表达它对这种不得体和混乱行为的极度厌恶，回家路上的大部分时间它都在愤愤不平地"回想"着这件事，其间它的情绪实在太激动，竟想把我们"舒服地"从三英尺高的马车上甩到路边去。幸运的是，这个小小的尝试缓解了母马的情绪，它的脾气在这之后大为好转。这场闹剧过后，昨晚我带头"劫持"了卫生官员库珀（Cooper）博士，让他在局里请我们吃了顿大餐，还喝了一瓶半雪利酒。博士喝得很开心，至少喝了三分之二，于是，他又为大家在下周六安排了一场特级宴会。不知道回家时库珀太太会对他说什么。这一切对我的健康产生了极佳的影响，从我写了这么长的一封信就可以看出来。

我想您已经收到了阿南德劳的信，请珍视这封信吧，我相信，他写这封信所花的时间是前所未有的——写信用了三个星期，誊写花了两个星期，写地址用了七天，寄出去又花了三天。从这可以看出，您不用为他的肚子担心，他在德奥古尔车站一上车，肚子就好了。事实上，在回家的路上，他表现得相当活跃和好斗。到贾巴尔普尔（Jabalpur）时，我们大意了，没有把被褥铺在座位上。当我们再进车厢时，一些内地来的无赖已经占了阿南德劳的位子。经过一番激烈的争论后，我抢回半个座位，让阿南德劳睡在了我的铺上。又来了几位彬彬有礼的伊斯兰教徒，坐在边上，但阿南德劳却认为他们和抢地盘的家伙们是一伙儿的，他向他们"宣战"，用最典型的马拉地风格开始战斗。他故意穿着靴子假装睡觉，在他"睡着"的时候，用脚开始踢伊斯兰教徒。最后，我不得不制止他，让他睡在我的半个铺上，在这里，他的腿朝另一个方向，不能再踢了，于是他一整夜都在用头撞那个内地人。第二天，他得意扬扬地向我夸耀说，他绝妙的作战计划使他从入侵者手中抢回了一英尺半的领土。当布尔人（Boers）崛起，再次反抗英国的时候，我想我们必须派阿南德劳过去，以助波塔（Botha）和德拉雷（Delarey）将军一臂之力。

现在已经是 8 月 15 日了，还没有下雨，按照英国人的算法，今天是我三十岁的生日！我们都老了！

爱您的外甥

阿罗频多·高斯

附：这次去巴罗达旅行期间还有一件好事，比故事还离奇的故事——我得到了 90 卢比的加薪，除了我以外，大家似乎都知道。事情是这样的，某位官员——名字很滑稽，叫"讨厌的先生"，想要加薪，于是大君给他加了 50 卢比。后来大君表示，这样会使"讨厌的先生"显得比"有野心的先生"和"耍手腕的先生"资历更高，所以后两位也必须每人加薪 50 卢比，并且"因高斯先生为我工作得很出色，我要给他加 90 卢比"。最后这句与前面的情节可谓顺理成章，无缘无故就把高斯先生扯了进来，这真的像大君的行事风格，看来这事儿是真的。如果能加薪，那就太令人心满意足了，这样我的工资将会是每月 450 卢比，不会受饥荒的影响了。虽然还不如梅杰达达的收入高，但也很顶事。服务十年，薪水涨了 250 卢比，不算多，但也聊胜于无。按照这个速度，我在 1912 年能拿到 700 卢比，当我准备从巴罗达退休，去孟加拉或更好的地方时，我会拿到大约 1000 卢比。荣耀哈利路亚！

请代我向萨罗吉尼问好，告诉她，如果可以，我会给她写信的。不要忘记寄给我翻译的硕士论文，我想打印出来寄去英国。

致妻子

1901 年，室利·阿罗频多与密娜里尼·博斯结婚。他一般用孟加拉语与她通信，其中几封信收录在《室利·阿罗频多全集》(*The Complete Works of Sri Aurobindo*) 第九卷《孟加拉语和梵语著作》中。这是仅存的一封用英语写的信。

K.B. 贾达夫转交

市政办公室附近

巴罗达

1902 年 8 月 20 日

最亲爱的密娜里尼：

　　由于身体不适，也没有精力提笔，我已经很久没有给你写信了。我离开巴罗达出门了几天，想试着换个地方看能不能休息得舒服些。我不在的时候，你的电报到了。现在，我感觉好多了，除了工作过多之外，我想我真的没什么问题。对不起，让你这么担心，没有必要这样，你知道我从来没有生过什么大病。只是在感觉不适的时候，才发现不太可能写信。

　　大君给我涨了 90 卢比的薪水，这样我的工资就是 450 卢比了。在涨薪的决议中，大君对我的能力、天赋、才华和务实性赞不绝口，但也批评我缺乏自律、不守时。此外，他试图通过加班让这 90 卢比"物有所值"，所以我对他并没有太多感激。他说如果方便的话，我去学院后还可以为他工作，但至少眼下，我看不出这有什么方便，因为这学期快结束了，即使我去了学院，他也会通过首席部长（Dewan）① 让我写年度报告等，我想这意味着他不想让我休假。无论

---

① Dewan 是一个波斯语词，意思是"议会"或"管辖区域的领导者"。这个词在印度、巴基斯坦和孟加拉国被广泛使用，通常用于描述政府官员的会议室、议会或委员会，或指政府高级官员，尤指邦政府的首席部长。在此信中应指邦政府的首席部长。

怎样，让我们看看会发生什么吧。

如果我现在加入学院，会有三个月的假期，我当然会去孟加拉和阿萨姆小住一段日子。恐怕你现在还不能来巴罗达，除了今早一场匆匆的阵雨，这里已经一个月没有雨水了。水井几乎都干涸了，供应巴罗达的阿济瓦水库水位很低，到明年11月之前肯定就用尽了。田里的庄稼也都干枯了，这意味着不仅会有饥荒，也会没有沐浴和洗漱用水，甚至可能没有饮用水。此外，如果发生饥荒，几乎可以肯定的是，所有的官员只能领到半薪。我们祈盼，而不是期待，8月底前能好好下场雨。但目前没有什么好兆头，如果真的下雨了，无非就是把水荒推迟几个月而已。在这种情况下，不可能让你到巴罗达来忍受所有这些烦恼和痛苦。你要自己决定是和你父亲在一起还是去德奥古尔。你不妨在阿萨姆待到10月，如果到时候我能去孟加拉，我会再带你去德奥古尔，你至少可以在那里过冬。如果我去不了，你愿意的话，我会安排把你送到德奥古尔。

我很高兴你来的时候你父亲会安排一位厨师随行。我有一个马拉地厨师，但他除了荤菜什么都不会，我也不知道如何解决水的问题。萨罗吉尼写信谈到找一个伊斯兰女佣，但这不可行，这是最近才被印度社会重新接纳的事儿，我不能冒这个险，但这对卡塞罗和其他社会地位很高的人来说是件好事，他们几乎可以做任何想做的事情。只要看到你能来这儿的希望，我就会尽力安排一个女佣，目前还没有这个必要。

我希望你能读懂这封信，如果不能，希望这封信能让你更愿意学习英语。我现在还不能用孟加拉语写信，所以我想最好还是用英语写，免得拖延。

不要对推迟来巴罗达感到太失望，这也是迫不得已。如果你不介意的话，我希望你在德奥古尔待上一段时间，阿萨姆似乎有点远。此外，我希望你和我的亲戚们多走动一些，至少和那些我特别爱的家人们。

爱你的丈夫

图 27 卡塞罗·贾达夫的住宅，巴罗达（室利·阿罗频多在巴罗达期间曾在此借住）

图 28 室利·阿罗频多写给妻子密娜里尼的孟加拉语信件手稿，1905 年 8 月 30 日

致岳父

[1]

室利·阿罗频多积极开始政治生涯时，给他的岳父布帕尔·钱德拉·博斯（Bhupal Chandra Bose）写了这封信。

亲爱的岳父：

5 月我不能来西隆（Shillong）① 了，因为我在东孟加拉待的时间太长，超出了预期。5 月底我才回到加尔各答，所以不得不改变计划。我今天回到了巴罗达，申请从 12 日开始休假，不知道会不会很快被批准。无论怎样，我会在月底前回来。如果您着急送密娜里尼来南部，我这边没问题。毫无疑问，在我从巴罗达回来并安顿好之前，我的姨妈会照顾她。

恐怕在家庭美德方面我永远都差强人意。我曾试着履行作为儿子、兄弟和丈夫的一部分职责，但收效甚微，我身上有某种力量十分强大，迫使我把其他一切都置于次要地位。当然，这并不能成为我不写信的借口，这是我的错，是我总是很快认识到但却总改不了的一个错误。我也知道在他人看来，我缺乏最普通的情感，这可能是从我父亲那里继承的缺点，我在英国的十四年里，他写给我的信也就十几封，但我不能质疑他对我的爱，因为正是关于我死亡的虚假报道害死了他。恐怕您只能接受这样一个不完美的我了。

巴林又病了，我让他去更适合疗养的地方待一段时间，原以为他会去沃尔代尔（Waltair），但他一心要去西隆，我也不太清楚为什么。莫非是为了去一个全新的地方，同时结识他嫂子的家人？如果他去了，我相信您会照顾好他的。估计您会发现他是一个相当任性和古怪的人，这似乎是我们家族的缺点，他特别喜欢一个人时不

---

① 西隆：印度东北部城市。

时的四处游荡，而不是待在家中休养他那虚弱的身体。我已经学会在这方面由他去了，如若不然，他会更容易偏激，事情会变得更糟。好在他精力充沛，能在天气好的时候恣意玩耍，我想，在西隆待上一段时间，他的身体会好一些的。

爱您的女婿

阿罗频多·高斯

[2]

1918 年 12 月，密娜里尼死于流感后，室利·阿罗频多写了这封信，原信影印件附后。

本地治里

1919 年 2 月 19 日

亲爱的岳父：

我还没有就我们两人人生中的这一灾难性事件给您写信，即便文字能表达内心最深处的情感，但在此事面前，也显得苍白无力。尽管悲伤仍深深刺痛我内心深处，但上苍已赐福与我，他比我们更清楚对我们每个人来说什么是最好的。现在，面对这无可挽回的结果，最初的悲痛之感已经过去，我可以顺从于他的旨意了。正如您所说，我们之间的实质性联系已被切断了，但对我来说，感情纽带依然存在，在我曾经爱过的地方，虽然伊人已逝，但，因为有她，爱不会消失。

关于您在信中的提议，无须赘言，我全部赞成。无论密娜里尼（生前）有任何愿望，都应被实现，我相信她会赞同您所有的提议。我同意密娜里尼的手镯由她的母亲保存，但如果您能寄给我两三本她的书，尤其是写着她名字的书，我会非常欣慰。我只有她的信件

180

和一张照片。

阿罗频多

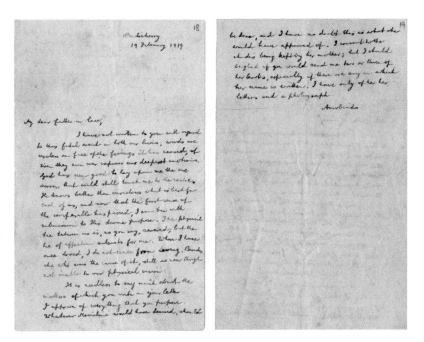

图 29 室利·阿罗频多写给岳父的信件手稿，1919 年 2 月 19 日

在印度做实习公务员期间的信件
（1892）

　　1890 年，室利·阿罗频多通过了印度公务员公开考试。他顺利地完成了试用期，但在 1892 年被 ICS 拒绝，因为他错过了最后一项必考的骑术项目。据他自己对此事的描述，是他厌恶公务员工作，很高兴因为这些微不足道的理由被拒绝。

致金伯利阁下

［ 1 ］

　　室利·阿罗频多被 ICS 拒绝后，有人告诉他，如果想继续在政府服务，唯一的希望就是直接写信给印度国务大臣。这个内阁级别职位的掌权者是第一任金伯利勋爵（Kimberley）约翰·沃德豪斯（John Wodehouse，1826—1902）。室利·阿罗频多很可能是在詹姆斯·S.科顿的坚持下给金伯利勋爵写的信，科顿当时正试图通过关系挽回这件事情（见 A.B.普拉尼《室利·阿罗频多的生平》1978 年版，第 326—333 页）。

贝斯沃特·伯灵顿路 6 号

1892 年 11 月 21 日

星期一

致：

尊贵的印度国务大臣

金伯利勋爵

尊贵的阁下：

1890 年，我被选为印度公务员实习生，两年的试用期后我未被录用，理由是我未能参加骑术考试。

我恭请阁下，如果可能的话再考虑一下我的情况。

我承认，委员们在这件事上已经很宽容了，是我的行为使他们认为我无视他们的指示。请阁下允许我向您说明情况，也许可以减轻我在这件事情中的罪责。

我七岁时和两个哥哥一起去了英国，在过去的八年里，我们孤立无援，没有任何英国朋友向我们提供帮助或建议。我们的父亲，库尔纳的 K.D. 高斯医生一直无法为三个孩子提供充足的必需品，我们长期处于困窘的境地。

因为缺钱，有时我无法在专员要求的时间内汇报在伦敦的情况，也不能坚持练习骑术。后来，我完全依靠借钱生活，直到借来的钱也都用完了。

由于难以筹到必要的钱，11 月 15 日（星期二）的会面我迟到了。我承认我没有遵守会面的确切条款，当我坐下一班火车去伍尔维（Woolwich）时，发现审查员已经回伦敦了。

希望阁下能再给我一次机会，肯辛顿阿宾顿路（Abingdon Road, Kensibgton W.）107 号的（学院编辑）英国绅士科顿先生承诺，资金短缺不会妨碍我执行委员们的确切指示。

若阁下为我达成此事，我将终生铭记，并忠实地履行我在印度公务员制度中的职责。

您忠实的仆人

阿拉温德·阿克罗伊德·高斯

[2]

　　室利·阿罗频多在金伯利勋爵拒绝再给他一次骑术考试的机会后写了这封信。作为一名除骑术外已顺利完成其他所有要求的候选人,他应拿到最后一笔实习津贴。此信和前一封信均复制于伦敦大英图书馆的"东方与印度办事处收藏区"保存的原件。

贝斯沃特·伯灵顿路 6 号

1892 年 12 月 12 日

星期一

尊贵的阁下:

　　由于委员们已经决定不给我颁发印度公务员委任资格证书,我向阁下您请求申领剩余的津贴,这是我作为一个实习生应该得到的。

　　我很清楚,由于最后骑术考试的失败,这笔钱被没收了,但鉴于目前我糟糕的经济状况,还望阁下能善意地听取我的请求。

　　附上我在大学期间的居住证明和品格证明。

您忠实的仆人

A.A. 高斯

在巴罗达土邦政府任职期间的信件
（1895 —1906 ）

本节中的信件是室利·阿罗频多在当时的土邦国巴罗达担任行政官员和教授时所写。他当时被称为阿尔温德（Arvind）或阿拉温德（Aravind）或阿罗频多·高斯（Aurobindo Ghose）。1893 年 2 月，室利·阿罗频多从英国回来，开始在巴罗达工作，一直持续到 1906 年 3 月参加孟加拉的"斯瓦德西"运动。在这一时期的前半段，他在不同行政部门工作，1898 年到 1901 年，他在巴罗达学院担任英语和法语教授，1901 年到 1904 年，他在巴罗达大君萨亚吉拉奥手下做了三年的秘书（在许多文件中，大君被称为"盖克沃尔"或"殿下"——H.H. / His Highness）。终于，在 1905 年，他回到巴罗达学院担任副校长兼英语教授。以下信件是在许多留存件中选出的较有代表性的，并按时间顺序排列。

致巴罗达政府的萨尔·苏巴

1895 年 5 月，室利·阿罗频多被大君召到印度南部乌塔卡蒙德（Ootacamund）① 的山间行宫，为一件复杂的法律案件做准备。他在抵达乌提不久后给上司写了这封信。

---

① 乌塔卡蒙德：也叫乌提，是印度泰米尔纳德邦的一座城市，是著名的旅游胜地，被称为印度"蓝山"。

乌塔卡蒙德

1895 年 6 月 1 日

致：

巴罗达政府

萨尔·苏巴（Sar Suba）阁下

先生：

我很荣幸地向您报告，我在 30 日（周四）到达了乌塔卡蒙德。昨天（周五）我见到了大君殿下，殿下似乎想留我多待一段时间，我还有幸表达了希望自己在乌提（而不是旅途中）有个雇工，尽管这非绝对必要，我认为自己没有理由利用您的好意在远离乌提的孟买要求一位雇工。

您最忠实的仆人

阿拉温德·A. 高斯

致普本先生

这封信（实际上是一张明信片）是本节中唯一的非官方信件。它是室利·阿罗频多写给普本先生（Bhuban Babu）的。对于普本先生，我们一无所知，也许是室利·阿罗频多的一位朋友或熟人。1901 年 4 月，室利·阿罗频多与密娜里尼·博斯结婚后，去了现在的北安查尔邦（Uttaranchal）的度假胜地奈尼塔尔。信中最后提到的班纳吉很可能是贾廷·德拉纳特·班纳吉，一个来到巴罗达接受军事训练的年轻的孟加拉人。1902 年，室利·阿罗频多派遣班纳吉去加尔各答，开始在孟加拉进行革命工作。

亲爱的普本先生：

自 5 月 28 日以来，我和妻子、妹妹一直在奈尼塔尔。这地方很漂亮，但远没有我想象的那么凉快，事实上，除了下雨的时候，白天这里的温度只比巴罗达低一点。如果巴罗达有雨的话，大君可能会在 24 日离开这里，但由于他会在阿格拉（Agra）、马图拉（Mathura）和姆郝（Mhow）停留，所以大君会在 7 月初抵达巴罗达。我可能会单独出行，但也大概在 7 月 1 日回到巴罗达。如果您愿意，可以早一点过去，不过您得忍受一下德什潘德。我已经让马达夫拉奥布置我的新房子了，但不知道他具体都做了些什么。

图 30 室利·阿罗频多与密娜里尼在奈尼塔尔，1901 年　　图 31 室利·阿罗频多，1901 年，奈尼塔尔

班纳吉应该在加尔各答，有一天他来德奥古尔看了我。

谨启

阿罗频多·高斯

致巴罗达政府某官员

此时的室利·阿罗频多急于离开巴罗达，因为他必须去孟加拉解决一年前他与其他人建立的革命社团成员之间的纠纷。此信中第一句所说"给特派代表的信"，即是下一封《关于〈寇松通告〉给特派代表的答复（草稿)》。

巴罗达

1903 年 2 月 14 日

亲爱的先生：

如果您能安排殿下明天（周日）审阅给特派代表的信，我将不胜感激，这样我就可以在明晚离开巴罗达。我正将草稿发送给副部长先生（Naib Dewan Saheb）审批。我不得不提出这一要求，因为如果这些安排被打乱，我将面临严重的困难。

谨启

阿拉温德·A. 高斯

给特派代表的关于《寇松通告》的答复（草稿)

1900 年，印度总督寇松勋爵发布了一份通告，要求土邦国的统治者在离开该国之前需获得政府的许可。通告虽措辞笼统，但却是专门针对巴罗达大君的，因为那年巴罗达大君拒绝从欧洲返回觐见总督。两年后，大君通知印度政府驻巴罗达特派代表（英国在较大土邦国的政治代理人）他打算重新访问欧洲，但被告知印度政府不会给予他必要的许可，接着，一封抗议书被递交到了"驻地"（即特派代表办公室）。"驻地"于2月回复，本文件是对回复的再次回复的草稿。最终的版本将由副部长（Naib Dewan）或首席部长（Dewan）签名发出。

亲爱的先生：

关于您2月11日的信中所转达的印度政府于1902年12月19日对殿下政府代表权发表的言论和观点，我想说的是，对于印度政府未能对其代表权给予更充分的考虑，殿下深感失望。去年12月我有幸呈递了那封信，信中表示希望殿下撤回对通告的反对意见，还特别对殿下拖延发送抗议书、不常驻巴罗达及其对土邦政府的行政管理做了一些评述。

在此，我殷切地向印度政府说明与这些事项有关的一些事实和情况，并对殿下反对该通告的理由做出解释。

必须承认，通告发布两年多后，抗议书才送抵印度政府，但为了解释这一点，我必须首先声明，该通告的任何副本从未正式传达到殿下政府，即使是现在，殿下对通告内容的了解与广大公众一样，都是来自政府公报和国家公共刊物的部分节选。殿下并不希望在没有得到正式通知的情况即提出抗议。但请允许我这么说，随着事态的发展，提议印度政府推翻自己的政令不是一件小事，因此，在相关负责官员的建议下，殿下放弃了提出抗议的行动方针，即在通告正式传达至本政府之前，提出任何抗议都是不明智、不成熟的，也没有必要，或者，只有当通告所提及的一个重要的程序变更涉及本邦时，形势才会更加明朗。这种情况最早出现在1902年，当时殿下因健康不佳，请示前往欧洲，印度政府在回复中首次要求殿下遵守该通告的规定，这是在通告发布约两年后的 1902 年 5 月。随即殿下于去年 12 月提交了抗议书。以上对于明显延迟发送抗议书的解释，希望能够消除您在信中似乎认为殿下对该通告有强烈不满的疑问。

此外，您在信中明确指出，殿下不在巴罗达期间是不可能对政府进行有效管理的。关于这一点，我谨指出，巴罗达土邦的行政管理一直处在殿下的系统监管之下，即使殿下本人不在首府，他的官员也可以照常管理，这种管理的立足点与不受监管的完全依赖统治者个人意愿管理所有细节的政府截然不同。此外，殿下在一年中最热的几个月里前往山中避暑行宫时，也会带上他的员工，并设有办公室，对行政工作的监管就像在巴罗达一样有序进行。事实上，拥有更好的健康状况，更自由且免受打扰的时间，殿下在外时可以比在巴罗达做更多的工作。

至于殿下在欧洲时，对政府有效的管控会更加困难，在这种情况下，殿下必须下放一些权力。在当今这个沟通便利的时代，那些必须征询他本人意见的事情都能在相对较短的时间内得到答复，更紧急的事务可以通过电报获得指令。顺便提一下，殿下在欧洲期间，是不可能完全脱离政务的，以他对政府对人民的真切了解和一直以来的管理风格，他与土邦政府之间紧密而持久的联系是不可或缺的，也是彼此互利的。如果可以有更多的行动自由，殿下认为完全可以有比现在更令人满意的安排。

再补充一点，本邦的行政管理在正规化后基本上是例行公事，没有什么新的、重大的问题要考虑，就算出现这样的问题，以殿下对行政管理的全面了解，即使不在现场，也很容易掌控局面。

关于您在信中提到的对行政管理造成的损害和引起的不满，我要指出，殿下政府并不清楚殿下离开巴罗达引起了哪些真正的不满。要知道，到处都有散布不满情绪的人，特别是在一个有最高权力特派代表常驻的土邦国家，人们可以随意抱怨，无论是虚构的还是真实的。从根本上来讲，是否采信这些人的话，取决于目前代表最高权力的个别官员的判断和自由裁量。印度政府从该官员的报告中获得信息，而殿下政府通常几乎没有机会对这些报告的内容提出自己的版本，这是土邦政府目前所处的不可避免的劣势地位。但如上所述，就殿下政府而言，截至目前，巴罗达殿下的外出并没有对政府造成任何真正的损害，更不用说因为损害引起的任何不满了。

诚然，1894年邦内掀起了反对其土地政策的相当大的骚动，但殿下认为，这完全是由于该政策本身，而不是由于他的外出。如果不是居民对该政策采取不够理智的极端敌对的立场，这次骚动很快就会平息。

此外，我们必须清楚，安排这些欧洲行程是非常困难与烦琐的，所以除非非常必要的情况，否则殿下是不会随意出行的。此外，殿下对他的政府管理有着浓厚的兴趣，很多人都可以证明这点，人们总是提醒殿下对政府管理不要过度热忱，而不是不要懈怠。百姓们也不愿他经常离开印度，因此，殿下在其二十二年的勤政统治期间，离开印度的时间总计不超过四年，且行程总是出于健康考虑。

还需说明的一点是，殿下发出抗议的目的，并非要挑战印度政府的政策或质疑其权威性。殿下的意图是向印度政府表达他的感受，并请他们考量该通告对殿下作为统治者的地位和尊严所产生的影响。通告本身并未确立新的原则，印度政府也始终有权就殿下的欧洲之行给出建议。但是，无论是从形式上还是在针对极少数情况，这种建议都应更符合殿下的地位和尊严。现在殿下在任何情况下离开印度都必须申请许可，使殿下失去了自由离开印度的权利，这会让人揣测印度政府不信任殿下能够以合理明智的方式拥有自由行动的特权，至少这是公众的看法。此次（不予放行的）的建议再次以机密的方式发出和接收，公众无法知道这次行程是因为印度政府的否决，还是殿下本人主动放弃的。

印度政府的原则是应当维护印度首领们的威望，使他们的公开行为看起来是出自首领们自己的意愿，而不是听从印度政府的指挥。也许有些大君疏于职守，但发布这样一条通告，适用全体且不加区分，很可能会挫败那些将全部时间和精力投入国民福利和健全治理中的人。

您的信无疑包含了一个确定的想法，那就是如果不能限制土邦首领离开自己邦国的特权，就无法保证他们以明智而适度的态度来享受这一特权。然而，什么是适度的享受，从本质上讲，必须首先由居民决定，最终由印度政府决定。在信中，您计算了自 1886 年以来殿下有七年半的时间不在巴罗达，以此暗示这并不适度，但在殿下执政的二十二年间，只有四年是在印度之外度过的，在殿下看来，这似乎并不是过度行使特权，但印度政府可能不这么认为。

同样地，虽然以前离开巴罗达的情况并不频繁，但由于无法具体定义何为明智的旅行，某些特定的旅行就会被视为不明智的安排，但您的信中并没有明确传达今后将会授予何种程度的特权。

以上是殿下对通告的一些反对意见，且依然有效。有鉴于此，对于印度政府尚未找到改变这一规定的方法，殿下只能表示遗憾。

致首席部长

对印度政府关于《寇松通告》信函的回复

由于无法前往欧洲，大君在克什米尔度过了 1903 年的夏天。室利·阿罗频多作为他的私人秘书陪同前往。这封信是写给邦政府的首席部长（或总理）R.V. 达姆纳斯卡尔（Dhamnaskar）先生的，其中大君第一时间回应了印度政府对其上一封信的答复。

保密信件

古尔马尔格（Gulmarg）

1903 年 8 月 14 日

致阁下：

R.V. 达姆纳斯卡尔

首席部长

巴罗达

关于印度政府对通告的抗议的答复

亲爱的先生：

关于印度政府 1903 年 5 月 2 日对我们抗议的答复，殿下指示我写信给您，请您务必全面考虑此事，以决定接下来该怎么做。您必须清楚地了解，殿下不是像人们普遍认为的那样，希望经常去欧洲才坚持抗议。在当前情况下，他所关心的不是能不能去欧洲的问题，而是必须捍卫（自由出行）这一自然权利，现在这项权利受到毫无理由的侮辱性条件的限制。作为部长，您应与班达卡尔（Bhandarkar）先生、萨马思（Samarth）先生和其他殿下信任的、有能力的和有奉献精神的官员进行磋商，如果他们值得这份信任，肯定能提出一些解决方案，以应对当前的特殊困难，并以明智且富有成效的方式向殿下提出建议。

秘书

阿拉温德·A. 高斯

敬上

附：大君殿下希望您在这个问题上私下询问费洛泽沙·梅塔（Pherozshah Mehta）先生，并向他支付费用，听听他对大君下一步行动的建议。

阿拉温德·A. 高斯

致副部长

关于《未成年人婚姻法案》

这是室利·阿罗频多在 1903 年的克什米尔之旅中写给部长手下一名官员的信。

古尔马尔格

1903 年 7 月 8 日

致阁下：

V. Y. 班达尔卡（V. Y. Bhandarkar）

副部长

巴罗达

亲爱的先生：

报纸上发表了很多关于正在拟定的《未成年人婚姻法案》的文章，殿下已经收到一两份私人申述，毫无疑问，您也会收到其他人的申诉。我已写信给您，请您采取行动，关注并仔细权衡那些值得深思的公共评论。殿下指示我写这封信是为了再次说明，他希望您彻底审查所有私人申述和公共讨论中各方所持的主张，并起草一份完整详尽的备忘录，权衡各个观点的利弊。殿下不想过分催促您，但他希望您能及时提交备忘录，不要过于拖延。

秘书

阿拉温德·A. 高斯

敬上

吊唁信

这是室利·阿罗频多在克什米尔之旅期间作为大君的秘书所写的另一封信。

古尔马尔格

1903 年 7 月 10 日

亲爱的苏曼特^① 医生：

殿下让我给您写这封信，以表达他对您父亲去世的悲痛，以及对您突然失去亲人的慰问，殿下希望您接受这一微不足道的关心，以此表达他对您父亲的敬意。

---

① 苏曼特：指苏曼特·梅塔（Sumant Mehta，1877—1968），医生、独立活动家和社会工作者，曾担任巴罗达州盖克瓦尔统治者的私人医生。其父亲巴图克拉姆也曾是巴罗达大君的私人医生。

195

巴图克拉姆（Batukram Shobharam Mehta）医生在为政府工作期间，与殿下有过很多接触，后来在他提供私人医生服务时，殿下在一些特殊场合得以了解他的性格和品行。他诸多优秀的品质令殿下难以忘怀，其中之一是他对殿下和国家福祉的真挚而坚定的关切。他是殿下的朋友，殿下随时可以与他自由交谈、交换意见，这在我们的国民中是很罕见的，尤其是现在这个时代，大君逐渐脱离行政管理，公仆们的利益更多由规章制度提供保护。至于他的职业能力，大君殿下毋庸置评，但作为一名私人医生，非常值得殿下信任，他行事谨慎、坚强果敢、富有同情心，能够经受得住王室及周边（比如本邦国）的影响，这非比寻常。殿下认为，短时间内没有人可以真正取代他的位置。

殿下希望做些什么，略表他对巴图克拉姆医生优秀品质和服务的感激之情。您父亲留下了两个年幼的儿子和一个小女儿，殿下将在他们接受教育期间，为每人提供 25 卢比的奖学金，为期十年。殿下希望他们长大后能够照顾好自己的生活，如若到期后仍需要奖学金，殿下也将考虑这方面的请求。

我通过部长转交此信，若您没有其他心愿，部长将按照信中指示安排。

秘书

阿拉温德·A. 高斯

敬上

致 R.C. 杜特

　　罗梅什·钦德·杜特（Romesh Chunder Dutt）是 1871 年至 1897 年印度公务员系统的一名官员，他最终升任至奥里萨邦（Orissa）[①]专员，这是印度人在英国政府中担任的最高职位。杜特从印度公务员系统退休几年后，巴罗达的大君给他提供了政务委员的职位（实际上与首席部长职位相同，这一事实后来造成了一些困难）。大君和杜特之间的通信是由室利·阿罗频多处理的，他在早些时候见过杜特。

巴罗达

1904 年 7 月 30 日

亲爱的杜特先生：

　　今天早上我收到了您的两封信，殿下已经读过了。现在您已经退休，对您的聘用无须向印度政府提前申报。如果是聘用英国平民，情况会有所不同，一般要求是，如果没有印度政府的事先批准，是不能聘用欧洲人或美国人的。

　　您的职位是政务委员，工资是 3000 卢比。由于我们放弃了一季的铸币权，巴罗达币目前尚未使用。

　　殿下对您的健康深表关心，并会就此为您提供一切可能的便利。唯一的困难可能是，若出现紧急情况或严重问题时，需要您的出席。但正如您所了解，在巴罗达这样的邦国，上述情况很少发生。现在我们无须讨论太多细节，等您来了，通过私下交谈，相信我们会做出令人满意的安排的。

---

① 奥里萨邦：位于印度东部的一个邦，东枕孟加拉湾，南临安得拉邦，西接中央邦，北傍比哈尔邦，东北是孟加拉邦。

殿下希望您尽快履职，如您能在一个月内上任，他会很高兴。但他并不想给您带来任何不便，如您需要一个整月的准备时间，当然也是可以的。当您有了具体的时间和安排，如方便，请提前通知我。

阿拉温德·A. 高斯

敬上

致巴罗达学院校长

1904年，室利·阿罗频多担任王室秘书办公室（Huzur Kamdar Office）[①]助手一职。这是他这一时期代表大君所写的众多信件中的一封。

L.V. 宫殿

1904 年 9 月 18 日

致：

A.B. 克拉克（Clarke）先生

校长

巴罗达学院

亲爱的克拉克先生：

根据殿下的指示，我已写信给总工程师，暂不修建学生宿舍。殿下想对计划做一些重要修改。

殿下希望您在必要时与克伦比格尔（Krumbiegel）先生协商起草一份计划，规划未来可能需要修建的所有建筑物的相对位置，比如

---

① 王室秘书办公室：类似秘书办公室，为盖克瓦尔做秘书性质的工作。

学生宿舍楼和教授楼等。这将为未来的工作提供便利，以便在必要或需要时随时建造大楼，且不会有困难或不便。

虽然我们现在可能还无法修建教授楼，但殿下认为迟早还是要建的，所以请您与教授们商量，确定所有要求和便利条件后，制定一份模型计划，附上立面图、预算和预计可收取的租金。将这些都提前准备好，在需要建造的时候即可以马上开工，而不必每次再做一遍详细说明和估算。

阿拉温德·A.高斯

敬上

致首席部长
关于重返巴罗达学院

1904 年 9 月，室利·阿罗频多获准离开该土邦政府，回到他曾经服务过的巴罗达学院，担任副校长。1898 年到 1901 年间，室利·阿罗频多在该校担任教授。

秘书办公室

1904 年 9 月 28 日

亲爱的部长先生：

大君殿下指示我，如果可能的话，立即到学院入职，这样我可以马上开始领取涨薪后的薪水。根据指示，我已于今日向克拉克先生报到，并将我的任命书原本转交给他。由于接下来是三个月的假期，殿下也指示我在此期间，像以前一样，继续帮助卡兰迪卡（Karandikar）先生完成在秘书办公室的工作。

图 32 巴罗达学院

　　我认为，根据上述指示，秘书处将会修订 1904 年 9 月 26 日指令中的最后一段，以供克拉克校长确认。因为最初的指令是，加薪是从我进入学院之日开始算起。

阿拉温德·A.高斯

敬上

致大君殿下

　　室利·阿罗频多代表他的弟弟巴林德拉·库马尔·高斯写了这封信给他的雇主巴罗达大君，当时弟弟刚从孟加拉回来，和他一起住在巴罗达。在孟加拉的两三年间，巴林一直在帮助组建一个由室利·阿罗频多、贾廷·班纳吉和其他人建立的秘密革命社团。大君同意给巴林一份工作，但巴林还没开始工作就又去了孟加拉。

1905 年 3 月 29 日

尊敬的殿下：

去年 12 月，殿下欣然同意我的请求，允许我的弟弟为殿下服务，并指示我随后再次提醒殿下此事。

由于我弟弟在过去两个月身体欠佳，我认为目前还不适合工作，但现在殿下要去欧洲了，承蒙殿下恩允，希望您能同意他身体恢复后，从 6 月份开始从事分派给他的任何工作。

我弟弟曾在加尔各答大学就读，由于家庭原因，他不得不放弃大学课程，但自那以后，他一直跟随大哥和我自学，他的英语说写都很流利，在这方面，他确实有点文才。他能流利地说印度斯坦语，并且在一定程度上学会了阅读和理解马拉地语。

殿下去年 12 月问过我，希望把他安排在哪个部门。一份能让他的英语知识立即派上用场的工作，或许在一开始最适合他。但这件事我完全交由殿下定夺。殿下知道我的处境迫使我需要您的这份好意，如果殿下在决定时能慷慨地考虑到这些情况，那将是对我莫大的恩惠。

殿下曾经在类似的情况下十分慷慨地提出 60 卢比的职务。50 或 60 卢比的起薪就足以让我弟弟定居在这里，而不是孟加拉。如果殿下能给他这个机会，那会在自从我来到巴罗达后对我一贯的仁慈和宽容之上又增添了一份恩情。

您忠诚的仆人

阿拉温德·A. 高斯

推荐信

　　室利·阿罗频多离开巴罗达参加"斯瓦德西"运动之前写了这封推荐信。维韦德哈·卡拉·曼德尔（Vividh Kala Mandir）是一家摄影工作室和金属雕刻店，由巴罗达艺术之家（Kalabhavan）学校的校友创办，这是一所与巴罗达学院关联的艺术学校。

　　我参观了维韦德哈·卡拉·曼德尔工作室，看到了一些作品的样本，以及几组作为大学课程的摄影作品。这些作品的构思和成品极其出色，分组也很有品位，足见作者对艺术有着敏锐的眼光。尤其值得注意的是，这些作品中的细节表现既坚定又细腻，既精致又完整，这是当前印度艺术作品中很欠缺的东西。令人欣慰的是，这些摄影师以前都是巴罗达艺术之家学校的学生，该学校正默默无闻地涌现出很多这样的艺术成果。

阿拉温德·A.高斯

巴罗达学院副校长

1906 年 2 月 28 日

写给政界及专业人士的信件和电报
（1906—1926）

1906 年 8 月，室利·阿罗频多开始担任孟加拉国民学院的院长和日报《向祖国致敬》的社论作家。1908 年 5 月，他因与阿利普尔爆炸案有关联而被捕，一年后被释放。1910 年，他在本地治里定居，断绝了与自由运动的一切直接联系。尽管如此，他仍被英国政府视为危险的革命者。有一段时间他通过金德讷格尔的莫提拉尔·罗伊与该运动保持间接联系。

致贝平·钱德拉·帕尔

贝平·钱德拉·帕尔（Bipin Chandra Pal，Bipin 也写作 Bepin）是一位民族主义演说家和作家。室利·阿罗频多在 1906 年 9 月或 10 月给他写了这封信。当时帕尔是民族主义报纸《向祖国致敬》的总编辑，室利·阿罗频多是其首席撰稿人。这封信在阿利普尔爆炸案审判（1908—1909）中被作为证据提交。原件已失传，以下文字复制自法庭书面证据汇编和文字记录。

星期三

亲爱的贝平先生：

请通过送信人转告，今天我们能在何时何地见到您、拉贾特（Rajat）和库马尔（Kumar）先生。

苏博德先生今天要走了，狄金森（Dickinson）在安排形式上附加了一些条件，也许很难让他同意。然而，如果要完成此事，就必须在今天完成。您能不能在三点前来，帮助我们说服苏博德先生在走之前签字。

您真诚的

阿罗频多·高斯

答谢信

　　1906年12月的印度国民大会加尔各答会议之后，室利·阿罗频多去了德奥古尔（现贾坎德的一个山地度假胜地）休息和休整。在德奥古尔期间（1907年1月中旬至4月初），他处理了一些待办的办公室工作，比如写了这封对国民学院基金收到的小额捐款的答谢信。室利·阿罗频多的笔记被作为阿利普尔爆炸案（1908—1909）审判的证据。原件已丢失。英国政府在一份关于审判的报告中收录了这封信，该报告后来被重印在《孟加拉的恐怖主义》第四卷（加尔各答，1995）第682页。

德奥古尔

1907年3月9日

夫人：

　　您委托 H. C. 达斯（Das）先生转交给国民学院基金会的10卢比已收悉。特此感谢。

您忠诚的

孟加拉国民学院院长

阿罗频多·高斯

致赫门德拉·普拉萨德·高斯

赫门德拉·普拉萨德·高斯是《向祖国致敬》的主要作者之一。室利·阿罗频多给他写这封信的时候，报社内部发生了很多冲突。以下文字复制自赫门德拉·普拉萨德的日记，他在日记中抄写了这段话。

1907 年 4 月 19 日

亲爱的赫门德拉先生：

您愿意见我一面，让我们谈谈这件事吗？非常遗憾，摩擦和误解影响了我们的工作。我认为，如果我们能把问题谈清楚，就可以达成谅解，从而避免这些问题。

您真诚的

阿罗频多·高斯

致阿斯维尼科马尔·班纳吉

室利·阿罗频多于 1907 年 8 月因煽动叛乱罪被捕，在这之前，他给律师、劳工领袖和民族主义政治家阿斯维尼科马尔·班纳吉（Aswinicoomar Banerji）写了这些信。

[1]

这封信提到的《加里波第传》是 J. 西奥多·本特（J. Theodore Bent）所著的《朱塞佩·加里波第传》（*The Life of Giuseppe Garibaldi*）（伦敦：朗文-格林出版社，1882）。

205

惠灵顿广场 12 号

1907 年 6 月 26 日

亲爱的阿斯维尼先生：

我完全忘了这件事。恐怕我现在想不出你要的是哪一类书籍。我想到的有马里奥特（Marriot）的《意大利制造者》，但那不是传记，也谈不上全面。本特的《加里波第传》都是事实陈述，读起来很乏味。我不记得有任何好的英文版马志尼的传记，只有他自传的译本。无论怎样，我会查一下这个主题，如果有什么发现，我会告诉你的。

你真诚的

阿罗频多·高斯

[2]

1907 年 6 月 7 日，《新时代》、《黄昏》（*Sandhya*）①和《向祖国致敬》的编辑收到孟加拉政府的警告，如果继续发表煽动性文章，他们将受到起诉。7 月 5 日，布彭德拉·纳特·博斯被当作《新时代》的编辑而遭到警方逮捕，7 月 24 日受审后被判刑。六天后，警方搜查了《向祖国致敬》的办公室。很明显，室利·阿罗频多在这个时候给阿斯维尼科马尔·班纳吉写了这封信。这两封信的原件现存于德里的尼赫鲁纪念博物馆和图书馆（Nehru Memorial Museum and Library）。

1907 年 7—8 月

亲爱的班纳吉：

是的，我还没有被捕，不过我听说，我、苏博德和其他三人都

---

① 《黄昏》：1904—1907 年由布拉玛班达布·乌帕德亚创立的报纸，主张武装斗争。

被通缉了。捐款不在我们这里，目前在别人手里，但我会尽快把它拿回去的，如果在这之前我还没有被捕的话。

你真诚的

阿罗频多·高斯

图 33 室利·阿罗频多，1907 年 8 月，加尔各答

致 S. K. 穆里克医生

夏拉特·库马尔·穆里克（Sharat Kumar Mullick），一位对民族主义政治和国民教育感兴趣的医生，1908 年在国立医学院担任讲师。室利·阿罗频多在 1906 年和 1907 年担任孟加拉国民学院的院长，直到 1908 年 5 月一直与该校保持一些联系。自 1906 年底，室利·阿罗频多的主要工作转为编辑《向祖国致敬》。他在这封信上写的日期是 1907 年 2 月 8 日，加尔各答，

年份肯定是错的。据了解，在 1907 年 1 月至 4 月，室利·阿罗频多一直在德奥古尔，1908 年 2 月 8 日他应该在加尔各答，那天他在《向祖国致敬》报社的办公室里参加会议，信中提到的可能就是这次会议。所以这封信的日期应该是 1908 年 2 月 8 日。

孟加拉国民学院

波巴扎尔街 166 号

加尔各答

1908 年 2 月 8 日

亲爱的穆里克医生：

您的学生邀请我参观国立医学院，他们想下午三点半来接我。如果推迟一点时间，会给您带来不便吗？因为我下午三点在《向祖国致敬》办公室有非常重要的工作。他们可以在四点半来接我吗？

您真诚的

阿罗频多·高斯

穆里克医生的回复：让我们折中一下，下午四点。抱歉，匆忙回复您，我在上课。

组织政治活动的电报

1907 年 9 月，贝平·钱德拉·帕尔因拒绝在《向祖国致敬》煽动案中作证而被判处六个月监禁，1908 年 3 月被释放。3 月 6 日，室利·阿罗频多和同事给全国不同地区的十五位民族主义领导人发了电报，要求他们组织庆祝活动，并提供了一个给帕尔捐款的账户。室利·阿罗频多根据不同的收信人，改了不同的措辞，总共发出了七个不同版本的电报，都收录在下文中。这些电报在阿利普尔爆炸案的审判中被作为证据录入。

1908 年 3 月 6 日

[1]

加尔各答哈里森（Harrison）路的阿拉温德·高斯和吉德伦金·达斯发给西尔查尔（Silchar）的卡米尼库玛·昌达（Kaminiku-mar Chanda）的电报；

加尔各答哈里森路的阿拉温德·高斯和拉宾德拉纳特·泰戈尔（Rabindranath Tagore）发给穆克特雷（Muktear）图书馆的奈特拉卡拉（Netrakara）的电报：

参加帕尔释放游行 9 号。帮助捐款。电汇金额。

[2]

加尔各答哈里森路的阿罗频多发给米德纳普尔的萨蒂延德拉·巴苏（Satyendra Basu）和吉大港（Chittagong）的贾米尼·森（Jamini Sen）的电报：

庆祝帕尔游行 9 号。帮助捐款。电汇金额。

[3]

加尔各答哈里森路的高斯发给巴布纳的西塔纳特·阿迪卡里（Sitanath Adhikari）、杰尔拜古里（Jalpaiguri）的阿南达·森（Ananda Sen）、阿拉哈巴德（Allahabad）市民关怀中心的贾汀德拉·森（Jatindra Sen）、拉合尔的拉杰帕特·拉杰、马德拉斯（Madras）百老汇 15 号的巴拉蒂、那格浦尔的穆涅医生的电报：

庆祝帕尔游行 9 号。帮助捐款。电汇金额。

[4]

加尔各答哈里森路的高斯发给图蒂克林（Tuticorin）的奇丹巴拉姆·皮莱（Chidambaram Pillai）和坦焦尔（Tanjore）的拉玛斯瓦米·伊耶（Ramaswami Iyer）的电报：

庆祝游行 9 号。帮助捐款。电汇金额。

[5]

加尔各答哈里森路的高斯发给吉里迪（Giridih）的莫诺拉伽恩·古哈（Monoranjan Guha）的电报：

庆祝游行 9 号。帮助捐款个人和朋友。电汇金额。

[6]

加尔各答哈里森路的高斯发给阿姆拉沃蒂（Amraoti）的 G. S. 卡帕拉德（G.S.Khaparde）的电报：

参加游行 9 号整个贝拉尔（Berar）。帮助捐款。电汇金额。

[7]

加尔各答的高斯发给浦那（Poona）的巴尔·甘加达尔·提拉克（Balgangadhar Tilak）的电报：

请参加游行 9 号整个马哈拉施特拉邦。帮助捐款。电汇金额。

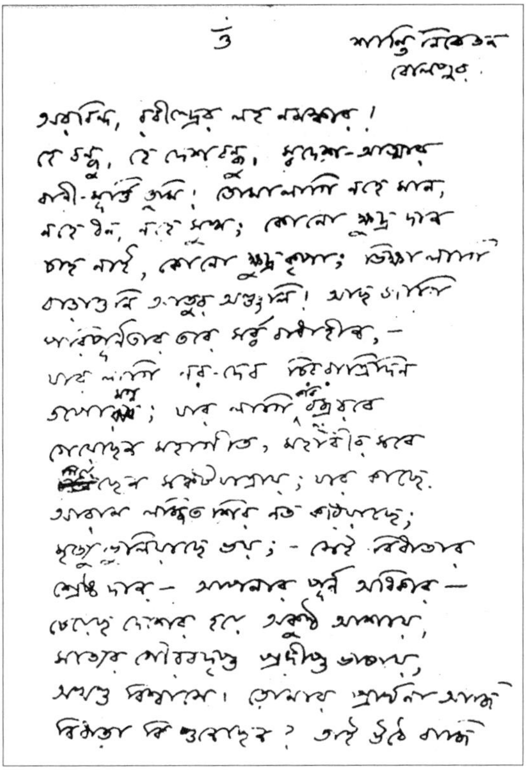
ওঁ

শান্তিনিকেতন
বোলপুর

অরবিন্দ, রবীন্দ্রের লহ নমস্কার!
হে বন্ধু, হে দেশবন্ধু, স্বদেশ-আত্মার
বাণী-মূর্তি তুমি! তোমা লাগি নহে মান,
নহে ধন, নহে সুখ; কোনো ক্ষুদ্র দান
চাহ নাই, কোনো ক্ষুদ্র কৃপা; ভিক্ষা লাগি
বাড়াও নি আতুর অঞ্জলি। আছ জাগি
পরিপূর্ণতার তরে সর্ব বাধাহীন, —
যার লাগি নর-দেব চিররাত্রিদিন
তপোমগ্ন; যার লাগি কবি বজ্ররবে
গেয়েছেন মহাগীত, মহাবীর সবে
গিয়াছেন সঙ্কটযাত্রায়; যার কাছে
আরাম লজ্জিত শির নত করিয়াছে;
মৃত্যু ভুলিয়াছে ভয়; – সেই বিধাতার
শ্রেষ্ঠ দান – আপনার পূর্ণ অধিকার –
চেয়েছ দেশের হয়ে অকুণ্ঠ আশায়,
সত্যের গৌরবদৃপ্ত প্রদীপ্ত ভাষায়,
অখণ্ড বিশ্বাসে। তোমার প্রার্থনা আজি
বিধাতা কি শুনেছেন? তাই উঠে বাজি

图 34 拉宾德拉纳特·泰戈尔对室利·阿罗频多的问候，1907 年 9 月

致帕塔萨罗提·阿扬格（节选）

帕塔萨罗提·阿扬格（Parthasarathi Aiyangar）是室利·阿罗频多的朋友和伙伴，两人 1910 年在加尔各答相识。他是室利·阿罗频多在本地治里最亲密的朋友之一——曼达亚姆·室利·尼瓦萨查理（Mandayam Sri Nnivasachari）的弟弟。

1911 年 7 月 13 日

要非常小心地遵照我的指示，避免老一套的政治，灵性是印度唯一的政治，实现永恒正法是唯一的自治。我毫不怀疑，我们将不得不经历议会时期，以摆脱西方民主的观念，我们在实践中看到它无法使国家幸福。印度正在经历某种"全国性瑜伽"的第一阶段，自 1905 年起，印度被涌入的神圣力量掌控，并从完全惰性的无知（tamasic ajnanama）状态中被唤醒。但是，就如同发生在个体身上一样，随之唤醒的还有一切邪恶，所有错误的印记（sanskaras）、错误的情绪、精神和道德习惯都被唤醒，神圣力量被滥用。因此，所有那些政治演讲、民主热情、集会、游行、消极抵抗的狂欢，都以炸弹、左轮手枪和强制法令而告终。这是一段不纯净的激性（asuddha rajasic）活动时期，随后必然是由失望的激性带来的不可避免的惰性反应（tamastic reaction）时期。

神圣力量摧毁了一切，温和主义，英国自由主义的私生子；民族主义，欧洲和亚洲的混血儿；恐怖主义，巴枯宁（Bakunin）[1]和马志尼的流产儿。恐怖主义仍然存在，但正在慢慢地被粉碎，目前，它是我们唯一的敌人，因为我并不把英国的胁迫当作敌人，而是当作帮手。如果它能使我们摆脱疯狂的战斗檄文、摆脱戏剧式的暗杀、摆脱以"费林希-科-马罗（Feringhi-ko-maro）"[2]为口号的民族仇恨的煽动、摆脱幼稚的阴谋、摆脱用六支枪和几百根警棍对付一支现代军队的愚蠢计划——这些都是犹如鸦片一般的激性疯狂带来的幻象，我会说："加油干吧！"因为只有当这种愚蠢被消灭，真理才有机会显现，印度的悦性思想（sattwic mind）才会出现，一场真正强大的精神运动才会开始，成为印度复兴的前奏。毫无疑问，我们还会面对很多困难和错误，但我们有机会踏上正确的道路。在所有的事情上，我相信神圣存在都会指引我们，赋予我们所需的条件和经验。

对伪造文件的批注

1912 年初，一个名叫马尤雷桑（Mayuresan）的本地治里居民作为英国政府的线人，在居住于法国殖民地的泰米尔革命者 V.V.S. 艾亚尔（Aiyar）家的井里放置了一些伪造的文件，并故意让法国警方发现这些文件，从而对艾亚尔、斯里尼瓦桑查瑞（Srinivasachari）、室利·阿罗频多等人发起指控。不过，不走运的是，装有这些伪造文件的罐子被艾亚尔的女仆发现了。室利·阿罗频多看了其中一些文件，下文是他对其中一份文件的详细反驳。

---

① 巴枯宁：指米哈伊尔·亚历山大罗维奇·巴枯宁，俄国早期民主革命者，后成为无政府主义代表人物。

② 意为"杀掉外国人"。

1. 这张卡片据说是由迈门辛修习社团（Mymensingh Sadhana Samaj）① 发行的。卡片上 Mymensingh 这个单词被拼为 Māmensingh，用了长 a，正确应该用短 a，每个孟加拉人都能立即指出这个错误。

2. 在孟加拉，每个人都知道 Swaraj 这个词，卡片上的拼写是 Saraj，这并不是偶然的笔误，因为这样的错误出现了两次，其中一次在卡片上左侧的旗帜上。

3. Bande Mataram 有两次被拼写成了 Bade Mataram。这很有趣，这表明这张卡片是由一个不习惯孟加拉语字母而更习惯于梵文天城体字母的人所写。在天成体中，n 通常是在前一个字母加鼻音点表示的，不熟练的作者很容易把它省略掉。在孟加拉语中，nd 是连写的字母，即使是最无知的孟加拉语作者也不会省略 n。如果他因为一个不可思议的错误而省略了 n，任何人只要不经意地看一眼，就能知道错在哪里，但在这张精心制作的卡片上，这个错误重复了两次且没有被更正。

4. 作者丢掉了孟加拉语中区分 b 和 r 以及 y 和 j 的符号，因此他把 Pujar 写成了 Pujab，把 Viceroy 写成了 Viceroj。只有外国人在写孟加拉字的时候，才会如此轻易、反复地犯这种错误，或者看了也发现不了这个错误。

5. 在 Balidan 一词中，l 的书写形式再次表明，写卡片的人习惯写天城体，而不习惯于写孟加拉语的 l。

6. 以孟加拉人书写和阅读的习惯，是不可能那样写 g 的（例如

---

① 迈门辛：位于孟加拉国东北部。

在 Durga Puja 一词中 g 的写法）。其他字母 m、p 等也是同样的情况，这都可以作为次要的证据。

7. 这些都是那些只会按照书本抄写孟加拉语，而不是习惯书写这种文字的人很容易犯的错误。更有说服力的证据是卡片中的 j（在 Samaj 和 Puja 中），很明显是由一些熟悉印刷体 j 的外国人照猫画虎描出来的，而不是由熟练书写孟加拉语的人写出来的。

8. 此外，请注意，卡片中有几个孟加拉语单词一看就是花了很大力气才写出来的，有些字母的结构非常精细，几乎就像画出来的一样，但有些字母却写得非常粗糙。差异如此之大，以至于我们不得不猜测，要么每个单词都有两个写手，要么是一个人在抄写这些不熟悉的字母时，时而小心翼翼，时而却缺乏细心和技巧所致。

在孟加拉，没有一个孟加拉法官主持的法庭会承认这种拙劣的伪造。

致阿南德劳

室利·阿罗频多在 1902 年 8 月 15 日给舅舅乔金德拉纳特·博斯的信中提到了他朋友卡塞罗·贾达夫的长子阿南德劳。他大概就是这封信的收信人。这封信没有注明日期，但显然是写于 1912 年 6 月，有可能是 1912 年 7 月 3 日致莫提拉尔·罗伊的信的第二段中提到的"致我们的马拉地朋友的信"。在本信的第一句中提到的"巴罗达的朋友"可能是克沙夫拉奥·迦内什·德什潘德，他是室利·阿罗频多在英国和巴罗达的密友。

1912 年 6 月

亲爱的阿南德劳：

我在孟加拉的联络员写信告诉我，你给我发了以下信息："巴罗达的朋友已经离职，因此很难筹款。他问，现在你已经成为桑雅士了，要以什么理由来筹钱呢？尽管如此，如果他能清楚地知道你的未来，达成悉地（siddhi）[①]需要的时间和你需要的金额，他会设法筹到 600 到 1000 卢比。"

我无法理解为什么世上的人会认定我已经成为一个桑雅士了！我甚至在公共媒体上已经足够清楚地表明，我没有遁世（Sannyasa），而是作为一个家居者（householder）在修习瑜伽，我甚至不是一个梵行者。我正在练习的瑜伽与遁世毫无关联，这是一种为生活而修行的瑜伽，也只为生活而修行。它的目标是完善道德、精神和身体状态，同时通过不断地实践和实验来建立某种力量，以实现神圣存在赋予我的人生使命。因此，在筹款方面没有，也不应该有困难。如果我是桑雅士，那确实就不会有钱的问题了。

关于悉地的问题，有点难以准确回答。悉地有四部分，大致上是道德、精神、身体和实践。从 1908 年 12 月开始，在道德方面我花了三年半的时间，现在可以认为已经完成。精神上我已进行了两年规律的修习，就目前的目标而言，可以认为是完成了。身体是落后的，接近于完成，我还需要，也正在尝试通过暴露于异常条件下来完善和测试对疾病的免疫力。对于实际目标来说，身体也不那么重要，因为道德、精神和一定数量的实践悉地就足够了。实践的悉

---

① 悉地：指一种精神上的力量或能力，可以控制自我、他人和自然世界。这种力量虽然看起来是超自然的，但却是可以通过瑜伽和冥想等严格的精神修习而获得的。

地造成了延迟，我必须首先向自己证明悉地的存在和效用，其次发展自身的这些悉地，使其成为工作的力量，然后，让悉地对生活真正有效，并传授给他人。我想，再过两个月，这项工作就会完成。但在生活中的具体应用，以及组织助手们还需要一些时间，因为到那时我要克服的阻力会比迄今为止所进行的纯粹的个人修习要大一些。我想，完全应用于生活还需要三年多的时间，但只有其中一年的时间（如果有那么长的话）我需要外界的帮助。

我可能要在法属印度再待一年，关于我的未来——我想他想问的是这些——但目前，我还不能完全确定。然而，如果他的问题是指我未来的工作，那就是一个很大的问题了，我还没有一个完整的答案。简单地说，我被赋予了一个宗教和哲学的使命，那就是重新解释古老意义上的吠陀和吠檀多（奥义书），我通过瑜伽的实际修习复活了这些古老教义，并推广了新的瑜伽体系（新的目标和修习步骤），这一体系正逐渐在我面前显现。随着我的进展，我正在传授给身边的年轻人和本地治里的其他人。此外，我还必须通过文学作品、演讲和实践来传播关于神圣存在与生命的一些理念，试图带来某种社会变革。最后，在我掌握了方法之后，我要为我的国家做一些工作。所有这一切都只能靠神圣存在的帮助，只有在一切和我自己都准备好之后才能开始。

目前我需要的资金是 300 卢比，用于偿还我在过去九到十个月内的债务（在这期间，我只能得到偶尔的帮助），还有 1200 卢比（或 1400 卢比，截止到 1913 年 8 月），用于维持我自己和跟随我学习的人的费用。我原本希望从某位先生那里得到这笔钱，他曾许诺我每年 2000 卢比，并在 1910 年 10 月至 1911 年 10 月的第一年里给了我这笔钱，本来有了这一支持我就没必要给我的朋友增加负担，但现在我有很大的困难，不能完全指望这笔钱。请问问我的朋友，有了这个解释，他是否可以筹到需要的金额。如果我能得到其他捐助，我也会告诉他，以减轻他的负担。

目前我正处于最困难的时期，负债累累，身无分文，被困在本地治里，所有能帮助我的人都处于暂时或永久的困境中，或者无法联系。从我的经验来看，这是我的试验期即将结束的标志。我请求你，如果不能再做什么，至少给我一些帮助，让我在接下来的一两个月能渡过难关。在那之后，出于某些原因，即使没人能帮助我，我也会找到方法。

A.G.

致莫提拉尔·罗伊

1910 年 2 月，室利·阿罗频多离开加尔各答，在加尔各答以北约 30 公里的胡格利河上的一个法属飞地（enclave）① 金德讷格尔暂时避难。在那里，他由秘密革命社团的一个年轻人莫提拉尔·罗伊照顾。4 月，室利·阿罗频多离开金德讷格尔前往本地治里后，一直与莫提拉尔·罗伊保持书信联系。他在《室利·阿罗频多的政治生活概要》中写道："多年来，他通过一两个人与他所领导的革命力量保持着一些私下联系。"这里主要指的就是莫提拉尔。

因为这些信件会受到警察的拦截，所以不能公开写有关革命的事，于是室利·阿罗频多设定了一些密码，其中"密宗"意味着革命活动，与密

---

① 飞地：指在本国境内隶属另一国的一块土地。

宗有关的事物（瑜伽女轮、密宗书籍等）指的是像枪这样的革命工具，密码有时变得相当复杂。室利·阿罗频多在前二十二封信中也没有使用他通常的署名或名字首字母，他用 Kali、K.、A.K. 或 G. 来代替，他也经常用首字母或笔名来称呼别人，比如，帕塔萨罗提·阿扬格就变成了"P.S."或"Psalmodist"（诗人）。

［1］

第二段提到的"给我们马拉地朋友的信"可能是指给阿南德劳的信（见上文）。然而，根据阿伦·查德拉·杜特（Arun Chandra Dutt）《从光到超光》第4—5页的说法，这位马拉地朋友是一位名叫玛戈德卡（Madgodkar）的商人，显然与下面信［9］中提到的马德高卡（Madgaokar）是同一个人。倒数第二段提到的"案件"，就是上文提到的马尤雷桑伪造文件一事。

1912 年 7 月 3 日

亲爱的莫：

你通过信件和电汇寄来的钱，还有衣服都安全收到了。这里的法国邮局不知道为什么，习惯于直到星期五才投递信件，让我以为你那周没有寄钱，才会发电报给你。我不知道这是否意味着什么，以前我们通常在周二收到你的来信，后来是周三，然后是周四，最后是周五，这可能是法国共和主义的自然演变，或者可能是其他原因。信封没有被打开的痕迹，但这并不意味着绝对安全，邮差有可能被警察收买了。但我个人倾向于相信共和国的管理风格——他们喜欢无所事事。不过，如果你愿意，可以把重要的通信发送到你知道的其他地址（当然，通过法国邮政发到马德拉斯的地址），其他的信按原地址寄来，可以确定，信件是不会被这边拦截的。顺便说一下，请让我们知道巴诺马里·帕尔（Banomali Pal）先生是否收到阿查里

（Achari）通过法国邮局寄来的信，内附一封给帕塔·萨拉蒂（Partha Sarathi）的信。

　　这阵子我一直没有写信，身体条件不允许，仅此而已。随信附上一封给我们的马拉地朋友的信。如果他交给你任何东西，请立即寄给我。若没有，请无论如何想尽一切办法为我筹措到至少50卢比。倘若实在没有办法，那就去找找巴里德（Barid）先生。还有，如果纳根（Nagen）在加尔各答，可以问问他诺阿卡利（Noakhali）先生能不能帮我点什么。有人告诉我，诺阿卡利给我留了300卢比，以备不时之需，但除非迫不得已，我并不想去找他。现在我们手头只有大概1.5卢比，斯里尼瓦桑（Srinivasa）也没有钱，至于巴拉蒂（Bharati）[①]，基本是无以为生。在本地治里还有一个我们目前唯一可以求助的人，但他最近离开了本地治里，不知道什么时候才能回来。我派去南方的信使还没有回来，上次他带回一个承诺，说一个月内能筹到1000卢比和一些永久性补助，但就像之前那些人一样，承诺并没有兑现。我们让他去要现金，三天前他就该回来了，却现在还没有回来，即使回来了，也不太确定他是否能带回现金，更不要说金额了。毫无疑问，至上者会帮助我们的，但他养成了一个坏习惯——总是等到最后一刻。我只希望他不要让我们像巴拉蒂那样靠负债度日。

　　其他难题都逐渐解决了，关于"斯瓦德西"的案件，尽管检察官和预审法官非常客气地访问了我们，我们都没有被牵扯其中，但现在却陷入了至暗时刻，原告和他的儿子逃离了本地治里，像我们

---

① 巴拉蒂：即苏布拉马尼亚·巴拉蒂，印度作家、诗人、记者，印度独立活动家、社会改革家，现代泰米尔诗歌的先驱。

一样，成了库达洛尔（Cuddalore）①的"政治难民"。我听说他因诬告罪被缺席判处五年有期徒刑，但我还不知道这个报道是否属实。这里的警察本来宣布从月底起要放两个月假，可偏偏这时候有个年轻的狂热分子（巴拉蒂以前的一个弟子、一个爱国主义者和无神论者），为了躲避一场针对社会上所有煽动叛乱的印度社会学家的搜查跑到了本地治里。不过我看现在警察们也没有那么起劲了。我可能会把案件的真相寄给你，以便在《无声领袖》（Nayak）或其他报纸上发表，但目前还不确定。

有时间我再给你讲讲修习的事。

卡利（Kali）

[2]

1914 年 4 月，室利·阿罗频多提到发生在两年前的"超梵视见"（Parabrahma Darshana），显然是这封信中提到的经历。这些写给莫提拉尔的信中，诸如"密宗乐器"和"密宗克里亚"之类的术语是革命物资和活动的暗号。根据莫提拉尔的一位同伴的说法，本信中提到的"瑜伽女轮"（Yogini Chakras）是莫提拉尔希望室利·阿罗频多通过法国邮政寄往金德讷格尔的左轮手枪。

1912 年 8 月或以后

亲爱的莫：

P.S.② 已经给他哥哥发去了一个可以邮寄瑜伽女轮的地址。他说这是你批准的。现在，我们不仅需要知道他们是否为宗教人士（他说你已经向他保证了这一点），还想知道他们是否有可能因其他原因被警察当局带走。有些宗教人士公然与政治搅在一起，我们认为，

---

① 库达洛尔：印度偏港之一，位于本地治里的南部。

② 这里 P.S. 指帕塔萨罗提·阿扬格。

将我们纯粹的宗教密宗用品寄给这样的人是不明智的。敬请回信，如果我们对回复没有异议，会在收到承诺的钱款后寄出女轮。

对我个人而言，8月15日是我修习和生活的一个重要的转折点，这个日子也许和其他人没什么直接关系，但对我来说却至关重要。通过长时间的证悟以及数小时安住于超梵（Parabrahman）状态，我个人的修习可以说已获得了最后的封印（seal），实现了某种圆满。从那时起，小我于我来说已经死亡，仅剩粗身自我（Annamaya Atma）在等待着进一步的觉醒，便可彻底摆脱间或来自外部的触碰和偶尔光临的旧有存在，达至完全解脱。

我未来的修习是为了生活、实践知识和沙克提，这不单指我已经获得的根本知识或沙克提本身，而是要在粗身（sthula）自我中构建同样的知识和沙克提，并指导我的生活。对此我已有了更清晰的认识，不妨向你传授一些。既然你把我当作中心，你就应该知道从这个中心会散发出什么。

1. 从一个全新的角度诠释永恒正法，并将之带给人类智性的各个方面。这项工作已经开始，其中的三个部分已非常清晰明确。室利·克里希那（Sri Krishna）①不仅向我展示了吠陀的真正含义，还揭示了人类语言的起源和过程，从而形成新的语源学（Nirukta），并以此为基础对吠陀进行全新的诠释。他还向我展示了《奥义书》中印度人和欧洲人都无法理解的所有含义，因此，我必须以一种新的方式重新解释整个吠檀多和吠陀，让人们看到无处不在的宗教是如何从中产生的。这种方式将证明印度是世界宗教生活的中心，通过永

---

① 室利·克里希那：《薄伽梵歌》中毗湿奴的化身，又译"黑天"。

222

恒正法，印度注定是救世主。

2. 以吠陀知识为基础构建瑜伽修习体系，不仅会解放灵魂，还会孕育出完美的人性，有助于恢复萨提亚时代[①]。这项工作必须从现在开始，直到卡利时代结束才会完成。

3. 以印度为中心，致力于恢复其在世界应有的地位，但这种修复必须依靠上述工作并以瑜伽作为人类的手段和工具才能得以实现，而非通过其他方式。

4. 必须重塑一个以完美人性为目标的社会，以蕴含这种完美。

我已经开始了第二部分的工作，但还只是在很小的范围内，其中包括向那些被选中的人传授我所获得的悉地，培养适应新时代的人。从这个角度来看，我们这个小群体就像一片试验田，在这里完成的工作，会延伸到外面。现在，这项工作终于有了明确的路径和一定的稳定性，虽然进度有限，但结果正在逐渐显现。我很高兴你能在那边传播这些，因为你对成果已经有了更清晰的了解。现阶段，我的专注（drishti）还没有完全摆脱阻碍，还不知道所需要了解的一切。

你要记住，我还没有教授你完整的瑜伽修习，现在只是开始，

[①] 印度教的四大时代：萨提亚时代（Satya Yuga）、特雷塔时代（Treta Yuga）、德瓦帕尔时代（Dwapar Yuga）、卡利时代（Kali Yuga）。萨提亚时代或真理时代据说能持续 4000 神圣年；特雷塔时代能持续 3000 神圣年；德瓦帕尔时代能持续 2000 神圣年；卡利时代能持续 1000 神圣年；1 神圣年相当于 43.2 万地球年。卡利时代被认为是最黑暗的时期，之后是另一个黄金时代，大多数印度教学者认为，我们目前处于第四个也是最后一个时代——卡利时代。

你必须摆脱我慢（ahankara）①和欲望，臣服于神圣存在，这样，其他的一切才能随之而来。你提到要印刷一些关于瑜伽及其目标的书籍，但请记住，我发给你的只是第一部分——关于瑜伽（修习的）道路，只是初步阐明这条道路，而不是瑜伽的目标或方法。如果要印刷，请表明这是系列的第一部分，并加上副标题"道路"。我现在正忙着注解《伊莎奥义书》，共十二章，已完成十一章，几天内就能全部完成。在这之后，我将开始该系列的第二部分，完成后发给你。

关于罗摩克里希纳传道会，你所说的在一定程度上是正确的。不要反对该运动或与之发生任何冲突，无论要做什么，我都会在精神上做，因为神圣存在在这些事情上特别善用精神手段，而物质手段则是非常次要的。当然，正如你所建议的，你可以追随这股潮流，并尽可能地转向一条更强大的路径，但不要与之相冲突，主要依靠你的精神力量、意志力和遍满（vyapti）②，这些比演讲和辩论更有力量。

还要记住，我们源自罗摩克里希纳，对我而言，是罗摩克里希纳亲自来到这里，第一次将我引向这种瑜伽。在阿利普尔监狱里，辨喜授予我瑜伽知识的基础，这也是我们修行的基础。传道会的错误在于过多拘守罗摩克里希纳和辨喜的形式，而不是保持开放让其精神蓬勃发展历久弥新，这是所有"教会"和宗教组织都会犯的错误。只要他们的"圣母"（Holy Mother）与其同在，我认为他们就无法摆脱这个问题。她代表罗摩克里希纳的沙克提，并在其生命中显

---

① 我慢：人因为无明，导致对自我的错误认知，从而产生的心态与见解，都称为"慢"，又称"我慢"。

② 遍满：英文一般译为 pervasion、permeation，在印度哲学中指一种弥漫和渗透的状态。它被认为是推理的逻辑根据，是获得知识的手段之一。

现。当我说不要与他们发生冲突时，我是指"不要与她发生冲突"。让她完成她的使命，而我们要始终保持自身的完整性并不断精进。

至于其他工作（密宗），我还没有掌握那些知识。沙克提只是准备着显现她的力量，但我不知道她会采取怎样的方式。你必须记住，我从不为自己筹划或解决任何事情，沙克提会选择自己运作的次第（padhati）或者遵循克里希那为她安排的路线。

很高兴你安排了钱的问题，无论是从别人那里筹到的，还是你们自己提供的，对我来说都一样，我的精力需要投入修习与繁重的工作中，而不是筹钱这样的事情上，否则就是一种严重的浪费。一旦克服了物质阻力，你们也就没什么负担了，但我不知道这还需要多长时间。当然，奉献之人，必得赏赐，但究竟是何种奖赏，则取决于至上者。记住，守住这个中心很重要，因为未来所有的工作都取决于我现在的修习成果。

我会谈谈这本锡克教的小册子，虽然有一两处瑕疵，却是一本很好的书，但我不知道其中的附函是谁写的，也不明白他指的是哪位绅士。

上次你通过我们在金德讷格尔的人寄来的信，差不多都已经回复了。比伦可能弄错了我的"鞋子"，本应从"阿米亚斯"（Amiyas）买的。玻璃柜理论上是可以的，只是展品需要维护。

卡利

[3]

根据阿伦·查德拉·杜特在《从光到超光》一书中（第 50—51 页）的说法，这封信中提到的"墓地实验"（experiment in the smashana）代

225

指 1912 年 12 月 23 日在德里暗杀总督哈丁勋爵（Lord Hardinge）^①的计划。
"smashana"（墓地）被认为是密宗修行的好地方，这个词暗喻德里是英帝国
的坟墓。信中的其他术语也有同样的"密宗"隐喻法。

1913 年 1 月

亲爱的莫：

我们收到了你 12 月寄来的 60 卢比和 20 卢比，这个月又收到 10
卢比。根据 N 的账本，60 卢比中有 10 卢比是 11 月的钱，50 卢比是
12 月的钱，那 20 卢比我们猜测就是你提前汇了 1 月份的钱。如果是
这样的话，我们仍然希望这个月能收到 20 卢比。我很想知道，你现
在或近期是否有可能增加金额。到目前为止，我们已经设法填补了
每月 35 卢比的赤字，但是，现在我们所有的常规来源都中断了，我
们只能指望运气维持下去。

当然，如果我们是老派的虔信者（bhaktas），这将是常规修行，
但正因我们的修行是建立在智慧（jnana）和虔信（bhakti）基础上的
行动瑜伽（karmayoga），我们只能把这种强烈的迟滞状态（inactive
nirbhara）当作一种短暂的修习，但不能是永久性的。我认为不久之
后情况就会有改变，至于这个必须在某个时候发生的固定且充分的
改变，是来自你，还是来自出其意料的一方，还是需要我自己采取
行动，现在我还看不太清楚。除了你寄来的钱，我们每年还需要大
约 450 卢比，这是需要解决的问题。当然，除非像两年前那样，上
天为我们提供了一些维持生计（sharirayatra^②）的新来源。

所有这些事情，以及你在上一封信中提到的我要开展的工作，

---

① 哈丁勋爵：英国外交家，1910—1916 年任印度总督。
② sharirayatra：身体生存，英文为 bodily subsistence。

都取决于努力的结果，这是我修习的最高目标——尝试将知识和力量应用于世间的事情，而无须借助身体做行动工具，即将悉地运用到生活中。例如，1）在不使用语言或其他任何信息传递方式的情况下，了解世界上其他地方、其他人、其他存在的思想和感情；2）通过意志力，将我选择的想法和感受传达给他人（个人、团体、国家）；3）无声地迫使他们按照这些想法和感受行事；4）通过安静的纯粹的意志力控制世界各地的事件、行动及其结果。

上次给你写信的时候，我已经开始运用这两三年来神圣存在在我身上培养的这些能力，但正如我告诉你的，结果令我备受打击。但现在情况有所不同，我已达成上述悉地中的前两种，甚至第三种，虽然力量和效力还不完全受控，但基本上是成功的，只有在第四种的情况下，我感受到了严重的阻力。我可以非常准确地达成单一结果，也可以在或多或少的长期努力后达到整体结果，但我既不能保证目标结果的最终决定性，也不能确保事件发生的有序性以避免部分或单一结果。在某些方面，我似乎成功了，在另一些方面，又得失参半，而在某些领域，例如，个人财务运作方面，迄今为止我完全失败了。当我可以在财务方面取得部分成功时，我知道那将是我成功的时刻，我将摆脱自己和他人身上过去的业（karma），正是这些业挡住了我们的前路，助长了卡利时代的力量，阻碍了我们的努力。

关于密宗瑜伽（Tantric Yoga），你的墓地实验很大胆，但似乎一切都安排得很巧妙且进展神速，这是非常令人欣慰的结果①。在这些

---

① 这里很明显是指 1912 年 12 月 23 日在德里暗杀总督哈丁勋爵的计划。——原注

克里亚（kriyas）①中，有三点需要考虑。

第一，克里亚的目标。当然，所有时代的密宗修行者（Tantriks）都在追求解脱-虔信（mukti-bhukti）的总体目标，但想实现这个客观目标，我们和周边环境必须具备某些主观条件，每一个单独的克里亚都应为总体目标努力，并不是越多的克里亚越好，重要的是，每次的克里亚都需要有效且精准的行动，就像你们上一个克里亚和你已开始准备的小规模的克里亚那样。

第二，克里亚成功的第二个因素，是正确选择和使用曼陀罗（mantra）以及坦陀罗（tantra）。曼陀罗是精神部分，坦陀罗是实践部分，必须非常谨慎地加以安排。必须避免所有轻率、骄傲、炫耀等激性（rajastic）缺点，以及所有失误、疏忽、马虎等惰性（tamasic）缺点，做到胜不骄，败不馁。

第三，保护身体（Angarakshana）和悉地一样重要。在这个卡利时代，很多密宗修行者热衷于悉地，却对保护身体毫不在意。他们得到了一些悉地，但却成了他们豢养的魔鬼和鬼魂（bhutas）的猎物。现在，如果修习者（sadhakas）都被摧毁了，那么所谓的悉地又有什么用呢？解脱和虔信这一真正的整体目标更加无法实现了。做到保护身体，首先要选择和使用正确的悉地、曼陀罗和克里亚。其次，选择一人在修习者们身后重复唱诵保护身体的曼陀罗，这样可以驱赶幽灵（pretas）和邪恶者（罗刹，Rakshasas），阻止他们的攻击，这项工作由我承担，你的工作是组织好克里亚，让恶魔们没有机会控制和摧毁修行者。我发现我的曼陀罗在保护方面越来越成功，

---

① 克里亚：原意有"行动"的意思，这里暗指革命行动，接下来讲的三点则是用很多暗语表达对当时革命行动的建议和叮嘱。

但还不足以抵挡所有的危险，还需要更多的力量。正因如此，我没有让你马上开始练习，不过，与过去相比，加快进度也并无害处。永远记住禁言（mauna）在密宗修习中的绝对必要性。在吠檀多和往世书（Purana）中扩展修习并不危险，但坦陀罗女神并不喜欢那些因骄傲、炫耀或散漫而喋喋不休地谈论曼陀罗或克里亚的人。在密宗修行中，保密是必需的，是为了修习本身。那些向不适合的人透露曼陀罗或克里亚的人，几乎都会不可避免地遭受痛苦，甚至那些向合适的人透露不必要信息的人，他们的密宗行动的力量也会在某种程度上被削弱。

卡利

附：如果你还没有寄出本月剩余的钱，请尽快安排，下个月的钱也请尽早寄出。

［4］

1913 年 2 月

亲爱的莫：

我收到了你电汇来的 60 卢比和随信寄来的 20 卢比。这次你能寄来 80 卢比，还有 3 月份寄来 85 卢比，这让我们松了一口气。由于其他一切供应都被切断了，我们处境十分艰难。我很高兴，通过你，我们在克服物质困难方面取得一些初步成效，在这方面，迄今为止一切都对我们很不利。同时，这件事，还有其他几件事情都证明你的工作能力、工作效率和可靠性有了很大提升。无须多言，你明白我的意思。就在此刻，我们前进的每一步都受到猛烈的打击和顽固的阻挠，我们就像一个现代化军团在冒着炮火向前，每次都是悄悄跑几步，躲在隐蔽处，等枪林弹雨横扫过后再伺机前行。目前，我既不期冀也看不到任何更快取得胜利的前景。

我的修习在 1 月和 2 月初有过一次非常出色的进展，自 2 月中旬以来，我一直在等待下一次转变。我保持在已取得的状态中，但不确定是否还能更进一步，我只能慢慢准备着。真正的困难在于，将力量和知识运用到生活的过程中，要确保其有力、确定和迅速，最难的是确定性。一方面，确保有力和迅速还是有可能的，但如果没有可靠的确定性，就会导致知识上和行动上的巨大失误，从而导致灾难性的后果，让成功化为乌有。另一方面，如果只有在万无一失的情况下才能获得确定性（这是摆脱激性鲁莽所需的行动和知识的第一阶段），那么进展就可能会非常缓慢。我正试图解决这个两难的问题。

我没有保存你的上一封信，只记得你让我谈谈你的修习。我现在还无法做到，但会在下一封信中试着写一些，希望那时我已经摆脱目前的困难。

这个季节我们迫切需要衣服，这些需求似乎总在不断提醒我们当前物质的匮乏。我收到了贝平·帕尔的《印度之魂》(*Soul of India*)，你能再寄一本尼薇迪塔修女的《我的上师》(*My Master*) ①吗？我之前信中说过，我还需要 R.C. 杜特的孟加拉语《吠陀》译本。这两本书都不是急需，但请不要忘记，并在可能的时候寄出。

卡利

[5]

这里提到的"密宗书籍"几乎可以肯定是从本地治里寄到金德讷格尔的

---

① 《我的上师》：辨喜尊者的一篇演讲佳作，由尼薇迪塔修女记录整理。

左轮手枪（见《从光到超光》第27—28页）。对这些"书籍"的密码解释已无从找寻了。

1913年6—7月

亲爱的莫：

我补充了一些关于密宗书籍的解释[①]。我是用密码写的，如你所知，有些事情不符合现代社会礼仪的观念，不应让不相干的人看到。看来你没看懂我上一封信，以后，请把这件事完全交给我处理。从我的解释中你会发现，迄今为止，你的这种通信方式是多么地不可取。我已经从S那里拿走了50卢比，但这笔钱或其中的一部分（至少30卢比）应该用于特殊交易。与此同时，我还等待着6月份的35卢比和7月份的所有款项。考虑到所附说明的紧迫性，我推迟了其他事项。

卡利

附：我收到了你关于密宗克里亚（Tantric-Kriyas）的信息。很明显，你还远不够完美，这也是为什么你不应急于身体上的进步。要消除悦性我慢（sattwic ahankara）和激性（rajoguna）的残余，只要我们还在其中，我们的业和克里亚就在其外。卡利女神的工作需要一个纯粹的根基（adhara），如果你试图通过激性的急躁来催促她，你就在推迟而不是加快成功的到来。我稍后会写信详细说明。

---

① 这些写在另外一张纸上的解释没有留存下来。——原注

[6]

1913 年 6—7 月

亲爱的莫：

你的信和钱我都收到了，没有耽搁，没有意外。今后我们定个规矩，得不到我的答复时请你不要着急或烦恼，不是没有收到你的信，而是因为沉默是必要的，为了我的悉地，为了你的悉地，或是为了必须完成的工作。在这种时候，保持冷静，摈除所有困惑和焦虑，不要被令人不安的意识波动所干扰。一颗平静的心、一个清醒的头脑和不受干扰的神经是完美瑜伽的首要条件。

随信附上一封我写给 C.R. 达斯的信。请转交并得到书面或口头答复。你要知道，我并没有授权巴加（Bhaga）向他要钱，巴加似乎是接到并遵循了我无声的一般遍满（general vyapti），但掺杂了自己的欲望和焦虑。现在，我内在的瑜伽苦行（yogic tapasya）的修习就快完成了，在不久的将来，我必将用此成果来完成至上者赋予我的世间的职责。要完成这项工作，我需要一大笔钱，只要我还在完善自己，并向他人发送沙克提能量，我所需要的就只是足够维持我和我身边的人生活的钱，现在的金额不能再少了，你知道，这些钱只够我们在本地治里的基本生活物资。我估计你也不可能负担更多了。当然，你也无法提供我在工作上所需的资金，哪怕只是初级阶段。如果每月我只有你给的 85 卢比，我的工作就无法开展，只能处于停滞和休眠的状态。

的确，我并没有立即开始那项工作，因为在开始之前，我必须在这个非常特殊的情况下，根据我的意愿来改变环境，这样才能彻底消除缺少资金这个一直以来主要的绊脚石。更重要的是，我的意志首先必须在这点上发挥有效的作用，消除掌控它的主观和客观障碍。因此，我发送了我提到的一般遍满，比伦的行动是最早的回应之一，但由于回应不纯，反而造成了更多的负面影响。至于只向与我们完全一致的同道中人寻求资金援助，是你应该恪守的良好原则，但当我开始更大的行动时，便不能受此约束了。我所得到的来自方方面面的资金和帮助，都来自至上者。

关于密宗书籍，Psalmodist 在这儿时，给你写了信，然后就走了，预计两周后回来。但几个星期过去了，他仍然没有回来。他信里说收到了你的钱，我们也写信让他来这里，每天都盼着他，但他没有来。毫无疑问，假以时日，他会成为一个好的行动勇士（karmavira），但目前他太过激性，且时有惰性，过分笃信欧洲宗教和身体的力量，不太相信瑜伽和精神的力量。他决定北上，我本可以告诉他，他在那里的努力将是徒劳的，但如果他不能做出最好的选择并从中受益，他总要自己去试一试。关于书的计划，目前来看是不可行的，因为你对此事还不够了解，等 Psalmodist 来了，我们再一起商量，看能不能找到更完善的方法。所有事情都有一个时机，免费出版密宗书籍的时机还没有成熟，不过，你的特定订单可能会得到满足。你给他的信，如果是发往本地治里的，我们没有收到，我不知道他是不是在马德拉斯收到了。

记住，你的工作虽然有一些小的成果，但还不是决定性的，仍然是实验性的。当你的密宗克里亚修习变得更加完美时，我便可以向你发送必要的精神力量，随后，真正的坦陀罗就可以开始了。与此同时，不要过于急切，不要让任何事情给你带来不安、沮丧或困惑，急切、焦虑、沮丧都是同一缺点的不同表现。在 Psalmodist 到达之后，我会给你写信，告知所有与密宗和吠檀多有关的事情。即便他不会很快就来，我还是会写的。

贝乔伊本应该在加尔各答见到拉姆钱德拉，并在去库尔纳的路上告诉你我们的消息，但从你没有寄6月的钱和苏德希尔（Sudhir）的信来看，他们似乎没有会面，或者没有向你报告。请把钱寄来，虽然眼下还能勉强维系，但需要用的钱必须到位。

卡利

附：Psalmodist写信，说他马上就到这里，但他经常让我们失望，所以我没有再等他，就寄了这封信。如果他来了，事情一定下来我就给你写信。

［7］

信中所提到的手稿"MSS"是室利·阿罗频多翻译的吉德伦金·达斯的孟加拉语诗集《桑加尔·桑吉特》（*Sagar Sangit*），为此达斯同意付给他1000卢比。

1913年8月

亲爱的莫：

随函附上给C.R.达斯的信，请尽快告知他是否收到译稿，还有那位西印度朋友的地址，你在上一封信中又漏写了这一信息。如果在出版的后期有任何困难，跟他解释下你希望他像对待朋友一样帮忙解决。我现在太累了，写不出什么长篇大论来，等我身体恢复后再说吧。如果C.R.达斯按计划将剩余的钱汇过来，加上7月的40卢比，还有这个月（8月）的钱，我们目前账上的钱就够用了。顺便说一句，达斯的代理人格林德雷公司（Grindlay & Co.）给我寄了 300 卢比，并附上一张纸条，说我将得到 1000 卢比的翻译费，那这 300 卢比是包含在 1000 卢比之内还是另外单独的一笔钱？我问这个只是为了解一下，因为你写信说他打算给我一年的费用和额外 300 卢比。说真的，我现在急需一些额外的钱，为我正在进行的与吠陀和梵文有关的工作购买材料。另外，请务必尽力找到杜特的《梨俱吠陀》的孟加拉语译本，或任何欧洲版译本。

卡利

[8]

约 1913 年

亲爱的莫：

我寄出了校样。你为纳拉扬（Narayan）等人支付的 50 卢比旅费已按时到账，他也妥善地用完了。他答应会还这笔钱，但我不知道什么时候。他告诉我，在他去加尔各答时会去拜访你，但因为他母亲生病了，没有时间去，也许还有别的原因，因为我相信他在加尔各答停留了一两天。

我相信，比伦还好，他对任何人都没说那件事。由于他性格不够沉稳，又有些其他缺陷，人们对他产生某些怀疑也很正常，我认为应该给人们提供实质性的信息，所以才写信给你。

这次我没有提书籍的寄送，因为这是一件很耗时的事，会耽搁已经拖延太久的校样，但我会就此单独写信给你。我还要写写关于你的密宗瑜伽方面的事，但我想先等你告诉我一些有关这方面的信息。

卡利

附：汇款不要拖太久。

[9]

1913 年 4 月至 10 月间，室利·阿罗频多住在本地治里米逊街（Mission）
的一所房子里，租金为 15 卢比。

1913 年

亲爱的莫：

我今天只写三点。

第一，我认为 R.S. 夏尔马（Sharma）是警方的间谍。最初当他
设法强行进入我的房子，并试图以出手阔绰赢得我的信任时，我便
收到了来自内心的反复警告，所以我一直拒绝见他。之后有两件事
证实了这一点：1）马德拉斯警方对其成功完成任务表现出极大的兴
趣；2）后来，他来到本地治里，担任一家新报纸《独立报》的副主
编，这家报纸后来倒闭了，被另一家《阿古斯报》（Argus）所取代，
而《阿古斯报》的老板正是在本地治里公开与英国警方勾结反对我
们的那个人。在这家报纸上，他写了一段非常讽刺和贬低我的话（没
有指名道姓，只是影射），发泄了对自己没能成功在这里立足的怨
恨，因为我们已提醒"斯瓦德西"运动者们要提防他，他只能返回
马德拉斯。他现在似乎已经和你们在加尔各答交过手了，还成功了，
估计连他自己都没想到！我想知道你们要被一个口齿伶俐、自称有
民族主义热情和奉献精神的陌生人欺骗到什么时候。无论你们是否
接受我对他的评价，都要明白，他的虔信在我看来是空话连篇，正
如在上述报纸事件所表明的那样，你们至少要先接受我给出的事实，
然后再基于常识下结论。

第二，先不要印刷关于瑜伽及其目标的书籍，除非得到我的确

236

切指示。在印刷之前我可能需要再做些工作，很可能需要删掉或修改某些部分，不能按以前的形式印刷。

第三，钱很重要。我不明白那40卢比你是怎么算的，以及如果拿不到这笔钱我们该如何维系。我们不断为此写信，唯一的原因是，在目前的经济状况下，钱是必需品。我们必须计划好每一笔预期款项，任何失误都会使我们陷入困境。我本预计用马德高卡剩下的钱来支付上一所房子的租金，幸运的是，与房子有关的诉讼一直悬而未决，但租金迟早是要付的，到那时，如果不能立即支付将面临对簿公堂的风险，并搭上我们在这里的声望。我拜托你，今后千万不要向我们允诺你不确定能否支付的任何款项，因为这会导致我们安排上的严重混乱。

我们目前的处境甚为糟糕，所有从本地获得帮助的努力暂时都没有结果，我们只能依靠你的50卢比，这并不够。我们要支付15卢比的租金，其他费用也不能再少了，剩下的20卢比还不够五个人吃饭，甚至如果你延迟汇款，我们的"财务管理人"都会两眼发黑，不得不给你发电报，当时我们的口袋已经空空如也，也不知道你的上一笔20卢比的汇款已经到了。我们的通信代理人现在成了一名商人，去了马德拉斯，不知道什么时候回来。他不在，我们很难按时收到你的信，事实上，直到今天我们才收到。纳拉扬会给你一个新的地址，以后所有信件请寄到这个新地址。

我没给你写信并没有什么"理由"。如今，我并不是凭"理由"行事，而只是作为"另一个他"手中的机器。有时"他"让我知道行动的理由，有时不让我知道，但，无论行动与否，都是依照"他"的意愿。

目前我的处境十分艰难，我的精神在为战胜物质与环境而挣扎，除非精神获胜，否则我不会再写有关修习的内容。在此之前，我只会就必要的公事写信。

卡利

[10]

拉什·比哈里·博斯是金德讷格尔的一位革命者，他策划了 1912 年 12 月在德里对哈丁勋爵的炸弹袭击。1914 年 3 月 8 日，英国警察带着引渡逮捕令突袭了拉什·比哈里在金德讷格尔的家，但他在这之前已经逃走了。这一消息在 3 月 12 日或更早的时候出现在报纸上，室利·阿罗频多得知这个消息后不久就给莫提拉尔写了这封信。他不仅关心拉什·比哈里的命运，也对在英属印度犯下罪行的法国臣民发出引渡令可能开创的法律先例感兴趣。

1914 年 3 月

亲爱的莫：

最近，报纸上出现了拉什·比哈里·博斯的案件，金德讷格尔的行政官因一起政治案件批准了对他的引渡令。虽然我们通常不关心政治问题，但这件事情对我们目前的安全构成了威胁，我和朋友们都很担忧，如果没有人对此质疑，那么任何人任何时候都可能被英国警方以莫须有的罪名引渡。因此，我希望你关注这件事，即使这会干扰你的瑜伽修习。

这显然是一起政治案件，对德里案的主要指控包括：1）依据国家（政治）罪行的某条款，指控为共谋罪；2）依据 Sc.-302（？）指控为谋杀罪，并参阅与国家罪行有关的条款，指控为带有政治意图的暗杀；3）依据"爆炸法案"（the Explosive Act）这一因某些政治因素而通过的非常法案，指控为爆炸罪。此外，所有这些指控都被合并审理，隶属同一案件，可能会被定性为一起以改变或推翻政府为目标，针对现有政体的政治阴谋。根据法国和英国之间的引渡条约（除非有我不知道的新条约），以下这些情况下是不能引渡的：政治犯罪；具有政治性质或倾向的犯罪；以普通犯罪作为借口或手段抓捕的政治犯。

据报道，拉什·比哈里·博斯现在藏匿在金德讷格尔或旁遮普。若要有所行动，只能是他的亲戚或朋友代他而为，亲戚可能会更好。你所要做的就是找一个有权代他行事的人，咨询一下最新的法英引渡条约的具体条款，如果情况如我所说的那样，那就将此事交给法国法院的一位律师，按照法国程序来处理。但我并不了解具体程序，我想会被移交给法国政府，如果解决不了，可能会被移交到巴黎最高上诉法院，那就会成为非常"昂贵"的一件事情。只要博斯没有被移交给英国人（如果他在金德讷格尔），巴黎最高上诉法院就有权取消逮捕令。我不知道是否有必要先向本地治里的总检察官上诉，然后再去更高的法院。在这些程序问题上，博斯的代理人必须咨询法国律师。

如果他被移交（给英国人），海牙法庭（Hague）关于萨瓦卡（Savarkar）的裁决[①]将会成为绊脚石，让博斯的事情希望渺茫。法国

---

① 1910 年 7 月 8 日，维纳亚克·达莫达尔·萨瓦卡（Vinayak Damodar Savarkar）从英国被带到孟买接受煽动叛乱和教唆谋杀的审判，但他在马赛的一艘船上大胆越狱。萨瓦卡的案件在国际媒体和法律界引起了前所未有的关注，即政治犯萨瓦卡在法国领土上被捕并移交给英国警察，是否被剥夺了申请庇护的机会，而这是否也破坏了法国的主权。该事件最终被提交到海牙的常设仲裁法庭。1911 年 2 月 24日，海牙法庭做出了有利于英国的裁决。法庭指出，"逮捕萨瓦卡是违规行为"，但"没有任何国际法规定……由于将一名囚犯交给该国的外国代理人时犯下的错误，对其羁押的一国负有将其遣返的任何义务"。

政府仍有可能以博斯是法国臣民为由采取行动，但只能通过强大的外交施压才有可能成功，我想目前法国政府可能并不愿意这样做。在任何情况下，获得最高上诉法院的判决以确立原则都是值得的。然而，在这类很少遵守司法和（现有）法律的政治案件中总会有风险，即相反的判决会使情况变得更糟。另外，还有必要查一下在察鲁·查德尔·雷（Charu Chander Ray）案件中他们做了什么，基于什么理由，看看这些理由是否适用。如果你能告诉我有关逮捕令和指控等的确切事实，我也许可以给法国（政府）写封信，乔里斯（Jaurès）或其他人或许可以介入此事。

至于你的密宗瑜伽，失败的原因显而易见，我很惊讶你把这一切都归咎于女神，而不是我们在瑜伽克里亚中所犯的不可饶恕的错误。坦陀罗的卡利女神不是一个只满足于惰性信仰和崇拜的女神。完美对克里亚来说是必不可少的，或者至少要对完美有一种认真而努力的尝试。这一点你还没有做到，相反，在你的虔修（anusthana）[①]中存在很多问题，正是这些问题让密宗在卡利时代无法发挥作用。必须要有所改变，明智的方法是留意已经出现的警告。如果没有，好吧，你知道《薄伽梵歌》里是怎么说那些我慢的人的。

所有问题的根源是，我们在扩展密宗克里亚的过程中缺乏充分的吠檀多基础。你认为如果一个人有信仰、有热情、有智力，并有真诚的情感和自我臣服，就具备了所有必要的基础和条件，可以直接进入充满挑战的密宗虔修练习（Tantric anusthana）。这种想法不可取，我们需要的是一个更坚实更强大的基础，悦性我慢的基础，对

---

① 虔修是一种对更高秩序的崇拜，在这种崇拜中，奉献者受到许多限制，必须遵循特定的规则和条例。

自己说："我是卡利女神选中的人，我是她的信徒，我所有的一切都依靠她，我可以忽略所有其他事情，她一定会帮助我，保护我。"

我一直觉得，悦性我慢是瑜伽的巨大障碍，在有些人身上以悦性-激性（sattwa-rajasic）的形式存在，在有些人身上以悦性-惰性（sattwa-tamasic）的形式存在，但这些都在你的身上，蒙蔽了你的视野，约束了你的力量，阻碍了你的进步。它最糟糕的特质在于不愿承认自己的缺点，或者即便承认了，也会找出理由寻求庇护。睁开你的眼睛，看清内心的敌人，赶走他！没有这种净化，你就不会成功。"以悦性的精神完成激性的克里亚"只是沿袭老路，还假装自己做出了改变。走老路是行不通的，只能步入深渊。我言辞激越，是因为我看得很清楚，即使我还没有绝对视野，但也不会以虚假的光环误导你。直到现在，你从孟加拉带来的这些沙克提破坏了我的所有视见，让我淹没在充满悦性-激性的不纯净沙克提的洪流中。

因此，我对你的第一个指示是停下来，对你的精神敌人采取防御态度，继续你的吠檀多瑜伽。据我所知，至上者正在为我安排，只是还未完成。我会用两三封信写一写我希望的吠檀多和密宗应做出的改变以及发展的方向和路径，之后，当我们从眼下的压力中缓过来，就会知道他打算在实践中如何解决这些问题。

请寄给我 50 卢比，因为我不得不预支一些钱用于当前开支，生活费已所剩无几。你也可试着从达斯那里拿到剩余的钱。如果没有，你必须设法筹到上个月的额外 20 卢比，和下个月的 20 卢比，以及每月 50 卢比，然后在你收到达斯的付款中扣除 30 卢比。

卡利

附：我每月要用 10 卢比，是我自己的一些必要的额外花费，这与我们的日常花销无关，因此，50 卢比是不够的。我希望达斯这次能把余款寄过来。

[11]

关于保罗·理查德，请参见本书第二部分第二节"致母亲和保罗·理查德的信件节选"。本地治里每四年举行一次选举，选出在法国议院中代表殖民地的议员。

1914 年 4 月

亲爱的莫：

我今天寄给你保罗·理查德先生的竞选声明，他是即将到来的法国议院选举的候选人之一。这次选举对我们来说很重要，因为拉波特（Laporte）和理查德这两位候选人在很大程度上代表了我们的观点。理查德不仅是我个人的朋友和瑜伽界的兄弟，而且他也和我一样，希望以自己的方式为世界的全面革新而努力，让新的精神文明取代当前的欧洲文明。在这一变化中，亚洲的民族复兴，尤其是印度的复兴至关重要。理查德先生和他的夫人是欧洲瑜伽士中罕见的榜样人物，他们没有被神学和其他异端所左右。在过去的四年里，我一直与他们保持着物质和精神上的联系。当然，他们对密宗瑜伽一无所知，我们只在吠檀多中相遇。如果理查德成为法属印度的代表，实际上也就意味着我成为法属印度的代表。拉波特是一位有个人抱负的"斯瓦德西"运动者，他的成功对我们不会有与理查德一样的意义，但无论如何，如果他成功当选，他将会掌握权力并影响法国政府，会成为我们一个强大而忠诚的盟友。

当然，从常理来看，他们这次都没有机会当选。拉波特没有凭一己之力改变局面的能力，而理查德来得太晚了。但人们非常反感布鲁森（Bluysen）、勒梅尔（Lemaire）、盖贝尔（Gaebelé）和皮埃尔（Pierre），我认为我们可以进行一场选举革命。如果可以的话，我认为目前有必要稍微搅动一下局势，形成关注的焦点，最好还能促成一个积极的结果，这将是未来的基础，使我们能够在下次选举中为这些候选人提供公平的成功机会。

我想知道你是否可以在不暴露自己的情况下，在金德讷格尔，尤其是那里的年轻人中传播这个想法，让他们了解这些候选人的有利条件，摒弃法属印度狭隘腐败的旧政治，追随他们感兴趣的欧洲人（也顺便满足一下这些欧洲人的小野心），拥护一种支持我们自己也支持像理查德一样的欧洲人的政治原则。从个人信仰、文化、同情心和志向上来看，理查德和尼薇迪塔修女一样，骨子里是个印度人。如果能在金德讷格尔为理查德登记一定数量的选票，那就更好了，因为那将意味着行动的开始，来自精微（sukshma）世界的推动开始在物质世界的粗身中初步显现。

如果你认为这可行，那就去做吧，一定注意不要暴露自己，因为你主要的工作是精神方面的，而不是政治的。最好将理查德的竞选宣言翻译为孟加拉语，或者最好是能再写一份关于目前形势和理查德希望竞选成功的声明，并广泛散发出去，记得（言辞中）要始终避免极端主义和英属印度政治问题。我之所以强调这些，是因为必须改变金德讷格尔和本地治里的状况，让最近的事件不再重演，让法国领土不再被继续割让[1]。这种变化还会带来其他更积极的好处，

---

① 法国在与英国争夺海外殖民地的过程中失去了大片印度殖民地，仅保留了本地治里、卡来卡、雅南、马埃、金德讷格尔及一些补给地。

但现在无须赘言。

我刚刚收到你寄来的信和钱，但因这封信必须立即寄出，我先暂时不回信了，稍后会尽快回复。我只是在等待这次选举结束，看到我的决定有了一些雏形，再继续我个人在物质层面的工作。接下来要在不受密宗克里亚错误的影响下，让吠檀多的工作得以继续。你们似乎对于密宗克里亚的旧有方式难以割舍，但它只能让瑜伽之火保留在少数人的心中，而另一方面，它对你们的精神和身体都有危险。只有通过一场广泛的吠檀多运动，才能带来后期更大的密宗，才能完成重建与再生。你和索林（Saurin）[①] 都无法领导这场运动，它需要更广泛的知识和更强大的精神力量，并在此基础上发展。事实上，这场运动的领导者应是印度愿意接受这一挑战的最伟大的人。我看到只有天誓（Devavrata）和我自己有这个信念，因为达亚南达（Dayananda）[②] 和其他人的追随者寥寥，而天誓在我看来似乎暂时走上了一条错误的道路，他的利己主义甚至驱使他用精微世界中的秘密力量来对付我们，而他的功力显然还不足以操控这些神秘力量。因此，如果上方授意，我将亲自上场。

K.

附：盖贝尔向我郑重保证，布鲁森不会割让金德讷格尔，并发

---

① 索林：室利·阿罗频多的妻弟，关于他的介绍，见本节后文。

② 达亚南达：指达亚南达·萨拉斯瓦蒂（Dayananda Sarasvaty，1824—1883年），19世纪印度宗教改革社团"圣社"（Aray Samaj）的创立者。圣社，又名"印度雅利安联合会"，主张以印度古代雅利安人的宗教精神改革印度教，崇奉古代经典吠陀为最高权威，希望恢复和唤醒古印度的哲学、宗教、仪式和习俗，以对抗西方的思想。圣社在印度北方大部分地区极具影响力，是当时印度最具活力的宗派之一。

誓，对任何此类割让，他将永远是最严厉和最愤怒的反对者，也是"斯瓦德西"避难者最坚定的守卫者！这就是竞选承诺的热情！他在《辩论日报》（*Journal des Débats*）上发表了数篇文章，全面阐述了布鲁森对他的质询，从中可以看出，布鲁森和杜默格（Doumergue）似乎都认为没有任何领土割让的问题，而只有"修正本地治里边界"的问题。但直到现在，布鲁森才严肃地告诉我们，割让是"已成定局的事实"，金德讷格尔的所有难民都必须立即逃往本地治里。现在，我正试图把《辩论日报》的副本寄给你或寄给巴诺马里·帕尔，这样布鲁森就可以从他的公开声明中"获益"。如果有什么能约束一个法国政治家的话，那么在某种意义上，报纸具有这个约束力。如果你拿不到《辩论日报》，请设法将这些尚不为人所知的消息在金德讷格尔散播出去。因为你必须记住，勒梅尔并没有发表过这样的声明，他一直是割让的拥护者，完全不受任何过去言行的约束。

[12]

这封信是在选举结果公布后不久写的。根据官方报刊：布鲁森获得33154 票，勒梅尔 5624 票、拉波特 368 票、理查德 231 票。

1914 年 4 月 17 日

亲爱的莫：

这里的政治局势从表面上看，布鲁森和勒梅尔在旧有路线上交手，真正的战斗是在他们之间。布鲁森得到了整个行政部门的支持，还有少数勒梅尔主义者（Lemairistes）通过沉默以示支持。马蒂诺（Martineau）总督、盖贝尔、警察中尉和委员组成了支持布鲁森的政治委员会，通过威胁和贿赂，迫使和引诱所有社群的社长支持布鲁森，只有两个社群除外。布鲁森收买和说服了本地治里的大多数印度商人，他为选举花费了超过 5 万卢比的资金，并准备在必要时收买所有民众。我想知道，他花的是英国卢比吗？据说英国政府为了支持他也干预了选举。另外，可以肯定的是，古德洛尔（Cuddalore）的伊斯兰教领袖已要求伊斯兰教徒投票给这位腐败大师。本地治里和卡里卡尔（Karikal）^①两地都面临着对选举的行政暴力施压，市长们站在布鲁森一边，并控制了选举团，欺诈和暴力行为成为可能。

勒梅尔拥有大多数基督徒和雷诺人（Renoncants）^②（除了支持理查德的年轻人）和皮埃尔派的支持。但皮埃尔派内却完全决裂，科蒂亚（Kotia）拒绝宣布自己的立场，其他大多数人都是布鲁森一派的（Bluysenites），激进委员会（Comité Radical）已经开了三次会了，但皮埃尔未能战胜反对他的声音。勒梅尔有两个机会，一个是如果人民能够投票，皮埃尔对群众的影响力可能会为他赢得胜利，另一个是南达戈帕卢（Nandagopalu）可能会恐吓敌人并对抗政府。但南达戈帕卢反倒被吓坏了，他躲在房子里，向盖贝尔和马蒂诺释放谄媚的信息。勒梅尔主义者们一度非常绝望，以至于皮埃尔提出通过理查德让勒梅尔退出，如果盖贝尔能让布鲁森退出，两个敌人就会握手并联合起来支持理查德或另一位候选人。盖贝尔很乐意接受这一提议，但他不能，因为他从布鲁森那里拿了一大笔钱，领导人几乎都被布鲁森收买了，而那些仍然站在勒梅尔一边的人不敢轻举妄动。勒梅尔手中的唯一武器是含糊的恐吓和谣言：内阁已经倒台，马蒂诺被停职，新警察队长是他的手下，等等。还有传言说勒梅尔会在选举日突然发动政变，阿帕斯瓦米（Appa Swami）被带走或杀

---

① 卡里卡尔：印度半岛东南部海岸一地区。

② 每个有权改变适用于他们的法律的人被称为雷诺人。

害，复审委员会掌握在他手中，总统是勒梅尔主义者，但我看不出这些事情发生的可能性。当然，可能会有一场突如其来的勒梅尔主义者集会，但日前看来，在政府资金的帮助下，英国政府和布鲁森这个恶棍很可能轻松获胜。

拉波特一开始还是有机会得到强有力的支持的，但被自己的懒惰和失误毁了。他现在正等待着上帝和勒梅尔，梦想着成为他们的接班人，因为勒梅尔已经答应他，如果他没有从法国得到有力的支持，他就会转而支持拉波特，而作为一个有信仰的人，拉波特正静静地坐在那儿等待荣耀时刻的到来。

还有理查德，他既没有代理人，也没有委员会，更没有任何有影响力的人的支持。他所拥有的是本地治里和卡里卡尔所有印度教徒和伊斯兰教徒的同情及良好祝愿，除了支持布鲁森的瓦尼亚人（Vaniyas）。人们烦透了那些老候选人，他们憎恨布鲁森，也厌恶勒梅尔，如果他们能根据自己的感觉投票，理查德会以压倒性多数当选。但是他们被政府吓到了！他们在等待印度教徒中某个有影响力的人宣布支持理查德，但这样的人是不会出现的，他们要么被布鲁森收买，要么希望成为获胜的一方。在这种情况下，人民根本不会投票，选举委员会就可以随意以他们的名字为布鲁森制造假选票。另一方面，卡里卡尔给人的印象是，那里的年轻人正狂热地为理查德工作，一些社群将支持理查德，一些承诺支持布鲁森的领导人允诺他们的追随者，如果愿意，可以自由投票支持理查德，卡里卡尔的伊斯兰教领导者们支持布鲁森，或者更确切地说是支持他的钱，但是群众决定既不投票给布鲁森也不投票给勒梅尔，要么不投票，要投就投给理查德。

在本地治里，维伦诺（Villenour）[1]已经承诺在选举前一天宣布支持理查德以避免长期的行政压力。社区的某些群体，例如基督徒中的年轻人和一些穆斯林教徒，以及印度教徒中的某些核心人物肯定会投票给理查德。理查德将在清真寺演讲，可能会来很多人，希望在接下来的几天他能给人留下印象。此外，如果金德讷格尔人能为理查德赢得大量选票，即便不能让他赢得选举，但还是有可能阻止在第一轮投票中出现决定性票选结果，这样就可以进行第二轮投票。若真是如此，许多认为布鲁森一定大获全胜，还在犹豫是否投票给理查德的人，可能会鼓起勇气转投理查德，从而扭转整个局面。此外，勒梅尔有可能退出，他的全部选票，或其中的大部分都会转投理查德。因此，我认为，抛开所有其他的考虑，让金德讷格尔的年轻人把所有的力量都放在理查德这边，来对抗那两个令人发指的、互相缠斗的邪恶代表。如果他们不这样做，老实说，金德讷格尔很可能在劫难逃。

我在上封信中说过，我对布鲁森，或者更确切地说，对盖贝尔关于金德讷格尔和"斯瓦德西"运动者们的论述表示怀疑。从那以后，就连马蒂诺也屈尊让我们知道，他正试图让英国警察离开本地治里。但这一切要么是彻头彻尾的谎言，要么是猫哭耗子假慈悲。令人不齿的是，布鲁森在上次访问中见到了总督，据了解，谈话的全部内容都是关于金德讷格尔的割让，在他返回时，他告诉巴拉蒂金德讷格尔的割让已是既定事实。在他北上之前，一直对"斯瓦德西"运动者们喋喋不休，之后他干脆直接宣布不再公开帮助我们，因

---

[1] 维伦诺：地名，属本地治里领土。

为内阁是亲英的，而他必须追随内阁。他去了卡里卡尔，对一些人宣布他同意将金德讷格尔割让给英国人（这是我昨天才知道的）。在他第二次也就是这次访问时，他在途中受到了古德洛尔行政长官的款待，这位长官已经和他的同教人士一起自贬身价成了布鲁森的选举代理人。现在一切都已经非常明了，这个人已经把自己卖给了英国，出卖自己和他人似乎是他在这个世界上唯一的职业。因此，在金德讷格尔投给布鲁森的每一票，都意味着同意将金德讷格尔割让给英国人。

另一方面，如果投票给勒梅尔，日后也意味着同样的结果。勒梅尔建议压制法属印度的选票，他是第一个在法国公共媒体上提出这个问题的人，他与英国有很多关联，是一个亲英派。不仅如此，尽管印度教徒提出若想获得他们的选票，就要放弃以前的观点，但他拒绝这样做，这在很大程度上导致了皮埃尔失去了印度教徒的支持。让这些关于布鲁森和勒梅尔的事实在金德讷格尔广为人知吧，让人们知道理查德在信仰上、在心灵上都是一个印度人，他将毕生致力于人类提升这一伟大理想（特别是在亚洲和印度），并支持被压迫者反抗强者。我们未来的事业，是反对一切阻碍和抵制的事业。如果金德讷格尔人仍然投票给布鲁森或勒梅尔，这是他们的选择，将为接下来发生的任何事情自求多福。

关于从精神的角度来看这些事，我还有很多话要写，但要留到明天或后天再写，因为这封信必须马上寄出。相信至上者，付诸行动。你已经看到，只要他愿意，就能让不可能成为可能。在这件事上，不要想太多成功和失败的可能性。

卡利

13

1914 年 5 月 5 日

亲爱的莫:

选举结束了，或者他们所谓的选举结束了，结果是实际获得选票最少的人赢得了"最多"的选票。至于理查德先生的选票，在本地治里和卡里卡尔，那帮人略施小计，将所有印有保罗·理查德的选票读成"保罗·布鲁森"（Paul Bluysen），轻而易举抹掉了理查德的选票。在卡里卡尔，即使理查德亲自带着他的选民去投票站，公布的结果也是"理查德——零票"。在维勒努尔（Villenur），他们阻挠人们将选票投给理查德或其他任何人。至于选举结果，那是盖贝尔在选举前一天晚上按照他预设的数字安排好的。从以下事实中你可以想象得出这种造假行为有多过分：在南达戈帕尔（Nandagopal）一个没有一个布鲁森派的村庄里，勒梅尔只有 13 张"选票"，其余的都投给了布鲁森。在穆德拉帕利（Mudrapalli ）也是同样的结果，这对皮埃尔很有利。只有在一所大学里，勒梅尔得到 200 多票，而布鲁森只有 33 票，因为萨达（法国球场总会主席）是唱票员，不允许任何欺诈行为，那帮人知道他们是在和谁打交道，所以不敢伪造结果。在大多数地方，如果真的有选举的话，这才是正常的结果。

至于理查德，除了金德讷格尔的总票数外，他可能还有 1000 张选票，仅在本地治里的五所大学里，就有约 300 张他的选票被篡改了。我们知道在一个村庄里，他的 91 张选票被强制禁止投出。正常来说，在整个法属印度，布鲁森很难得到 5000 票。当然，现在各方都在准备抗议活动，如果布鲁森没有得到在法国大选后上台的内阁的支持，那么这次选举的结果很可能无效。反之，如果宣布布鲁森当选，他可能不顾全体人民的仇恨和蔑视，依仗行政当局和警察的恐怖统治执政。这群马德拉斯人（Madrasi）甚至缺乏基本的道德勇气，不能对他们抱太大希望。

与此同时，理查德打算留在印度两年，为印度人民工作。他正试图成立一个由本地治里和卡里卡尔的年轻人组成的协会，以此作为一种训练场，从中挑选男性练习吠檀多瑜伽。目前，接下来的计划还很模糊，等更加明确后，我再写信给你。

写了上述内容后，我收到了你的来信。关于选举，我们还要再等等看，看看布鲁森是否会当选。即使没有，我认为在本地治里的新党成立并壮大之前（初始阶段必须悄无声息），理查德也无法东山再起。当然，还有一种可能性，那就是如果发生了一些现在不必提及的事情，那么也许可以联合盖贝尔和皮埃尔作为和解候选人。这个想法是皮埃尔提出的，但在选举前被盖贝尔极不情愿地否决了。即使理查德不是被选中的和解候选人，他也会通过策划和解而获得巨大的影响力，以争取下一次选举的胜利。如若不然，我们就只能等待下一次有利的机会。至于布鲁森，他已经让自己成为流氓和压迫的代名词，现在的他更像是我们的敌人，但勒梅尔不是，这些事情我们还要看以后的发展。本地治里和卡里卡尔的年轻人正在向部长们、议员们和各个报纸发送抗议书，其中附上有两百人签名的选举事实声明，总统在复兴委员会中大声朗读了这封声明，让人印象深刻。当然，这些都只是道德层面上的。在法国，年轻人的观点很受重视，加上勒梅尔主义者的抗议，可能会对最终的选举结果产生一些影响，除非布鲁森收买了验证委员会，或者得到法国"政治家"

的支持。有一个丑恶的谣言，庞加莱（Poincare）[1]支持布鲁森，法国政治背后总有不为人知的腐败和权钱交易。如果是这样，我们必须用精神力量对抗邪恶势力，并看结果如何。

接下来是钱的问题。目前的处境是，所有的钱都花光了，加上理查德硬要给我的60卢比，我还欠着130卢比的房租。我不想让理查德继续破费，为了能来印度工作，他已经卖掉了妻子四分之一的财产（虽然是很小的一笔），而他现在的财务状况只够维持在印度接下来的两年的花费。因此，我从他们那里得到任何帮助，都会使他们变得更窘困。当然，他们相信钱一定会在必要时到来，但上天对于"必要性"的想法有时和我们并不一致。至于兰加斯瓦米（Rangaswamy）的钱，也有一个致命的问题，就是总被各种各样的人截获，我很少能收到他寄来的东西，因此，从他那里得到定期的帮助是指望不上的，而你又一直无法见到他，命运总是这样捉弄我们啊。

另一方面，索林来信说，他在孟加拉每年可以为我"解决"1000卢比，不知道这是为重新兑现达斯的承诺还是别的什么。至于解决问题，无论是口头的抑或书面的承诺，关键在于落实。他说还有500卢比，是花园那笔钱中我应得的那份，他想做他的"生意"，但当我连糊口都成问题时，就很难答应。他没有告诉我如何拿到钱，只说只要我需要，随时都可以。我正给他写信，寄到梅赫尔普尔（Meherpur），如果你在加尔各答见到他，请转告他立刻把钱寄给我。有了这笔钱，我也许可以再撑几个月，将日常事务都安顿好，直到问题得以解决。至于我每月需要的金额，只要S和其他人不回来，

---

[1] 此处应是指雷蒙·庞加莱（Raymond Poincaré，1860—1934），当时任法兰西第三共和国总统。

我个人每月只需要 50 卢比，其他非个人的必需费用需要 10 卢比。但他们回来后，这些就不够了。

我在给 S 写信，试着在他回来之前把钱的事情安排好。还请催促沙亚马（Shyama）先生和其他人尽快偿还欠我的钱。这种以"高尚和慈善"为名挪用满足私我的习惯，是我们运动的祸端之一，只要这种行为继续下去，吉祥天女（Lakshmi）[1]就不会回到这个国家。我自己已经彻底摒弃了这种轻率的行为，今后无论在什么地方遇到这种行为，都必须加以制止，一个自私的小偷，比披着神圣外衣却行偷盗之事的人要诚实得多。而且，如果一个人必须敛财，最好像刹帝利那般行事，而不是用吠舍[2]的腐败手段去追逐利益，这是我们当前斗争的主要问题。你所要做的，是设法做出一些实质性的安排，而不是停留在口头上，这样才可以真正减轻你的负担，直到我能自行解决。与此同时，请设法筹到 150 卢比，加上我的 500 卢比（花园钱），这应该可以解决当下的问题。如果之后没有其他法子，我们再考虑这个问题。目前，对我和我的工作来说，卡利时代的力量带来的阻力正是最顽固的时刻，我们必须以某种方式克服它。

理查德已经支付了 51 卢比，我把这笔钱（50+1 卢比）计入到上

---

[1] 吉祥天女：印度教中的幸福与财富女神，象征着财富、繁荣、智慧、成就和好运。

[2] 印度种姓制度，又称瓦尔那制度、贱籍制度、印度卡斯特体系（Caste system in India），是古代印度的社会等级制度。第一等级：婆罗门（Brahmana），指僧侣贵族，掌管宗教文化权利的祭祀阶层，享有崇高地位；第二等级：刹帝利（Ksatriya），指军事贵族和行政贵族，掌握行政军权的武士阶层；第三等级：吠舍（Vaisya），指一般平民，以农、牧、工、商为职业，它和前两种姓都属于雅利安人，但在政治上没有特权；第四等级：首陀罗（Sudra），从事各种低贱职业，包括渔猎、重体力劳动等，是非雅利安人，不享有任何政治权利；还有第五等级贱民，他们多从事最低贱的职业，不入四大种姓之列。

个月的账目，请从你原本要寄的金额中扣除，而不是从要支付的130卢比租金支出中扣除。还请从加尔各答寄来一些我们急需的衣服，我现在打破了之前的隐居规矩，可能得经常外出，我还需要一双鞋子，巴拉蒂把我的鞋子拿走了。

接下来谈谈更重要的事。你信里谈到了比伦在这里的事，我对比伦的看法不同于索林等人，他们对比伦的性格和行为的解读非常黑暗，在我看来，这也证实了比伦曾说过的他与某些不受欢迎的人之间的关系。此外，我看到他在认真修习瑜伽，进步很快。我也不知道比伦对其他人说了什么，使那些心怀恶意的人错误解读了你的哲学和社会活动。从精神上看，我在他身上并没有发现所谓的难以言喻的阴暗面，我看到的只是轻浮、软弱、轻率、幼稚、善变、冲动和任性，还有一些很多孟加拉的年轻人都有的缺点，这些缺点在过去确实对他人造成了很大的伤害，但最近这些性格上的缺点都大大减少了，我甚至希望通过瑜伽让这些能得到彻底根除。事实上，他的存在是指引我的力量发挥作用的结果，他是作为这类人的代表被派来这里的，我必须改变和净化他。如果我能在他身上做到，那么将来就有可能成功改变这一类人群，如果做不到，我想要为印度所做的事情将几乎不可能完成，因为只要这些元素依旧强大，孟加拉就永远不会成为它想成为的样子。

你会说，如果错的是我而不是索林呢？或者如果我失败了呢？无论如何，他都不会攻击你的工作，除非他先攻击我，因为在他逗留期间，并没有对你有任何直接或单独的了解。尽管如此，（理论上来说）这种情况还是有可能发生的，这就提出了一个需要解决的问题，那就是吠檀多瑜伽与其他活动需要完全分离。你要知道，我的工作非常庞杂，我必须与形形色色的人密切接触，包括欧洲人，可能还有官员，甚至间谍，还有像比伦这样的人。比如有一个叫斯塔尔·西德哈尔（Stair Siddhar）的法国人，现在在金德讷格尔，他来找我，我不得不见见他，听他说些什么。这个古怪的家伙有点愚蠢，还有点无赖，但听听他说些什么还是有点价值的。再比如理查德，他对密宗主义（Tantricism）一无所知。还有很多各种各样的年轻人，他们可能并不怎么样，但我还是会见见他们，打打交道。如果我只与密宗修行者保持密切联系，我会见的每一个人都是强大且令人尊敬的，并在我威严的荫庇下都成为完美、自信且理智的人，这是不可能完成的任务，事情也不会是这样的。整个事情必须在合理的基础上重新安排。

第一，必须让我们的朋友知道，我的整个行动将如我以上描述的那样，这样他们就不会再重复同样的错误。

第二，那些与我有直接联系的人必须在身体上远离密宗主义以及邪恶之人身上那些无形的东西，因为这些会破坏人们对他们的信任。

第三，必须让比伦和他的同道之人明白，我们已经停止了密宗的修习，如果要继续，只能是在遥远的未来。

第四，书面的吠檀多瑜伽现在变得不可能了，必须彻底改变，并尽可能地停止流通。

这些都是细节，但却至关重要。另外，还有一件事必须解决，关于婆罗门的问题。婆罗门似乎无法成为代理人，或者至少别人是这样看的，萨拉提（Sarathi）的人民似乎不喜欢你和他们直接沟通，我不知道 S 自己作何感想。当然，他们声称的理由也是显而易见的。我这里倒有一个可靠的人可以做这件事，但他还有更重要的工作，我不愿让他做这个代理人。这是我目前的困境，还没有找到解决方案，我的理智在各种可能性之间徘徊，在权衡利弊。特别是从新的角度来看，这里的瑜伽活动需要一个具有无可挑剔的平静和无可指责的声誉的人。然而，事情还要继续推进，旧世界留下的问题总是要解决的。我过几天会写信给你们，谈谈密宗瑜伽的旧思想以及未来。从我了解到的事实来看，我认为关于 S 的困难不太可能出现，除非背后有我不知道的事情。不幸的是，现在密宗瑜伽的修习方式充满了之前的痼疾，困难在所难免。新的瑜伽不是换汤不换药的老一套，当悉地面临严重困难甚至灾难时，新的瑜伽必须掌管整个领域。

我会写信给你，谈谈我对吠檀多瑜伽及出版的建议，到目前为止，我尚未完成充分的构思，也没有开始动笔。最近，我们成立了一个名为"新思想"（L'Idée Nouvelle[①]）的社团，正在努力获得官方批准。

K.

附：

亲爱的莫蒂先生（Moti baboo）：

我们急需衣服，请稍加留意，以解我们的燃眉之急。K 要出去几天，我们至少要为此备些衣服。

不要寄给乔金（Jogin），他们要回孟加拉了。寄给大卫（David）。

你的 B.

---

① 法语，英译为 "The New Idea"。

14

1914 年 6 月"新思想"得到法属印度政府的官方批准。

1914 年 6 月

亲爱的莫：

　　我从格林德利斯（Grindlays）银行收到了 400 卢比，这样 1000 卢比的缺口就只剩 200 卢比了，我希望 8 月能收到。我们收到了衣服和鞋子，但对我来说鞋子太大了，只有拖鞋能用。我已经就花园钱写信给索林，他回复说已安排苏库马尔（Sukumar）汇款，但我还未收到。算上这笔钱和达斯那里剩下的 200 卢比，我手头就有 1100 卢比了，再加上 100 卢比和 130 卢比的旧房租，总共不到 250 卢比吧，这样我们就可以确保一年的基本生活了，但在此期间也可能会出现其他情况。这 250 卢比应来自沙姆先生（Sham）和夏尔马，但这钱一旦被"爱国的家伙们"吞下，就再无可能吐出来，他们肯定会花个精光。我必须从别处想办法，如果能做到这一点，你只需时不时地给我们寄些衣物和鞋子就可以了。同时，如有可能，请尽量与达斯的安排保持一致，因为我们不知道在其他方面的努力是否会成功。

　　这一努力就是《雅利安》，一本新的哲学评论杂志，理查德和我担任编辑，会有两个独立的版本，一个是法国版（法语版），一个是印度-英国-美国版（英语版）。在这本评论杂志中，我会以翻译和注释奥义书的形式阐述关于吠陀的新理论，也会发表一系列文章来阐述我的瑜伽体系。同时，作为一部吠檀多哲学作品——不是商羯罗（Shankara）① 的吠檀多，而是吠陀吠檀多——这将是人类迈向完美人

---

① 商羯罗：印度中世纪最大的经院哲学家，吠檀多不二论的著名理论家。

生的奥义书理论基础。就我负责的那部分而言，你会看到我为世界所做的精神工作。《雅利安》计划 64 页，每年订阅费 6 卢比，法语版将发行 600 本，每年费用约 750 卢比（未计邮资）。理查德估计，在法国一开始会有约 200 名订阅者，即一年 1200 卢比。英文版我们考虑发行 1000 本，每年费用约 1200 卢比。因此，我们将需要至少 200 名订阅者来支付这笔费用，如果还有更多的订阅者，英文版便可支付其所有费用。

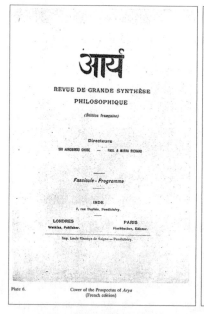

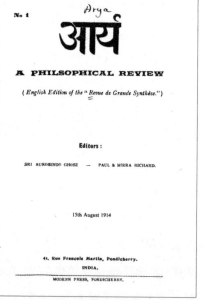

图 35《雅利安》期刊宣传册封面（法语版）　　图 36《雅利安》首刊封面（英文版），1914 年 8 月 15 日

　　让我们先尝试从 250 名订阅者开始，争取第一年达到 800 到 1000 本的理想订阅量。如果在发行之前能确定这些订阅者，会为我

们打下一个良好的财务基础。问题是，会有这么多人订阅吗？我们正在印刷一份订阅宣传册，介绍这本杂志的特点，其中包含我对吠陀赞美诗的翻译和评论作品的样本，以及理查德收集的历代伟大圣贤的名言——"永恒的智慧"——的摘录。这份宣传册预计在本月中旬发布，第一期《雅利安》计划在 8 月 15 日出版，因此我们有将近两个月的时间来招募订阅者。在这项工作中你能出多少力？要格外小心，不能把这份杂志与印度政治牵扯在一起，如果警察在他们的政治嫌疑人家里发现这份杂志，产生错误的联想，人们就不敢订阅了。

我的想法是，找一些年轻人做代理人，在孟加拉各地做宣传，但是现在年轻人大多是政治嫌疑人，不太容易找到自由、活跃而又不受怀疑的人，如果是这样，我们必须尝试其他方法。我想尽快知道，你能在多大程度上帮助我们？我们需要给你寄几份订阅宣传册？如果这份杂志可以成功，也就是说，如果在印度有 850 名固定订阅者，在法国有 250 名，我们就能支付办刊、翻译人员等的费用，并足以维持编辑和他们的家庭生活，比如每人每月 100 卢比，这样钱的问题就解决了。当然，除了生活费之外，还会有其他特殊费用，比如出版书籍等，但这些可以通过其他方式或随着订阅者的增加而得到解决。因此，请尽最大努力帮助实现这一目标。

我的第二部分工作是实践性的，越来越多的来自全国各地的年轻人在这里练习瑜伽，为此，我们成立了一个名为"新思想"的社团，许多年轻人正在学习吠檀多瑜伽，其中一些人取得了很大的进步。你说吠檀多瑜伽已在北方广泛传播，是以什么方式呢？我并不想在孟加拉以外的地方传播吠檀多瑜伽，它似乎与古老的密宗中最凶险和令人厌恶的那部分混杂在一起，就像一道"火爆又吓人的菜肴"的酱汁。如果是没有被净化和神圣化的瑜伽，最好不要在孟加拉以外的任何地方传播。

在孟加拉，也存在着一些问题，导致了一系列不良后果。首先是价值观的错位，（有人认为）吠檀多的练习是为了密宗，或者说在某些方面是这样，是为了给密宗的练习带去更多的力量。这种理解完全错误，密宗的价值在于实现更有效的吠檀多，其本身根本没有价值或必要性。而现在，这两者以一种最不可取的方式混杂在一起，吠檀多很可能会沾染密宗那部分令人厌恶的气质，很难变得专注和纯粹，同时，这也阻碍了人们认识到密宗中蕴含的真正意义、价值和有效性。

麻烦已经够多了，别再人为添加了。例如，你知道的，在最近的政治审判中，瑜伽小册子和炸弹总是被放在一起，极为诡异。这是我们无法控制的事情，只能希望它不会再次发生。这些都会使我们的瑜伽宣传和传播遇到不必要的困难，不要让任何人把吠檀多和密宗紧密捆绑在一起。密宗的瑜伽修行者很少，相对沉默寡言，吠檀多的传播则更加广泛，且修习方式多种多样。让密宗修行者们保持自我克制和自我牺牲的精神，默默地练习吠檀多，不要对外宣扬与特定派系的联系，只要知道他们是大部队中的一分子，必将与大家一起拥抱新世界。目前，他们越是与其他队员分离，就越能自由地完成自己的工作，也就越能在不妨碍大部队的情况下发挥作用。

然后是有关密宗戒律和克里亚本身的工作。记住，密宗和吠檀多不同，密宗作为一种瑜伽而存在，其一贯的本质是为了物质的获得。只是当今密宗的修习不是为了个人利益，而是为了在某些方向助力人类整体瑜伽发挥效用。我希望你们扪心自问，以密宗目前不完善的基础，真的能完成预期的工作吗？我想答案是否定的。

　　密宗经历了两个阶段：第一，旧的密宗已经瓦解，只是零散存在，对人类的任何伟大目标已没什么作用了。第二，我们自己的新密宗，尽管受到利己主义（egoism）残余的影响，但因为它比较纯粹，一开始便取得了成功。但之后发生了两件事，一是它在试图壮大的过程中引入了不良因素；二是，它试图在既不充分也不牢固的基础上谋求更大的成果。现在，密宗必须进入第三个阶段，那就是充分的知识准备，不再依赖对神圣力量与意志的盲目信仰，而是有觉知地接受神圣意志，让神圣意识之光照进，让神圣意识之力量决定结果。如果要做成这件事，就不能再像一支在黑暗中跌跌撞撞的军队，因为失败和错误失去力量，而是要让神圣力量通过我们这些"工具"发挥作用。

　　这个行动需要什么呢？首先，在印度至少要有一个人，在他身上可以完美显现出神圣知识和力量。于我而言，尽管我的身心仍有不足，但神圣知识和力量正努力且迅速地显现出来，重要的是，它也显现在我的好友和助手身上，尽管他们的身心也有不足。所有这些都压在我的精神上，这可能会阻碍我自身的发展，在前进中的每个新阶段，我都不得不返回，承担新的来自外部的不完美的压力。现在我需要一些短暂的喘息时间，好让我完成目前的关键阶段。一旦完成，其余一切都会随之而来，但如果不能完成，那将意味着我们瑜伽运动的结束，或至少从表面上看，以失败或一个微不足道的结果而告终。这是我叫停的第一个原因。

　　第二个必须暂停的原因是，其他人应该收到同样的力量和光。在我成长的过程中，只要他们不因我慢与我分开，便能和我一起成

261

长并取得成功。有了充分的吠檀多基础，就不再需要冗长、缓慢和晦涩的密宗。我正在培养自身的力量，如果臻达圆满，便能以任何方式实现最终的结果。如果使用密宗克里亚，那是因为至上者选择了这种方式，因为他希望先推进性力（Shakta）部分，而不是毗湿奴（Vaishnava）部分。也许克里亚的方式和形式有些是新奇古怪的，但其效果将是不可抗拒的，而我必须实现这种力量，并传达给其他人。但是目前，原质^①正用残余的物质力量对抗试图控制他们的精神力量，特别是在你们克里亚所属的领域和其他同类领域中，原质的力量对我来说仍然十分强大。你要记得我曾说过，修习应该首先应用在无关紧要的事情上，然后才用于生活。但这不是绝对的，只是在当前特定问题上需依此规则行事。我知道我已拥有必要的力量，我将传递给你和其他人，这样就会形成一个中心，在任何需要的地方散发出不可抗拒的精神之光和有效力量，这样便可快速获得成功的克里亚。这是我叫停的第二个原因。

你现在首要和最高的目标，是在你自己和其他人身上推进我所阐述的吠檀多瑜伽。仅仅传播思想是不够的，必须有真正的瑜伽修习者，而不是只在头脑中和情感上被瑜伽的一两个中心思想打动的人。传播思想是第二要务。目前，在众多传播途径中，《雅利安》是其中之一，另外的方法是建立兄弟会一起练习吠檀多瑜伽（不需要任何密宗思想），不是欧洲那种社团，而是由同一种努力和感情连接起来的真诚的非正式团体。关于这一点，我以后会写信给你。

---

① 印度六派哲学之一数论派（Samkhya）的核心概念。数论派认为，宇宙由两大本原组成：原人（Purusha）和原质（Prakriti）。原人，即为神我。原质，指原初物质，由"三德"组成。

最后，关于业务问题。我根据上次的想法做了安排，但在最后一刻有人反对，认为这个安排不太合理，出于理智，我接受了这个反对意见。然后有人提议让婆罗门做商业代理人，于是我写信给你。但几天后，当我要派他去时，我被告知这位婆罗门现在是第三方的怀疑对象，不能成为商业代理人。我选定的另一个人情况更糟，现在也不能去。事情就是这样。至于你的建议，这里的人从未反对与你直接打交道，是我因你信中所说的那些意外和你的措辞提出反对。另一方面，我个人为这件事所做的所有尝试都遭到了克里希那的阻挠，这些尝试都与我所收到的内在指示和理性之光相悖，因此不断失败，就算一时成功，随后的结果也不尽如人意。现在的问题是，如你按照你的建议去做，就必须确保这笔交易丝毫不会干扰到我们在这里的业务，我指的不是商业业务，而是指我们正在起步的事业（社团、杂志等）。问题不在于直接沟通，而是要有合适的处理方式，特别是要有合适的人选，不仅能从买卖双方的角度，还要从有间接利害关系的第三方的角度来看问题。无论如何，在你行动之前，必须来信告知你的计划。

顺便说一下，你在上一封信中提到我过去的活动，例如《向祖国致敬》《行动瑜伽士》等内容时，用了一个非常令人震惊的词____ ①，我不想在这里重复。今后请不要书面使用这种不得体的表述。在私人谈话中，这无关紧要，但请不要在书信中使用。

至于你在给贝乔伊的信中说你想了解我的生活细节，这是一件棘手的事，因为写这些很容易会冒犯到其他人，比如 S. 穆里克、B. 帕

---

① 此处下划线代表原稿中的英文字迹模糊无法辨认，或孟加拉文原文无法识别。下同。

尔、S.S. 查克拉瓦蒂，还可能泄露某些人的秘密。不过，让我们看看能做些什么吧，请告诉我你在写关于我的什么内容，写了些什么，以及想在哪里发表。

A.K.

[15]

1914 年 7 月

亲爱的莫：

　　我今天只说两件有关业务的事。说到杂志，我们认为你还是要做到之前承诺的 200 名订阅者。唯一的问题是，如果订阅者中有政治嫌疑人，就会给警方留下把柄将政治和杂志联系起来，从而让大众产生恐慌。但这并不应成为拒绝这些订阅者和剥夺他们接受启蒙教育的机会的理由。因此，我们应该制定相应的对策。我建议你把对瑜伽感兴趣的人作为主要订阅对象，至于那些拒绝放弃激烈政治观点的人，或不想落入警察圈套而隐藏观点的人，他们的名字不会出现在订阅者名单上，而是通过你指定的值得信赖的代理商接收我们的杂志。代理商必须告知我们（或告知你）订阅数量，并将款项寄给我们。作为被委托销售的公开代理商，我们会以邮包的形式将杂志寄给他们，每售出一份代理商都会获得（名义上的）折扣。这是我建议的方案，如果你有其他更便利的方式，还请告知。必须在你朝圣之前安排好订阅事宜，以便我们在 8 月有一个良好的开始。关于瑜伽和其他事情，我会再抽时间给你写一封长信。

　　Psalmodist 在这里，他要加尔各答的地址，我给了他。看来他有东西要寄到加尔各答，这和他想结束的一桩生意有关。我不解其意，他说这是商业秘密，但他告诉我，只要我把附上的神秘数字发给你，

264

你就会理解的。愿上天保佑我们远离一切神秘,除了密宗瑜伽。

卡利

[16]

1914 年 7—8 月

亲爱的莫:

　　这封信还是关于业务的。随信附上两张蒂塔赫尔(Titaghur)造纸厂的纸张样品,我们想为《雅利安》订购一定数量的纸张。请立即与我所给的加尔各答代理商联系,询问所有的细节,包括价格、是否有现货、是否有我们要求的尺寸、是否可通过他们订购、最少起订量、交货周期等,请他们立即通过英国邮政通知经理。

　　关于那笔商业交易,还有我的上一封信,Psalmodist 的兄弟正在等待你的答复。

K.

　　附:已收到你的信。因为你那里还没有订阅者,请告知你需要多少本《雅利安》用于销售。我稍后再写信。如果你想做杂志的工作,或者其他我希望你承担的工作,那就必须与密宗主义"离婚",你一定也明白这一点。如果与旧有东西纠缠不清,哪一项都不会进步。

　　再附:如果可能,请发些订阅者名单过来。我们的订阅者花名册还和新买的一样空空如也。

你的,

(字迹模糊的签名)

265

1914 年 8 月 29 日

亲爱的莫：

收到你的信之前，也就是昨天，有消息称政府撤回了他们的提案，今天的《甘露市场报》发表了评论。因此，我认为无须立即回应。但如果再次发生此类事情，我会给出我的意见。

宣扬无条件地效忠政府眼下似乎是一件很时髦的事儿，或是做任何事情都要（至少）从表面上显示和加强政治上的卑躬屈膝和唯唯诺诺，但这样的倾向将使我们一无所获。甘地式的忠诚不是印度的模式，印度不是南非，就连甘地的忠诚主义也被消极抵抗抵消了。政治上的卑躬屈膝不是"外交"，绝不可取，这样做无法麻痹对方，也不能使对手缴械投降，只会助长被统治人民的胆怯、恐惧和谄媚的狡猾。在南非，甘地一直在争取印度人农奴地位的提高和改善，以此作为通往更好未来的垫脚石。在印度，忠诚＋救护队 ① 也是同样的策略。但印度的情况与南非不同，我们的立场和目标都不一样，在印度，我们不是为了争取一些特权，而是为了建立一个属于人民的独立国家并持续发展下去。在第一次尝试中，和其他处境相似的国家一样，我们被击败了，但这并不意味着全体印度人要再次回到卑贱的恐惧、低声下气的忠诚和哀号抱怨的境地中去。

民族主义的公共原则一直是：

---

① 在 1899 年南非布尔战争时期、1906 年南非祖鲁人叛乱时期和 1914 年第一次世界大战时期，甘地都曾号召印度人组成战时救护队以支持英国，因为他相信，这样的付出可以为印度同胞赢得完全平等的地位。但在 1919 年阿姆利则惨案爆发后，甘地退还了两枚在布尔战争中获得的大不列颠荣誉勋章。

1. 最终的独立；

2. 无控制不合作；

3. 在言语和行动中的勇敢刚强之气概。

让我们加上第四点：

4. 准备好接受真正的让步，并付出合理的代价，但仅此而已。

除此之外，我认为没有必要进行任何改变。我们已经认识到立即独立是不现实的，我们也随时准备着捍卫英国的统治不受外来侵略，因为这意味着捍卫我们自己未来的独立。

因此，如果政府接受志愿者或支持童子军机构，我们会提供援助，而不仅仅是做担架手。

这是原则的一面，现在让我们来看看政策。

1. 我并不欣赏萨拉·马哈拉吉（Sarat Maharaj）的观点。如果自我牺牲是目标，那么每个人的生命都是自我牺牲的场域，不必依赖任何政府，只要我们愿意，可以随时展示牺牲行为。这根本不是牺牲的问题，而是军事训练的问题。如果这些年轻人希望做一些志愿工作，政府即使可能会监视、会怀疑，但不会阻止。这些都另当别论。

2. 领导人们建立合作，以换取一些实质性的自治。他们现在的合作并没有任何回报，这是自我牺牲，不是政治。如果政府真的愿意训练"成千上万的年轻人"成为志愿军、民兵或童子军，无论是为了维持和平还是作为外来入侵的后备役，那我们不必因为没有回报而退缩。但是，在经历了这么多之后，这些愚蠢的政客们真的认为政府会这么做吗？我看除非是在绝对必要的情况下，政府才会在两种下策之间做选择吧？这种绝对必要的局面何时会到来？只有当

267

战争对英国极其不利时，政府才不得不从印度撤军。我稍后将讨论这一点。

3. 与此同时，政府做了什么？在试探了民众的情绪，并仔细观察（请相信我的话）哪些年轻人自告奋勇成为志愿者，哪些人不愿意之后，他们取消了提案，缩减到只剩一个无害的救护队，参加救护队的年轻人大概率是去送死的，根本不可能见识到真正的战争。仅靠常识我们就可以判断出不能相信这样的政府，在接受提议之前必须三思。我们都知道哈丁勋爵的套路：甜言蜜语；暗地里有组织的胁迫；如果执意而为意味着激烈的争吵和矛盾的激化，那就让步。

前面讲了这么多，现在让我们来看看，我们能做什么？有什么用？

1. 救护队

救护队的作用只有两个：1）训练两千名年轻人在炮火中保持镇定；2）训练他们遵守纪律共同行动，从事一项简单但危险的任务。现在，我们不用这些方法也可以培养年轻人的勇气，我希望我们当中最好的人，或者说，我们所有人，无须通过在一场欧洲战争中做担架手去获取必要的胆量、勇气、冷静和纪律。因此，如果救护队再次被提议并采纳，要么拒绝参加，要么让那些热情但轻浮、自由散漫或目无纪律的年轻人去，或许这种经历会让他们学会稳重和自律。如果完全拒绝会影响我们民族的勇气，或被解读为在国家行动面前临阵退却，那么我们可能有必要采取后者。

2. 童子军、志愿军、民兵

所有这些都很好，但有两个条件：一是要与警察保持一定的距离；二是要给予所有的军官和士兵良好的训练。在童子军和志愿军中，政府的控制应仅限于军事训练。即使没有第二个条件，这些之

268

中的任何一项也都是值得一试的。

当这些志愿军真正去往战场后，你会看到，我们的力量并不会因为派出了最优秀的人，甚至大多数人而被削弱，相反，这些真正被战火锤炼过的人会带着他们的宝贵经验回到我们中间。

＊　＊

我认为有朝一日这些都会实现。从去年开始，世界上出现了新的力量，现在这些力量已非常强大，足以改变整个世界。目前的战争只是一个开始，而非结束，我们必须考虑在这种形势下我们该何去何从，我们的机会又在哪里。

这场战争的走向有若干可能性：

I. 德国和奥地利两个日耳曼帝国的灭亡

这可能发生在德国战败，其军队被击溃，并从比利时和阿尔萨斯-洛林（Alsace-Lorraine）撤回柏林时（这不太可能发生）；或是俄军抵达柏林，法军成功占领兰斯（Rheims）或孔皮涅（Compiègne）时；或是意大利和余下的巴尔干国家加入战争，从两侧夹击奥匈帝国时。

II. 英国力量被削弱或孤立

可能会发生这种情况，德国人击溃了英国远征军，进入巴黎，并向法国发号施令，而俄军在进军柏林的过程中被强大的奥德联军牵制，在德国境内由但泽堡（Danzig）、索恩堡（Thorn）、波森堡（Posen）和柯尼斯堡（Konigsberg）组成的四边形战场上作战，这时，俄德双方可能会签订一项三个帝国和解的协议，并重新打起旧算盘，进攻英国，并与德国瓜分大英帝国。

III. 英国政权被摧毁

这种可能会在发生英国舰队被击溃和德国登陆英国之后。

无论是情况 II 还是情况 III，德国、俄国或日本入侵印度只是时间问题，英国将无法抵御，除非采取以下三种方法之一：

第一种：英国和殖民地的普遍征兵制；

第二种：日本或其他外国势力的援助；

第三种：印度人民的援助。

第一种方法在第 III 种情况下对抵御印度被入侵毫无作用，如果英国仍然是海上霸主，第一种方法适用于第 II 种情况。第二种方法对英国自身有一定的危险性，因为提供帮助的盟友可能会倒戈。第三种方法意味着英国对印度自治做出让步。

在第 I 种情况下，欧洲和亚洲将只剩下四个大国：俄国、法国、英国、日本，可能还会有第五个巴尔干联邦或帝国，这意味着下一阶段英俄将在亚洲展开斗争，英国需要再次在三种方法中选择其一或组合使用。

当然，战争可能会发生其他意想不到的转折，情况和结果会略有改变，但有一件事已确凿无疑，那就是这个世界再也不会回到原来的样子。无论如何，印度问题一定会在不久之后被提上日程。如果英国或多或少不情愿地接受第三种方法，我们的机会就来了，我们必须做好准备，在此基础上，继续接受英国的统治并与其合作，直到我们足够强大，实现独立。如果英国不接受第三种方法，我们仍需考虑如何做好准备，以避免从一种被他国统治走向另一种更糟的统治。

我希望你们中的有识之士，能够像我说的这样看待形势，反复思考，打破那些已不合时宜的旧观点，开始学习从全新的大局观出发去行动。就目前而言，我还不打算把我的观点写下来，以免妨碍你们独立思考。

你现在应能够看清两件事：第一，必须抓住在组织或军事训练中出现的任何机会（不是自我牺牲式的慈善事业，那已经做过了）；第二，如果没有机会，那就有必要创建一个组织并寻求方法。后续，有必要让孟加拉那边的人来见我了，估计要到 10 月或以后。

关于这个问题和其他问题，我会很快写信给你。

K.

［18］

1914 年 10 月，和室利·阿罗频多一起在本地治里居住修习的贝乔伊·那格（Bejoy Nag）在进入英属印度后，被政府根据《印度防卫法案》监禁。战争期间，他一直被关在监狱里。V.V.S. 艾亚尔是一位在本地治里避难的来自马德拉斯的革命者，室利·阿罗频多对艾亚尔不是有一定了解，而是非常了解。

1914 年 10 月后

亲爱的莫：

由于一些原因，我很久没有写信了。自战争以来，我们这里的处境变得越来越艰难，形势也更加微妙。目前，统治者对"斯瓦德西"运动者们极为敌视，因此，我采取了完全保守的对策，包括避免与任何孟加拉人通信，即使是那些在官方看来毫无争议的人。我们现在的通信主要限于《雅利安》的业务。

你在瑜伽中的内在挣扎自然有其原因，我将在精神上尽可能地帮助你，但你必须摆脱让内心的敌人有可乘之机的一切事物。很长一段时间以来，你的信中显示出激性自我主义（rajasic egoism）的强烈复苏，我想，这与旧密宗有关，它总在我们的瑜伽中带来令人不悦的后果。如果你能让自己成为完全纯粹的工具，事情就会好很多。但是，在能量和智性中，总有一些东西如芒在背，阻碍净化。一定要去除我慢的因素，因为它们会让你产生一种"我是天选之子"的错觉。不要轻视任何人，试着在一切中视见至上者，在一切中视见自我，你内在的沙克提会对你的物质和环境产生更好的影响。

还有一点，你发了一条关于"阿罗频多道院"（Aurobindo Math）的信息，貌似你已感染了在孟加拉肆虐的"传染病"。你必须明白，我的使命不是创造修道士、禁欲主义者和桑雅士，而是将强者的灵魂召唤回克里希那和卡利时代的世间（Lila），这就是我的教诲。正如你们从《雅利安》中看到的，我的名字绝不应与僧侣或僧侣式的理想联系在一起。自佛陀时代以来，每一次禁欲运动都让印度变得更加羸弱，原因很明显，弃绝生命是一回事，让生命本身、国家、个人、世界的生命更伟大、更神圣是另一回事。我们无法同时强化两种截然不同的理想，也无法在否定生命中最美好的灵魂的同时让生命变得更强更伟大。弃绝私我、在生命中接受神性。这是我的瑜伽教义，再无任何其他弃绝。

索林已告诉你关于贝乔伊被拘禁的事，理查德先生也写信给马德拉斯政府，但结果还是没有改变。

这里有一个"斯瓦德西"运动者，叫 V.V.S. 艾亚尔，因传阅从美国寄来的未经授权的小册子而被逮捕。看来，本地治里政府已经在法国邮政局建立了审查制度，开始拆阅来自国外的信件。他们截获了一些"精彩"的小册子，是某个蠢货从纽约寄给他的，里面都是些煽动性的言论，要求印度帮助德国。凭借这一点，一个针对艾亚尔的案件就被捏造出来，艾亚尔本人对那位纽约白痴和他的小册子一无所知。可笑的是，艾亚尔似乎一直以来都是强烈的反德派，亲比利时派和亲塞尔维亚派！所以"了不起"的法国政府坚持要让艾亚尔为他所谴责的事业献身！有一件事我永远无法理解，那就是印度革命者为何如此钟爱小册子？这些小册子到底有什么用呢？小册子不会解放印度，反而成功地把小册子的经销商和非经销商们都送进了监狱。我和艾亚尔几乎没有联系，两年才见一面。但在这里，所有的"斯瓦德西"运动者们都被归为同党，所以我们必须小心，既不能给敌人留下把柄，也不能让其他人给敌人留下对付我们的把柄，这确实不太容易。

图 37 室利·阿罗频多与弟子们的合影，1914 年。前排左起：那格·贝乔伊·库马尔（不确定）、室利·阿罗频多、诺里尼·坎塔·古普塔；后排左起：莫尼（苏雷什·查克拉瓦蒂）、多蒙德（不确定）、纳根

看来，你已经决定同时修习密宗、曼陀罗、虔修和纯粹的吠檀多了！从《雅利安》和吠檀多的一般立场出发，我对此持反对意见。虔修和《雅利安》并不合拍。当然，综合修习不是不可能，但混合并不是综合。

G.

附：顺便说一句，要认识到一点，那就是我们希望做的工作目前还无法影响客观世界，除非我的八种悉地（Ashtasiddhi）足够强大，能够作为一个整体，有机地作用于这个世界，但目前还做不到。无论我、你还是其他人，有再多的激性渴望也无法弥补这一点，也无法成为绝对有效的神圣工具。在《雅利安》这件事情上，贝乔伊已认识到这一点！我也是通过不断的经验和警醒才发现的。如果你希望从我的教导中受益，也要认识到这一点，这不需要经验。

［19］

此信未注明日期，但应该是在 1914 年 8 月《雅利安》发行之后。

1914—1915 年

亲爱的莫：

你的信和随附的 50 卢比都收到了，但达斯拖欠的 200 卢比还未收到。至于那 500 卢比，和我叔叔的花园钱没有关系，那是索林之前承诺的一笔钱，但却没有及时支付。他告诉我，他来之前就告诉过你这件事，他也从这里写信给你。在这里我们每月的实际开支是 115 卢比，如果再有另一幢房子，还能省些钱，但你知道这在本地治里可不容易。我已知悉本月下旬你会寄来 50 卢比。

钱的问题就说到这里。令人遗憾的是，政府竟然认为你与政治事件有关，并把你列入了嫌疑人名单。他们一旦有了这种想法，就很难改变，一朝成为嫌疑人，就永远是嫌疑人，这是他们的惯例，他们特别擅长用这种方式给自己和他人制造麻烦。现在，他们对无处不在的革命充满恐惧和怀疑，你唯一要做的就是要格外小心。只要战时条例仍然有效，你无论如何都不要离开金德讷格尔，因为在这个时代，清白无法为自己辩护。

令人遗憾的是，孟加拉人并没有发现《雅利安》的价值，但这也没什么可奇怪的。孟加拉人的智性依赖于化学药片式的思想和劲爆猛料的投喂，以至于无法消化任何强有力的实质性的内容。此外，印度人只醉心于二手的思想——古老而熟悉的六派哲学、帕坦伽利（Patanjali）①，等等，任何对生活、思想和瑜伽的新表达都会打乱他们的期望，让他们难以理解。《雅利安》的思想需要读者深入地思考和深刻地理解，而人们的头脑早已习惯了省却思考的麻烦。人们只知道如何放纵自己的思想，却不知道如何训练它们。

现在，这点已不重要，只要练习瑜伽的人，就能阅读《雅利安》并从中受益。《雅利安》展示了一种新的哲学和瑜伽，任何新的东西都需要时间。当然，实质上，《雅利安》只是把古老的东西带了回来，但因为那些东西太久了，已被人们遗忘了，只有那些实践过、体验过的人才能最先理解它。在某种程度上，这是好事情，因为这意味着《雅利安》改变了人们的生活，而不仅仅是提供思想上的满足。在

---

① 帕坦伽利：约公元前 300 年左右的印度圣哲，撰写了《瑜伽经》，创造了一个整体的瑜伽体系，瑜伽在此基础上真正成形。帕坦伽利的伟大在于他不加偏见地系统整理了当时流行的各种宗派，并结合古典数论的哲学体系，从而使瑜伽成为印度六派哲学之一。

法国，那些寻求真理的人对《雅利安》大加赞赏，因为他们没有被禁锢在旧有的传统观念中，他们在探寻能改变内在和外在生活的东西。当印度产生同样的思想，《雅利安》就会被更多人理解。目前，孟加拉人只对政治和禁欲主义感兴趣，而《雅利安》的中心思想与此大相径庭。

《雅利安》发行后不久，我收到了一些大学毕业生的来信，说他们想要的是"立人"（man-making）的思想。我已经完成了我的那份"立人"的工作，这是现在任何人都可以做的一件事。自性（Nature）自会照顾全人类，尽管在印度比其他地方要慢一些。我现在的工作不是"立人"，而是"立神圣之人"（divine man making）。我目前的教义是，世界正在为新的进步、新的进化做准备，任何种族和国家，只要抓住并实现新的进化路线，就将成为人类的领导者。在《雅利安》中，我阐述了这种新进化的基础思想，以及实现它的瑜伽方法。当然，由于显而易见的原因，我还不能具体阐明我的全部思想，只能以一种严肃枯燥的方式表达，也就无法取悦寻求情感和刺激的孟加拉人。

但对于那些想了解的人来说，《雅利安》所承载的信息已然呈现。它实际上包含三个部分：1）每个人作为一个个体，都可以转变为未来的神圣人类，为新的萨提亚时代而努力；2）完成进化的种族将领导人类；3）在先驱者和完成进化的种族的带领下，号召全人类走上进化之路。

印度，尤其是孟加拉，有最好的天时与地利成为这一种族，成为未来的领导者，以正确的方式去做德国想做但却用错方式的事情。但首先，他们必须学会思考，摒弃旧观念，坚定地面向未来。如果只是照搬欧洲政治，或者永远复制佛教的禁欲主义，他们就无法做到这一点。我担心罗摩克里希纳传道会的所有善意只会带给我们商羯罗和佛教式的人道主义，这不是世界应该走向的目标。与此同时，请记住，这是非常困难的时期，小心行事是必要的。战争很有可能在几个月内结束，过去那种一成不变的状态开始瓦解，面纱背后的力量正在努力寻求新的解决之道。只要战争还在继续，我们就仍被全面束缚，无论多么伟大的事情也无法开展。战争之后会发生变化，我们必须等待事态的发展。

K.

图 38 室利·阿罗频多为《雅利安》撰文，1918—1920 年

1915 年 9 月之后，莫提拉尔开始出版孟加拉语日报《普拉巴塔克报》（*Prabatark*）。

1916—1918 年

亲爱的莫：

很久没有写信给你了，因为我心里没有特别想写的。我们目前所处的状态是，每一种运动都无法产生决定性的结果，在每个地方和每件事物中，每一种力量都被相反的力量所制衡。目前，世界正在经历一场剧变，所有可能的力量都被释放出来，没有一支力量能取得胜利。通常情况下，某些权利和思想会被赋予支配性的推动力和征服力，而那些反对的力量会在第一次激烈的斗争后被轻易摧毁。但现在，一切都不同了，每当一种力量或思想试图在行动中表明自己的立场时，所有反对的东西都会争先恐后地制止它，随之而来的是一场"精疲力竭的斗争"。现在在欧洲，我们看到，没有人能成功，没有什么是已经完成的，只有已经存在的东西在艰难地维持。在这个时候，人们必须尽可能减少行动，养精蓄锐——也就是说，这是现在那些没有被迫参加战斗，其行动更倾向于未来的人们应遵循的规则。

我曾希望我们在这个时期应该更加"向前"，但阻碍太大了，我也没有任何积极的构想，因此，我们不得不这样持续一段时间。我们的行动需要足够的精神力量来克服面前巨大的物质障碍，去塑造思想、人物、事件、手段和事物。但目前我们的力量还远远不够。

你专注于吠檀多瑜伽，做得很好，你可以看到，如果没有非常牢固且完美的吠檀多基础，密宗就不会结出安全而充足的果实，好的修习者和不良的修习者混杂在一起，糟糕的克里亚会破坏好的克里亚，因为一个集体瑜伽不是孤立的，它有一个集体的灵魂，会受集体的影响，且无法承受某些部分的生涩或腐烂。这是现代密宗无法理解的，它们的意愿不是由建立在数世纪经验之上的传统印度教圣典（Shastra）所守护的，例如，一个脉轮（Chakra），要么必须是完美的构成，要么必须由一些强大的古鲁的精神力量掌管和保护。我们现代人的头脑没有耐心去看这些。

至于你的外部困难，我指的是，关于政府或警察对你的负面看法，以及随之而来的障碍和压力，这是过去的业的结果，以及过去的业与当下的纠缠，这很难解决。我看到一些与政治完全没有联系，或者已切断联系很长时间的人仍被拘留。由于这场战争，当局感到不安，警察的疑心很重，态度又很差，行事基于预先判断和虚假报告。你一定不要轻举妄动，在精神上要保护好自己，在身体上不要让自己置身于可能被警察伤害的地方，还有，尽可能避免做那些加深他们的偏见和授人以柄的事情。很难做到更多了。一个人不能因为朋友是"嫌疑犯"就抛弃他们，既然如此，我们就要从自己做起。如果基于这样的交往原则，我们受到了更多的怀疑，例如，尽管我们自己没有任何政治活动，但我们与马德拉斯的朋友们有交往，他们曾被官方以煽动叛乱等罪名发出过逮捕令，官方对我们与他们的交往表示不满，那我们也只能"爱莫能助"。在私人友谊上，我们不能任由政治或警察发号施令。

《普拉巴塔克报》怎么样了？上一期办得非常好，但很长一段时间没看到了，是行政部门不发许可证了，还是有其他原因？我希望它能办下去。我们已经拿到了《雅利安》的许可，并没有拖延或遇到麻烦。

如果你有任何困难，最好马上告诉我，我可以集中我的力量来帮助你。这种帮助可能不确定或无法立即见效，但会起一些作用，而且可能比泛泛的意愿更加有效。如果你得不到我的书面答复，不必介意，未被写下的东西将永远存在。

关于业务事宜，我会让《雅利安》的经理给你写信。

K.

[21]

这封信未注明日期，但显然是在 1918 年 11 月第一次世界大战停战后不久。哈拉丹·巴克希（Haradhan Bakshi, 1897—1962）是金德讷格尔的一位年轻人，战争期间曾在美索不达米亚服役。

1918—1919 年

亲爱的莫：

如果你想要我的训导，那我希望你做到的第一件事就是自律（atma-sanyama），而自律的第一要素是遵守我给你的瑜伽准则。如果你引入一些根本不属于瑜伽法则，甚至完全相悖的东西，例如"绝食"，或情感上对神圣意志的强烈抵触，就不要期待任何快速的进步。这就好比你坚持走自己的路，但还让我帮你抵达我的目标。所有的困难都是可以克服的，但前提是你必须忠诚于自己选择的道路。任何人都没有必须选择我这条瑜伽道路的义务，这是一条艰难而充满考验的路，是英雄之路，不适合弱者。一旦选择，就必须遵循，否则将无法实现目标。

什么才是瑜伽的整体基础？不是建立在强烈情感主义之上的虔信之道（Bhakti-marga）——孟加拉人的气质最倾向于这种——而是

280

建立在平和（samata）和自我奉献（atma-samarpana）之上的另一种虔信。服从神圣意志，而不是自我意志，这是第一个曼陀罗。如果总想着自己想要的结果，无论是外在的还是内在的，都可以立刻、马上得以实现，而不是等待神圣意志降临的时刻（muhurta），还有什么比这更粗暴的自我意志吗？你说有一种完全的奉献（utsarga），但如果有任何形式的抵触或缺乏耐心，奉献就不可能是完全的。抵触和急躁总是意味着存在某些部分没有臣服，没有把自己交托于神圣意志，反而要求它拐个弯来顺从自己。这在虔信之道上也许很好，但在我的这条瑜伽之路上行不通。当这些仍处于不完美和不纯净的状态时，抵触和急躁就会到来，并在心灵或能量（Prana）中显现，你要用智性（buddhi）中的意志和信念去拒斥，而不是顺从。如果你的意志同意、认可和支持抵触和急躁，那就意味着你的内心站在了敌对的一方。如果你想快速进步，首要条件就是停止这种做法，因为每当你这样做，"敌人"就会变强，净化（shuddhi）就会受阻。这一课很难学，但你躲不掉。我不会责备你花了那么长时间来学习它，毕竟我自己也花了整整十二年的时间来彻底学习这些，甚至在我足够了解其原理之后，还花了四年多的时间来掌控这些低等本性（lower nature）。但你现在有我的经验和帮助，如果你有意识地、充分地接受我的帮助，不把自己与你的敌人——欲望为伍，你就能更快地进步，记住《薄伽梵歌》中的话——jahi kamam durasadam[①]——这是我们瑜伽的关键词。

至于哈拉丹，他曾是一名士兵，应该表现出冷静、耐心和忍耐。

---

① 意为"杀死这强大的敌人——贪欲"，见《薄伽梵歌》3.43。

如果欧洲各国对战争感到疲惫，对苦难、骚乱、物资匮乏，对结果的不断推迟感到不耐烦，并宣称要么在给定的时间内取得胜利，要么放弃斗争，那他为何认为欧洲会继续这场战争呢？难道他觉得我们与低级自我（lower selves）——人类世代相承的且存在于千千万万生命中的个体习性——的内心战争没那么艰难，可以通过一个快捷的奇迹轻松实现吗？用绝食来强迫上天，或强迫任何人或任何事物不是真正的精神手段。我不反对甘地先生或其他人出于非精神目的而采取这一方式，但在我这里是不合适的，我再说一遍，这些与我们瑜伽的基本原则毫不相干。

净化是整体瑜伽中最难的部分，它是所有其他部分的先决条件，一旦攻克了这部分，就实现了真正的掌控，在此确定的基础上，剩下的部分就相对容易了，需要的时间或长或短，但可以平静稳步地完成。你内在和周围的低等本性会用尽全力来阻止净化，即使无法阻止，也会试图拖延，当你感觉胜利在望的时候，这些阻力会突然闯入，亮出它们的杀手锏，告诉你胜利还在远方，真正的征服还遥不可及。这时，等待你的是失望、悲伤、灰心、气馁、沮丧和反抗，以及所有因不洁的欲望带来的麻烦。倘若你找到了安静平和的意识、平衡坚定的信念，并能在其中停留一段时间，那时，也只有那时，你才能确信，净化已完成。但千万别以为你永远不会再受到干扰，只要你的心灵和能量仍然对旧有行动做出反应，旧的记忆和习性就会奏响陈旧的和弦。当这新的一波麻烦来袭时，一定要让你的意识和意志远离它，即使它在低级本性中愈演愈烈，也不要让它进入你的更高存在。起初可能做不到，智性可能会在风暴中迷失，但养成拒斥的习惯后，你会发现即使不纯净（asuddhi）还会回来，但强度会有所减弱，也会越来越外在，逐渐成为来自外界的微弱而短暂的触碰，直到最终不再出现。这就是我所经历的过程，不仅有这类干扰，还会有各种各样的不完美。既然你选择向人们分享我的瑜伽，就要遵循同样的方式，当然，也会经历同样的干扰。

一定要明确理解这一点。在这十四年里，我付出巨大的努力以改变整体人类，并一直忍受在这个过程中出现的特有的困难、麻烦、失败和退转。这一切还远未结束，否则我怎么能帮助或指导与我同行的人呢？现阶段加入我的人，必须与我共同分担，尤其是那些被选中并在一定程度上可以引领、帮助和指导其他人的人。也许当我拥有完整的悉地（现在我还没有，我还在路上），如果神圣意志在我身上大量且迅速地扩展开来，那么后来者的道路可能会容易一些。我们是在低级原质（lower prakriti）的丛林中开辟道路的拓荒者，我们不能做懦夫和逃兵，不能推卸责任，更不能要求这一切既简单又快捷。

最重要的是，我要求你们坚忍、坚定，展现出真正精神上的英雄主义。我希望看到的是强壮的男人，而不是情绪化的孩子，一定要有男子气概，这是根基。如果那些接受我的瑜伽的人不具备这些特质，那便是神圣意志让我现在还无法成功，如果是这样，我将平静地接受他的意志，与此同时，继续承受他加诸我的任何重担和他在我的悉地之路上设置的任何困难。就我个人而言，除了身体的悉地（kaya-siddhi）依然令我困惑之外，我坚信一切都会成功。只有找到品行高尚且值得信任的帮手，经历同样的努力和坚韧，这项工作才能成功。我希望能在你们之中找到这样的人。

同样地，你也不要期望净化或悉地的任何部分会在你身边所有人身上同步且立刻完成。有人成就，有人进步，有人徘徊，不要指望突然出现集体奇迹。我来这里不是为了创造奇迹，而是为了在通往人类内在本质的巨大改变的道路上展示、引导和提供帮助。只有当内在发生变化并向外延伸时，外在世界才有可能发生改变。完美的群体不可能一蹴而就，如果你对我提出这样的要求，我只能说，这不是神圣意志，我做不到。平静而坚定地向前走，不为成功所缚，不为失败所扰，我的帮助会引领你们。

至于你对工作的想法，在我看来，虽然形式有点粗糙，但如果你觉得需要马上开始，我也不反对你先干起来。稍后我会写信详谈此事。我之所以不太强调外部工作的唯一原因是，这些外在工作就像人们需要 kaccha①一样，虽然穿起来很怪异又很麻烦，但在我们内在精神准备好之前，可以视之为一项准备工作。以正确的精神去做吧，这会是你获得内在悉地的一种方法。

卡利

［22］

1919 年底

亲爱的莫：

关于你的周报计划，名字倒不难找，可以称之为《旗手》（*Standard Bearer*，领导人、先行者）。但是，你能确定不辜负这个名字，将此事坚持做下去吗？诺里尼和苏雷什都不擅长写作，一个根本不会用英语写作，另一个如果愿意的话倒是可以，但似乎只会用孟加拉语写，况且他目前没有精力为一家英文周刊撰稿。至于我，我目

---

① 锡克教的一种传统服饰（短裤），锡克教教徒的标志之一。

前无法执笔或做任何实质性的工作，瑜伽修习的压力极重，几乎占据了我所有时间，在过去的几个月里，我甚至缩减了《雅利安》的必要工作时间。这种情况很可能会持续到今年年底，至于明年初情况是否会有所改变，我还不确定。所以，周报的整体工作可能都要落在金德讷格尔的那两位作家身上。

英文周刊不能像孟加拉语月刊或双周刊那样运作，它不应是一份被随意拼凑而成的普通政治报纸，它必须保持很高的声誉才能取得成功。这些事你们都要考虑周全。你们清楚自己的实力，也知道在孟加拉时机是否成熟。至于周刊的标志，我没什么想法，我和这里的人都不赞同"北方瑜伽士"（Uttara Yogi）这个点子，听起来有点老派的灵性自我标榜，而且，用英语印刷出来，有点像欺骗（bujruki），让人产生不好的联想。从一开始，我们就要尽量用朴素的颜色和尽可能少的符号象征，印度精神已经迷失在符号和梵文偈颂（shlokas）的丛林中，我们必须走出去，回到平坦笔直的大道上，走在开阔的高地上，在那里我们可以看到"还有许多工作要做"。为什么要设编辑？都交托给沙克提吧。

至于《普拉巴塔克报》，纳里尼曾是你的顶梁柱，但现在他着迷于婚姻和足球，自己都抱怨自己写不出什么来。至于另一个编辑，自从他离开这里后，什么也没写出来，除了一部为"Bijoli"[1] 创作的戏剧和给［？］[2] 的答复，就连他在《普拉巴斯报》上的文章都是在去孟加拉之前写的。莫尼的灵感则完全不适合《普拉巴塔克报》的风格。至于我自己，我只有在独处时有些灵感，还需反复修改，才能

---

① "Bijoli"：印度首个电影周刊，发行于 20 世纪 20 年代。
② 原文此处信息缺失。

勉强为你写一点东西。很长时间以来，瑜伽修习占据了我太多的时间，我没有任何灵感（prerana），也没有足够多的时间去写文章，哪怕只是几行。在这件事上，我完全依赖于 ___，因为我对语言没有天生的控制力，目前我也没有时间通过不断的练习来提升。在我看来，《普拉巴塔克报》已经足够好了，不过，如果纳里尼能够多写一些，会带来更多样的一些元素。你需要培养出更多具有一定精神体验、能把握一定思想和文字能力的作家，如果能召唤内在的沙克提，这些都会一一呈现出来，《普拉巴塔克报》也就不必只靠三四个人来维持了。

我想，没什么要补充的了，如果有，就留待以后答复吧，就不耽搁这封信的寄出了。顺便说一下，关于你的报纸的标志，现在我唯一能想到的是太阳下的天鹅[1]，即安住在智性（vijnana）中的自由灵魂，还有那句传奇之语："在这个神迹中，你必得胜。"[2]这句话很合适，但美中不足的是，它来自基督教教义和君士坦丁大帝，如果你能找到对应的或类似的梵文，也许会更好。

K.

[23]

在写这封信之前不久，甘地（M.K. Gandhi）派他的儿子戴夫达斯（Devdas）代表他与室利·阿罗频多见面。

———————————

[1] 梵天的坐骑。

[2] 本句原文："In this sign thou shalt conquer." 来自著名的拉丁语表达 In hoc signo vinces，可追溯至君士坦丁大帝，其在战役前夕梦到天空中有一个六角十字架，并听到一个声音说 "In hoc signo vinces"，于是君士坦丁大帝将军团的罗马鹰徽章以十字代替。

亲爱的莫：

我今天写信只回复关于玛尼德拉纳特（Manindranath）[1]的问题和另一个话题。在过去的几天里，我们一直被困在地狱般的阴雨中。我刚得到一个可靠的回复——只要从金德讷格尔行政长官那里得到一个安全通行证（sauf-conduit），就会被法国政府当作政府工作人员，便可以进出自由，无人干涉了。有人告诉我这个方法可行，貌似的确如此。你的人会怎么投票？目前有马蒂诺和弗兰丁（Flandin）两位候选人，马蒂诺是不可能的。

我留意到国务大臣给贝乔伊·查特吉的信，感觉有点好笑，难以理解孟加拉政府态度背后的逻辑。不过，我想国王的公告会让事情有所变化，我猜想印度政府是这些问题的主要障碍，他们可能会试图限制这样有条件的大赦的范围。不过，我仍然希望不久能解除对你们行动的限制。我们收到了一张贝乔伊写给《雅利安》的明信片，说他更换了地址，这表明经过漫长的五年，他已从毫无缘由的监禁中获释，但他现在被关押在比尔普姆（Birbhum）的拉姆纳加尔（Ramnagar）或附近。至于我，我不明白，如果拉杰帕特可以来印度，他们为什么不准我去孟加拉。不过，无论是否允许，我目前并没有去孟加拉的打算，最早也要等到明年。当我真的打算去的时候，任何情况都不会影响到我。甘地先生，就像马其顿的圣保罗一样，传递给我一个消息，让我"过来帮忙"，但我不得不说，我还没有准备好加入旧政治，也还没有制订新的计划去开展更有精神意义的工

---

① 此处可能是指 Manindra Nath Banerji，革命党成员之一，积极参与了反对英国统治的民族主义运动。

作，在我看清方向之前，我出去毫无作用。

关于《旗手》，我现在不能展开写，因为这会花太长时间，会耽误这封信，我以后会写信或传话给你。你投保的包裹昨天收到了，这一补给来得正是时候，因为在孟加拉，索林的"雅利安商店"还只是原地踏步，《雅利安》正处于紧张阶段，这意味着目前收入会有所减少。

A.G.

另一留言：

这几天你会收到五十份《战争与 S.D.》（*War & S.D.*）。

阿姆里塔（K. Amrita）

［24］

1920 年 1 月，室利·阿罗频多的弟弟巴林德拉·库马尔·高斯从安达曼群岛的流放地获释。1920 年 4 月 24 日，保罗·理查德和米拉·理查德从日本回到本地治里。

本地治里
1920 年 5 月

亲爱的莫：

自从希瑞什（Sirish）离开后，这是我第一次有时间写信。我不可能把想说的都写下来，很多要等你来了再说，这封信我只谈工作上的当务之急。

目前，你工作所处的环境已发生了很大的变化，为了适应这种变化，你必须在很多方面扩大视野，调整心态，我知道你已经在这样做，但我还是要说得再清楚一些。到目前为止，你仍旧独自在孟加拉工作，而在孟加拉当前的局势中，不仅有激性政治中陈旧的暴力精神的残余带来的混乱和骚动，还有很大程度上的麻木和不作为。必须摆脱过去的错误（这些错误曾经是发展所必需的，但持续下去可能会破坏和阻碍未来），在坚实的精神基础上，建立一个精神团结和行动一致的中心，一个规模虽小但有坚定原则的社团，并有发展壮大的能力。这点现在已经完成了，但就在它稳定发展的时候，又出现了一个更大的新问题。

首先，许多囚禁的力量被释放了；其次，战争之后，全世界都感受到不安的混乱、莫名的骚动和无形的动荡，孟加拉也在所难免。这种动荡的本质是急于完成某件事，却不知从何下手，对巨大的力量无所适从，对人类和国家未来的可能性没有任何愿景或把握。旧事物在其固有的模式中被打破了，但仍在挣扎并试图重建旧秩序，新事物在很大程度上还只是模糊的观念，没有明确或实质的行动，也没有任何力量创建新秩序。印度旧的政治体系，困于国大党的分歧和改革，仍然滞留在政党和纲领的混乱中。而在孟加拉，则兴起了一股追随西方工商业模式的热潮，如果这条路线取得成功，很可能会灾难性地复刻欧洲资本主义、工人斗争和阶级斗争，而所有这一切都与我们的理想背道而驰。但对我们而言还是有一个好处的，那就是这些只是一种混乱，而不是一种新秩序，我们必须把精神和思想引入到这一变化过程中，将热潮中最优秀的品质和力量吸引到我们这里，为我们的理想服务，以便在不久的将来最大程度地实现我们的目标。

在我看来，这必须在两条路线上完成。第一条路线，对于已经创造出来并赋予了正确的精神、基础和形式的东西，必须在精神、基础和形式上保持完整，加强和扩展自我发展的力量和内在的神圣力

289

量，这是你必须巩固的工作路线。我们必须用自我知识的光芒、清晰的工作形式和坚定的发展来面对周遭的困惑，这样，就会有越来越多的可靠的解决方案呈现出来应对当前和未来的问题。外界的认知可能太肤浅、太焦躁、太急切，无法从思想层面理解这样伟大而艰深的真理，但一系列可见的成就和作为总是有力量吸引世人的追随。唯一的危险是，当这一系列事情变得引人注目、极具吸引力时，许多人可能会涌入其中，试图追随外在的事物，而忽视或掩盖了内在的真理和力量。这就是当第一次可能的大规模扩张出现时，我曾警告过你的，开展工作及开拓工作领域是你的任务，但不能以降低或玷污精神为代价。

你必须确保的首要原则是，所有正在工作或参与工作的人必须具备精神力量，以内在引导外在的工作，他们必须是瑜伽行者。其次，必须培养所有参与者将精神力量作为发展方向的理念，首先学会自我实现，而工作只是精神的表达，稳固的工作有赖于严格遵守这一原则。大多数受过教育的孟加拉人只关心如何把事情做完，而不愿意费力去思考一个现实问题——如果没有事情背后的精神力量，完成的只是些利弊参半的事情，不会确定亦不会持久；他们不关心生活的精神基础，而这才是印度真正的使命，也是印度伟大的唯一源泉；他们只赋予精神一些微不足道的、无关紧要的或一时半刻倏得倏失的价值，视之为附着在表面的一丝情感或一点色彩而已。我们的整体原则是截然不同的，你必须在一言一行中坚持原则。此外，你已在工作交往中建立了明确的形式，就要保持这种形式和精神，任何松懈或妥协都将意味着混乱，会削弱你在社团中的力量。

另一条路线也是现在必须要做的工作，沙克提正在朝着这个方向运行，它是这项工作真正的行动者。为了让其他人（比如巴林）加入改变的群体中，就要去除他们身上那些不合适的元素，接纳我们的整体思想，运用到现有或新的方法和活动中——就像他吟诵纳拉扬（Narayan）①那样——成为我们实现目的的工具。这项工作是复杂的，也尚未成形，充满困难、不确定性和障碍，就像你开始时遇到的那样，但现在已经克服了，我们要相信神圣的沙克提能战胜它们。我们必须运用精神力量去克服在不同战线工作的人和人之间的关系问题。首要的条件是，不应有冲突或竞争意识、分裂意识、个人或集体垄断的利己主义，以免在拥有相同灵感源泉和理想的人们之间造成不和。精神的团结和合作的意愿必须成为人们相互关系的指导原则。

　　我已经回答了希瑞什，当这些新情况出现时，你们脑海中自然会冒出的第一个问题是，为什么巴林和其他人可以单独行动？当我们的精神理想已经形成了一种外在的形式和相关联的集体工作时，难道不应该所有人都以此形式团结起来，创造更大的集体力量，以快速扩大并实现我们共同的理想吗？首先，对于那些已经联合起来的人来说，这种特定形式是正确的，因为是由他们自身自然产生的，是由引导他们的意志产生的，但并不是同样的形式适用于所有地方。精神、真理必须是相同的，但形式可能不同，这对精神是有利的，只坚持一种形式很可能会带来印度社会及文明的进一步僵化，并导致精神的禁锢和衰落。当印度有许多不同的形态但只有一种精神时，她是最强大和最有活力的。至少这是我在阿利普尔监狱时的预见，

———————————

① 纳拉扬：吠陀神祇之一，经常与水联系在一起，吟诵其名字可以起到修复和净化的作用，滋养内在神性。

我没有看到其他不同的前景，现在和未来，我都会秉持这一看法。

其次，还有一种心理上的必要性，我们目前也要加以考虑。金德讷格尔的社团是以我的力量为后盾、以你的力量为中心成长起来的，它的形式和风格皆源于此。但另外还有一些性情热烈、充满沙克提的人，他们直接从我这里接收精神力量，并使自己成为精神中心，向外散发沙克提。让他们服从于现有社团的形式和风格并不容易，甚至在多数情况下也是不可能的。因为这种从属关系不是自身发展而来，而是靠约束——Nigraha，与原质相反的事物——强加形成的，这会阻碍他们行动的内在力量。另一方面，将他们作为可协调的中心人物纳入现有形式也是不可行的，因为这将意味着在已成型的工作路线中，出现不稳定的变化和新的力量。即使成功，也不过是大家在精神层面的认同而已，并不是沙克提在金德讷格尔运行的路线。在我看来，只有我去了孟加拉，大家通过我来采取行动，才能实现所有人之间完美的协调。

在印度，还有很多人虽然不是我们的一员但可以被转变。由于性格或其他原因，他们可能对我们现有的中心不感兴趣，但却很容易被巴林、索林、贝乔伊和其他人吸引。在这种情况下，沙克提自有应对的方式和工具，我们要做的便是给予其自由。

最后，有些事情是必须要做的，但我不能强加给你的社团，第一，它可能会扰乱你现在的特有框架和理想状态，而这些都很重要，必须保持住；第二，它会带给你不必要的麻烦。这些事情最好是由巴林和其他人来做，尽管他们看似是在独立工作。另外还有一些需要他们单独行动的原因，这些我最好当面跟你说而不是写信。在这种情况下，我们需要人和人、工作和工作之间保持正确的关系，包容所有的工作和伙伴，不受心态差异和行动分歧的影响，这意味着要加强团结精神，这是我们的基础。

我们在工作中必须处理好与三种不同类型人的关系：一是为国家工作，但缺乏伟大理想和精神动力的人；二是有精神动力，但与我们的理想和精神动力不一致的人；三是有相同的理想和动力，但与我们的工作形式和路线相左的人。

与第一类人的工作关系必须建立在我们的瑜伽基本原则之上，让被我慢和无明的面纱遮蔽的神圣沙克提通过不同的，甚至是敌对的本性和所有能量运行，最终"在一切中见神，在一切中见我"（to see God in all and the one Self in all）。现在，政治运动新旧交织，未来尚不明确，但这是必须的过渡阶段，我也是从这一角度看待欧洲正在发生的许多事情。我甚至很感动，并暂时从精神上支持那些与我们不一致的努力和运动，虽然他们最终会失败或因其精疲力竭而停止，但这都是必要的过渡力量。我也是这样看待提拉克和甘地的工作的。神圣意志是我们未来愿景的中心，是我们工作的信念，是最有可能实现的最高层级，也是我们行动的目标，但沙克提依然有可能以其他的方式隐蔽地运作以达到同一目标。毫无疑问，他们的运动受到西方和物质主义的启发，或者是一种不完美的混合，总有一天，我们可能不得不向他们开战，当然，我们要战胜的是指引他们的精神思想。但现在还不是时候，在此之前，我们要做的是发展和传播我们的愿景和理念，并赋予它形式，以便我们可以面对当前的困难，最终实现未来的目标。我认为，我们现在应该避免对他们过于直接的攻击或批评，以免对我们的工作带来阻力。我们应该坚持自己真实正确的理想，采用积极而不是消极的方法，避免通过破坏性的对他人的正面攻击而引起的冲突，直到我们足够强大，能够用可见的力量来说服那些被其他力量和运动所吸引的人。

至于第二类，例如孟加拉的其他精神运动，我们对他们大多数人的态度应该是仁慈的中立，理解与我们的理想一致的元素。我们必须摆脱的是摩耶（Maya）[1]的思想，以及禁欲者对生命和奋斗的弃绝，尽管这是社会性和宗教性的，不是直接精神性，但仍是对旧形式的执着和对新发展的排斥。那些接纳生命与喜乐，并准备摆脱陈旧狭隘的社会及其形式的思想运动是非常好的，即使尚未实现整体精神理想的全部广度和深度，我们必须让它们持续发展、充实、壮大、成熟，最终与我们联合。

对于上述两类人，并不是说我们不能批评他们在理想或方法上的不足，而是说，讨论应尽可能具备普遍性，并以更长远的眼光和更真诚的态度来进行。我们必须区分真理和错误，不应针对具体的人物、事件或者团体而表现得过于直接和尖锐。我们要坚持自己的宣传和工作，尽管有时要应对攻击，但不必刻意挑起冲突。这一规则可能会有特殊的例外，我只是就整体而言，表明目前我认为我们应持有的正确态度。

一旦理解了这一点，你就能知道，我们自己的工作和伙伴们之间的关系才是真正重要的事情。正如我所说，我们需要发展团结的精神，愿意把别人的工作视为自己工作的助力，并在任何需要和可能的领域进行合作。微妙的利己主义会带来一种危险，只是团结那

---

[1] 摩耶：吠檀多思想的一个中心概念，即世界是"梵"通过其幻力创造出来的，因而是不真实的，只是一种幻象。可理解为幻相、假想、愚昧原理、愚昧的根源，使人把假当作真，把无当作有的大幻化。

些以共同思想一起工作的人们（就像不同的身体中拥有同一个灵魂）是不够的，还要在精神上与那些以不同方式工作的人们保持团结，对他们的行动保持完全的平和，即使他们的行为看上去是错误的或不尽完美，也要在精神和道德分歧方面保持耐心。这对你来说应该不难，你只需去除悦性我慢的残余即可，对那些仍受激性我慢（rajastic ahankara）困扰的人来说，可能就没有那么容易了。但如果像你和巴林这样的人做出了表率，这个困难一定会被克服，反之，如果你们彼此之间产生了误解，就很可能为工作造成不必要的阻碍。

举个例子，关于《普拉巴塔克报》，索林只是在回答问题时不经意地说了几句（并非主动提及），你却认为他在故意贬低你的报纸。而他所说的另一半的内容，——"《普拉巴塔克报》令人深受启发，虽然不是我写的，但其精神和实质却是我的理想"，这些话你却没有听进去。你对他筹集资金的方法有意见，但实际上那些事从未发生过。还有，在《甘露市场报》中关于纳拉扬的广告（不如说是段落）不是巴林的主意，而是另一个人在与他交谈后按照自己的想法加进去的，巴林不负责报纸的最终排版，他也无意声称纳拉扬是我思想的唯一和直接的代言。

我希望你们所有人都能避免这些误解，只要同行在沙克提大道上的我们保持精神团结，就可以做到这点。从同一源泉获得启示，遵循同一理想的人们都应保持团结。其他还不成熟的人可能会因无法控制内在的激性小我而有冒犯的举动，我们应对此保持冷静、耐心、爱（prema）与平和，否则我们在瑜伽中所追求的完美在哪里？我再补充一点，在我谈到这个话题时，哈拉丹得到的关于纳里尼的消息似乎有误，事实上，纳里尼在孟加拉并没有参与 ___，也没有从事任何相关活动，如果有，也只是为了吸引他人接受我们的瑜伽和思想。实际上，一直以来他都不太活跃。

至于其他工作路线，有一个例子可以说明可能出现的困难。巴林开始逐渐使用"纳拉扬"，想使其成为宣传我们思想的另一个工具，如果成功，那将大大增强我们的力量，也许会远大于《普拉巴塔克报》的成就。因为这是以一种完全不同的方式呈现我们的思想，吸引与《普拉巴塔克报》的读者不同类型的人。《普拉巴塔克报》的读者的思想已转向精神层面，或至少能很自然地进入精神层面。而对那些不大具有灵性和直觉，更偏向智力或文学艺术气质的人来说，《普拉巴塔克报》的文章会让他们感到陌生，不容易产生共鸣，而"纳拉扬"恰恰可以影响这些人的思想。但若没有正确的理解，可能会认为这两者是分离和竞争的关系，而不是在同一工作中相辅相成的关系。

还有一件事，希瑞什一定已经告诉你了，那就是巴林现在有一个机会，能得到加尔各答一家实力雄厚的出版机构的支持。但他在犹豫要不要接受，他担心这家机构可能会被视为《普拉巴塔克报》出版社的竞争对手。他并不担心你和他之间会为此产生误解，而是害怕与之相关的其他人以错误的眼光看待此事，并引发不良竞争。这种事很可能发生，但我们绝不允许。我已告诉他我会写信给你，请你在同意他考虑这个可能性之前，确认此事不会产生误会。之后，你俩一起多方考虑，以正确的态度处理这件事。如果这个出版机构能为巴林所用，将以与"纳拉扬"相同的理念和方法运行，除了维护和扩展机构所需，所有的利润都将流向我们和我们的工作。这两件事情是沙克提为巴林的能量提供的第一个场域，是很适合他这种类型的，他们的成功对我们来说将是一个很大的助益。沙克提正在努力打破我们一直在试图克服的障碍，我们必须做好准备，遵循她的指示，而不要试图以个人偏好和局限，人为地强加任何限制。

关于扩展你正在做的工作，我已和希瑞什谈过了，此处不再赘述，你来的时候，我也许会和你再多聊聊。很遗憾，现在你的身体受到压力的影响，我相信这只是疾病（Roga）的一种暂时入侵，我们中的许多人，包括我自己，最近也受到同样的影响。你要小心一些，不要给身体施加太大的压力，当有过度紧张的迹象时，在沙克提完全掌控外在基础（adhara）之前，或者智性意志足以立即纠正缺陷和滋扰之前，你要及时保护好你的身体。

还有一个问题，你要不要来本地治里。我本想让你推迟一段时间再来，直到我对一些重要的事情有了更清楚的认识。但我现在认为没这个必要，你还是尽早过来为好。不必过分担心纳尔逊（Nelson）对你的来访所持的奇怪的保留态度，否则他会对此表现得更积极。我认为他们不喜欢你的到访，怀疑你的动机，因此会更加密切地观察你的行动，但是，由于他们固执地怀疑我们在任何情况下所做的任何事情，他们的行为对我们来说也就算不上什么障碍了。我建议你把出行期间的工作安排好之后再来，这样便可以在这里多待一段时间。

《雅利安》的工作已经耽误了很多，我现在不得不把大部分精力都用来追赶进度，而晚上的时间都用来接待每日来访的理查德一家。我希望在6月中旬以前熬过这段最艰难的时期，这样你来的时候，氛围就会更轻松自由一些，我也可以更多关注我的工作和周遭的世界。现在逐渐有来自多方面的压力，将我的精神关注吸引到未来 ___，这意味着全神贯注地保持一个沙克提核心还不够，我需要更大的能量输出。然而，我怀疑，我能否在8月之前达到适宜的状态以满足这一需求，尤其是我的身体基础还没有得到智性力量的修正。之后我们再看看，在新的形势下能做些什么，能做多少。与此同时，你的来访可能有助于推进事情在内在动力和外在决心方面进入准备阶段。

A.G.

[25]

本地治里

1920 年 9 月 2 日

亲爱的莫：

关于对婚姻的看法，我感觉你的步伐太快了。你关于公社和家庭的观点，完全符合我们的理想，或者更确切地说，是我们理想的一个方面，但这里有一个时间和策略的问题。在我们的工作中，特别是在准备和实验阶段，不仅要有精神上的坚韧和勇敢，还要有谨慎和善巧。问题是，在社会认为至关重要但对我们来说是次要的问题上，此时进行一场斗争是否必要，是否明智，是否可取。我们的首要任务是在牢固的精神基础上建立公社制度，其次是建立牢固的经济基础，之后才是广泛推广。彻底的社会变革只能基于这两个因素，变革必须首先是精神上的，然后才是形式上的。

如果一个人通过精神上的团结进入公社，在其中生活和劳作，并且认为他所有一切都属于大家，那么首先他必须感到安全有保障。接下来是使这项运动在经济上自给自足，这是目前你需要投入所有精力的事情。这两件事，一件是需要持之以恒去做的，而另一件则迫在眉睫。社区婚礼制度并不是当务之急，但会是未来的需要，其理念是，未来的家庭将不再是一个独立的单位，而是公社整体的一个子单位。现在确定家庭生活的形式还为时过早，可能有多种不同

298

的形式，但最重要的是原则，无论人们在结合时选择何种结婚仪式，无论这些形式是否被现行社会制度所承认，原则都是要遵守的。目前没有必要去讨论外在形式，因为哈根（Khagen）并没有和他种姓以外的人结婚。

这一步虽然不是必要的，但是否可取还有待观察。首先，你们通过行动宣告你们的公社完全独立于印度社会的其他部分，你将遵循梵社的方式，或者更确切地说是塔库尔·达亚南达（Thakur Dayananda）[①]的方式。这意味着激烈的分裂和长期的斗争，这很可能使你的其他工作复杂化，并造成不必要的麻烦。我的想法是，让我们的制度在社会中成长，而不是脱离社会，尽管它与其他制度不同，但我们首先要引入一种新的精神理念，在这里，没有对抗和排斥。其次，我们要在外部层面上证明自己，成为经济复兴的中心和国家的新力量，我们应更多去理解这项工作而不是反对，并根据需要和时机，以相当大的自主性和宽容度来处理其他事务。在新形式中体现旧的印度教的自由思想，以这种方式来满足社会正统，而不是粗暴地拒斥所有的过去和现在。在这个过程中，冲突是不可避免的，但是像你所建议的那样，以极端且鲁莽的方式引发冲突并非我意。这样的冲突或早或晚会来，但只有当我们强大到足以控制这个国家的时候，我们才有可能得到强大的支持，以面对同样强大的敌人。

你的观点是，公社不应依靠政府或社会来保证婚姻的有效性。在我看来，如果（公社的仪式）是一种精神上的坚持，或是一种向外界发出的讯号，那就足够了。我建议在进入公社之前完成交换花

① Thakur：意为"首领"或"大师"（印度刹帝利种姓中的尊称），此处是对达亚南达的尊称。

299

环①，就像在旧的选婿大典（Swayamvara）②上也是在集会之前完成这一环节。接着，作为对现在社会的一种让步，可以举行传统的仪式，就像过去，父亲的托付仪式（sampradana）③也会被加入选婿大典中，但其实即便没有这一环节，选婿大典本身依然有效。如果将来出现某种情况需要双方必须让步，那我们可能会采取更极端的方式。

在我看来，以下做法是必要的也是可取的，可以满足各方面的要求：第一，坚持以自由选择为婚姻的原则；第二，无论举办了何种传统结婚仪式，都可正式接纳夫妻二人加入公社的共同生活；第三，以此来证实我们的运动是印度伟大历史的延续。当然，我们的运动不会停留在过去的或现代化的形式上，但早期，这种隐蔽的推进会为我们今后走向公开并快速推进做出更好的准备。

与此同时，当我们尚未准备好在全社会范围内进行正面攻击和决战时，这样的行动会唤醒温和的反对力量。如果一场战斗在所难免，我们当然不能退缩，但我更愿意等我的瑜伽达到一定程度之后，等我回到孟加拉之后。目前，有太多方面需要我的能量，而我必须用其中的大部分推动自身的精进和完美，因此我并不希望马上出现给我带来巨大能量消耗的斗争。至少这是我当下对此事的看法。

《旗手》恐怕会受到外界的普遍批评，我也感受到了。它就像周刊形式的《雅利安》，但《雅利安》的风格和方式并不适合周报。你所要做的，是要让思想通俗易懂，并给出切实可行的方向。但目前

---

① 印度传统婚礼上，新郎新娘交换花环戴在对方的脖子上，以表示对彼此的接纳。

② 指在没有得到新娘父母同意的情况下举办的结婚仪式。

③ 这里指印度传统婚礼上的一个仪式环节，一般是由新娘的父亲参加，意为将女儿完全地托付出去。

《旗手》传达的却是令人费解的哲学和抽象的原则。就这一点我会找时间多给你写信。

A.G.

[26]

这封信楷体部分被转载在 1920 年 11 月 21 日的《旗手》上。

本地治里

1920 年 11 月 11 日

亲爱的莫：

有些不负责任的人不时发表关于我的谣言和观点，对此我必须予以断然否认。《故土报》（*Janma bhumi*）①的一派胡言尤其愚蠢，但凡有点头脑的人都不会把这般幼稚的废话和我扯上关系。请在下一期的《旗手》上发表一篇文章，就说鉴于目前关于我的谣言广泛流传且相互矛盾——有些人认为我主张改革，有些人认为我主张不合作——《旗手》已写信给我，并得到我的授权发表以下回应：

　　所有这些说法都毫无根据。我从未公开或私下发表过个人的政治观点，也从未授权任何人作为我的发言人。有谣言说我支持蒙塔古-切姆斯福德改革（Montagu Chelmsford Reforms），反对不合作运动，这是毫无根据的。我个人和阿修托什·乔杜里爵士②的宣言和其他引用我过去作品中内容的人没有任何关系。公众人物公开发表的意见属于公共财产，我并不否认我写过的

---

① 《故土报》：喀拉拉邦的一份民族主义报纸。
② 阿修托什·乔杜里爵士（Ashutosh Chaudhuri，1859—1924）：东孟加拉人，1912年至 1920 年担任加尔各答高等法院律师。

东西，但是，将其应用于蒙塔古-切姆斯福德的改革和当前局势，则完全应由宣言的签署者负责。我前几天才知道，《故土报》完全未经授权即对我的观点做了摘要，将我描述为圣雄甘地的热情追随者。无论在形式上还是实质上，都没有公正地表达我的观点。其中提到我曾说："这一切都归功于我。"——这是我做梦都不敢说的话。还有"我会为了国大党的任命而牺牲我的良心"，并建议所有人都这样做——这是对我的侮辱和伤害。我没有对任何人说过"完全负责任的自治，完全脱离英国控制的独立"或其他任何纯粹的政治目标是我努力实现的方向，也没有口头预言过不合作运动将取得巨大成功。如你们所知，关于印度，我只致力于一种工作或宣传，即在精神基础上，在更大更自由的范围内，重建印度的文化、社会和经济生活。至于政治问题，请我的朋友和公众不要相信任何未经我明确授权或签名的声明。

关于其他事情，我会另外写信给你。

A.G.

附：在马尼·奈克（Mani Naik）来这里之前，请让他见见我妹妹，她想带一些器皿给我们用。

[27]

1922 年，莫提拉尔与室利·阿罗频多的关系恶化。1925 年 5 月，莫提拉尔写信请求去本地治里拜访室利·阿罗频多，下面 5 月 13 日的这封电报是室利·阿罗频多的回复。这份电报复制于普拉尼的一个记录室利·阿罗频多的谈话和家庭琐事的记事本。

302

时间不合适。不能见面。为什么不写信？

1925 年 5 月 13 日

［28］

1930 年 4 月或 5 月，莫提拉尔写信给室利·阿罗频多，室利·阿罗频多在来信的背面给他的秘书诺里尼·坎塔·古普塔写了以下第一段话，后面的两段话显然是在收到诺里尼的回复后写的。写完后，室利·阿罗频多要求诺里尼用孟加拉语回复莫提拉尔。这就解释了室利·阿罗频多使用第三人称的原因。

1930 年 5 月 8 日

诺里尼：

有几个词我很难辨认出来，也看不懂第二段的第一行。你能告诉我，在这扭捏、含糊的言辞背后，他到底想要说什么？

室利·阿罗频多

用孟加拉语写信给莫提拉尔，告诉他室利·阿罗频多在过去的几年里，除了每年达显的三天之外，没有见过任何人，甚至连他身边的弟子也不见，在达显的三天他也不会和任何人说话。起初偶尔会有例外，但现在，很久没有破例了。他是通过母亲而不是通过私人接触来指导工作的。如果有人想请教他重要问题，或想解决困难，他会以书信形式给予回复。

补充一点，从他的信中，室利·阿罗频多并不清楚他想要解决什么困难。他似乎说社团的精神基础已非常稳固，现在他希望出去寻找解脱。他应该知道，普通意义上的解脱（moksha）是抛弃世俗和日常生活，而这并不是室利·阿罗频多的瑜伽目标。我们所说的解脱（mukti）意味着从小我及其运作中解放出来，进化到神圣的精神意识，为此，可能有必要从日常生活以及不相适的氛围、环境和活动中抽离。但如果社团是建立在精神基础上的，那里的精神氛围应该是有利于解脱的，社团工作本身就是帮助实现解脱的方法，而不是障碍。因此，不知道他为什么想要离开社团去寻求解脱。

致索林·博斯（草稿）

索林·博斯（Saurin Bose）是室利·阿罗频多的妻弟，1911 年至 1919 年间跟随室利·阿罗频多在本地治里同住修习。写这封信的时候，他正在孟加拉。1914 年 5 月 30 日，阿罗频多在他的日记（《瑜伽记录》）中写道，那天他收到了一封来自索林的信，这封草稿显然是为了答复索林的信而写的。根据已知事件推测，这封信的日期可能是 1914 年 6 月 1 日或 2 日。（6 月 1 日，理查德夫妇计划在“一两天内”搬入信中提到的房子；草稿中提到的将于“本月晚些时候”发布的订阅宣传册，其实是在 6 月中旬发布的；这封信和给莫提拉尔·罗伊的信［14］中提到的 400 卢比的金额，在 5 月 29 日的日记——《瑜伽记录》中也有提及。）这份草稿后来并没有寄给索林，大概是又写了一份修正版发出。

1914 年 6 月

亲爱的索林：

来信已收到，我先回复信中需要答复的一两件事。我们已经把评论杂志的名字从《新思想》改为《雅利安》。为了吸引订阅者，我们将推出一份包含内容样本的宣传册，可能会在本月中旬完成并分发出去，请提前告知你需要多少本。杂志的地址是杜普雷克斯路 7

号（7 Rue Dupleix），请将订阅者名单按此地址发送给《雅利安》的经理。这里是为理查德夫妇找的房子，他们将在一周左右的时间内住进来。马丁（Martin）的房子就在街道的另一边，离总督家很近。这里也是《评论与社会》（the Review & the Society）的总部，至少目前是这样。

苏库马尔还没有寄来花园钱，但我想他不久就会寄来的。我从另一方收到了应付给我的600卢比中的400卢比，但愿8月份之前能收到余款。加上花园钱，总共有1100卢比，再加上100卢比和130卢比的旧租金，就算没有每年1000卢比的生活费或其他钱，我们也可以维持一年的生活。若像理查德希望的那样，我们保留这所房子的话，150卢比真的是必需的最低金额，特别是纳根走后。如果杂志能成功，在国外有500名订阅者，在印度有1500名，这些问题就迎刃而解了，我们可以通过经营《雅利安》，雇用助理，并为两个编辑留出足够的钱。

至于你的贷款，我想说的不是法律程序，也不是因未付款而造成的任何实际问题。重点是，如果我们不能偿还贷款，那些提供贷款的人就会感觉他们没有被公正对待，或者感觉我们利用了他们的友谊。我在金钱问题上的经历实在是糟糕，也领教过这些经历淡化友谊的力量。因此，我希望今后在此类问题上都不要产生任何可能的误解，与索取或赠送的金钱相比，贷款是最容易造成误解的。

你当然可以在8月之前回来，只要你确定不需要留在孟加拉安排那里的事情。密娜里尼是否来这里？我等你的进一步消息吧。目前，在我看来，这将在很大程度上取决于杂志成功与否，以及我是否能提供更稳定的生活条件。让我们等等看下一步的进展吧。

致 K.R. 阿帕杜莱

阿帕杜莱（Appadurai）是诗人苏布拉马尼亚·巴拉蒂的妹（姐）夫。写这封信的时候，巴拉蒂作为难民住在法属本地治里。信中提到的"K.V.R."先生是兰加斯瓦米·艾扬格（K.V. Rangaswami Iyengar），他有时会在经济上帮助室利·阿罗频多。

《雅利安》

伟大的综合哲学评论

杜普雷克斯路 7 号，本地治里

1916 年 4 月 13 日

亲爱的阿帕杜莱先生：

谢谢你的钱。关于皮塔普尔（Pittapur）亲王的事情，首先，我不了解希瓦纳特（Pundit Shivanath）[①]；其次，我们从未在政治上有过联系，我甚至担心我的信有可能帮倒忙。如果我没猜错的话，这位权威人士在政治上属于温和派，可能将 K.V.R. 先生视为应远离而不是支持的激进派。当然，如果你不介意冒这个险，可以用我写给你的信。

如果可以的话，还请 K.V.R. 先生能时不时地给我寄些钱，目前我在孟加拉的供给受到很大阻碍，面临非常大的困难。

您真诚的

阿罗频多·高斯

---

① Pundit：作名词时意为"专家""博学者""梵文学者"，此处是对梵社的杰出人物之一希瓦纳特的尊称。

一份不完整的信件草稿

这份草稿的开头已经无法找到，留存下来的部分是写在一张纸的一面上。这张纸的另一面则写着诗歌《萨维特里》(*Savitri*)较早的草稿，具体日期已无法确定，但一定是在 1916 年到 1921 年之间的某个时候，因为室利·阿罗频多是在 1916 年开始创作《萨维特里》，1921 年他暂停了所有形式的写作。文中提到的"诗集"很可能是《阿巴娜和其他诗歌》(*Abana and Other Poems*，1915 年)。这封信的收信人也不明确，有可能是吉德伦金·达斯(Chittaranjan Das)。

……以统治种族的优越智慧和政治经验给予他们一切。你们的要求违背了人性。

我大致陈述了目前的困难，也会尝试在随后的信中表述得更加明确。同时，我想说的是，只要我的良心和内心允许，我愿意做任何可以改变现状的事情，但我是身处法属印度的流亡者，我的行动范围非常受限，如果我跨越边境，将面临被捕或被拘留的危险。长期以来，我一直回避所有政治上的纠葛，我现在的所说、所写和所做都会被政府误解，他们认为我是一个狂妄自大、无可救药的革命者，我的任何主张或反对意见都可能被认为有着不可告人的目的。但我不会以言论或行动迎合他们，我必须从印度人渴望自由的角度来表达和行动，而他们似乎仍然将其视为一件令人反感的事情。目前我在做的一切就是我所能做的，但这只是一种类似"禅定"的行动，不可能马上产生直接的结果。

但是，如果英国人愿意迈出第一步，试着站在印度人的立场上看问题，看到印度人的思想，并以此采取行动，所有的困难都有可能得到解决。印度人没有爱尔兰人那样的记忆力，他们很容易原谅，也很容易忘记过去的错误和冲突。只要印度人民感觉到对方的态度是坦率和真诚的，所有的困难都会迎刃而解。

如果你想读的话，我把我的诗集寄给你，但我有些犹豫，除了两三首短诗之外，我怀疑你是否能找到值得你细品的内容。毕竟这些诗是很久以前写的，有些甚至是二十年或者二十五年前写的，它们更像是对诗歌和风格的探索而不是自我表达。直到现在，我才开始写一些我认为可以流传下去的东西，但还没有准备好出版。

致一名《雅利安》的投稿者

这封信是写给一位不知名的人，他将自己的一份诗歌手稿寄给室利·阿罗频多，希望在《雅利安》上发表。

本地治里

1919 年 9 月 3 日

亲爱的先生：

很遗憾，我不知道你会要求返还稿件，我们通常是不返还原稿的。我已经在上面做了一些修改，以标示如果在《雅利安》上发表所需要做的修改。这本杂志旨在追求高标准的风格和思想，任何在这两个方向上还不够尽善尽美的作品，我都不会接受，这是我的原则。你的诗思想高尚，流畅优美，但全诗不够完整，也就是说，它有一种近乎史诗般的气质，但一些不和谐的转折和短语拉低了整体写作水平，我正准备就此写信给你。你信中说希望在别处发表这首诗，但你寄来的这个稿件已经被我修改了，如果你仍需要的话，我可以寄还给你。

你真诚的

阿罗频多·高斯

《雅利安》负责人

致约瑟夫·巴普蒂斯塔

约瑟夫·巴普蒂斯塔（Joseph Baptista）是一名律师和民族主义政治家，与巴尔·甘加达尔·提拉克有联系。1919年，受到提拉克的启发，孟买的一群民族主义者决定成立一个政党，并发行一份英文日报。他们委托巴普蒂斯塔写信给室利·阿罗频多，请他担任报纸的编辑。室利·阿罗频多写了这封信作为答复。

本地治里

1920年1月5日

亲爱的巴普蒂斯塔：

你的提议很吸引人，但遗憾的是，我不能给你肯定的答复。我应该向你明确说明我的理由。首先，目前我不打算返回英属印度，这与任何政治障碍无关。据我所知，直到去年9月，孟加拉政府（可能还有马德拉斯政府）一直反对我返回英属印度，这意味着，如果我回去，根据那些打着"为了迎接信任与合作的新时代"的幌子而出台的"仁慈的"法案，我会被拘留或监禁。我猜其他政府也不会因为我出现在他们省份而欢呼雀跃。

也许国王的公告会让形势有所不同，但这并不确定，我对公告的理解是，这并不是大赦，而是一种仁慈的让步行为，仍受总督的自由裁量权所限。现在我有太多的工作要做，不能悠闲地去一个不欢迎我的政府那里浪费时间。还有，即使可以完全自由行动和走动，我也不能现在就走。我来到本地治里，是为了获得自由与安宁，为了一个与当前政治无关的特定目标。来到这里后，我就没有再直接参与政治了，尽管我一直在以自己的方式为国家做一些力所能及的事情，在这件事完成之前，我不可能恢复任何形式的公共活动。如果我去了英属印度，我将不得不立刻投入各种各样的活动中。本地治里是我的隐居之所，我的苦修（tapasya）洞穴，不是禁欲，而是我自己创造的一种独特的修行。在我离开之前，我必须完成这部分工作，做好内在的准备。

接下来是工作本身的问题。对政治活动我从未轻视，也不认为自己已超越了这些。我一直强调精神生活，现在也是如此，但我对精神生活的看法与苦行僧的逃避和对世俗事物的蔑视或厌恶无关。对我来说，没有什么是世俗的东西，对我来说，人类的一切活动都包含在完整的精神生活中。当前，政治生活是非常重要的，但我的政治路线和意图与当前政治舞台上的观点有很大不同。我参加过政治活动，从1903年到1910年，一直坚持唯一的政治目标，那就是让人们对自由有稳固的意志，并为实现自由而斗争，以取代当时盛行的徒劳且缓慢的国大党的方法。这一点现在已经完成了，阿姆利则（Amritsar）[①]即是证明。现在，这份意志并不像应有的那样切实有效且坚实紧密，

---

① 1919 年 2 月 6 日，英印立法会议通过罗拉特法。该法案规定警察可逮捕官方怀疑的犯罪分子，不经公开审讯即可长期监禁。印度人民群起反对。4 月 13 日，约 5 万人在阿姆利则市举行集会，抗议罗拉特法。下午 4 时，英国在阿姆利则市的驻军司令戴尔下令向抗议群众开枪，该事件造成 379 人死亡，史称"阿姆利则惨案"。

行动的组织性和持续性也还不够，但已有足够强大能干的领导人来引领这份意志。我认为，尽管当下的改革还不够充分，但如果这个国家能保持目前的脾性，在不久的将来，自我决定的意志一定会胜利，我对此深信不疑。我现在关心的问题是，我们将如何运用我们的自决权？我们的自由，将以怎样的路线决定我们的未来？

你可能会问，为什么我自己不出来帮忙，尽我所能地引导大家呢？我的思维有一种习惯，总是不由自主地走在时代的前面，有人可能会说，我完全脱离了时间，进入了理想的世界。你说你的政党是一个社会民主党，我相信某种可以被称为社会民主主义的东西，但不是以当下思潮中的任何一种形式，我也不完全赞同欧洲的社会民主，尽管他们曾取得了伟大的进步。我认为，印度拥有自己的精神和与自己的文明相适应的执政气质，在政治上，以及在其他一切事情上，都应该走出自己独特的道路，而不是跟随欧洲的脚步。如果印度不得不在目前混乱和毫无准备的思想状态下发展的话，这正是她必须做的。毫无疑问，人们都在讨论印度要按照自己的路线发展，但似乎没有人对这些路线有非常清楚或充分的构想。

在这个问题上，我已经形成了自己的理想和一些明确的构想，但因为现在人们被一种毫不妥协的、标新立异的精神理想主义所支配，很少有人会理解并追随我，很多人无法理解我的思想，而是视之为一种冒犯，或是一块绊脚石。不过，说到切实的路线，我还没有什么清晰和完整的想法，也没有既定的计划。总之，目前我只是在头脑中摸索，还没有做好宣传和行动的准备。即使我做好了准备，也意味着在一段时间内，我要独自耕耘，或者至少自由地走自己的路。作为你们报纸的编辑，我必须表达别人的观点而保留我自己的观点。虽然我完全赞同先进党派的总体思路和目前的行动方针，如果我做了编辑，也会全力帮助他们，但我几乎天生无法以这种方式限制自己，至少做不到报纸要求我的那样。

请原谅我的长篇大论，我认为有必要做出充分的解释，以免你认为我是出于某种喜好，或精神超然，或逃避国家的召唤，或对你和其他人正在做的令人钦佩的工作缺乏理解与同情而拒绝你的请求。我再次表示遗憾，我不得不让你失望了。

您真诚的

阿罗频多·高斯

致巴尔克里什纳·希瓦拉姆·穆涅

巴尔克里什纳·希瓦拉姆·穆涅（Balkrishna Shivaram Moonje）是那格浦尔的一位执业医生和政治活动家。室利·阿罗频多在1907—1908年间认识他时，他是民族主义（或极端主义）党派的领导人之一，后来他帮助建立了印度教大会（Hindu Mahasabha）[①]（参见第三部分《克里普斯提案》——"给B.S.穆涅的电报"）。1908年1月，室利·阿罗频多访问那格浦尔时，与穆涅住在一起。十二年后，穆涅等人邀请室利·阿罗频多主持即将召开的印度国大党那格浦尔会议，在下面这封信中，室利·阿罗频多阐述了他拒绝这一荣誉的理由。

[①] 印度教大会，又译"印度教大斋会""全印印度教大会"。印度教教派组织，右翼政党。1915年由提拉克在加尔各答创立，受到英国殖民主义者的支持。其纲领是"在一切政治争端中代表印度教教派利益""保护印度教的民族、宗教和文化""复兴古代印度教国家"。

[1]

本地治里

1920 年 8 月 30 日

亲爱的穆涅医生：

我已经发了电报给你，我无法接受担任国大党那格浦尔会议主席的提议。这其中有一些政治领域的原因。首先，我从来没有，也永远不会签署信仰国大党信条的个人宣言，因为我的信条与之不同。其次，自从我离开英属印度，逐渐形成了与那时非常不同的见解和观点，这些观点与当前的现实状况相去甚远，也不符合当下政治行动的主流，这让我感觉无论我对国大党说什么都非常尴尬。我完全理解目前国大党所做的一切，只要目标是确保印度的自由，但我无法认同任何一派的纲领。国大党主席是国大党的代言人，以主席的身份发表与国大党的纲领和行动相去甚远的纯粹的个人声明，那将是不合时宜的，甚至是荒谬的。不仅如此，如今，主席一职对全印度国大党委员会和国大党一年的政策以及可能出现的其他紧急情况负有责任，除了对宪法提出异议，我可能也无法履行任何形式的职责或受困于任何形式的日常工作，我也不可能放弃我的既定计划，马上去英属印度定居。这些是我无论怎样都无法接受你的提议的理由。

然而，最主要的原因是，我已经不再是一个政治家了，我已明确开始了另外一项工作，这是一项建立在精神基础上的工作，一项几乎是革命性的重建精神、社会、文化和经济的工作。我在进行，或至少在指导一项实践性的，或实验性的工作。在这个意义上，我需要投入全部的注意力和精力，不会把目前形势下的政治工作和这项工作结合起来。如果说从实际出发，我应该把这项工作放在一边，但我做不到，因为我已视之为余生的使命。这是我无法答应你的请求的真正原因。

我还想说，无论如何，我认为你想让我代替提拉克是一个错误的选择。在印度，没有人，或者至少我还不知道有谁有能力可以取代他的位置，而我是最不可能的那个人。我是一个彻头彻尾的理想主义者，只有在需要做一些极端的事情、需要采取激进或革命的路线（我不是指暴力革命）、需要激发和组织一场有理想目标和直接方法的运动时，我才能发挥作用。提拉克的"响应性合作"（responsive cooperation）政策，以及（必要时）持续性鼓动和阻挠的策略（在目前形势下会更频繁地发生），无疑是某种形式的不合作或消极抵抗的唯一替代方法，这需要一个兼具灵活性、技巧和决心的领导人，才能使之有效。我没有那种灵活性和技巧，至少没有当前需要的那种……我只能带来决心，前提是我接受这项政策，但实际上我做不到。所以，由于个人原因，我不会涉足新的委员会。

另一方面，一场声势浩大的不合作运动，仅仅是为了让旁遮普的一些官员受到惩罚，或者是为了重新建立一个已经消亡的土耳其帝国，在程度上和常识上都令我大跌眼镜。我只能把它理解为一种"让政府难堪"的手段，是为了抓住当下的不满情绪，然后像埃及和爱尔兰那样发起一场激烈的自治斗争（当然毫无疑问，是没有暴力因素的斗争）。如果没有我前面提到的那些原因，如果国大党在纲领中彻底改变信条、职能、组织和政策，成为重建印度的中心，而不只是政治风暴中心，我才有可能重新进入政治领域。不幸的是，由于国大党过去的方法所造成的政治思想和习惯，这种可能性并不存在。我想你们会看到，由于我的这些想法，我不可能干预国大党，尤其是坐在主席的位置上。

我是否可以这样说，国大党的成功难道取决于一个长期默默无闻的人的突然出现吗？那些召唤我的朋友们错误地认为，如果没有我，那格浦尔国大党将毫无生气。国民运动现在已足够强大，可以用自己的理想来自我激励，尤其在目前这样的紧张时期。很抱歉让您失望了，但我已给出迫使我这么做的无法回避的理由。

您真诚的

阿罗频多·高斯

图 39 巴尔克里什纳·希瓦拉姆·穆涅医生

[2]

在这封 1920 年 9 月 19 日送达的电报中，室利·阿罗频多重申了他的决定。

重新考虑。不可能。后续事件。只是确认我的决定。

1920 年 9 月 19 日

致吉德伦金·达斯

吉德伦金·达斯是加尔各答的一名律师，因在阿利普尔爆炸案（1908—1909）中成功为室利·阿罗频多辩护而闻名。后来进入政界，成为印度自治党（Swarajya Party）的领袖。该党主张进入政府的立法议会，以便"从内部摧毁它们"。室利·阿罗频多在给达斯写这封信的同一天，给他的弟弟巴林写了另一封信（见第二节"致巴林德拉·库马尔·高斯等人的信"的第一封信）。

《雅利安》办公室

本地治里

1922 年 11 月 18 日

亲爱的吉德（Chitta）：

我已经差不多两年没有给任何人写信了。我已经隐退，专注于修习，与外界的接触也降到最低程度。但现在，我再次把目光投向外界，我发现是环境让我首先给你写信，说是环境，其实是一种需求，让我在这么长时间后又重新提笔。

这与我长期内在隐退后计划做的第一项外在工作有关。巴林已前往孟加拉，他会就此事与你见面，但也许由我来说更好一些，因此我让巴林带给你这封信。我也给了他一封授权书，从中你会明白我派他去筹集资金的迫切需要。我再补充一些，可以使你更了解此事。

我想，你应该知道我现在的想法，以及由此形成的我对生活和工作的态度。我坚定了一直以来的一种感知——原来还不那么清晰和活跃，但现在愈发清晰——那就是，工作和生活的真正基础是精神，只有通过瑜伽才能发展出的一种新的意识。我越来越清楚地认识到，人类一直在一条跑道上奔跑，除非将自身提升到一个新的基础之上，否则永远不可能走出徒劳的怪圈。

说得更确切些，这种更伟大的意识力量的本质是什么？它有效真实的条件是什么？怎样才能开发它、调动它、组织它，让它转化生活？如何让我们现有的工具，比如智力、思想、生命、身体成为真实而完美的渠道以实现这一伟大的转化？这是我一直试图用自己的体验来解决的问题，现在我已经有了确定的基础和广泛的知识，并掌握了一些秘诀，但还不够完满也不够完整，所以目前我仍要保持隐退状态。只有在建立了完美的基础后，在我确信已完全拥有这种新的行动能力后，我才会回到外部领域工作。

不过，我目前已经走得足够深入，可以从事比以前更大规模的工作，那就是训练他人的修习，让他们像我一样做好准备。如果没有这些人，就无法开展未来的工作。有许多人渴望到我这里来，我可以接受他们，也可以远距离培训更多的人，但若缺乏足够的资金，就无法持续下去。我需要在这里运作一个培训中心，还需要在外地建立一两个，因此，我需要更多的资源。我想，通过你的推荐和影响，可以帮助巴林为我募集资金。我能将此事托付于你吗？

为了避免可能的误解，我还要说一点。很久以前，我将一种有关社会、经济与教育组织的全新理念、原则和实施路线交给了金德讷格尔的莫提拉尔·罗伊。在我的精神力量的支持下，他一直努力在他的社团中以自己的方式实践这些理念。但这与我现在和你所说的是完全不同的两件事情，现在谈到的是我自己的工作，我必须亲自做，没有人可以替代。

我一直饶有兴趣地关注着你的政治活动，特别是你目前正在尝试让不合作运动变得更加灵活和切实有效，我不确定你能否在对抗中获胜，但我祝愿你的努力取得成功。我最想知道的是你关于自治的想法，我也一直在思考如何构建一种真正的印度自治，让我们拭目以待，看看你的想法会在多大程度上与我的一致。

谨启

阿罗频多

致希亚姆·桑达尔·查克拉瓦蒂

希亚姆·桑达尔·查克拉瓦蒂（Shyam Sundar Chakravarty，有时拼作 Chakrabarti 或 Chakraborty）是一位民族主义作家和演说家。当室利·阿罗频多担任民族主义报纸《向祖国致敬》的主编时，查克拉瓦蒂是该报的主要撰稿人之一。十八年后，他成为加尔各答温和的民族主义报纸《孟加拉人报》[①]的编辑。当时他写信给室利·阿罗频多，邀请他为报纸写稿。这封信是室利·阿罗频多的答复，来自一份旧的打印稿件，信件原稿已无法找到。

本地治里

1926 年 3 月 12 日

亲爱的查克拉瓦蒂：

在你代表民族主义党派接管《孟加拉人报》之际，我只能以电报的形式推辞你希望我为该报撰稿的请求。长期以来我一直遵循克己之律，不发表任何关于政治的公开言论，也回绝了《前进》等其

---

① 《孟加拉人报》：1862—1931 年间于加尔各答发行的一份英文报纸。

他报纸的类似请求。即便不是这样，在目前混乱的政治形势下，我承认自己也有些不知所措，无法发表任何有价值的声明。况且，当前发表任何关于责任的一般性声明毫无意义。似乎每个人都认同我们的共同目标和问题所在，唯一值得一写的是，如何消除障碍和达成目标的切实可行的方法。无论如何，回答这个问题的最好人选是亲临现场的领导人，而不是早已退休的远观者。我甚至很难就对方的政治策略发表意见，因为我无法从报纸上推断这些政策背后的真实原因，以及这些政策如何确保实现或趋向自治。因此请原谅我的推辞。

您真诚的

阿罗频多·高斯

刊登在报纸上的公开信

（1909 —1925）

本节包括室利·阿罗频多在报纸上发表的已知信件，但不包括 1909 年和 1910 年在自己的期刊《行动瑜伽士》上发表的两封公开信，以及一位作者对他的著作《吠陀的秘密》所作评论的回复（这三封信收录于《室利·阿罗频多全集》其他卷册）。

致《孟加拉人报》编辑

在阿利普尔爆炸案中被无罪释放八天后，室利·阿罗频多写了这封信，于 1909 年 5 月 18 日在《孟加拉人报》上发表。这里提到的"辩护基金"是由他的姨父克里希纳·库玛尔·米特拉（Krishna Kumar Mitra）以室利·阿罗频多的妹妹萨罗吉尼的名义设立的。

《孟加拉人报》的编辑：

先生，请允许我通过您的专栏，向所有在我受审期间帮助过我的人表达深深的感激之情。很多认识的和不认识的朋友为我的辩护基金捐款，我甚至都不知道他们的名字，我请求他们接受我以这样的方式公开表达我的谢意，以替代私下的感谢。自从我被判无罪以来，收到了很多电报和信件，由于数量太多，我无法一一回复。同胞们倾注在我身上的爱，是对我为他们所能做的一点点事情和在公共活动中承受的所有麻烦和不幸的回报。我的无罪并非我个人所为，首先是托庇于保护我们所有人的"母亲",她从来没有离开过我,总是将我揽入怀中,使我免受悲伤和灾难。其次是成千上万的祈祷者,自从我被捕以来,他们一直代表我去寻找"她"。如果说对祖国的爱使我陷入危险,那么对同胞的爱则使我安然无恙。

阿罗频多·高斯

5 月 14 日

学院广场 6 号

1909 年 5 月 18 日发表

致《印度教徒报》编辑

[1]

1910 年 4 月 1 日,室利·阿罗频多离开加尔各答前往本地治里。此后不久,孟加拉政府根据 1909 年 12 月 25 日发表在《行动瑜伽士》上的一封公开信指控室利·阿罗频多煽动叛乱,并发出了逮捕令。室利·阿罗频多在本地治里隐姓埋名,直到 1910 年 11 月 7 日,他写了这封信,公布他在法国飞地的状况,并宣布退出政坛。他推迟"对我离开英属印度的行为做出任何解释或辩护",直到加尔各答高等法院对《行动瑜伽士》印刷商煽动叛乱案的上诉做出裁决。巧合的是,就在同一天,加尔各答高等法院驳回了对印刷商的定罪,对室利·阿罗频多的指控也宣告无效。这封信于 1910 年 11 月 8 日发表于《印度教徒报》(*The Hindu*) [①] 上。

以下是阿罗频多·高斯先生于 1910 年 11 月 7 日从本地治里帕

---

① 《印度教徒报》:创刊于 1889 年的一份英语日报,是印度发行量最大、最具影响力的报纸之一。

夫伊隆街 42 号（42，Rue de Pavillon）发来的信函：

请允许我通过贵报告知每一个对我的行踪感兴趣的人，我现在在本地治里，并将继续留在这里。在对我提起诉讼的一个多月前，我离开了英属印度。我有意在这里隐退，并已切断了与政治工作的联系，我希望自己致力于的瑜伽修习不会受到政治活动的干扰。如果我继续留在政治领域，就有义务以煽动叛乱的逮捕令去自首，而现在，我认为没有必要。

来到本地治里后，我作为一个宗教隐士居住在这里，只有几个法国和印度的朋友来拜访过，但我的行踪一直是公开的秘密，本地治里的本地人，甚至政府特工也早就知道了。在马德拉斯到处都有关于我的谣言，我发现，我现在不得不——虽然这有点违背我的意愿——广而告之我的存在，因为某些别有用心的人编造了我不在本地治里而在英属印度的一套谎言。我要强调的是，我已于去年 3 月离开了英属印度，而且，在我可以公开返回之前，我不会踏上英属印度的领土半步。无论现在或是将来，任何人做出的与此相反的陈述都是虚假的。与此同时，我希望非常清楚地表明，从现在开始，我不会从事任何形式的政治活动，不再与任何人就政治问题见面或通信。我推迟对我离开英属印度的行为做出任何解释或辩护，直到加尔各答高等法院对发表在《行动瑜伽士》上的公开信的起诉做出是否有罪的裁决。

1910 年 11 月 8 日发表

［2］

这封信发表在 1911 年 2 月 24 日的《印度教徒报》上，也就是室利·阿罗频多写这封信的第二天。

以下是阿罗频多·高斯先生于 23 日从本地治里帕夫伊隆街 42
号发来的信函：

即使我已在本地治里隐退，还是不得不寻求公众的保护，以防
有人企图贬损我的名声。最近，本地治里突然冒出一些人，好像是
听说我在这里后来的。其中一个人用一封信宣告了他的到来，在信
中，他对警方拒绝支付他到本地治里的费用表示遗憾，但他告诉我，
尽管受到这种"卑鄙的待遇"，他仍旧没有买票，而是"从一个车
站流窜到另一个车站"，继续着他的"朝圣"之旅。自从到了本地治
里后，此人就一直在街头大搞场面。他先是召集了一小撮人，高喊
"祖国万岁"，高举我和其他民族主义者的头像，以及《向祖国致敬》
和《印度社会学家》（the Indian Sociologist）杂志①作为证据。他把
那些具有先进观点的人称为他的"古鲁"，并声称掌握了曼尼克托拉
（Manicktola）②炸弹配方，要杀掉所有无论何种原因憎恨"斯瓦德西"
运动的人。他告诉每个人，尤其是法国宪兵，他来本地治里是为屠
杀欧洲人。这个人似乎是一位杰出的语言学家，能用印度南部的所
有语言和北部的一些语言以及英语和法语交谈。他曾三次试图强行
或偷偷进入我家，有一次他伪装成印度斯坦人，自称是提拉克先生
的门卫。他竟然声称上述这些滑稽行为得到了我的批准。除了做这
些荒唐事，他还是一名业余侦探，为一些警察监视火车。我觉得他

---

① 《印度社会学家》：由著名的印度自由斗士希亚马吉·克里希那瓦玛（Shyamaji
　　Krishnavarma）于 1905—1914 年和 1920—1922 年先后在伦敦、巴黎和日内瓦编
　　辑出版的月刊。
② 曼尼克托拉：巴林组织的秘密革命社团。阿利普尔爆炸案也被称为"曼尼克托拉
　　阴谋案"。

是一个被解雇的警察间谍，试图一路横冲直撞去往天国。

尽管这个无赖的手段放肆且无耻，但我提到这些，是因为他们这些人中还有一类比较安静但更危险的人。我听说在马德拉斯，有一些没有生计的年轻人，装扮成我的弟子到处游荡，声称是在根据我的指示进行各种各样的活动，并要求人们为我的工作或生活提供金钱资助。在这封信之后，我希望这些轻松来钱的途径能彻底了断。我没有授权这些年轻人为我敛财，也没有指示任何人从事任何形式的政治活动。

最后，我发现自己被信徒们包围了，他们坚持要见我，不管我愿不愿意。他们穿过整个印度来看我，从卡拉奇（Karachi）的水域，从旁遮普的河流，还有哪些地方的人没来啊？他们以为只要远远地看一眼我的脸，或者坐在我脚下就能获得解脱，无论我在哪里、到哪里，他们都要跟随我，与我在一起。他们要么四处闲逛，要么爬到我的窗户上偷看我，要么从附近的警察局写信给我。我想告诉所有未来的"朝圣者"，你们的旅程将是徒劳的，并要求人们在听到这些"朝圣者"的故事，或者当他们转述与我的谈话时，千万不要相信任何内容，那些都是他们的想象。

我过着完全隐退的生活，除了几个当地的朋友和几个来本地治里想见我的有地位的绅士之外，谁也不见。我写这么多，是为了保护自己，以免有人蓄意捏造对我不利的"证据"，比如，在纳西克（Nasik）案的陈述中，我被米特拉·梅拉（Mitra Mela）"供养"。我几乎不需要告诉我的同胞们，我从来都不是一个有偿的鼓动者，更不是一个"被供养"的革命家。即使是意见相左的圣雄甘地都承认，我是没有私心杂念不为一己之利的人。我也没有因任何政治工作收到过任何报酬，除了在加尔各答在《向祖国致敬》工作时偶尔收到的捐款。

1911 年 2 月 24 日发表

[3]

1911 年 7 月 10 日，《马德拉斯时报》（ *The Madras Times* ）发表了一篇短社论，题为《法属殖民地的无政府主义》，其中涉及在本地治里避难并进行反英活动的"政治嫌疑人"。作者引用了"在本地治里的一位记者"在其专栏中"最近发表"的一封信，并补充说"如果我们记者的消息属实，在法属印度有一个有组织的党派支持阿罗频多·高斯先生和他的朋友们"。第二周，《马德拉斯时报》又发表了一篇文章，公开称室利·阿罗频多是"罪犯和刺客"，从而将他与 1911 年 6 月 17 日发生的英国收藏家罗伯特·阿什（ Robert Ashe ）遇刺案联系起来。室利·阿罗频多给《马德拉斯时报》的编辑写了一封信，否认这些指控，但"没有得到任何回复"。于是他给《印度教徒报》的编辑写了这封信（可能写于 1911 年 7 月 19 日），于 1911 年 7 月 20 日发表在《印度教徒报》上。

以下是阿罗频多·高斯先生从本地治里给我们的来信：

一家因文字和观点而臭名昭著的英印报纸认为最近应该发表一篇诽谤性的社论，随之就有了一篇公开指责我的文章，说我是一个无政府主义社团的负责人、一个罪犯和一个刺客。《马德拉斯时报》的主张和观点本身没有多大分量，我本可以对这次攻击保持沉默。在我的政治生涯中，一边是警察，另一边是暴力革命的宣传者，他们都有怀疑我的理由，并非常善于滥用权威，将我列为恐怖主义和暗杀的支持者。我认为在这种情况下保持沉默是不明智的，就写信给这家报纸，指出其社论陈述严重失实，但《马德拉斯时报》似乎胆怯地认为不能在自己的专栏中曝光自己虚构的内容。我没有得到任何回复，因此，我不得不请求《印度教徒报》给我一个回应此事的机会。

这家英印报纸声称：1）我已经穿上了苦行僧的橘黄色长袍，但仍然在本地治里"继续指挥"无政府主义社会运动；2）提拉克先生的一名中尉巴尔克里希纳·勒勒（Balkrishna Lele）为了同一目的，也来到了本地治里；3）本地治里有最危险的马德拉斯无政府主义者（不清楚是一人还是多人）；4）法属印度公开出版了大量煽动性刊物；5）在本地治里，大量革命宣传品正被制造和传播，其中一部分被警方截获，但很大一部分已经被送往目的地，这就是阿什（Ashe）谋杀案的原因。

说我正在或曾经伪装成一个苦行僧，这并不属实，我是一个普通的居家者，在没有遁世的情况下练习瑜伽，过去六年一直是这样。说什么巴尔克里希纳·勒勒或提拉克先生的中尉在本地治里，这也不属实，我不认识这个人，我怀疑除了《马德拉斯时报》，在印度没人认识叫这个名字的马拉地的政治家。关于马德拉斯无政府主义者的陈述，既没有事实也没有具体名字做证据，因此根本不需要我做任何回应。法属印度正在出版一些煽动性的刊物，这也是无稽之谈，《印度报》（India）已于 1910 年 4 月停刊，此后再也没有发行过。本地治里出版的唯一期刊是《泰米尔达摩》（Tamil Dharma）和《业瑜伽行者》（Karmayogi），据我所知，它们都不涉及政治，即使在严格的"出版法案"下，这两本期刊都被允许在英属印度自由流通，这证明了其内容是无害的。

至于革命宣传品的出版，我的调查结果令人满意，而且我想警方的调查一定也得出了同样的结果，那就是最近正在流传的煽动性的泰米尔语小册子，不可能是用民族主义者拥有的两家小出版社的现有材料印刷而成。就事物的本质而言，谁也不能断言这些小册子不是从本地治里或其他任何特定地点秘密传播出来的。至于现实情况，我只能说，自我在本地治里公开以来，我个人收到的这类出版物，大都直接来自法国或美国，仅有一次来自本区的另一个小镇。这似乎表明，即使本地治里有制造这类宣传品的嫌疑，也并没有垄断这一行业。此外，虽然我们偶尔听说这些小册子在英属印度的一些地方四处流传，但本地治里的居民并不知道当地有任何明显的此类活动。最后，《马德拉斯时报》竭力想给读者制造一种本地治里到处都是来自英属印度的危险人物的印象，这严重违背事实，据我所知，出于政治原因越过边境来到本地的英籍印度人不超过六个。

关于《马德拉斯时报》社论中明确的断言，我的回应就到此为止，我将在以后的信中谈谈他们对我的诽谤问题。

1911 年 7 月 20 日发表

[4]

这封信是前一封信的延续，于 1911 年 7 月 21 日发表在《印度教徒报》上，很可能是在前一天写的。文中最后一句所承诺的对观点的阐述并没有找到，似乎没有在《印度教徒报》上发表过，也可能从未写过。

以下是阿罗频多·高斯先生从本地治里给我们的来信：

接上一封信，我继续处理关于我被指控"持续在本地治里指挥无政府主义活动"的问题，这是一项违背良心的指控，英国法庭已宣告我无罪，他们却粗暴地归罪于我。对此，最好的回答是简单地陈述事实。

我的政治行动曾受到不同法庭的四次审查，每次结果都对我有利。我曾两次被指控煽动叛乱。在第一个案件中，我被指控的罪名不是因为对《向祖国致敬》的社论专栏负有责任（当我与报纸有关系时，这些专栏从未被指责为违法），而是因为一封寄丢的信件，以及复制了与煽动叛乱案件有关的文章而从技术上违反了法律，我的无罪完全是由控方的证据决定的，唯一的控方证人是一名被解雇的校对员，他在警察的盘问中承认销毁了证据。在第二个案件中，一篇署有我名字的文章被当局草率地质疑，但被国内最高法庭宣布为"并无恶意"。这篇文章的文字显然是无可挑剔的，法官不得不通过听证会来表示他们无法认定煽动叛乱的指控！

　　我的名字已经两次被卷入阴谋审判。在阿利普尔案中，经历了漫长的审判和一年的监禁之后，我被无罪释放，法官谴责了唯一一份与犯罪关联的实质性证据文件。最后一次，我的名字被一位审批人堂而皇之地拖进了豪拉（Howrah）一案，而他的证据被三位高等法院的法官认定完全不可信，我还要补充一句，豪拉在大吉岭被捕之前，我对他的名字和存在一无所知。我认为，我也有权强调，在所有案件中对我提起诉讼的理由都是站不住脚的，即使在阿利普尔的审判中，除了未经核实的信息，以及所谓的阴谋领导者——我的弟弟——经常出入我家的事实之外，并没有将我卷入法律诉讼的原始证据。在经历了这么多磨难之后，我可以说，在停止政治活动之前，我的公开记录是无可指责的。

　　我离开英属印度是为了让我的瑜伽修习既不受过去政治关系的干扰，也不受某些警察的骚扰——这似乎已成为他们的日常生活。我不再是一名政治斗士，不能以"待审的囚犯"的身份度过将来的大半生，一项又一项地不断推翻被偏见者轻率接受的、基于污点证据的指控。在停止政治活动之前，我曾奉劝我的民族主义者兄弟们，在新的形势下，不要徒劳地妨碍政府的高压和改革的实验，不要继续从事过去的活动而浪费自己的力量。众所周知，用《马德拉斯时报》的话来说，我在本地治里严格遵守了这条规则，在政治上我采取了绝对的被动态度，我反对任何在英属印度进行宣传的想法，我给所有向我征询意见的人一个建议：等待更好的时机和神圣意志。我曾多次强烈反对传播煽动性的宣传品，反对一切疯狂的想法和鲁莽的行动，我认为这些都会妨碍印度未来恢复并建立健全、有效、完善的国家福祉。

这些事实足以反驳那些针对我的含糊而鲁莽的诽谤。不过，请各位包涵，我还是打算简短地说清楚我对未来的看法和打算，这将使今后任何关于我的虚假陈述不再可信，只会成为肆意的诽谤，招致最沉默的蔑视。

1911 年 7 月 21 日发表

致《新印度报》编辑

[1]

室利·阿罗频多应安妮·贝赞特夫人的要求写了这篇关于国民教育的文章。安妮·贝赞特是神智学会（Theosophical Society）① 主席、印度地方自治

---

① 神智学会：印度近代宗教神学团体。

联盟（Indian Home Rule League）^①的领导人，也是马德拉斯一家报纸《新印度报》（New India）的编辑。这篇文章于1918年4月8日在《新印度报》上发表，标题为《祖国之子给兄弟们的信》，是九封"印度爱国领袖们的信"中最长的一封。这封信也收录在《室利·阿罗频多全集》第一卷《早期文化著作》中。

国民教育是仅次于自治的国家最深层、最迫切的需求，对于一个早先在这方面做出努力的人来说，看到这个一度被淹没的想法如此迅速地走向自我实现，是一件令人欢欣鼓舞的事情。

地方自治和国民教育是两个密不可分的理想，除非完全缺乏诚意或远见，否则谁也不会放弃其中一个理想。我们不仅要一个自由的印度，而且要一个伟大的印度，让印度在国际社会获得应有的地位，为人类生活做出独特的贡献。印度传承着人类所能拥有的最伟大的知识和财富，全人类都将期盼的目光投向她，但只有当她双手自由，灵魂自由、完整而高尚，生命富有尊严时，她才有能力给予。自治带来自决的力量，给双手自由，给灵魂成长的空间，让生命的力量在黑暗狭窄的空间中重新崛起，踏入光明和高尚。但是，要想塑造能够承继过去知识，扩展当前收获，开拓未来潜力的完整灵魂，我们需要一个崭新的国民教育体系，不可能来自对现有大学体系的延伸或模仿。现有大学体系有着根本性错误的原则、严苛机械的方法、死气沉沉的常规和狭隘盲目的精神。只有从这个国家的心中诞生的新精神和新体制，只有充满光明和希望的复兴才能创造新的国民教育体系。

---

① 印度民族主义者组成的政治团体，目的是争取实现印度自治。1916年由提拉克和安妮·贝赞特夫人创建。

我们有权期待国家能够抓住机会支持这场运动，就像支持自治运动一样。要国家在思想上认可国民教育并为其发声应该不难，但应做的远不止于此。国家的支持必须摆脱空谈、被动、懒散和不作为，以及在长期政治奴役和惰性下，生命和灵魂习惯服从于无形和机械性相混杂的不良习性。道义上的理解是不够的，还需要每个人的积极支持。蓬勃发展的国民教育事业需要献身于这项事业的人，需要持续发展所需的金钱和手段，需要学校和大学的学生。第一个肯定不会缺少；第二个也应该会出现，因为这场运动会影响所有人的能量，为了伟大的公共事业而奉献和自我奉献的风气在全国越来越普遍；第三个条件如果从一开始还不具备，那是因为我们总是习惯墨守成规，宁愿选择安全的、规划好的道路——即使它根本行不通——也不愿选择伟大而有效的新路。因为，当新的道路以未曾尝试的形式出现时，我们看不到自己的利益。但印度必须摆脱这一小小的精神缺陷，才能有勇气直面我们的命运。

　　如果物质和审慎的考虑阻碍了这一进程，那么我们应该看到，即使在职业领域，旧的制度也只打开了少数办公室和职业的大门，里面挤满了申请人，大多数人只能失望地空手而归，或者满足于低卑的生活和微薄的收入。新的教育体系将为个人开启足够体面、富有尊严和走向富裕的职业生涯，同时也打开了个人为国家服务的大门。那些从新的院校中以各种方式脱颖而出的人，将努力为国家的经济生活提供动力，没有这些动力，国家就无法在世界的压力下生存，更不用说获得崇高的合法地位了。个人利益和国家利益是一致的，方向也是一致的，无论作为公民、工人，还是父母和监护人，每个印度人对这件事都负有明确的责任，这责任存在于先驱者们开辟的伟大的新征程中，而不在磕磕绊绊的旧车辙里。

对印度和全世界来说，现在是决定新世纪命运的伟大时刻，这不是一个普通的世纪，是人类内在和外在历史的巨大转折点。如果我们现在采取行动，会得到业的回报。在这样的时代，每一次召唤都是我们民族精神的一次机遇、一次选择和一次考验。我们每个人都有机会在此过程中达到个体存在的最高高度，也一定会得到命运之主的指引和眷顾。

1918 年 4 月 8 日发表

［ 2 ］

1918 年 7 月，贝赞特夫人再次写信给室利·阿罗频多，询问他对当月早些时候宣布的蒙塔古-切姆斯福德改革的看法，室利·阿罗频多写了这封信作为答复。收到信后，贝赞特夫人写信询问是否可以"将这封信（署名或不署名）作为对'改革'的宝贵意见"发表，室利·阿罗频多同意了，随后此信于 1918 年 8 月 10 日在《新印度报》上发表。

以下给安妮·贝赞特夫人的信，出自一位著名的民族主义者之笔：

关于这些惊人的改革，除了你的路线，我看不出还能采取其他什么路线，只有那些永远准备做"影子内阁"的人才会认为你的路线是不明智的。一个多么庞大而壮观的"影子内阁"啊，我们似乎有不少这样根本不关心实质的"政治智者"，我想没有一个自治联盟领导人会让自己愚蠢到那种程度。

我用三天时间研究了这个计划，只能试着进行分析，整个事情的本质就像一个巧妙构建的中国拼图游戏，我在其中没有发现赋予这些新立法机构的哪怕一丁点真正的权力。整个控制权掌握在执行委员会、国务委员会、大委员会和那些不负责任的部长手中。至于代表机构——假设它们真的具有代表性，这一点令人怀疑——其发声也是既无力又无效。所有这些似乎不过是现有立法委员会的一个豪华版（édition de luxe），唯一看上去有些控制权的是省级预算，但这就像左手刚给出的东西马上又被右手拿回去，几乎每一种表面的让步都被另一种保障措施对冲，其价值也就被抵消了。另一方面，政府却拥有新的、最危险的、不负责任的权力，在这种情况下，怎么可能接受呢？如果在未来五年甚至十年内，该方案下的控制权确实获得了实质性的实施，也许有人会赞同所谓的谨慎接受，但事实上不会有这回事。相反，这些表面上的让步也有可能减少，就像你说的，整体精神是糟糕的。未来，印度甚至不会被允许决定自己的命运或发展进程，在我看来，自我决定权似乎已经和其他残羹剩饭一起被扔进了废纸篓。

如果所谓的"不明智"是指继续目前的政治斗争，所谓的建议是谨慎地服从，在糟糕的基础上做到最好，那么在我看来，后一种做法才是真正的不明智。因为斗争是无法避免的，只能暂时逃避，如果你现在逃避它，明天或后天就会受到它的折磨，而且有可能变成更致命的形式。目前的问题只是在全国范围内策动一个更好的方案，并让工党在英国实行，如果国大党做不到这一点，它将毫无价值。我希望大家都会跟随您的领导，这是一个有自尊的国家所能采取的唯一路线。

1918 年 8 月 10 日发表

致《印度斯坦报》编辑

　　"印度婚姻（有效）法案"是由维塔尔拜·帕特尔（Vithalbhai Patel）[①]
于 1918 年 9 月 5 日在帝国委员会（Imperial Council）提出的，其目的是为
不同种姓的印度教徒之间的婚姻提供法律许可（据当时的法院解释，印度
法律认为，除非习俗允许，否则不同种姓间的婚姻是无效的）。帕特尔的法
案受到正统派的谴责，改革派也认为其不够充分。但是，包括拉宾德拉纳
特·泰戈尔和拉拉·拉杰帕特·拉杰在内的一些印度杰出人士认为，这是朝
着正确方向迈出的一步。《印度斯坦报》（*Hindustan Times*）[②]总经理洛特瓦拉
（Lotewalla）询问室利·阿罗频多对该法案的看法，以下是室利·阿罗频多
的答复，没有注明日期，但显然是写于 1918 年最后一个季度。

　　您问我就不同种姓通婚问题有什么观点，我只能说，对于所有
有助于在一个充满活力的社会框架内解放和加强个人生活，并恢复
印度在伟大和扩张的英雄时代所拥有的自由和活力的举措，我都完
全赞成。现在我们很多社会形态和风俗习惯，都起源并形成于印度
收缩和衰落的时期，它们曾在有限的范围内用于自卫和生存，但现
在，当我们再次被要求进行自由和勇敢的自我适应和扩张之际，它
们却阻碍了我们的进步。我信奉积极进取和扩张的印度教，而不是
狭隘自卫和自我收缩的印度教。我无法就帕特尔先生的法案是否实
现预期目标的最佳途径发表明确的意见，我更希望变化由社会内部
产生，而不是由立法带来。但我也认识到，其中的困难在于，欧洲
法理学僵化和机械的概念已被强加在古老的、依靠有机进化生存和

---

① 　维塔尔拜·帕特尔：印度律师和政治家，印度国大党领导人之一。
② 　《印度斯坦报》：创刊于 1924 年，是印度最具影响力的英文报纸之一。

发展的印度社会上，或许在这种情况下，发展一种新习惯或恢复一种旧习惯已不太可能，所以这一法案所提出的改变不过是印度教的一种自我修订。由于立法造成的困难只能通过立法来解决，从这个角度来说，我同意这项法案。

1918 年

致《独立报》编辑

1920 年 8 月 1 日，巴尔·甘加达尔·提拉克去世，应《独立报》（*Independent*）编辑贝平·钱德拉·帕尔的要求，室利·阿罗频多写了这篇讣告，于 1920 年 8 月 5 日发表在《独立报》上。以下文本已与报纸上发表的版本和室利·阿罗频多手稿中发现的草稿进行了比较。

一位拥有伟大思想、伟大意志的崇高而卓越的人类领袖，已经离开了他的事业和成就。对他的祖国来说，洛卡曼亚·提拉克（Lokamanya Tilak）① 的意义远不止于此，因为他已经成为国家的重要组成部分，是国家过去努力的体现，也是当前的意志和斗争领袖，带领国家为追求更自由、更美好的生活而奋斗。他的成就和个性使其成为历史上最重要的人物之一。他是一个从小事做起、迅速有所建树的人，是一个用未经加工的质料即可创造伟大事物的人。他创造并留给我们一种崭新的、强大的、自强不息的民族精神，一种人民重新觉醒的政治思想和生活，一种追求自由和行动的意志和一个伟大的民族目标。

---

① 洛卡曼亚：提拉克的别名。

他将非凡的品质注入工作，他冷静、沉默，拥有毫不畏缩的勇气、坚定的目标、灵活的头脑、对各种可能性的前瞻性视野、对时机的洞察力、对现实的感知，出色的民主领导能力和从未迷失目标的外交能力，即使在运动最温和的转折点也始终朝着这个目标前进，并引导所有人实践一种一心一意的爱国主义，而权力和影响力只是解放和服务祖国的手段和杠杆。他为祖国付出了太多，一次次受苦，却毫不张扬他的痛苦和牺牲。他的生命是祖国祭坛上最忠诚的祭品，他的死亡是在永不停息的服务和工作中到来的。

人们会在一段时间内强烈地感受到这位伟人卓越的事业。他的去世形成了一个巨大而直接的空缺，必须很快由新人和新力量填补。他在这个国家所创造的精神是真诚的、真实的和富有成效的。他的精神会激励怀揣同一目标和思想的人，会培养出与他相似的人，即使不能达到他的高度，也定能召唤和他一样有能力、有勇气的人奋发图强。他的精神不会停止或失败，必将生生不息。

他只是去到了面纱背后，死亡是幻觉，而生命不是。他内心的强大精神已经摆脱了人类与身体的限制，并且仍然可以对我们、对正在工作的人和即将到来的人产生更微妙、更充分和不可抗拒的影响。即使事实并非如此，他的一部分仍然与我们同在。他的意志留在了许多人心中，这使他付出巨大努力创造出来的国家意志更加强大，更加一往无前。这种不断增长的意志，其力量和单一整体性是国家成功的主要条件。他的勇气留在了许多人身上，融入、提升和加强了人民的勇气，他在苦难中的牺牲和力量留给了我们，让我们得以成长壮大，甚至比他在世时更加强大，并增强了我们的人民完成艰难任务时所需的优良且坚强的品质。这些是他留给国家的遗产，当每个人上升到他们所代表的高度时，便是对他生命的证实和回应。

　　方法和政策可能会改变，但洛卡曼亚·提拉克过去和现在的精神依然存在，并将继续闪耀，成为他人实现自身伟大且唯一的人生目标的持续动力。评价一个伟大的工作者和开创者，不能只看他本人所做的工作，还要看他开创的更伟大的事业。这位已故领导人的成就使这个国家达到了一定高度，并有能力继续前进，继续超越，面对新的情况，迎接未来更艰巨更重大的挑战。他为我们的未来建立了牢固的基础，这是他工作中最伟大和最确实的标志。在他离开我们的那一刻，对我们民族运动的考验就开始了。

图40 巴尔·甘加达尔·提拉克

　　洛卡曼亚·提拉克的去世正值这个国家最为艰难困苦之时刻，这是一个关键时期，命运之主在向这个国家发出考问，国家未来的全部精神、美德和意义都取决于这个问题的答案。我们面临的每一件事都具有神圣的意义。在这样一个时刻，这样一个人离开了我们，成千上万的人都曾依赖他的思想和决定，现在我们国家的每一个人都应该更加深刻地感受到他个人所承担过的伟大的、几乎是宗教意义上的责任。

此时此刻，我不应该预先判断这个问题，每个人都必须根据自己的标准和良知来面对它，至少可以要求每一个配得上印度和她已故伟大儿子的男子，在决定将来要做的事情时，抛弃所有意志上的软弱、所有勇气上的缺陷和对牺牲的恐惧。让每个人都努力以最伟大的经典所教导的无私的、客观的态度去看待事物，这将让我们与神圣意志，与"母亲"的灵魂合一。印度的未来需要两样东西：她为人类工作所需要的灵魂、生命、行动的自由；她的孩子们对这项工作和真正印度精神的理解，即未来的印度必须是真正的印度。第一个似乎仍然是当前的主要意义和需要，但第二个是更重要的问题，也是印度独立的关键。我们民族未来存在的真实性、活力和伟大，取决于我们现在和今后几年的决策精神，这是一个伟大的"自我决定"的开始，不仅是外在的，而且是精神上的。这两种思想应该指导我们的行动，只有这样，洛卡曼亚·提拉克所做的工作才能获得真正的延续和意义。

阿罗频多·高斯

1920 年 8 月 5 日发表

致《旗手》编辑

室利·阿罗频多就加尔各答新闻界对他的政治观点提出的某些指控，写信给《旗手》的编辑莫提拉尔·罗伊。在信中，他写了一段希望莫提拉尔发表的声明（楷体字部分），于 1920 年 11 月 11 日在《旗手》发表。

一些人认为室利·阿罗频多代表改革派，另一些人认为他代表不合作派，鉴于这些广泛传播且相互矛盾的谣言，室利·阿罗频多在孟加拉的精神代理人室利·莫提拉尔·罗伊（Sri Matilal Roy）应其精神团体的要求，通过《旗手》写信给他的上师室利·阿罗频多，并收到了以下回复和授权，特此发表：

所有这些说法都毫无根据。我从未公开或私下发表过个人的政治观点，也从未授权任何人作为我的发言人。有谣言说我支持蒙塔古-切姆斯福德改革，反对不合作运动，这是毫无根据的。我个人和阿修托什·乔杜里爵士的宣言和其他引用我过去作品中内容的人没有任何关系。公众人物公开发表的意见属于公共财产，我并不否认我写过的东西，但是，将其应用于蒙塔古-切姆斯福德的改革和当前局势，则完全应由宣言的签署者负责。我前几天才知道，《故土报》完全未经授权即对我的观点做了摘要，将我描述为圣雄甘地的热情追随者，无论在形式上还是实质上，都没有公正地表达我的观点。其中提到我曾说："这一切都归功于我。"——这是我做梦都不敢说的话。还有"我会为了国大党的任命而牺牲我的良心"，并建议所有人都这样做——这是对我的侮辱和伤害。我没有对任何人说过"完全负责任的自治，完全脱离英国控制的独立"或其他任何纯粹的政治目标是我努力实现的方向，也没有口头预言过不合作运动将取得巨大成功。如你们所知，关于印度，我只致力于一种工作或宣传，即在精神基础上，在更大更自由的范围内，重建印度的文化、社会和经济生活。至于政治问题，请我的朋友和公众不要相信任何未经我明确授权或签名的声明。

A.G.

1920 年 11 月 21 日发表

致《孟买纪事报》编辑

1925 年 6 月 16 日吉德伦金·达斯去世，应《孟买纪事报》(*The Bombay Chronicle*)①编辑的请求，室利·阿罗频多写了这封信，于 1925 年 6 月 22 日刊登在《孟买纪事报》上。

吉德伦金的逝世是一个巨大的损失。他具有天生的政治智慧、建设性的想象力和个人魅力，他拥有强大意志和与之相符的行动力，在对时局的前瞻和应变上有着非凡的思维可塑性，他是继提拉克之后唯一能够带领印度走向自治的人。

阿罗频多·高斯

1925 年 6 月 22 日发表

---

① 《孟买纪事报》：孟买的一份英文报纸，创刊于 1910 年，停刊于 1959 年。

第二节 关于瑜伽与精神生活的早期信件
（1911—1928）

室利·阿罗频多于 1905 年开始练习瑜伽，从那时到 1911 年间，他很少在书信中提及瑜伽和精神性内容，首次提及是在写给莫提拉尔·罗伊以及保罗·理查德和米拉·理查德的信中。1920 年左右，他开始给在印度和国外有兴趣练习他的瑜伽体系的人回信。自 1926 年底，他不再与任何人见面，甚至包括与他同住的人（那里很快成了一处修道院），但仍继续回复外界的来信。渐渐地，他也开始给修道院的成员回信。室利·阿罗频多于 1927—1950 年写的有关瑜伽的信件与 1911—1926 年写的有所不同。本节包含所有留存下来的关于瑜伽的早期信件，以及后期与此相关的信件。1927 年至 1950 年间的所有关于瑜伽的重要信件都收录在《瑜伽信札》（*Letters on Yoga*）中，见《室利·阿罗频多全集》的第二十八至三十一卷。

致母亲和保罗·理查德的信件节选
（1911—约 1922）

保罗·理查德是一位法国律师和作家。1910 年，他来到本地治里竞选法国众议院议员，但发现承诺给他的选票已经给了别人。在返回法国之前，他请朋友引见一位瑜伽士，朋友们安排了他与室利·阿罗频多的会面。在接下来的四年里，他和室利·阿罗频多一直保持着书信联系。1914 年，理查德再次来到本地治里参选，这一次，他的妻子米拉与他同行，米拉后来被称为母亲（the Mother）。理查德参选失败，但他和妻子米拉一直留在印度，直到 1915 年 2 月保罗奉命入伍，理查德一家返回法国。后于 1916 年 3 月启程前往日本，在日本逗留四年后，他们于 1920 年 4 月回到本地治里。

致保罗·理查德

这些信件写于 1910 年室利·阿罗频多与理查德会面之后，到 1914 年理查德返回印度之前。

[1]

我需要一个庇护之地，在那里可以不受侵扰地完成我的瑜伽修习，还可以塑造身边的那些灵魂。在我看来，本地治里是天选之地，但若想打造一个超越物质层面的属地，所需的努力超乎你的想象……

我正在培养将精神带到物质层面所必要的力量。现在我可以用自己的力量改变他人的内在，消除黑暗，带去光明，赋予他们崭新的心灵与思想。对身边的人，我可以很快且完整地完成这一改变，对远在数百英里外的人也没问题。我还获得了另一种力量，可以读出人们的性格和内心，甚至思想，但尚未完全掌握，还不能随时随地运用自如。此外，仅通过意志的活动来指引行动的能力也在发展中，但目前还不如其他能力那般强大。我与其他世界的沟通还有些棘手，但确实在与一些非常伟大的力量交流。清除最终障碍后，我会写信详细告诉你这些事情。

我清晰地意识到，我的瑜伽主旨是要完全彻底地消除所有可能导致错误与无效的源头，只有消除错误，才能让真理最终完美呈现于世；消除无效，我所从事的改变世界的工作才能取得最终的胜利。

我经历了如此漫长艰苦的修习，但迟迟没有揭示出瑜伽辉煌非凡的效果，因为我一直忙于搭建基础，这是一项艰苦卓绝的工作。直到现在，稳固且完美的基础已然奠定，高楼大厦就要拔地而起了。

1911 年 7 月 12 日

[2]

我的瑜伽进展迅速，但我想等目前的试验取得充分的成果后再给你写信，这些成果将会给我和身边的年轻人带来巨大的成效，也将是对我的瑜伽理论和体系最好的佐证……如果一切顺利，一个月内便能看到结果。

1911 年 9 月 20 日

[3]

去年，我的瑜伽一直被笼罩在巨大的静默和压抑的氛围中，直到现在才得以摆脱。最严峻的困难——内在的挣扎——已经过去，我已征服了它，或者更确切地说，是某种存在为我征服了它，而我只是工具。现在我已转向外部斗争，积蓄力量，等待时机。在时机成熟之前，我还不能告知你详情，因为虽然物质世界中精微层面的敌人被打败了，但它们仍在拼死挣扎，以阻挠我的瑜伽在客观层面的实现，我每天都在斗争，每天都在大踏步地接近我的瑜伽目标。

*　*

尽管如此，我仍在继续基础性工作。幸运的是，对人类而言，这个世界上还是有政府和当局无法触及或阻止的方法。我现在明白为什么外部工作会遭到阻挠了。在认真开始外部工作之前，我必须拥有完美的知识与力量。目前，我的知识与力量正快速趋于完美，一旦达成，物质层面的困难也就荡然无存了。

1912 年 12 月 18 日

致母亲和保罗·理查德

这些信大概是写给米拉和保罗的。其中 1915 年 12 月 31 日的信中所提及的母亲的体验，也记录在她的《祈祷与冥想》（*Prayers and Meditations*）中，日期为 1915 年 11 月 26 日。

[1]

一切都是为了最好（的结果），但有时从外部视角来看，这个"最好"却令人尴尬。

* *

我有一篇小文，名为《将荒凉的欧洲建成上帝之城》（*Build Desolated Europe into a City of God*），给你这篇文章，是因为它还有一点价值。或许，它让你回忆起曾经的欧洲对权力的渴望，毕竟现在不止欧洲，整个世界不都处在四分五裂的状态中吗？亚洲又有哪里能找到一处世外桃源呢？现在，整个世界都遵循同一规律，同样的斗争此起彼伏，我甚至怀疑没有人能摆脱冲突的追逐。无论如何，安逸的隐退似乎不是我的宿命，我必须与这个世界保持联系，直到我可以掌控，或屈从于这恶劣的环境，又抑或像目前这样，命中注定般地挣扎于身心之间。这是我一直以来看待事物的方式，不会改变。我已对无处不在的失败、困难和不可逾越之事习以为常，除了某些短暂时刻，我已对它们视若无睹。

* *

一个人要拥有平静的心灵、坚定的意志、完全的自我克制和始终凝望至上的双眼，才能在这样一个可谓撕裂遍布的时代毫不气馁地生活下去。于我而言，心之所向，无问西东。结果不属于我，甚至连现在的劳作也不属于我。

1915 年 5 月 6 日

[2]

我们拥有天堂，但不拥有世界，依吠陀要义，瑜伽的圆满在于"天地合而为一"。

1915 年 5 月 20 日

[3]

内部的一切都已然或趋于成熟，但仍存在着某种僵持不下的斗争，任何一方都没有明显优势（有点像欧洲的堑壕战），精神力量坚决抵制着来自物质世界的反抗，这种反抗无处不在，甚至还能或多或少地予以有力回击……如果缺乏力量，没有内在的喜乐，这必是一场令人生厌的斗争。但智慧的双眼终将洞穿一切，并跨越这段略显冗长的插曲。

1915 年 7 月 28 日

[4]

我在新一期《雅利安》上开始发表一系列文章——关于人类统一理想。初始阶段，我倾向于谨慎地探讨这个话题，不会过于深入，但似乎这些文章正引导读者逐渐了解"统一"的深层涵义，特别是帮助他们脱离"错误的一致和机械的联合即是统一"的认知误区。

* *

似乎没有什么能够扰乱事物的稳定性，外在看似活跃的一切不过是一种晦暗的混乱，从中不会形成任何事物，更不会浮现光明。有一点很奇怪，这个世界的混乱被一件旧外套完全遮掩了，这混乱究竟是一种长久的割裂还是预示着某种新生事物的诞生？这是一个日复一日争论不休的问题，迄今尚无定论。

* *

在停滞期，表层下的工作总是被掩盖，而正是这种工作带来了日后的某些进展。

1915 年 9 月 16 日

[5]

没有指引、没有思想、没有冲动的省思不会让人走得更远，只会让头脑在众多不确定的可能性中不停打转。

* *

实际上，这些事情更多地取决于我们自身而非外部因素，如果我们能对出现的困难置之不理，不用自己的思想和心理去增加难度，能保持内心的冷静与平和，就不会激起"敌人"的攻击，一般来说，外部的种种可能性也就不会发生了。

* *

现在，我们要积聚精神力量，无论周遭有怎样的反对势力，或者发生任何事情，我们都要增加内心的平静、知识和喜乐。这样，当我们真正开始外部工作时，才能全身心地投入工作所在的物质世界中。（这是我正在慢慢做的事情，我想，你们会做得比我快一些。）

* *

我始终认为，内在先于外在，否则，我们所尝试的任何试图超越内在力量和知识的工作，都会以失败而告终。

* *

这正是我当下所努力的，摆脱力量和可能性的束缚，进入真理之光（the vijnana）。

346

＊ ＊

阿卜杜勒·巴哈（Abdul Baha）[1]的预言可能是对的，但目前在我看来，其说法过于僵化。光的中心，未必需要物理术语来解释，有少数人是可以居于其中，随着光圈不断增强，会有越来越多的人进入其中，而外在的衰暮世界还在与这光缠斗，这似乎是一个不可避免的过程。

＊ ＊

我们大多时候生活在光的反射中，而非光中，除非我们更接近光的中心，否则无从知晓。

＊ ＊

在我看来，这个（寄来的）方案只是头脑的产物，很大程度上受了外部环境的影响，难以付诸实践，因为世界还未准备好。即便尝试，也不会如期望的那样得以启动或执行……若想以此类计划帮助我们实现设想的伟大目标，前提是人类要有内在的改变，拥有新的心灵。我宁可叫停这种不成熟的方案，尽管这样做可能会造成伤害。

1915 年 11 月 18 日

［6］

你所描述的体验是真正意义上的吠陀智慧，但那些自称是正宗瑜伽的现代瑜伽体系可能对此不大认可。这种体验源自《吠陀经》和《往世书》中所说的"世界"（Earth）与神圣意旨（divine Principal）的联结。据说，这个"世界"在地球之上。也就是说，我们在地球上的身体、意识和所有物理存在不过是一种幻象。但现代瑜伽几乎不承认与神圣存在产生物理联结的可能性。

1915 年 12 月 31 日

---

[1] 阿卜杜勒·巴哈：巴哈伊教（旧译"大同教"）创始人巴哈·欧拉的长子和继承人。

[7]

你在精神修习过程中遇到的困难对所有人来说都很常见。瑜伽修习总是伴随着反复退转到普通精神状态，直到整个人被彻底重塑，不再受自身本性倒退的影响，不再受外部世界冲突的影响，甚至不再受与我们一起修习瑜伽的人的心智状态的影响。普通瑜伽通常专注于单一目标，因此较少暴露出这种退转，而我们的瑜伽是如此的复杂多面，且蕴含着宏大的目标，在几近达成目标之前，都不可能一帆风顺。此外，精神世界中的所有反对力量仍在持续纠缠并对我们的修习成果虎视眈眈，对于我们每一个人而言，只有彻底击退这些敌对力量才意味着完全的胜利。事实上，仅凭一己之力，我们无法希冀成功，只有当越来越多的人与至上的沟通越来越遍在，才有可能获得最后的胜利。

对我来说，我经常不得不从似乎已经稳固的状态中退转出来，所以，我只能说，相对而言，我已"完成"了瑜伽的一部分而已。尽管如此，每次当我从这些退转中恢复后，总会有新的精神获益，倘若我安全地停留在之前那种还算满意的状态中，可能会忽视或错过这些。特别是，我对自己精神修习之路有清晰的规划，因此可以衡量修习进程中的每一步，每一次的退步都会使我对整体进步有更清晰的觉知。最终的目标还很遥远，面对持续不断且来势汹汹的反对力量，我们所取得的进展是达成最终目标的有力保证，但时间不是我们所能掌控的，所以我将不耐与不满抛在一边。

世间万物拥有绝对平等的思想和心灵，都具有纯粹且平静的力量，以此为先决条件，我内在的力量拥有无尽的耐心和坚定的恒心，不急功近利，更不忘初心。无论哪里出现问题，我都会回望初心，解决问题，就像工人耐心地修复有缺陷的产品一样，在我看来这是其他一切的基础和条件。当基础愈加坚实完整，整个系统就愈能保持对"一"的强烈且稳定的感知，他存在于万事万物中，存在于所有质性、力量、事件中，亦存在于宇宙意识及其导演的这场大戏中。这样就建立起合一（Unity），从中生发出深深的满足感和与日俱增的狂喜。但这些却被我们的本性所抗拒，因为本性固守分裂、二元对立、痛苦、永不满足的激情与劳作，很难置身于神性的博大、喜乐和平等中，特别是我们本性中肉体与物质的部分会将喜乐、平静与合一的心意拉低。我想，这就是为什么宗教和哲学如此强烈地谴责生活与物质，并总想着逃避而不是战胜它们的原因。但我们必须通过救赎和转化，而不是拒绝或消弭，来战胜这些本性中的反抗因素。

搭建好合一的基础，静态的工作就完成了，但仍要继续另一半动态的工作，那就是我们必须在"一"中看到上主和他的力量，用印度宗教的用语来说就是克里希那和卡利。我被这力量所占据，我的本性成为卡利，不再是任何其他，上主使用、指引并享受这力量为他服务，而不是为了我自己。我将自己视为上主的宇宙存在的一个中心，像个体灵魂回应至上灵魂那样对上主的活动做出回应。我以他的形象示现，最终除了克里希那和卡利再无其他。这是我在历经挫折与退转后，目前能达到的状态，尽管在稳定性和强度方面还不尽完美，但总体尚可。如果做到了这一点，那么我们就有希望在自身找到他的神圣知识对其神圣力量的支配作用。接下来就是完全打开宇宙大戏的不同面向，让物质世界和我们的身体服从于源自至高真理的法则。之前由于无知，我经常在首要条件尚未具足之时，就迫不及待地推进，当然，努力和物质准备是必要的，但如果没有先决条件，就只能远远地展望未来发展的可能性。

开启上主的能量，我们才能拥有稳固的超心思存在的光和力。但是，智性、思想和心理的旧习仍有顽固的残余在阻碍我们的修习，使其充满不确定性，甚至总是在取得小小成就后再次退回原状。这些盲目的、愚蠢的、机械的、不可救药的旧习已不再属于我，但即便它们察觉到自己的无能，还是会围绕在意识周围，试图在意识对超心思之光和至上启示保持开放时，乘机灌注种种暗示，让知识和意志以一种混乱、扭曲、错误的形式进入头脑。尽管如此，旧习造成的侵扰一定会被削弱并最终被消除，这只是一个时间问题。

1916 年 6 月 23 日

一封信件草稿

这封信中提到的情况表明它写于 20 世纪 20 年代初，当时室利·阿罗频多已半隐退。信中提到保罗·理查德的一本书《万国之王》(*Le seigneur des Nations*)，说明收件人应是理查德。此信是秘书签名后寄出，所以用了第三人称。

他希望我告知您，由于近期无暇顾及，他已依照您的请求将书稿寄回。他现在已完全隐退，推掉了所有外部活动，以便可以更好地安排时间，全身心专注于瑜伽修习。他也清退了周围的一些与瑜伽所需的静谧氛围不合的人，他不与任何人见面，也不接受任何拜访，马德拉斯的朋友来这里时也没能见到他，就连他的上师毗湿奴·巴斯卡尔·勒勒计划来这里的行程，也被他无限期地推迟了。

出于同样的原因，他完全停止了写作。他的著作，包括那些已有出版计划的（除了少数由其他人负责已无须他再参与的之外），也由于没有时间修订而被搁置。他并不是不想出版这些作品，只是不能再让其他事情扰乱目前的平衡状态，或是打乱生活的安排，分散他需要完全专注在瑜伽上的能量。总之，他不想自己的瑜伽修习被干扰或被打断。他推迟了所有其他事情，直到完成瑜伽的既定目标，才会再次投身于外部事务和活动。

在这种情况下，他不大可能重译或修订《万国之王》这样一部相当重要的作品，即便答应您他也无法完成。因此，他希望您能对此项工作另作打算，您最近的演讲内容就翻译得很不错。希望在了解上述情况后，您能理解为什么他无法同意您来信中的建议。

致印度人

（1914—1926）

本节二十三封信件中有十三封是室利·阿罗频多手写的信函或草稿，其他一些是在室利·阿罗频多的口授下完成的，还有一两篇是他人根据室利·阿罗频多的授意完成的。此类信件通常在发出之前由室利·阿罗频多修改，有时是很大篇幅的修改。

致古格特

这些信件的收件人古格特（N.K. Gogta），背景不详，只知道他在《雅利安》第一期出版后曾写信给室利·阿罗频多，询问一些关于冥想的问题。古格特或许希望他的问题能在《雅利安》发行初期的特色版块"本月问题"中得到回复。事实上，室利·阿罗频多在《雅利安》1914年10月刊中回答了古格特的问题——"瑜伽中的冥想到底是什么？冥想的对象应该是什么？"，其中也包含给古格特回信中的部分内容。

[1]

这是室利·阿罗频多寄给古格特的明信片，以说明他无法立即回信。

本地治里

1914 年 9 月 9 日

亲爱的先生：

很遗憾一直没能回复你的明信片，我最近一直忙于《雅利安》

的工作，需要按时交付给出版社。17日以后我会有时间，希望那时能回复你提出的问题。

此致

阿罗频多·高斯

［2］

室利·阿罗频多写了数千封关于瑜伽的信件，而给古格特的这封回信是第一封此类信件。在信的结尾，室利·阿罗频多提到了他对《伊莎奥义书》的注释中第三章末尾一节。他写道，这一节的标题是"见万物之相"。实际上，在《雅利安》1914年10月刊和《伊莎奥义书》注释中都是以"见梵之相"为题。而以"见万物之相"为标题的另外一节则是发表在《雅利安》11月刊上。室利·阿罗频多给古格特的回信也部分发表在1921年3月13日的《旗手》上，还有部分收录在室利·阿罗频多的《瑜伽信札》中。

本地治里

1914年9月21日

亲爱的先生：

希望你已收到了我说明不能及时回信的明信片。

你来信中提到的诸多问题涉及甚广，我想有必要做个简要的回复，只能谈及一些重点。

1.冥想究竟是什么

在英语中，有两个词用来表达印度文化中"禅那"（Dhyana）的概念，即"冥想"（meditation）和"沉思"（contemplation）。冥想是将意识适当地专注在和单一对象有关的一系列念头上。沉思是通过持续观想单一的物体、形象或念头，通过专注的力量，让相关的知识在意识中自然浮现。这两者都是禅那的形式，因为禅那的主旨就是精神专注，不论专注对象是思想上的、视觉上的或是知识上的。

还有其他形式的禅那。辨喜曾建议说，应与你的念头保持距离，让它们在意识中自然呈现，你只是观察，看看这些念头是什么样子。这也许可以称为对自我观察（self-observation）的专注。

这种形式的专注会导向另一种意识状态，即所有念头都被清空，意识进入一种纯净且警觉的状态。这时候，不被普通人意识中低级思想所干扰的神性知识就会到来，留下如同白色粉笔写在黑板上那般清晰的印记。《薄伽梵歌》将这种排斥所有念头的方法列为瑜伽的修习方法之一，甚至是最好的方法。这也被称为解脱禅那（Dhyana of liberation），因为它使意识不再被思维的机械性运作所奴役，可以自由地选择是思考，还是不思考？什么时候思考，思考什么？或超越思考，抵达对真理的纯粹感知——在我们的哲学中称为智识（Vijnana）。

对人的意识来说，冥想是最容易的方式，但其结果也是最有限的，沉思更难一些，但效果会更好，最难的是自我观察并摆脱思想的束缚，其成果也最为广博与恢宏。一个人可以根据自己的喜好和能力选择其中任何一种，最完美的方法是将三种方式恰当地整合起来，每种方式有其各自的冥想对象和修习方法，各得其所。但这需要在瑜伽的自我修习中拥有稳固的信念、坚定的耐心以及强大的意志力。

2. 冥想的对象是什么

任何与你的本性最为相宜的，或你最热切渴望的都可以是冥想的对象。但如果让我给出一个绝对答案，那我一定会说，梵

（Brahman）永远是冥想或沉思的最佳对象。让意识专注在"神在万物之中，万物在神之中，万物如神"的念头上（God in all, all in God, all as God）。这个神，到底是人格神（the Personal God），还是非人格神（the Impersonal God），或是神我（the One Self），从根本上来说都无关紧要。这是我发现的最好的冥想对象，因为它至高无上且涵容了所有世界——这个世界，其他世界，超越所有现象存在的世界——的真理："一切皆梵"（All this is the Brahman）。

在已发行的《雅利安》第三期（10月刊）中，对《伊莎奥义书》注释的第二部分末尾处有关于梵的描述，可能有助于你的理解[1]。

3. 冥想最重要的内部和外部条件

并没有特别重要的外部条件，但独处和隐居以及保持身体的稳定都对冥想有帮助，有时候这对初学者来说尤为必要，但也不要被外部条件所束缚，一旦养成了冥想的习惯，就应该能在任何情况下进行冥想，行住坐卧时、独处时、与人相伴时、在安静或嘈杂环境中，等等。

关于内部条件，第一个是专注的意志力，以克服冥想时的障碍，例如走神、健忘、昏睡、身体和神经的焦躁与不安等。

第二是内在意识——心意（citta）的纯净与平和。我们的思想与情绪，例如愤怒、悲伤、沮丧、对世俗事务的焦虑等，都是由心意中升起，保持心意的日益纯净与平和，就能免受这些反应的干扰。另外，一个人精神上的完美与其品德总是息息相关的。

阿罗频多·高斯

---

① 见《雅利安》1914年10月刊《〈伊莎奥义书〉中关于梵的描述》一文。——原注

附：关于你提的最后一个问题，很难泛泛回答，因为这与个人选择的修习道路以及遇到的困难等因素有关。

给诺里尼·坎塔·古普塔的信件（草稿）

诺里尼·坎塔·古普塔是巴林德拉·库马尔·高斯的秘密革命社团中的年轻成员，在阿利普尔爆炸案中以共谋罪被捕并受审。被判无罪后，他于 1909 年和 1910 年间与室利·阿罗频多一起为孟加拉语周刊《达摩》工作。1910 年 10 月或 11 月间，他在本地治里跟随室利·阿罗频多修习瑜伽，接下来的九年，他大部分时间都在本地治里。后来他回到孟加拉，并于 1919 年 12 月在当地结婚。室利·阿罗频多在他结婚之前写了这封信，信首引用的拉丁语短句（*Quorsum haec incerta?*）似乎出自古罗马诗人贺拉斯（Horace），意为"这种不确定性会导致怎样的结果？"（whither does this uncertainty lead?）。

亲爱的诺里尼：

Quorsum haec incerta? 这种不确定性会导致怎样的结果？你真的想以婚姻之名行男女之事吗？或你并不是这样想的？你会吗？不会吗？——你到底是怎么想的？还是我在对牛弹琴？这一切会带来什么呢？又会把你带向何方？

男女之间关系的起伏、飘忽、波动、调情、短暂的眼神交汇时的美妙感觉，以及随之而来的无边无际的想象确实会带给你新鲜快乐的感觉，但如果将这些以实际的婚姻作为结果，你未免也过于浪漫了。在恋爱的世界里，鼻子、下巴、嘴唇、双眼和微妙的表情，无疑是令人着迷的，但难道你认为实际行动（婚姻）会让这一切永恒吗？

与你相比，索林不那么浪漫，也更实际一些，他的哲学头脑似乎很早就意识到了这个问题，并写信问我，在当前的社会中，与我们的理想和目标"结婚"是否值得？我并没有多想，两个月后给出了某种非承诺性的回答：我不认为这非常值得，但事实可能是这样，最终，他还是要问问自己的内心（antaratman[①]）。

约 1919 年

致 A.B. 普拉尼

在室利·阿罗频多的激励下，A.B. 普拉尼在古吉拉特邦建立了一个秘密革命社团，1918 年，他去本地治里向室利·阿罗频多汇报社团的进展情况，室利·阿罗频多建议这个年轻人多注意修习。普拉尼一直与室利·阿罗频多及其他一同修习的人保持通信，直到 1923 年定居本地治里。

本地治里

1920 年 2 月 21 日

亲爱的普拉尼：

收到我的信可不容易啊，我一年写的信几乎不超过十封，现在你不会惊讶于迟迟未收到我的回信了吧。你第一封来信中提到了两件事，你希望我说些什么呢？当我们见面时，似乎不需要语言交流，精神总是胜过言语。现在，如果一定要说些什么，我想我们之

---

① antaratman：inner Self，内在的自我。

357

间也早已谈过，不知道还有什么是你觉得必须要谈的。如果有问题，最好是先尝试从你的内在寻找答案，仍有疑虑时，再来找我寻求一个确切的答案。另外，最好能时不时让我知道你的瑜伽进展，特别是你遇到的障碍或困难，即使我无法给你答案，也能给你静默的帮助，我发现这种方式往往有最好的效果。对于疾病，治疗方式首先是内在的意志，其次是简单的治疗。但是，对那些仍强烈执着肉身的人，这条准则在初期并不完全适用，因为粗身往往会顽固地与意志对抗。初期最好是在一定程度上尊重身体依赖物理治疗的习惯，当意志足够强大，可以迅速应对这些依赖时，就无须物理治疗了。

你在给阿姆里塔 ① 的信中谈到《吠陀的秘密》(*Secret of the Veda*) 和《致列国》(*To the Nations*) 这两本书的翻译问题。《致列国》的版权不属于我，属于理查德先生，他可能已把此书的翻译版权交给了出版商，如果在没有译本版权的情况下出版此书，出版商可能会提出异议。当然，如果我向理查德先生要求版权，他肯定会答应，但我不知道他现在是否为该书翻译版权的持有人。因此，你的译本现在还不能出版。请告诉我译者的姓名，未来一两个月理查德先生可能会来我这里，即便他不来，我也可以代译者向出版商申请版权。

---

① 阿姆里塔：原名阿拉瓦穆达查里·艾扬格（Aravamudachari Ayengar），本地治里人，从 1919 年到 1969 年的五十年里，他一直为室利·阿罗频多和母亲服务。

图 41 室利·阿罗频多与弟子的合影, 1911—1920 年, 右手边是
K. 阿姆里塔

《吠陀的秘密》一书尚不完整, 还有一些错误和需要完善的
地方, 我希望修订后再出版此书或译本。不过也许古吉拉特语
（Gujerati）译本无关大碍, 因为人们好像更关注英文译本。但以后如
果有任何关于翻译我的书的想法, 一定要在动笔之前让我知道, 以
便我看看是否需要对全书做修正和调整, 毕竟翻译一本书, 和翻译
一篇文章或一段节选是不一样的。

谨启

阿罗频多·高斯

致 V. 钱德拉塞卡拉姆

V. 钱德拉塞卡拉姆（Veluri Chandrasekharam）在马德拉斯大学获得学士学位，其中哲学课程排名第一。20 世纪 20 年代初期，他经常来本地治里，在室利·阿罗频多的指导下阅读《吠陀经》并修习瑜伽。1928 年，他回到位于安得拉邦的家乡，在那里度过余生。

第三封和第四封信由室利·阿罗频多口述或口头指示，K. 阿姆里塔代笔。

[1]

本地治里

1920 年 7 月 13 日

亲爱的钱德拉塞卡拉姆：

前段时间没能给你写信，对我而言，时间一直都是"稀缺品"。我希望你的病情已经通过正确的方式有所"好转"，如果没有，还望来信告知。最重要的是，不要总觉得自己的身体有问题，这种暗示会在通往悉地的路上悄悄地攻击你，尤其对身体产生威胁。有几个正在修习瑜伽的人也出现了这种情况，因此，完全消除此类想法是当务之急。表象和事实可能都有好的一面，但对于瑜伽士，乃至任何想成就非凡之事的人来说，成功的首要条件是超越事实，不被表象所蒙蔽。无论疾病多么可怕，多么变化莫测或是持续侵扰，意志都可以驱除所有负面的暗示，最终摆脱疾病。

我现在遇到的最大障碍也来自身体层面。在过去一个月里，我咳嗽得很厉害，喉咙总是感觉被哽住了，这咳嗽也不管自己是否受欢迎，真是对我不离不弃，完全没有好的迹象。在其他方面，尽管仍有习性上的障碍，但我在瑜伽上的进展比以往任何时期都要迅猛。其他一切如常，我只是在培养更高的智识，将事物还原成其本来的样子。

很遗憾，你的瑜伽修习并不顺利，如果你觉得在那里修习太困难，为什么不再来我这里试试呢？这次不会有任何不便。我们的朋友 R-s① 打算邀请你和他们同住，他们只是想等一切安顿好后再告诉你，但在此之前你就突然离开了，他们感到很遗憾。下次你来的话我们会安排好的，我相信你会欣然接受。我记得你对别人提过 8 月 15 日要来这里，这只是你的一个念头、愿望，还是你已有具体的计划？

有时间的话，还望来信告知你的身体状况和瑜伽修习的情况。

谨启

阿罗频多·高斯

[2]

本地治里

1921 年 4 月 13 日

亲爱的钱德拉塞卡拉姆：

很高兴时隔多日又收到你的来信，在过去六个月里，我没有给任何人提笔写信，一来是没有时间，二来我完全沉浸在瑜伽中，这是我保持静默的原因。我会尽我所能帮助你，但只有你来我这里，或者写信给我，我才能帮到你，即使我没有回信给你，也可以与你建立一种实质性的连接，这会让物质层面的传输，特别是身体觉知

---

① 这里可能是指理查德夫妇。

方面的帮助更容易一些。如果你能来本地治里，那肯定更好，但我知道这有些困难。我们正尝试找一栋房子，供来此修习瑜伽的人们落脚，但目前还没有搞好。你最好再等一阵子，看看这个安排能否实现，以你现在的健康状况，恐怕很难忍受泰米尔酒店的劣质食物。一旦我们这里安排好，阿姆里塔就会写信通知你。

谨启

阿罗频多·高斯

[3]

1924 年 7 月 21 日

进入静默并不容易，只有抛下所有头脑和生命的活动才有可能。打开自己，让静默慢慢降临，这会容易一些，这种（被动的）方法与（主动）召唤更高力量的方式是一样的。在冥想时保持安静，不要与心意斗争，也无须努力向下拖拽静默的力量，只是保持寂静的意志和对静默的渴望即可。如果心意活跃，我们只需后退，尝试去观察它，不做任何判断，直到心意中习惯性或机械性的活动因得不到支持而安静下来。如果心意执意活跃，唯一要做的是不紧张、不挣扎，但稳定地拒绝。

你对"瑜伽之主"（the Lord is the Yogeswara）①的精神态度，可以作为迈向这种宁静的第一步。

静默并不是没有任何体验，那是一种内在的沉默与宁静，所有体验都在其中，但不会产生任何干扰。可能会产生意象，无论是精神还是心理层面的意象，都没关系，重要的是不要对此进行干预，

---

① 这里指《薄伽梵歌》中的克里希那。

因为一个人不仅要有心理的真实体验，还要有内在精神、内在生命、精微的物质世界或不同意识层面的体验。意象的出现正表明这些不同层面正在打开，而抑制意象就是在抑制意识和体验的扩展，而没有意识和体验的扩展，就没有我们所要修习的瑜伽。

这些是对你信中问题的答复，但这不意味着你要突然改变目前的修习方法。你已经有了一定的进展，虽不显著但还算稳固，最好是按照我指出的方向继续向前推进。

[4]

1924 年 10 月 4 日

他要我告诉你，在精神修行中有两种（意识）的运动——上升和下降。当来自存在，比如来自心思、生命和身体的不同层面的渴望和力量足够强烈时，向上的运动就会被激发，并逐步上升到意识层面之上，抵达超心思所在，并接收来自上方的原初之力。当自身存在的各个层面处于宁静的接收状态时，更高的心思就会下降。无论是上升到更高意识层面，还是保持被动和开放，接收超心思的下降，都需要存在的所有面向保持完全的平静。如果在平静或意志中没有足够的向上的力量，而你发现某种方式的努力可以帮到你，那么可以将其作为临时的方法，直到在自然打开的内在中，静默的力量或无须费力的意志足以带来更高的沙克提能量（Higher Shakti）。

给 K.N. 迪克西特的一封信（节选）

K.N. 迪克西特（Kesarlal Nanalal Dixit）来自巴罗达。20 世纪 20 年代，他五次访问本地治里，并于 1929 年在修道院定居。这封信是 A.B. 普拉尼按照室利·阿罗频多的指示所写。在信的末尾，室利·阿罗频多亲手写了下述内容，所以信中使用了第三人称。

1924 年 3 月 30 日

最后，我必须告知，A.G. 目前不准许你来这里。他希望自己完全专注于精神修习，不受到任何，哪怕是最轻微的干扰。目前他正处于一段最困难的时期，这个时候任何让他精力分散，或来自外部的影响都可能引发不良后果。对你而言，现在也不是合适的时机，即便你能在这里得到一些帮助，但可能会遇到更多甚至更棘手的困难。A.G. 要我告诉你，你最好先回家，无论在修习中遇到什么障碍，都可以给他写信，待时机成熟再申请来本地治里。

致拉姆钱德兰

关于这封信的收件人拉姆钱德兰（Ramchandran），我们一无所知。

1925 年 9 月 30 日

亲爱的拉姆钱德兰：

今天收到了你的第二封来信。首先，我想谈谈你在第一封信中说到的，如果没有收到我的回信，你打算采取的不同寻常的行动。正如你自己所说，你提出这个想法时头脑有些不正常，任何有常识，或有明确道德观的人都不会支持你的想法。说到法律，在法国，此类事件通常并不会涉及法律层面，而只属于道德层面的公开违背行为。法庭很可能并不关注你的"自我指控"，在没有他人证据的情况下，法庭通常不予受理，而你的情况正是如此。即便有证据，你的行动会带来什么呢？首先，这会成为你的精神和道德修习之路上

364

一个几乎不可逾越的障碍，还会严重影响你未来的美好生活。其次，这将给你的父亲和其他家人带来难以承受的耻辱。最后，如果我没有理解错的话，无论你采取何种行为方式，都会破坏他人的生活，因为你的行为必将牵涉某个人或某些人，而你提出自己会对此承担全部责任，只是为了满足自己道德上病态的利己主义，从法律上来说是荒谬的，毫无意义的。事实上，如果你真的这样做，那将比你做过的所有事情更不道德。纠正自己行为的正确之道，不是以诚实或其他美德的名义对他人造成无尽的伤害，而是在内心深处纠正自己，且今后不再犯错。

关于你在第二段中提出的问题，我在此简要回复一下。1）如我所言，纠正错误的方式是端正你的本性，掌控你的生命与冲动。2）很多人和你一样，年轻时有各种各样过激的行为，但后来通过自我控制，都可以在生活中找到相应的位置，承担应有的责任。但凡你对生活有些许了解，都会知道你的情况并不是什么例外，反而非常普遍，许多人都做过类似的事情，但后来他们都成为对社会有用的人，甚至成为不同领域的领导者。3）如果你以此为目标，就有可能报答你的父母，实现你提到的梦想。当前你必须尽快从病情中恢复，让思想与意志达到适当的平衡。4）你生活的目标取决于自己的选择，实现的方式取决于目标的性质，而你的处境也取决于你怎么做。首先，你要恢复健康，然后根据你的能力和喜好，以平静的心态来决定人生目标。我不能替你做决定，我只能告诉你我认为正确的目标和理想。

除了外在的东西，一个人还可以追寻两种内在理想：一个是普通人生的最高理想，另一个是瑜伽的神圣理想。基于你曾对父亲说过的话，我必须说，成为伟人或是伟大的瑜伽士目前还不是你的目标。普通人生的理想是在一个人的整体存在之上建立清明、强大和理性的意识，正确和理性的意志，掌控情绪、生命和身体，发展自身能力，创造自身整体和谐，并在生活中全然践行。用印度教思想的语言来说，一个人的人生法则是尊崇纯净的萨埵智慧（sattwic buddhi），遵循正法，履行个人职责（svadharma），做适合自己能力的事情，在智慧和正法的掌控下追求爱欲（kama）和财富（artha）。另一方面，神圣人生的目标是认知个体的至上自我，或认知至上存在，并将个体存在完全融入至上存在的真理或神性之道中，找到自己的神性，无论大小，并在生活中践行这些能力，如同向至上自我献祭一般，或将自己视为神圣沙克提的工具。

关于后一种理想，我可能稍后再说。现在，我只谈谈你在实现普通人生理想时所遇到的困难。

这种理想涉及心智和品格的塑造，这一过程是漫长而艰难的，需要多年甚至毕生的忍耐与坚持。在这条路上，几乎所有人遇到的最大的困难是如何控制生命体的欲望和冲动。正如你经历过的，在很多情况下，强烈的冲动与理想中理性和意志的要求背道而驰，这是因为生命体自身存在虚弱与不足，很容易被潮涌的冲动所裹挟，无法服从更高意识的指令。冲动源自我们本性中某些力量，这些力量实际上是外在的，但我们体内的某些部分对此有一种机械性的满足和服从。如果上述不足位于神经系统，则情况会更严重。欧洲科学称其为神经衰弱倾向症，在某些情况下会导致神经衰弱和精神崩溃。当神经系统压力过大，或是过度沉迷于性欲或其他习性时，当精神意志的控制力与这些习性之间的对抗过于激烈且持续不断时，都会出现神经衰弱的问题，这就是正在折磨你的疾病。基于这些事实，你应该明白为什么你会在本地治里崩溃。你的神经系统很脆弱，无法遵从意志的要求，也无力抵抗外在生命力的欲求。在这种挣扎中，你的精神和神经系统压力过大，最终因急性暴发的神经衰弱症导致崩溃。

这些困难并非无法克服，不要让自己沉溺于错误和病态的念头中。你需要对问题有正确的认知并采取正确的方法，才能控制神经系统和生命体，调和意识与品格。你需要保持清明的头脑和平静的意志，孜孜以求，坚持不懈，既不过于兴奋，也不太过沮丧，保持平静，坚持做出必要的改变。平静的意志最终会胜利，期待的结果也一定会到来。

在醒态下，平静的意志首先会拒斥生命体惯常的行为，包括其背后的冲动，要知道这些冲动虽然显现在我们身上，但冲动本身及其背后的暗示都源自外在。曾经习惯性的思维和行动在被拒斥后，仍可能在梦态中显现，这是众所周知的心理规律，即在醒态下被压抑或拒绝的东西仍然存在于潜意识中，仍有可能在睡眠和梦中重现。但是，如果它们在醒态中被彻底清理，在梦中的活动就会逐渐消失，因为它们失去了"食物"的滋养，潜意识中的印记也会逐渐消失。这就是你如此害怕做梦的原因，你要明白，这些只是附属症状，如果你能控制自己的醒态，就不会再被这些惊扰了。

但是你必须摒弃那些阻碍你战胜自我的想法。

1. 要知道，发生在你身上的这些事情并非源自腐化的意识和反常的冲动带来的道德堕落。当意识和意志能够抗拒冲动时，道德存在就是稳固的，出现问题只是因为身体某些部分或神经系统的衰弱或疾病。

2. 切勿忧思过去，带着信心与期盼面向未来吧。沉溺于过去的失败只会妨碍你的身体健康，削弱你的思想和意志，阻碍你的自我征服和人格重塑。

3. 如果明天没有成功，也不要气馁，耐心而坚定地走下去，直到胜利。

4. 不要总想着你的不足，不要觉得它们与你的生活或理想格格不入，这只会折磨自己。找到你的不足后，就去寻找力量的源泉，专注于此，你一定会战胜自我。

你的第一要务就是恢复身心健康，这需要心意平静，有时候需要安静的生活方式。不要为那些目前还无法解决的问题绞尽脑汁，更多专注在健康和正常的生活上，尽可能多休息。当你恢复正常平衡的精神状态后，再来仔细想想如何规划自己的生活与未来。

在我看来，这些是目前对你最重要的事情，也是我能给出的最好的建议。你最好不要马上来本地治里，我想对你说的都在这封信里，你的病情需要父亲的照料。最重要的是，以你目前的情况来看，在完全康复之前最好不要回到曾令你崩溃的地方和环境中，这样做更稳妥一些。要让相关的记忆和联想逐渐弱化，远离你的心意，不再产生强烈的或令人不安的印记。

阿罗频多·高斯

关于 V. 蒂鲁帕蒂的信件

蒂鲁帕蒂（V. Tirupati）是一名激进的精神修习者，修习一种极端的奉爱瑜伽（Bhakti Yoga），结果导致精神失常。室利·阿罗频多建议他回到位于沿海安得拉邦（Coastal Andhra）的维济亚讷格勒姆（Vizianagaram）家中休养。蒂鲁帕蒂从那里写了几封信给室利·阿罗频多和母亲，室利·阿罗频多写下以下十二封回信。其中，第1、5、6、8封信是母亲根据室利·阿罗频多的口授所写的手稿，第3、4、7、9、11封信是室利·阿罗频多亲笔书写。第10封信部分是母亲的手稿，部分是室利·阿罗频多的手稿。第2封是一份电报，第12封信复制自A.B.普拉尼的笔记。

[1]

本地治里

1926 年 2 月 21 日

蒂鲁帕蒂，我的孩子：

我们的圣主向你传达以下信息。

你的来信均已收到，读来令人愉悦。昨天早上，哈拉丹回来了，带来了你最近的两封信，还有一个好消息——他在你身边时，你已开始进食和睡觉了。听到这些我们十分高兴，这是一个巨大的进步，如果你坚持下去，就能为身体完全康复打下坚实基础。

我们也欣喜得知，你的家人已准备好帮助你，他们不会打扰你，也不会强迫你，一切安排都是为了让你可以安静地生活。

在来信中，你希望得到详细的指导，哈拉丹也说你对此十分坚持。好吧，我们的指导意见如下。

首先是外部条件：

1. 一定要吃得好一些，不要认为吃得好或享受美食是一件错事。相反，你必须设法恢复对食物的喜爱，不要害怕对食物产生贪着，随着喜乐的增加，贪着会逐渐褪去。

2. 你需要深长且安稳的睡眠。不要总觉得香甜的熟睡是不应该的，也不要担心睡眠会浪费你精神修习的时间。在良好安静的睡眠中，超意识和潜意识在做必要的工作。

3. 每天都要有适量的户外运动，呼吸新鲜空气。维济亚讷格勒姆靠近群山，非常有益于身心健康，每天在乡下散步一小时左右，对你恢复体力有很大帮助。

4. 我们听说在住宿方面你有几种选择：一栋空置的家庭住宅，就在你家对面，或者城外的一栋别墅，或者另一栋二层小楼。以你的现状来看，如果能够安排好你的物质需求，别墅似乎是最好的选择。但如果安排不了，你可以选择离家近的那栋空置住宅，这样方便家人为你准备餐食。

5. 哈拉丹还说你打算亲自下厨。如果你能从采买、准备食材、烹饪等事宜中获得乐趣，那自然很好。但如果你对此毫无兴致，那最好还是由家人或朋友代劳。

6. 你来信写道："我不得不接受这些人的义务付出，这让我很痛苦。"这是一种错误的想法，来自家庭的帮助并不是在对你尽义务，也不会对你有任何约束。精神修习之人有权接受他人的帮助，且无须履行义务，由此达到完全的自由。提供帮助的人只是神圣力量的工具，为精神修习者提供必要的生活条件。

关于内在条件：

无论好事还是坏事，都要定期、完整、坦诚地记录下来，重要的是不要隐瞒任何事情，如果在记录一些认为粗俗或无足轻重的内容时感到犹豫，那就克服它。让所有一切尽可能地清晰与开放，这是得到全面帮助与指导的必要条件，也是进行转化的必要条件。所

370

以，你必须记录下内在和外在的所有事情。

不要忘记，离开本地治里只是暂时的，你越快恢复到正常状态，就能越早回到这里。

正常状态是指强健的身体、坚毅的精神、能控制行动与意志的冷静头脑、不畏惧接触他人与生活。在你返回（本地治里）之前，必须做到这些，只要你有坚定的意志和有力的行动，就一定会成功。

坚持记录下一切，我们才能了解你的进展并给予指导，当我们觉得你准备好了，就会告诉你下一步做什么。

附：我们已收到你19日的来信和21日的电报，会一并答复，但现在有必要先说几句。

你不仅要强健身体，还要强化心灵，你必须彻底摒弃那些关于原罪的想法，不要忧虑那些性冲动带来的暗示，抛下那种处处看到黑暗生命力的习性。你身边的人都是非常普通的老百姓，他们不是邪灵，也不是恶力，你对他们的态度应该是既不依恋，也不恐惧，既不厌恶，也不畏缩，以平静和超然应对即可。

不要寻求灵感，以冷静的头脑和平静的意志，安静而理性地依照我们的指导来做。也不要痴迷于再次来本地治里，拜伏在我们的脚下，这个想法连同其他声音或暗示都不是所谓的灵感，仅仅是你自己的臆想和冲动。若想平安无虞就要保持平静，怀着完全的信任，默默地、坚持不懈地按我们说的去做，直到你完全康复。

我们16日写了一封信，昨天20日又写了一封，这是第三封。每次收到信后，都请告知我们。

［2］

这封电报由室利·阿罗频多发送给杜莱斯瓦米（S. Duraiswami）。杜莱斯瓦米是马德拉斯的一名律师，蒂鲁帕蒂在前往本地治里的途中曾去拜访过他。

1926 年 2 月 24 日

告诉蒂鲁帕蒂我很生气。不要让他来本地治里。我拒绝接待他。

［3］

这是室利·阿罗频多回复蒂鲁帕蒂的岳父达萨里·纳拉亚纳·斯瓦米·切蒂（Dasari Narayana Swamy Chetty）的一封信，解释蒂鲁帕蒂的病情。

1926 年 2 月 26 日

我今早收到了您的来信。关于蒂鲁帕蒂，我会尽量向您解释他的情况，以及我送他离开本地治里的原因，也会说说如何帮助他恢复正常的精神状态。

不久前，蒂鲁帕蒂开始了一些与我的瑜伽体系完全不一致的瑜伽修习方法，他选择的是奉爱瑜伽中最极端的一种形式。这些修习方法非常强烈，也极其危险，通常会带来身体无法承受的能量，进入一种兴奋、激动、异常的状态，并有可能导致身体、意识和神经系统的崩溃。我意识到他的改变，马上警告他其中的危险，并禁止他继续这种修习。起初，他还尝试着听从我的指导，但新的修习体验对他的诱惑力太大了，他又偷偷地恢复了自己的练习，最后竟不顾我的反复劝阻，公然投入那套修习中。其后果就是他进入了一种持续的精神异常状态，现在已严重危及他的精神和身体健康。

关于这种精神异常状态，有如下几点表现。

1. 在这种精神状态中，他很大程度上丧失了对物质现实的感知，生活在一个与我们正常的身体和物质生活毫无关联的想象的世界中。

2. 他极其厌恶吃饭和睡觉，相信自身体内有强大的力量，可以让他不吃不睡也能活得很好。

3. 他总说可以听到所谓的灵感和直觉的声音，但那些不过是在亢奋和过激的精神状态下所产生的妄想和幻觉。这种极为兴奋的精神状态带给他很多错觉——妙乐、充满能量、狂喜、超能力等，令他不愿意放弃（这种修习）。所以每次当他回到正常的意识状态中，就会郁郁寡欢，极为失落。

4. 在这种情况下，他已经丧失了足够的分辨力或意志力，无法听从我的指导，甚至都不能依自己的决意行事，只能像机器一样盲目地服从那些虚假的灵感和冲动。凡是与之对立的他都会予以狡辩或置之不理，所以他会无视我的指令，对我的电报或信件也置若罔闻。

5. 此外，在这种精神状态下，他感到自己与物质生活，与家人和朋友之间有一种异常的疏离（这可不是任何精神上的不执），有段时间他甚至远离和他一起修习的人，甚至认为，任何来自他们或让他脱离亢奋状态的事物都是恶力的驱使。

要知道，所有这些都是他不正常的、亢奋的精神状态造成的幻象，并不是灵性高度进步的标志——这不过是他的错觉或对您的说辞。实际情况恰恰相反，如果他继续下去，之前取得的灵性进步也会付之东流，他的身体也会因为缺乏食物和睡眠而被毁掉。

对他而言，继续留在本地治里是一种灾难。他会认为自己脱离正轨的修习成功了，会更加肆无忌惮地继续下去，这可能会对他产生致命的后果。还有，这里浓厚的灵性氛围也可能会阻碍他恢复正常的精神状态。另外，他也给这里带来了一种混乱和不安，这是我的瑜伽体系坚决杜绝的东西，若长此以往，会严重影响其他弟子的修习，甚至破坏我个人的精神工作。

如果能在维济亚讷格勒姆多住些时日，回到过去的生活环境中，他的精神状态还有望恢复正常。因此，请不要送他或资助他返回本地治里，这无济于事，反而可能会带来无法弥补的巨大伤害。他第一次离开时，曾承诺我他会好好吃饭，规律睡眠，但其实他并没有遵守我的指令，所以我拒绝再见他，也不会让他回来。现在，他答应我会安静地留在维济亚讷格勒姆，不再听从那些虚假的灵感和直觉，并遵从我的书面指导。

我已写信给他，大意是让他不要再逃避正常的生活和与他人的接触，但他没有等到我的信就走了。如果这次他能按我的要求去做，还是能康复的。他必须好好吃饭，按时睡觉，停止错误的修习，像个正常人一样生活一段时间。他还要锻炼身体，并恢复与社会、与他人的正常接触。如果他又回到那些不着边际的活动中，就不要让他离开维济亚讷格勒姆，提醒他遵守我的指导和他曾经的承诺，坚持让他遵照执行。只有你能这样做，以我的名义不断地提醒他。我决心已定，如果他不服从我的指导，就不会再见他，也不会再接收他。这是目前唯一可以让他按要求行事的办法。

他希望可以安静地独自生活，我同意了，但最好能和家人住在一起，由家人照料他的饮食起居，或是有人和他一起住，这个人要有很强的意志力和冷静的头脑，能够以我的名义坚持监督他依承诺行事。不知道是否有人能为他做到这些，又或者他会愿意和谁住在一起。

请不要单从字面意思去理解，我并不是说他应该像居家者那样生活，恢复与妻子的关系，等等，也不是说不能依他所愿让他大部分时间独处或独居。我的意思是，即便一开始做不到，他也应该逐渐地恢复正常的人际交往，而不是像现在这样从精神上逃避并排斥周遭的环境。我曾告诉他应抱持一种平静的、不执且自由的精神态度（asakti），而不是过度的畏缩。他现在还做不到，也许过一段时间才可以。

您最好能经常告诉我他的情况，有没有按照我的指导行事，因为当他状态不好时，是不太可能告诉我真相的。

[4]

此封信的手稿内容不完整。

1926 年 2 月

亲爱的蒂鲁帕蒂：

你一定已经看了我们写给你的前三封信，希望你能理解并按我们指导的去做，其中有的内容还应说得更准确清晰一些。今天我只谈两点。

第一，关于所谓的灵感和直觉。

你要记住，从今往后，不要再依赖这些来自头脑的虚假暗示，这些都是假的！就算它们似乎是来自更高层级，也全部是假的！它们实际是来自生命体的高级错误，而不是源自真理；就算它们将自己装扮成灵感、直觉或命令的样子，它们仍然是假的！它们只是你头脑中傲慢的产物；即便它们宣称来自我，那也是假的，它们根本不可能来自我！如果它们看上去强势、喧哗、宏大又极具权威性，那更是假的！如果它们让你既兴奋又得意，还让你盲目地违背我的书面指示，那无疑是最为虚假的！这些暗示背后的力量只是它们的自我满足，而非真理。

所以，不要再让所谓的灵感和直觉指导你的行为，回到现实生活中，以一种朴素务实的心态行事，如其所是地看到事物的本来面目，而不是你想要的样子。

你现在应该明白，你的那些灵感完全不真实，你对灵感失败的解释也同样是不真实的。比如，你告诉杜莱斯瓦米，因为没有赶上从马德拉斯出发的首班列车，你错过了来这里的机会，这是荒谬的无稽之谈。无论你坐哪一列火车，无论什么时间，也不管你做了什么，我都不会见你或接收你。没有我的书面指令，你不可以来这里，更不要说你已经违背我的指令了。

第二，关于你回本地治里的事情。

你总以为只要按我的指示做一两天，我就会叫你回来，总是期待能被立即召回。还是断了这个念头吧。只有你完全摆脱眼下这些虚假意识对你的行为与思想的操控，而且回来后不会造成任何危害，我才会让你回来。这是需要时间的，如果你能坚持遵照我的指令，并达到我的要求，我们才会召你重回本地治里。但不要再总想着能马上回来，你必须按照我说的去做，达到以下要求：

1. 你必须吃饭、睡觉，恢复健康的身体。

2. 你必须走出现在的生命意识状态，放弃虚假的兴奋与亢奋、有害的抑郁情绪，放弃你那虚假的灵感和直觉，回到一种朴素、自然、安静的身体意识中。这是你回归现实与真理的唯一机会。

3. 你要摆脱面对生活和他人的紧张心理，自然地处理人际关系，以清醒、冷静、务实的心态平静地对待他人。如果做不到这点，说明你还不能回到这里。

此外，关于你的住所。不要总是认为维济亚讷格勒姆及周围的环境氛围是糟糕和危险的，没有这回事，如果真是那样，我是不会把你送去的。相反，在回到本地治里之前，那里对你是最好的选择。

住在自己家中固然最方便，但如果做不到，你可以住在你岳父的别墅或家里其他空置房中。如果你允许有人同住，照料你的日常起居，那会更好。而且（未完……）

[5]

1926年3月4日

亲爱的蒂鲁帕蒂：

我们收到了你的来信，也知悉你希望获得指导与开示的诉求。我们会给你充分的答复，但需要一两天时间。你要继续遵守之前给你的指令。在处理与身边人的关系时，行事应简单而自然，摆脱那些神经质的躲避，这是你的不足。重要的是内心正确的态度，平静而不执着。如果可以做到这一点，那其他所有的细节问题——关于如何称呼身边的人，关于饮食和沐浴，等等，都是小事，依据方便和常识，便能顺其自然地得到解决。简单来说，你也明白你还需要在维济亚讷格勒姆待上一段时间，大概几个月吧。在此期间，你一定要接受家人在物质生活上所给予的帮助，而不是视其为一种束缚。关于这一点，以及你在信中提到的其他问题，我们会在下一封信中详细回复。

1926 年 3 月 5 日

亲爱的蒂鲁帕蒂:

今天早上我们收到了你的来信,可能是 3 月 2 日的(以后请在信函上注明日期)。这封信需要立即回复,因为从中可以明显看出,你还在坚持一种错误的努力,这会让你无法完成既定目标。你想得到所谓的"神化"(divinisation)[①],但以你现在所尝试的方式是办不到的。

我会指出你的错误,请仔细阅读并正确理解。重点是,要直截了当地领会我所说的,不要添加任何"隐藏的深义"或其他迎合你目前想法的意思。

神圣意识是一种真理意识,我们努力让它降临并显示我们存在与本性中所有层面的实相,包括心思、生命、身体层面。这一真理意识不会抛弃这些层面,也不会急不可耐地摆脱它们,而用一些玄妙的东西取而代之。真理意识会耐心而缓慢地作用于它们,提升那些可以更完美的部分,改变那些模糊和不完美的部分。

你的第一个错误是幻想有一天突然变成神。你想象着,只要更高意识降临在你身上并持续停留,那一切就大功告成了。你觉得这不需要时间,也不需要长期、艰苦或审慎的修习,所有这一切会在一瞬间由至高至上的恩典为你完成。这简直错得离谱!怎么可能会这样,只要你还坚持这种错误,就不会获得永久的神化,这种徒劳的挣扎只会干扰想要降临的真理,也只会扰乱你自己的身心。

---

① 将某人或某物视为神圣或神性的过程。

其次，你错误地认为，因为感觉到某种力量的临在，你就马上成为神了。不是这么容易就成为神的啊！对于任何力量的临在，必须有正确的理解和反应，头脑要具备正知，生命和身体也应有适当的准备。你所感受到的只是由急躁的欲望所引发的一种异常亢奋的生命力量，以及从中生出的各种暗示，你称之为灵感和直觉，以为这就是真理。

我下面会指出在这种状态下你所犯的错误。

1. 你开始认为无须再接受我的指示或引导，因为在你的想象中，从此之后你就会与我合为一体。可是，你想接受的暗示与我的指导背道而驰，如果你与我已合为一体，怎么会是这样呢？很明显，这些违背我的指示的想法来自你的思想和冲动，而不是我或神圣意识，或其他任何可以被称为室利·阿罗频多意识的东西。

2. 你接着写道，"我遇到一个困难：尽管我感觉已与你合为一体，但仍然想着遵循和服从你的指示，即使你已让我成了你。我祈祷能做些应该做的事。""遵循和服从我的指示"，这并不困难，这是唯一能帮到你的事情，你应该做的事就是这种服从。

3. 你说，"你已让我成了你"，这是什么意思？我把你变成了我？这看上去毫无意义。难道你是说你和我变成了同一个人？不可能有两个阿罗频多，即使有，也是荒谬且无意义的。你不可能成为上帝（God）或自在天（Ishwara），又怎能说自己已成为至上存在（the Supreme Being）了呢？如果以吠檀多的普遍意义来讲，每个人都是我，因为每个个体灵魂（Jiva）都是"一"的一部分。可能你已经意识到这种合一了，但这种意识本身并不足以使你转化或使你成为神。

4. 你开始妄想自己可以不吃不睡，忘了我给的指导，无视身体的需求，并误将这些需求视为一种干扰，或是有害物质和物理能量的把戏。这种想法是错误的，你所感觉到的只是一种生命力量，而不是最高实相。你的身体还是那个肉体，如果没有食物、休息和睡眠，它就会受到伤害甚至崩溃。

5.同样地，正是这种亢奋的生命力量让你觉得自己的身体是一种超心思物质。你要搞清楚，身体不会以这种方式转化为非物质的东西。要想不断完善，我们的身体这一物理存在，必须经过长期的准备，逐渐地改变。要想不断完善，你就要从这种虚假的亢奋中走出来，带着对物质现实的清晰觉知，先回归到普通的身体意识中，否则什么都不会发生。

你提到了你的妻子。既然你已决意不与她发生这种关系，那你要做的就是将她视为一名普通女子，淡然地与她相处。沉湎于过去的关系，或退缩，或憎恶，都是不对的，这只会让你陷入挣扎，其实大可不必。

最后，如果你想获得真正的改变和转化，就必须清楚明确地认识到，你已经犯了错并且还在继续犯错，目前所处的状态完全不利于你达成目标。你试图摆脱思考的头脑，用人为的"灵感和直觉"来代替它，而不是去完善和启发它。

你对身体、物质存在及其活动产生了厌离，不想回到正常的身体意识中，不愿耐心地做出改变。你只给自己留下了一种生命意识，这让你时不时感受到强大的力量和狂喜，但更多时候，它会让你陷入严重的沮丧。因为你的这种生命意识，既缺乏来自更高意识的支持，也没有来自底层身体的支持。

如果你想要真正的转化，就必须彻底改变这一切。

不要介意会失去这种亢奋状态，也不要介意重新回归到正常的身体意识状态，要用清晰客观的头脑，去审视身体状况以及客观现实。要先接纳这些，否则永远无法改变，无法完善。

你必须恢复平静的头脑和心智。

如果你能坚定地依此行事，伟大的真理和意识会在合适的时间，以合适的方式，在合适的条件下降临。

[7]

1926 年 3 月 22 日

本地治里

亲爱的蒂鲁帕蒂：

你所有来信我都收到了，你说你理解了我们 5 号的信，但很遗憾，我发现你仍然执迷于那种亢奋的生命状态，还坚持和之前同样的想法，同样的说辞，同样的妄想。我们告诉你，要直白地去理解这封信的含义，不要添加任何你头脑中假想的意思。要么你没能正确理解，要么就是你理解了但却故意不按其行事——因为你所做的与我们要求的大相径庭。这一两天，我们会就此多写一些，这封信我只说极其重要的几点。

1. 你不可能成为我的"化身"（Avatar），我已经告诉过你，这个想法本身就是荒谬且毫无意义的。

2. 对你而言，是有可能在此生显现出超心思意识的，但以你现在所尝试的方法是不可能的。拜伏在我的脚下也没有用，这不是一蹴而就的事，也不可能通过禁食、放弃物质力量和正常的生活来实现。

3. 如果抛弃了自己的身体，那你在此生或其他任何时候都不会成为我的"化身"。相反，你会毁掉自己未来一百世的机会。

4. 只有严格执行我的书面指导，超心思意识才能得以显现。内容如下：

（1）你必须每天按时好好吃饭，好好睡觉，强健身体。因为超心思不会降临、停留在虚弱和饥饿的身体中。

（2）你要乐于回到普通的身体意识中，待在那里，慢慢地转化它。如果你继续拒绝生活在普通意识中，超心思就没有机会改变它，你会像现在这样一直幻想着"现在，我终于永久地获得超心思了"，而这是不可能的。

（3）你必须学会直截了当地理解并执行我的书面指示，必须更加重视我的指导，而不是你在修习中获得的来自内在的想法。如果你拒绝这样做，超心思也会拒绝降临在你身上。

（4）你必须学着在实际生活中恢复与他人自然的人际关系——与你身边的人、你的朋友和你的家人。

（5）我已告知你，未经我的书面许可，你不能来本地治里。如果你不听话，冲动行事，这里是不会接收你的，你会像上次一样被赶走。不管是 8 月 15 日还是其他什么日子，你回本地治里的时间是由我决定的，而不是你。在我写信允许你回来之前，你不能擅自前来。你要诚实且坚定地执行我的书面指示，停止禁食，回归到普通的身体意识中，并保持几个月的时间，在做到这些之前，你不能来本地治里。当你接受了身体意识和物质生活，准备好与我在物质层面相见，我们才有可能在本地治里再次相见。这一点我非常确定。

（6）如果不能按我说的去做，你的期望就会落空。如果愿意，你可以终生做一个奉爱者（Bhakta）。即便如此，你也必须放弃激进的巴克提，回到灵性的巴克提，那种平静、安详、深沉的奉爱，那种不聒噪、无予求的奉爱，那种在臣服中获得极大喜悦的奉爱。这是唯一能令我愉悦的巴克提，再无其他。

送上我的祝福。

室利·阿罗频多

[8]

1926 年 3 月 27 日

蒂鲁帕蒂，我的孩子：

我很开心，那个你又回来了。

今早收到了你 3 月 25 日写的信，这是我们最想看到的。

在这两封信中，你所写的正是我们希望你去思考和感受的。

你只需一直保持这种心态，这才是真正的基础，在此之上你可以认真并逐步建立真正的神圣人生（Divine Life）。

任何时候，如果你感到莫名的兴奋，想立即神化，想禁食，或对目前状态感到不耐烦，那就再读一遍我 3 月 22 日的信，它将帮助你重拾正确的想法和态度。

至于饮食和睡眠，刚开始的时候，最好将每天吃饭的次数和睡觉的时长记录下来，然后在信中告诉我，这可以帮助你稳定信心。

是的，对你来说，阅读和翻译《雅利安》是非常好的选择。但目前，加尔各答没有你想要的刊号，我们这里也没有全套的《雅利安》。我会给你寄一本《薄伽梵歌论》第一辑，你最好从这本开始阅读并翻译。养成每天翻译一点的习惯，不求多，但要非常认真仔细地去做，不要着急，反复多看几遍你的译文，看是否能准确地表达原作的精神，在语言上是否还需要改进。目前，在做所有事情时，无论是精神还是身体层面，你的目标都是以认真的态度和适当的方式尽可能做得完美，而不是急于求成。

从今往后，不要再抱怨那些生理性冲动，比如对于食物、金钱和性的冲动等，我们希望你能对此理解并端正态度。你一直采取道德上的禁欲主义，这是完全错误的，对你掌控本性中的这些力量毫无帮助。

食物是身体必需的，用来维系身体的健康和强壮。要以喜乐之心对待食物，而非贪着。如果内心充满欢喜，对味道有正常的感知，并能正常进食，那么即使你仍执着于禁食，过一段时间后，这种执念也会自行消失。

金钱也是生活和工作所必需的。例如，当你可以再次掌控物质生活时，我们会要求你在回本地治里之前为某些工作筹集资金，其中也包括你在这里的生活开销。金钱代表着一种强大的人生力量，出于神圣的使命，我们必须征服它。因此对金钱既不能执着，也无须厌恶或恐惧。

至于性冲动，你也不必有道德上的恐惧、清教徒或苦行僧式的排斥。这也是一种人生力量，在你必须抛弃这种力量的当前形式（即肉体的行为）时，首先必须掌控并转化它。具有强大生命本性的人通常也有强大的性冲动的力量，这种强大的生命本性可以成为实现神圣人生的重要工具。如果有性冲动，不要感到内疚或烦恼，而是冷静地观察它，让它安静下来，拒绝所有与之相关的错误暗示，等待更高的意识将其转化为真正的力量与喜乐。

对于朋友和家人，你要把他们当作普通人，既不依附也不退避，只是以平静而理性的方式和他们相处。你的岳父一再向我保证，他们不会干涉你的精神生活。他们只是希望你能好好吃饭，身体健康。接受他们的帮助，让他们照料你的日常起居，只有我让他们强迫你进食时，他们才会这样做。

我们告诉你的所有这些，对于你保持身体意识，以及如何与物质生活保持良好关系都十分必要。下一封信中，我们会详细解释"保持身体意识""与我们在物质层面相见"是什么意思。现在时间不够了，因为我们希望这封信能在今天寄出。

[9]

1926 年 3 月 30 日

亲爱的蒂鲁帕蒂：

得知你身体状况不佳，我们感到很遗憾。你要注意，不要让自己疲倦或过度劳累。你走路走得太多了，特别是因为禁食和缺乏正常睡眠，你的身体还很虚弱，每天大概散步两英里半就够了，呼吸一下新鲜空气，累了或是感觉不太舒服，就要马上停止，尽可能休息。

不要吃热的东西，这对你的肠道不好，多吃一些可口的家常便饭。

睡眠一定要规律，这是最重要的。你还需要洗澡，保持身体清洁。如果可以的话，要洗热水澡。

如果你仔细遵循这些指示，随着体力的恢复，身体也会逐渐康复。你让自己过度劳累了，所以精神更加衰弱，这些问题又卷土重来。

你看到了黑暗舞女们的幻象，对其真正的解释并不是你想的那样。瓦什纳瓦之歌（vaishnava bhajan）① 很容易激发生命能量，对本

---

① 瓦什纳瓦之歌：毗湿奴派信徒的祈祷歌。

385

性软弱之人来说，各种黑暗和低俗的力量就会涌入，增加刺激和狂喜。这些就是你看到的女人，她们与你或性冲动无关。

不要太执着于冲动的重要性，比如你想下楼去参加普阁，如果没有依这种冲动行事，就觉得自己是在阻碍圆满的灵性体验。灵性上的圆满是通过存在与本性的稳定发展适时到来的，而不是像没头的苍蝇一样四处乱撞去寻找机会。

你还要学会一件事，如果你的修习被中断，比如有小孩来送水，你要保持内心的平静，允许这个中断自然过去。如果能做到这一点，你内在的状态或体验会持续，就好像什么都没发生一样。相反，如果你过分关注并感到不安，就会把中断变成一种干扰，内在状态或体验也就中止了。在任何情况下，始终保持内心的平静和自信，不要让任何事情干扰或刺激到你。内心稳定而平静，意志冷静，有精神信仰，虔信奉爱，这些是你修习的真正基础。

[10]

这封信是回复蒂鲁帕蒂"28 日的来信"，大概日期是 1926 年 3 月 28 日。

约 1926 年 3—4 月

亲爱的蒂鲁帕蒂：

我们先回复你 28 日的来信。

很明显，由于过度劳累，你出现了神经系统的反应。很长一段时间以来，由于长时间痴迷于生命体的亢奋，你的身体里积蓄了过多的生命能量，这严重摧残了你的身体。你的身体一直很虚弱，但极端的亢奋状态却让你无法察觉到这一点，现在，这种虚弱正在显现。你身体上的疼痛，一部分原因看上去是因为风湿，还有一部分原因是神经疲劳。如果你想恢复体力，就要充分休息。不要觉得长时间的休息以及睡眠会增加你的答磨 [①]，白天要多多休息，晚上要好好睡觉。做任何事情都不能过度，每天走八到十英里实在太多了，两到三英里就够了，足以让你呼吸到新鲜空气，锻炼到身体。

此外，每天五六个小时的冥想也完全足够，十个小时太长了，可能会使你的神经系统过度紧张。强烈的冥想并不是修习的唯一方式，尤其是当一个人身体出现问题时，总是沉浸于冥想并不是一件好事。你需要学习时刻保持真实的意识，冷静，宽宏，充满平静的力量，以真实的感受和认知来看待自身和周围的一切，只是观察，冷静且不为所动，意志安定，必要时采取行动。不要过度紧张，也不要让自己陷入兴奋、神经敏感或抑郁状态。

学会以一种平静、均衡且和谐的方式来打发你的时间。可以散步，但不要走太多；可以冥想，但不要时间过长，更不要让身体过度劳累；可以读书和写作，但不要让大脑疲劳。多看看外面的世界和生活，并尝试以正确的方式去看。当你变得强健一些（现在还不行），就可以学着用正确的方法和知识去做一些体力劳动和活动。

你觉得理解《雅利安》不像以前那么容易了，这主要是因为你把身体搞得太虚弱了，大脑很容易疲劳。随着休息和体力的恢复，

---

① 三德说（Trigunas）是古代印度数论派哲学关于事物构成的学说。"德"（Guna）有"属性""特性"的含义，"三德"指构成事物的三种属性，即萨埵（Sattva）、答磨（Tamas）、罗阇（Rajas）。数论派认为一切宇宙现象均可归结为三德的相互作用。萨埵代表悦性、轻盈和清明；答磨代表惰性、迟钝和阻碍；罗阇代表激性、散乱和运动。当三德处于平衡状态时，原质不变，一旦三德失去平衡，原质便产生变异，从而演化出世界各种现象。由于早期经典对三德未做确切的阐述，后人解释各异。本书依据上下文将"三德"有时译为悦性、惰性、激性，有时译为萨埵、答磨、罗阇。

这种情况应该能有所改善。你还说，以前很容易做到的事情现在也做不到了。以前，你的思想、生命和身体之间有着某种和谐的平衡，一切都很强健，之后，你就完全进入一种生命的亢奋状态，完全无视身体，使之疲惫不堪，你只是在靠一种不正常的专注与亢奋来提振自己。现在你感受到了身体的反应，但随着休息、头脑的冷静和体力的恢复，这些反应也会随之消失。

不要顾虑，觉得自己休息得太多。对你来说，长时间保持平静是有益的，让更高意识的平静与安静的效果悄然融入你的身体。

你的"答磨"状态和痛苦根本不是因为你从身边人那里获得食物，或是由他们带来的氛围造成的，放下这种想法吧，这种感觉是完全不真实的。

当你进城，在街上、在市场，看见女人或病人的感觉，都是你神经衰弱的表象，这是一种异常夸大的神经敏感。你要摆脱这种脆弱，重新掌控自己的神经系统。你要从思想上消除对性冲动的恐惧，这样才能正常地看待女性而不受这些反应的困扰，恐惧和厌恶只会让性吸引或性暗示不断出现，要学会冷静和淡然。你之所以会受到周遭人们的影响，仅仅是因为你的神经衰弱。你观察他们的时候，要将他们看作某种外在的东西，不受其影响。在本地治里时，恐怕你已助长了这种神经衰弱，并对这些强烈且敏感的心理征兆心生畏惧。不要再这么想了。你可以感知周围的事物，但要冷静而坚强地去面对，不要受其影响甚至被反制。

还有一点，你在性暗示中看到的你的母亲和妻子的女性形象并不是实相。不要总是将你的妻子与之相关联，要像对待其他女性那样对待她，不依恋，不反感，也不回避。我不相信她有那么强的力量，可以把她按照你想的样子投射到你的意识中，是你自己的心理联想创造了这个形象。反感和回避①并不是摆脱事物的正确方式，相反，这只会不断强化你想要抛弃的东西。

睡觉前，只是祈祷还不够，你要在身体里建立并保持一种强烈的意志，去对抗睡眠中出现的任何性暗示或其结果。稍加练习，身体就能学会接受这种抑制性的暗示，而性暗示的情况也会停止。

你在一封信中提到，有一个声音告诉你"米拉永远不会同意成为你的沙克提"。这句话到底是什么意思？"我的沙克提"？这样的表述是错误的，会带来概念的混乱。也许你的意思是，对你来说她就是"摩诃沙克提（Mahashakti）"的力量，从超心思层面降临到你身上，支持你的修习与行动。可以这样理解，但摩诃沙克提是自在天，没有人可以把她视为"自己的沙克提"。

最后，你谈到了你在"超心思状态"下回到本地治里这个房子里的体验，这其实是你进入了一种超物质意识状态，在这种状态下，你的某些部分来到这里。你把超物质意识说得太容易了，好像它就是超心思似的。在身体意识和超心思之间是有许多意识层级的，以后你会学习如何正确地区分它们。即使超心思触碰或降临到中间的意识层级，甚至会到身体层面，那也只是对可能或将要发生的事情的一个闪现，并不是全部或终极实现。终极实现要靠日后耐心修习才能达成。如果你认真理解了这些，就不会有任何失望，因为更高阶的意识状态不会立刻降临并永远驻留于你。

我觉得你写字写得太快了，很多字都看不清楚，读起来很吃力。

---

① 原文使用梵文 jugupsa，意为"厌恶"或"反感"。

请认真书写，这样所有内容才会清晰易读。

[11]

这封草稿是回复蒂鲁帕蒂在"29日的来信"，大概日期是1926年3月29日。

约 1926 年 3—4 月

蒂鲁帕蒂：

我收到了你29日的来信，长篇大论、漫无目的、语无伦次、极度兴奋，从头到尾都是一堆近乎疯狂的废话。

我看出来了，你又回到之前的妄想和谎言中了，这是某些邪恶力量强加在你的思想和生命上的。你再一次决意违抗我的命令，违背我的书面指导，无视我信中的明确原义，只是一意孤行地靠解读我信中"隐藏"的含义来欺骗自己。也就是说，你所解读出来的只是邪恶力量的谎言，而你还将其视为灵感和直觉。你决定再次踏上疯狂之旅，这条路不仅带你远离本地治里，也使你与我渐行渐远。

你已否定了25日的来信，那是你唯一一封正确、真实和理智的信，信中是真实的蒂鲁帕蒂，我们曾认识的那个蒂鲁帕蒂，而写29日这封信的人，我们与他毫不相干。

[12]

蒂鲁帕蒂1926年5月6日来到了本地治里，室利·阿罗频多拒绝见他，给了他这封信。

1926 年 5 月 6 日

蒂鲁帕蒂：

你渴望成为我的显化，但你所臣服的所有妄相都不属于瑜伽或精神修习，只是你生命和头脑中的幻觉。我们曾尝试治愈你，在你

390

遵从我的指示的那段时日，已有所好转，但现在又故态萌发，且更甚从前。你似乎再也不能理解我写给你的东西了，你在我的信中读到的只是自己的错觉。对你，我已无能为力。

我能说的就是，回到维济亚讷格勒姆去吧，在那里疗愈自己。我无法再为你做出任何安排。我只有最后一个忠告：丢掉那些让你生病的愚蠢的傲慢和虚荣吧，做一个普通人，回到正常的物质世界里生活。

现在，这是唯一可以将你从疾病中拯救出来的方法。

致道拉特拉姆·夏尔马

对这封信的收件人我们知之甚少。1923 年，道拉特拉姆·夏尔马（Daulatram Sharma）开始与巴林德拉·库马尔·高斯通信。1926 年初，他访问了本地治里，于 3 月 17 日就自己的修习情况写信给巴林。巴林按照室利·阿罗频多的指示起草了一封回信。室利·阿罗频多对这封信进行了彻底的修改，可以视为他亲自写的信。

本地治里

1926 年 3 月 26 日

亲爱的朋友：

我已经把你的信给 A.G. 看了，他的回复如下。

你的来信很有趣，展示了你精准的直觉，可惜的是，你的头脑却不让你跟随直觉，甚至会干扰它，给它错误的心理定式和不良的精神结果。

你说得很对，精神修习要通过精神存在来打开，而不是头脑。

指导性的直觉源自精神存在。

你的直觉告诉你，对你来说，最有效的（灵性）冲动最好是来自米拉（如果愿意，你可以称她为米拉·黛维[1]，但请不要称她为夫人！），这完全正确！你上次来访时，米拉从露台的窗户看到你，就对 A.G. 说："这是一个我可以改变的人，但他还没有准备好。"但当你认为只有和米拉坐在一起冥想，才能接受她所给予的影响时，你的头脑又开始干扰了。一起冥想并不是米拉的精神或心灵活动作用于他人的前提条件。

是的，当时她与其他修习者没有任何直接接触，一部分原因是其他修习者还没有准备好与她建立适宜的关系，接收她的影响；另一部分原因是身体层面的困难，使她不得不避免与所有人的直接接触（与通过 A.G. 的间接接触不同）。但那段时间她一直在灵性和生命层面与 A.G. 沟通合作，做所有可以做的事情。与她的直接接触，需要与她建立恰当的关系，敞开心扉，进入她的气场。从身体层面而言，普通的会面或交谈就足够了。除非修习者自己做好准备，否则很可能接收不到她的（灵性）推动，无法达成（预期的效果），或者不能承受（过程中的）压力。

如果你把 A.G. 和米拉严格区分开来，也是不对的。他们二人的影响对于修行的全面提升都不可或缺。二者的共同作用可以将超心思真理带到身体层面。通过被开启的心思，A.G. 直接作用于精神和生命层面，他代表了普鲁沙（Purusha）元素，主要作用于启发性（如直觉、超心思或精神）知识，以及这些知识中的能量，同时，灵性存

---

① 黛维：梵文 Devi 的音译，意为"女神"。

在也会助力这种作用，帮助身体及生命层面的转化。通过被开启的灵性意识，米拉直接作用于灵性存在，以及情感、生命和身体本性，被直觉超心思开启的直觉，为她带来必要的知识，从而能够在恰当的时机，以恰当的方式行动。她的力量代表了沙克提元素，直接体现在精神、生命及身体上。从本质上说，她的灵性知识在大多数情况下都是切实有效的。可以这么说，这是关于精神、生命和身体力量的知识和体验，博大而精深，是可以掌控我们的生活和瑜伽的强大力量。

就你的情况而言，你本性中有非常活跃的思维、强大的生命力和务实的头脑，尽管你对宗教和哲学感兴趣，但你思考性的头脑却并不容易打开去面向真正的内在之光。而上述其他部分倒更容易接收到光，但它们无法自行觅见，因为它们的全部力量和活动都是向外的。你的精神存在时常会赋予你直觉，引导你走向真理，但尚不能主导并引领你的生活，因为你的情感本性太过压抑，表层心思是枯竭的，太多垃圾阻塞了精神火花的迸发。精神存在一旦被完全唤醒，发挥主导作用，就能转化你活跃的思维、生命力和头脑，并通过它们使你获得启示，实现俗世解脱。从我描述的米拉的力量所在，你应该可以看出，帮助你自性合一的工作，没有人可以比米拉做得更好。

你还没有理解 A.G. 说的关于禁欲（Brahmacharya）的内容。他并不是说你可以纵容性冲动，或置之不理，相反，如果你有意终止性生活，那就应尽一切努力去做。他的意思是，禁欲通常被理解为一种精神和道德控制，因精神戒律而停止做的事情。这种控制，特别是禁欲主义或清教徒式的禁欲，只会束缚甚至压制性冲动背后的生命力，但不能真正地净化它、改变它。克服性冲动的真正动机是内在精神，当性冲动出现时，真正的意志应对其进行内在的净化，从内在放弃动物性行为，让生命力转向更大的作用。对完善本性和瑜伽修习来说，性冲动背后的生命力是不可或缺的力量。通常，那些拥有强大生命力，最有能力在身体本性中实现超心思转化的人往往具有强烈的性冲动。所有的欲望、性行为和被外在拖拽的冲动都是修习之人要弃绝的，但要保留能量本身，并将其转化为真正的力量和喜乐。你认为，为了接近米拉并得到她的帮助，就要在这方面保持一定的基本的纯净，这是对的，她不可能与充满原始兽性或变态性冲动的人，或因此无法从精神或灵性上真正尊重女性的人建立关系。但也没有必要完全消除性冲动，更没有必要把自己变成禁欲主义者或清教徒。恰恰相反，无论是传统的清教徒，还是粗俗兽性之人，都无法从米拉那里得到任何东西。

这就是 A.G. 对你的回复。既然你现在有这些直觉，为什么不付诸行动呢？你已转向米拉，而她也知道这一点，虽然你离得很远，但仍然可以打开自己去接收米拉给你的影响。如果暂时不做这些，你仍需进行必要的精神准备（目前你只是头脑做好了准备）。你至少可以尝试，让头脑保持安静，不是沉思，也不是空白，而是将自己置身于外，如果有念头升起，观察它们，等待更高的真理，等待精神存在的出现，等待灵性直觉的声音。当这一切发生时，不要让头脑干预。如果有不确定的地方，那就继续等待更多的光出现。给自己的灵魂一个机会，这是你现在应该做的。

致巴林德拉·库马尔·高斯等人的信
（1922 —1928）

　　本节包含室利·阿罗频多书写或口授给他的弟弟巴林德拉·库马尔·高斯的信，还有一些信是写给与巴林于1922年在加尔各答的巴瓦尼波尔（Bhawanipore）开设的瑜伽中心有关的人。其中部分信件是关于巴林信中曾提及的该中心的候选成员（候选人被要求提交一张照片供母亲和室利·阿罗频多评估）。巴林还写了瑜伽中心修习者的进展和遇到的问题。至少两封回信由室利·阿罗频多亲笔书写，其他大部分似乎是口授的。这些信后来被制作成多份手写和打印的副本，十八封信中有十六封是以这些副本的形式留存下来。本节的文本是通过整理每封信的三份或更多副本后形成的，以尽量保持原始信件的准确性。这些副本在20世纪20年代广为流传。室利·阿罗频多后来表示，他不希望继续传播这些"过时的东西"，但在另一封信中，他又表示"没有必要撤回任何内容"，尽管1927年之前的信件已不像之后的信件那样自由传播了。

致巴林德拉·库马尔·高斯

　　巴林德拉·库马尔·高斯是室利·阿罗频多最小的弟弟，出生于英国，在孟加拉长大。1893年，室利·阿罗频多从英国回到印度后，两人第一次见面。1902年左右，巴林参与了室利·阿罗频多和其他人在加尔各答建立的新兴革命社团。1906年，巴林和这个社团的其他成员开始计划暗杀英国官员。

1908 年 5 月企图杀害一名英国法官未果，导致巴林、室利·阿罗频多和另外二十多人被捕，以密谋发动反对国王的战争的罪名受到审判。室利·阿罗频多被判无罪，巴林和其他几人则被定罪，巴林被判死刑，后来在安达曼群岛流放地，被减为无期徒刑。1918 年，第一次世界大战结束，政府宣布大赦，巴林和其他囚犯被释放。当年，巴林来到本地治里，与室利·阿罗频多见面，1921 年再次拜访。1922 年，巴林在加尔各答的巴瓦尼波尔成立了一个瑜伽中心。

[1]

这封信与第一节中"致吉德伦金·达斯的信"写于同一天（1922 年 11 月 18 日），两封信都与筹款有关。

《雅利安》办公室

本地治里

1922 年 11 月 18 日

亲爱的巴林：

来信得知，你需要一份我的书面授权，向与你工作有关的人明确说明情况，以更好地开展我所委托的工作。这封信即是一份"授权书"，你可以在必要时向任何人出具，希望这可以帮助你顺利开展工作。

目前，以及未来一段时间，我依然选择完全专注于瑜伽修习，我的瑜伽不是为了逃避生活，而是为人类生命转化建立基础。在这种瑜伽中，开辟新的修习道路，需要培养大量从未有过的内在体验，这需要很长时间才能完成，因此我需要退隐。以此瑜伽精神为基础，我将开始一项庞大的外在工作，尽管时机尚未完全成熟，但已经临近了。

因此，有必要建立一些瑜伽中心用于精神修习，初期数量不需要太多，规模也可以小一些，但随着工作的展开，需要持续扩展。我会直接管理其中一个，并同其他中心保持紧密联系。那些在瑜伽中心完成训练的人，可以成为未来工作上的助手。但目前，中心只用于精神训练和苦行修习，而非外部工作。

第一个中心已在本地治里建立，待我去英属印度后，就会转去那里，但我需要资金维护并扩大规模。第二个位于孟加拉，是你现在正在建立的。接下来的一年，我希望能在古吉拉特再建一个。

目前，我无法接收那些渴望并适合这项修习的人。这项工作只能在我的主要掌控下才能继续，这也是我日后回归外在行动必要的准备工作。

我授权你代表我募集资金，以及其他担保事宜。我完全信任你，也希望所有祝福我的人也能给予你同样的信任。

补充一点，从广义来说，这项工作是我个人的工作，需要我亲自参与，目前还没有完成，也不能由任何其他人代我完成。这项工作是独立的，不同于其他已完成的，以及以我的名义或经我批准正在进行的工作。这项工作只能由我亲自完成，像你这样帮助我的人，现在或将来，都会在我的直接指导下接受精神修习。

阿罗频多·高斯

[2]

吉德伦金·达斯收到室利·阿罗频多 11 月 18 日的信后，写信请求允许引用并出版其中的某些段落。室利·阿罗频多在本信中回复了这一请求。

本地治里

1922 年 12 月 1 日

亲爱的巴林：

我一直等着你的来信，想确切了解吉德伦金打算出版信中的哪部分内容以及理由。其实我知道他的想法，但我仍需确认一下，我也要搞清楚自己为何对批准这次出版犹豫不决。

有些内容我本不应反对出版，比如关于生命的精神基础的内容，或最后一段关于自治的内容。但我认为，如果只引用这几段，而不对当前的"不合作运动"做进一步的说明和解释，会让人们完全误解我的真正立场。有些人会认为，我同意委员会修改后的甘地纲领，如你所知，我并不相信圣雄的原则可以成为真正的根基，也不相信他的纲领可以给印度带来真正的自由和伟大，实现完全自治（Swarajya）和完全主权（Samrajya）。另外一些人又会认为我坚持提拉克的民族主义，这也并不属实，因为我认为那套思想已经过时了。如果我还在政治领域，我所主张的政策可能在某些方面与上述两者相似，但在原则及纲领上却截然不同。但目前国家尚不成熟，还不能理解或执行这些纲领。

我很清楚这一点，所以我现在安于精神和心灵层面上的工作，日后在恰当的时机和适宜的条件下，这些工作积蓄的思想和力量会进入生命和物质领域。我一直很谨慎，不发表任何可能会影响我将来活动的公开声明。影响程度取决于局势的发展，当前的政治局势可能以毫无结果的动荡而告终，也可能在外部环境的帮助下，跌跌撞撞地陷入某种形式的自治。无论哪种情况，真正的工作都有待完成，我也希望自己始终保持自由。

我之所以对达斯的行动和言论感兴趣，除了私人交情外，还因为他对事态的不断推动，尽管我认为目前不太可能成功，但应该有助于打破在所谓的"有建设性"的巴尔多利（Bardoli）[①]纲领下狭隘僵化的架构。在我看来，这个纲领没什么建设性，只是将不合作视为目的而非手段。因此，达斯的工作可以为更广泛和更复杂的行动创造有利条件，为真正的自治做好准备。另外，我很快注意到，他似乎有很多对未来构建的想法，而我一直以来也在不断思考印度的未来。我不反对他私下使用我信中的内容，但希望他能理解为什么我不建议将其出版发行。

我注意到，你在钱的问题上遇到了很大的困难。记住，金钱是通用的权力，目前仍被敌对势力所控制，掌握在玛门（Mammon）[②]或泰坦巨神的手中。当有利的力量涌现时，我们要马上识别出来，否则不利的力量就会介入，生出重重困难。此外，当情势看似有利时，也不要掉以轻心，放松警惕，这很可能正是敌对势力进行干预时的伪装。就像在瑜伽中，意志和力量必须稳定地作用于人、形势和环境，才有可能取得成功。

阿罗频多

附：稍后我会回复乔蒂什·高斯（Jyotish Ghose）的来信。

［3］

写给巴林，回复巴瓦尼波尔瑜伽中心的修习者乔蒂什·高斯。

---

① 1928 年在印度西部古吉拉特邦的巴尔多利发生的一场不服从和反抗的地方性运动。

② 玛门：在《圣经·新约》中通常被认为意味着金钱、物质财富或任何承诺财富的实体。

本地治里

1922 年 12 月 9 日

亲爱的巴林：

我仔细阅读了乔蒂什·高斯的来信，觉得最好先解释他描述的现状。因为在我看来，他似乎不明白背后真正的原因和含义。

目前消极和冷漠的情况是对之前异常状态的反应，这种异常状态是由于他的内在努力缺乏适当的内外部引导。之前的努力揭开了物质世界和精神生命世界之间的面纱，但他的头脑尚未做好准备，无法理解自己的体验，只能靠幻想和想象、错误的心理和生命暗示去评判。猛烈涌动的罗阇，自私的能量充满了他的生命，并善于在新的领域调动底层的能量。这为生命世界的黑暗力量敞开了大门，使其抢占先机，结果导致身体和神经系统以及部分大脑中枢出现混乱。攻击和占据似乎已经过去，留下当前这种充斥着强烈答磨属性和冷漠消极的反应。答磨和冷漠本身并不可取，但它们暂时有用，可以使他从之前的异常紧张中得到一丝喘息，也会为之后沙克提能量重新正确地发挥作用打下良好基础。

认为他目前的状态是内心已死，只是外在躯壳在活动，这种解读并不属实。事实上，自以为是主角的那个生命私我中心已被粉碎，它现在感觉所有的思想和活动都在外围。这是一种获得真知的状态，因为真正的实相是，所有思想和活动都属于原质，它们源自宇宙原质，像海浪一样进入或穿过我们。而我们的私我，以及身体和头脑的局限性，会阻碍我们去感受和体验这一实相。能够像他现在这样了解并感知实相，是一个很大的进步。当然这并不是完全的真知，随着知识更加完整，灵性存在向上打开，他会感觉到从上方降临的一切，找到真正的根源并实现转化。

在他头脑中显现的光芒意味着更高力量和知识降临的通道已经打开，它们像光一样倾泻下来照亮意识。电流（的感觉）是一股向下的能量，作用于底层中枢，为开启做好准备。当生命力量不再试图向上推动，普拉那就会变得平静并臣服，全心等待光的到来，当心灵和实相之间没有分歧，只有源源不断的渴求时，正确的状态就会到来。光必须下降到这些底层中枢，才能转化情感、生命和身体，以及精神思想和意志。

与其他瑜伽体验一样，任何灵性体验和无形世界的知识对实际生活的效用都是狭隘的人类观念所无法衡量的。首先，这些体验对意识的圆满和存在的完整是必要的。其次，这些"其他世界"实际上正在作用于我们，如果你了解并进入其中，就能有意识地应对、控制和利用它们，而不是被其利用，任其摆布。最后，在我的超心思瑜伽中，打开灵性意识的体验是不可或缺的，因为只有这样，超心思才能全然地下降，有力地、稳固地控制并转化心思、生命和身体。

这就是目前的情况和意义所在。如果他希望将来修习我的瑜伽，那必须对我带来的实相抱有坚定的决心和渴望，具备平静且被动的态度，对光的源头保持向上的开放。沙克提能量已经在他身上发挥作用，虽然他的身体和生命系统受到伤害，但如果他坚持并保持上述态度，对我充满信心，就一定可以在精神修习上获得安全稳定的提升。至于他要来这里见我，我还没有准备好，等你回到本地治里我们再谈此事。

阿罗频多

[4]

克里希纳沙希（Krishnashashi）是一位来自吉大港的年轻人，在加入巴瓦尼波尔瑜伽中心后，他的瑜伽修习遇到了危机。室利·阿罗频多就他的问题写了几封信，这是其中的第一封（还有一封直接写给克里希纳沙希的信，见下文）。在这封信中，室利·阿罗频多还向巴林转达了母亲米拉对已提交照片的三名巴瓦尼波尔瑜伽中心的候选人的评估。

1922 年 12 月 30 日

《雅利安》办公室

本地治里

亲爱的巴林：

首先是关于克里希纳沙希。我觉得你对他的看法有些偏误，至少在你认为他应该为他不尽如人意的表现负责这一点上。很明显，他是一个心理非常敏感的人，虽说不是极端的那种，但也是极为敏感的。我认为不能将最近出现的问题归咎于他，这些敏感的人需要不断的保护与指导，提供帮助的人既需要拥有心灵和生命层面的力量，也需要具备这方面的科学知识。但你们中间却没有这样的人。当处于某种精神状态下，特别是最近的这种状态，他就非常需要这样的保护。他不太可能保护自己，因为这种精神状态的本质是对来自灵性或精神—生命的种种影响保持绝对的被动与开放，在这个时候，根本不可能让他运用自己的力量做判断去拒绝，这样做反而会立刻打破所处的精神状态。如果灵性和精神—生命的影响是正向的，那还不错，可以获得非常显著的修习结果，反之，情况就会变得很危险。我非常了解这种精神状态——神情恍惚、呼吸减弱、舌头卷起、身体向上蜷曲并伴有各种心理—生理活动——从本质上来说这种状

402

态并没有问题，可能是由好的影响带来的，也有可能源于不良影响，或是虽然是由前者引起，但却被后者攻击利用。排除不良影响的唯一方法是，让其他具有灵性力量的人，在这个时刻为他筑起一道保护墙，如果有一个对他的精神和生命力既了解又有信心的人提供保护的话，就不会让哭喊、面部扭曲等外显的异常反应毁掉这一阶段的修习。补充一点，这些不良影响并不是我们底层的遍在力量，而是来自一个陌生的、敌意的生命世界的干预。

依目前情况看，克里希纳沙希最好暂缓此类灵性发展，尤其是那些带来明显身体反应的修习，他必须了解身体层面更高的灵性体验的特征。目前的体验，包括他听到的声音，当然也非常重要，但并不是来自超心思，而是来自较高意识的整体思想层面的心理和直觉。他的头脑将自己的想法与其他暗示搅混在一起，在修习初期，这种情况几乎不可避免。在不打扰灵性发展的前提下，他现在需要关注自我控制的冥想和心智的扩展。他曾在之前的信中提到，由于害怕变得过于理智，已不再读《雅利安》了，这是他自己精神上的一种错误暗示，因此还是要让他去阅读、研究这些内容。当然，像其他瑜伽一样，在心智的扩展和自我控制的冥想中，也会有危险，也可能出错，但我认为这是他当下的必经之路，进展可能会比较缓慢，但更安全，一旦条件具足，他就能恢复全面的灵性训练了。他还应关注精神与生命的净化。人们对于被动接收与自我臣服多有误解，以为这意味着放弃所有的自我选择权，要知道，在修习初期，在必要的情况下，必须要有自主控制或自我意志，有时候这更为重要。同时，要保持自由开放的态度，保持对更高指引的信心，只要抉择和意志正确且至诚，更高指引一定会有所回应。

接下来是关于敌对力量的显现。据我观察，它们具有非常低级的生命体特征，我似乎还看到，其背后有一股真实的力量，但大多数并没有真正的特征。也就是说，在所有情况下，我们看到的面孔、触碰的感觉都不是真正的生命体，而只是一种相，来自你生命中的事物的暗示或臆造，只要认识到这只是一种相，拒绝接受其真实性，这些相很容易被破除。也许是你们一起同修的人中，有人为敌对力量打开了通道，但也不一定是人为导致的。真正的原因可能在于，很多修行尚浅的人带着各自不同的、混杂的气场一起冥想，即便只是一起做一个普通的脉轮冥想，也有可能招致敌对力量的入侵。在这种情况下，必须有人对冥想人群进行保护。如果说冥想是一种精神活动，那么保护也应在精神层面。依照米拉的经验，这种保护必须以一股白光的形式，持续围绕着冥想中的所有人。但即便这样也还不够，因为这股敌对力量会不断攻击，试图寻找漏洞，因此，在白光之外还必须覆盖一层致密的紫光，完全遮光以保护冥想者不被洞穿。这种光的保护不能只停留在精神或心理层面，还要将光带入生命体并将之填满，因为敌对力量的攻击往往发生在生命体层面。此外，任何人都不能在冥想时出离身体（我的意思是，心思可以出离，但生命体不可以）或在精神上脱离冥想群体。还有一点要特别注意，即便觉察到这些敌对力量的显现，也不要害怕和恐惧。这些敌对力量正是靠着可怕的相状与威胁使人产生恐惧，阻碍精神修习者突破物质世界与生命世界的界限，也正是通过恐惧与惊慌，它们得以入侵人体的生命层面。因此，无所畏惧的勇气和坚定不移的信念是修习者的第一要务。

　　我注意到，你们加尔各答中心的精神修习与克里希纳戈尔中心

（Krishnagore）①的修习相比，有很大的不同。在加尔各答中心，似乎精神意识和灵性现象能够迅速打开并发展，这会带来巨大的可能性，但也极具危险性。完整的精神修习需要两种力量，第一种是阳性的、原人（普鲁沙）或自在天的力量，由上至下进入到知识、光、平静、力量、广泛的意识中。另一种是阴性的、原质的或女神（Ishwari）的力量，在被动、接收、敏感、回应的状态中自下而上于存在的所有层面打开。多数情况下，第一种力量趋于成为头脑或头脑化的直觉，继而转化为头脑化的超心思。这种变化是缓慢的，但也是确定和稳妥的，只是通常很难分别打开精神、生命和身体，接收启引和改变。第二种力量本身是快速的、敏感的，充满令人惊奇且异乎寻常的体验，但若缺乏超自然力量的控制，会很容易变得混乱、失衡且充满危险。只有当两种力量同时存在且相互作用时，才能获得最完美的精神修习。

我认为你应该坚持加尔各答中心的修习方式，将注意力放在我所说的原人（普鲁沙）力量上，这是获得深度平静、力量、平衡、广泛意识、精神净化的基础，同时，随着生命体与身体的打开，生命与身体得以净化。如果你能关注这点，且进展顺利，那么你们的瑜伽修行对精神、生命和身体的掌控将会更加稳定、有序和安全。

关于你寄来的三张照片，下面引号中是母亲的评语，后面是我的补充。

1. 卡奈（Kanai）

"非常有趣的头脑，极高的灵性，但要小心身体，因为在高强度

---

① 克里希纳戈尔：又拼作 Krishnanagar，现位于印度西孟加拉邦的边城小镇。

的灵性发展中，这类人的身体会损耗非常大。"

将平静、力量和纯净带入身体意识，摒弃草率的恐惧和不良的波动，这是确保身体安全的基础，这点极为必要。

2. 吉兰（Girin）

"有一种知性和哲学的气质，但在这下面，似乎有些沉重的东西。"

我认为他的沉重来自生命体和身体意识，这可能会造成相当大的障碍，但如果能净化并照亮它们，其背后可能蕴藏着丰富的稳定的能量，使他大有作为。

3. 贾加特·普拉桑纳（Jagat Prasanna）

"很沉闷。我不知道可以带给他些什么。"

我似乎在他双眼后面发现了一种非常低级的精神能力，在他身体的生命力中发现了某种黑暗和不纯的东西，这可能是一种低等精神生命力的媒介元素。如果他和大家围坐在一起冥想，那就能解释为何会有异常情况发生了。这是我对此人的印象，但我不太确定。如果他要修习瑜伽，应该选择那种传统的方式，尤其要注重自我净化的训练。对他来说，任何形式的消极怠惰都是危险的。

关于你对克里希纳沙希的评价，我要再补充一两点。所有人都应该明白，真正的直接超心思并不会一开始就出现，这需要长久的修习。首先要打开并启发心思、生命体和身体；其次，通过意志等使头脑更具直觉，进而开发潜藏的灵魂意识，以逐步取代表层意识；最后，在已有所改变的心思、生命和身体层面不断进行超心思化，待真正的超心思降临时，它们也随之提升到超心思层面。

这是瑜伽修习的自然顺序。这些阶段可能会有重叠和掺杂，或有很多不同的变体，但只有修习进展到高阶水平才会到达最后两个阶段。当然，超心思的神力贯穿瑜伽修习的始终，但它首先要通过很多中间层面，因此，不能轻易认为修习初期出现的某些情况就是直接的或完全的超心思，这种想法很可能会阻碍修习的进展。

或许这是克里希纳沙希在修习中失控和失稳的原因。这类心理比较敏感的人有很复杂的本性，其中有很多微妙的触发点，因为敏感，极易被面纱后面的东西所触碰，又因为微妙，极易被扭曲。克里希纳沙希的本性中有些东西可能被扭曲了，在这种情况下，要十分小心，必须搞清哪里出了问题，对症下药，而不是简单粗暴的处理。

关于阿伦（Arun）的钱和萨罗吉尼的情况，我会单独写信给你。

阿罗频多

［5］

关于克里希纳沙希的另一封信。

本地治里

1923 年 1 月

亲爱的巴林：

很遗憾，克里希纳沙希的修习本不该走到今天这步田地。就目前的情况看，加尔各答中心一片混乱，对他来说那里可能是最糟糕的地方。如果无法做出其他安排，他最好回吉大港，在那里修习并写信给我。我现在不可能让他来这里，如果将来他的修习恢复正常，还有可能。

至于他身上出现的自我主义倾向，这在修习初期的体验中很常见，在适当的保护和影响下，这种情况会过去的。更严重的问题一

407

般会在精神—生命层面，会对身体带来危害，并出现某些足以让他偏离正道的暗示。我仍难以相信那些来势汹汹的幽灵般的幻影是由他所致，因为他的来信中从未提及此类暗示。你是否有他的照片？可以寄给我或者让他寄给我。

你信中说，所有人都被那些幽灵吓坏了。我再强调一遍我说过很多次的话：不要恐惧！总有一天，每个人都要面对这种事情，如果总是恐惧，又该如何面对？这些大多不过是种幻象或是神经系统的组成物，如果他们害怕，又怎能成为精神的勇士和征服者？做不到这点，也就无法上升到超人状态。我想他们会勇敢地面对身体上的危险，那为什么不能勇敢地面对精神上的危险或威胁呢？

上一封回信中有我和米拉商量后给出的指示，如果克里希纳沙希依照行事，一切都会好起来的。如果不能，我只好尝试传送精神保护，看看是否有用。可惜他离我太远，我无法保护他的精神生命。请尽快告诉我他都做了些什么，情况如何。随信附上我给他的一封信。

关于阿伦的钱，我了解到这是给加尔各答中心的，你为什么想寄到这里。如果他能马上支付第一个月的月供，应该能减轻你那里的困难。有杜尔加达斯（Durgadas）的帮助，我可以用从马德拉斯和古吉拉特汇来的钱安排这里一年的开销，刚好够维持两栋房子。如果可以的话，我希望你能在孟加拉筹措些资金，为了明年的开销，也为了未来两年孟加拉中心所需的费用，这样在未来一段时间里，就无须到处筹钱了。

目前，你在筹款中面临的主要困难是，一切都停留在意向或口头承诺，真正兑现之前，这些都有可能不作数。如果可能，可以先筹集小笔资金，打破目前的僵局，随后也许会吸引来大额资金。要永远记住，真正的障碍是精神上的困难，需要改变的是精神力量的状态。如果能平衡好各方影响，实实在在地筹措到资金，哪怕数额很小，都是一个不错的开端。

阿罗频多

[6]

关于克里希纳沙希的另一封信。

室利·阿罗频多在 1923 年 1 月给克里希纳沙希的一封信中对他的修习体验做了些评价。

1923 年 1 月 23 日

《雅利安》办公室

本地治里

亲爱的巴林：

今早收到了你关于克里希纳沙希的电报，昨天收到了他的照片，今天又收到了他最近写下的修习体验。根据所有这些信息和其他线索，考虑到我们之间的距离，我已尽我所能对他以及发生在他身上的事得出相对完整的看法。

照片展示了一个非凡的灵魂、完美的精神智力和崇高美丽的内在，但面部却显示他情绪和生命的部分过于脆弱，不足以支撑更高层级，而身体和生理显示出的贫乏与低级的特性，使他很难适应更高层级的活动，或是瑜伽修习所需的改变。这种存在性的差异是他生病以及目前精神错乱的原因。然而，最直接的原因还是由于周边环境和自身的急切渴望带来的压力，他太想尽快在身体意识层面有大的进展，而这需要长期稳定的准备工作，不可能一蹴而就。

不知道克里希纳沙希是否收到了莫尼写给他的信，是莫尼用他另一个地址（Raja Brojendra Narayan Roy's Street）寄出的，应该在 14 日送达。在这封信中，我建议克里希纳沙希留在吉大港或其他安静的地方进行自我修习，同时可以向我寻求帮助和保护。我还是坚持认为，他修习的主要目标应是净化并平静心思、生命体和身体。回到巴瓦尼波尔瑜伽中心后，我看到的却恰恰相反，他头脑狂热，急切地想在修习上取得快速进展，他抓住所有讯息，试图从形式上解读，而不是平静地接收。他被自我解脱这个目标拖拽着，正如米拉所说，恨不能一口吃成个大胖子。结果，在他尚不完美的生命体中，出现了某种我们不想见到的涌动，身体意识也因无法承受这种压力而陷入混乱。很明显，巴瓦尼波尔瑜伽中心的气场并不适合他，那里充斥着强烈的头脑和精神活动，不断推动人们追求修习的快速体验与进步，这些对他来说恰恰是危险的，因为他还没有打下扎实的基础，沉着、平静、从容与内在的静默，这才是他最需要的。

　　希望这只是修习中的一道坎儿，或是短暂的混乱。我正尽全力来修复这一局面，但你要帮助我，要让巴瓦尼波尔成为一个安静、平和且坚定的专注之地，这是我拍电报的目的。我认为，当他恢复平衡后，应该遵守最初我在莫尼的信中给出的指示，去一个安静且没有太大压力的地方修习。他必须按指示行事，放下其他目标，只是让自己的心思、生命体和身体安静下来，以达到一种平静祥和的状态。另外，对他来说，最好不要整天都是冥想和修习，要充分放松身体，做些体力劳动（但不要过度劳累），这样才能让身体活动起来并保持健康。请他放心，这样的改变绝不意味着停止修习，反而是为他日后的修习创造适宜的条件。当然，他要一直与我保持精神

410

联系，并不时给我写信。

在他康复前，请随时告知我他的情况。

＊　＊

在写上述内容时，我又收到了你的第二封电报。比起加尔各答，克里希纳戈尔可能更适合克里希纳沙希。那里的氛围更舒适自在，也更从容，周围环境可能也更安静，这些对他来说都是需要考虑的重要因素。此外，还需要有人能为他带来平静的氛围——直接从心灵本性层面，而不是头脑层面——从而对他有所影响。在与精神智性很高的人打交道时，头脑层面的影响效果总是不确定的。你曾向我讲过因杜（Indu）的情况，她说不定能帮到克里希纳沙希。如果这样的话，他就没有必要返回吉大港，或是为了修习而离群索居了。当然，这些都要待他完全康复，他的情况并不是一般意义上的精神错乱，而是与乔蒂什的问题有类似的成因，是一种精神障碍。我需要随时了解他的情况。

我还有很多要写的，但此事最为紧要，不容耽搁，其他内容就留待下封信吧。

阿罗频多

［7］

这封信显然写在 23 日的信件之后，31 日的信件之前。

《雅利安》办公室
本地治里
1923 年 1 月

亲爱的巴林：

你的来信让我对克里希纳沙希的崩溃有了更全面的了解。如我所料，主要原因就是强烈且失控的压力，汹涌的生命冲动，过度紧张、心烦意乱等导致身心出现了问题。邪恶并不在心灵与心理方面，甚至不在生命体本身，伤害的根源显然来自精神—生命体及身体层面。精神—生命体被修习体验所迷惑，开始认为自身是既有趣又重要的角色，并利用那些体验装腔作势、戏耍身体。在瑜伽修习中，这种偏离现象很常见，甚至在一些被认为是伟大的修行者中也能见到。这只是生命体的一种欺骗，其本身并不会导致疯癫，尽管有时看起来很是相似。通常，如果头脑足够强大，会对这些显现视而不见或有所控制。但以克里希纳沙希的情况看，他的头脑已然崩溃，表现出某种粗鲁的暴力，这是由身体中粗糙与低级的特性所致。这是我目前看到的，但还不能确定这种混乱仅仅是精神上的，还是如我在上一封信中所说，是他大脑中某种缺陷的显现。我每天都会静思，在克里希纳戈尔的人们也要通过保持冷静和坚强，助我一臂之力，为克里希纳沙希营造一种平静的氛围，所有人都尽可能保持安静的专注。要对他的内在和外在进行严格的控制和检查。如果这种混乱只是精神上的，暴力表现会消失，其他症状也会减轻，不会频繁复发。但是，如果像我说的那样，是大脑的问题，那就很麻烦了，我只有看到病情进展后才有定论。

至于你自己和巴瓦尼波尔瑜伽中心其他人的修习，我还要再观察两三次。有段时间给我的印象是，迫于快速进步和不同体验的压力，你们的修习活动过于频繁。这些修习活动本身没有问题，但要有一定的保障措施。首先应该有足够的休息和安静时间，甚至是休闲放松，这样才有足够的时间吸收和消化。吸收是非常重要且必要的，不应急躁地将其视为瑜伽修习的中断，还要注意培养冷静和平静的力量以及内在的静默，这是所有修习活动的基础。不应有任何过度紧张，你在信中提到的一些症状：神经或身体部位感到疲劳、失调或过度敏感等，都应平静地祛除，这通常是瑜伽修习中过度紧张，或修习过量过快的迹象。还须记住，所有体验，只有具备打开的征兆才有价值，最主要的是稳定、和谐、逐步有序地打开并改变意识与存在的不同部分。

在拉蒂（Rati）的体验笔记中，有一篇题为《表面意识》的文章，描述了神经或生理—生命的包裹体。这是通过某些媒介才能观察到的，也只有在某种程度的外化后才能显现。拉蒂是怎么知道的？是凭直觉、视觉还是凭个人体验？如果是后者，请警告他，不要在没有足够保护的情况下，将这种生命包裹体外化，如果没有熟悉这些事情的人在场，可能会给他带来严重的精神危害，也可能会对神经和身体造成伤害，甚至更糟。

接下来是钱的问题。你计划筹集 3000 卢比，但资金的来源几乎都是未知数。例如，霍奇森小姐（Miss Hodgson）的钱，首先取决于她是否留在这里，其次还要看她父亲的生活需要，毕竟她父亲已年老体弱。考虑到明年，我认为需要筹集 6000 卢比。当然，只要时间允许，你要尽可能多地筹集资金。我相信，只要你开始筹措到现款并寄到这里，后续的工作就会比现在容易一些。你与阿马尔（Amar）商定的条款在我看来似乎不够明确，对你不利。另外，阿伦的 2000 卢比的借款已经偿还了多少？还有多少钱需要筹集和偿还？你若手头还有钱应付这里的开销，能把米拉清单上的小东西、牙粉之类的寄过来吗？

至于阿克希尔·乔杜里（Akhil Choudhury），我的意思是你先去见见他，之后我再做定夺。我本想让他留在克里希纳戈尔的，但克里希纳沙希的问题把一切都打乱了。我从阿克希尔的信中了解到，他有 100 卢比。最好他能来这里待一小段时间，我会亲自见他，再看接下来如何安排。如果初次接触后，我发现他能自己独立修习，他就要准备好足够的钱从这里去克里希纳戈尔或其他地方，或回到吉大港。克希提什（Kshitish）写信请求来这里住一年，并愿意支付所有费用，这件事我以后再做决定。普拉尼 3 月份会来，但我不希望这里有太多人。如果赫里希克什（Hrishikesh）不来——我猜他不会来——也许我会让克希提什来待一段时间，但不会是一整年。

阿罗频多

[8]

关于克里希纳沙希和其他事项。

《雅利安》办公室

本地治里

1923 年 1 月 31 日

亲爱的巴林：

你 26 日的来信已收到，本打算发电报，但没有你在克里希纳戈尔的地址。今天下午收到了你的电报，也已回复准许将克里希纳沙希送走。以防你收不到电报，我同时电告了加尔各答的卡奈。虽然通过一些灵性方法治愈克里希纳沙希并不是完全不可能，但他长期的抗拒和与日俱增的暴力行为使这些成为泡影，我们只能使用正常的管制和医疗手段。因此，依照你的建议，我们现在只能将他送走。

从你的信中可以看出，你的周围充斥着一股来自最低端的生理—生命体和物质层面的强烈敌意。这些存在虽然微小，也没有什

414

么智性，但却充满了破坏与伤害的力量，就像有人冲你扔石头一样。这种破坏力量会导致身体出现一系列的问题，如思维不连贯、行为怪诞、性功能障碍、神经紧张失调，以及各种粗俗的暴力行为等，轻则给身体带来各种轻微的伤害、不便或障碍，重则引发意外、疾病、受伤、身体障碍。正是这些破坏力量占据了克里希纳沙希的大脑和神经中枢，并驱使着他的言语和活动。意外的是，这些破坏力量也盯上了那些筹集资金的人。这段时间我已在瑜伽修习中注意它们的活动和暗示，它们几乎是唯一活跃的破坏力量，其余的只是本性中的一般障碍。在我自身的气场中，这些破坏力量的暗示对我不起作用，我可以极大削弱它们的作用直至消失。但对你来说，这些破坏力量背后似乎还有某种更强大的力量，由于无法直接作用于你，于是通过那些破坏力量来影响你。也许在你的精神修习中，曾触发过并唤醒了这些力量运作的层面，但在高一级的层面上，你还无法驾驭这些力量并保护自己。你能够完全掌控的精神部分可以抵抗或躲避这些力量，但其他部分还是会遭到攻击。

有鉴于此，我认为新建的中心最好只接受已有瑜伽修习经验的人。你还要格外留意新来的人，或者按照你的建议，最好保留克里希纳戈尔中心，但只维持很小的规模，加尔各答的整体氛围对修习中心来说并不友好。至于筹款的事情，即便只有空头支票，你一定要努力在 2 月克服困难。无论如何，我不希望你空手而归，否则，这就意味着敌对力量的胜利，后续也会愈发困难。你上一封信提到，萨特卡里（Satkari）已经筹措到 500 卢比，如果是这样，请拿到这笔钱后立即寄过来，或寄至贝拿勒斯。这说明我们是可以做到的，可以在某种程度上击败敌对力量，接下来，再试试看余下的钱是否容易筹措些。如果你能取胜，就会为未来的成功铺平道路。这些敌对力量已经破坏了克里希纳沙希的灵性发展，够了！我不想看到它们在其他地方得逞。

至于萨罗吉尼，她不能来这里。直接告诉她，我现在修习的瑜伽对她来说太难，她来这里只会浪费时间和金钱。如果她想认真修行，就要从更容易的部分开始。首先，学习并理解这些内容，让头脑做好准备，并将自己转向至上者，消除以自我为中心的行为，也许做一些行动瑜伽的工作，尝试将以上这些作为主动冥想的对象，这些都是她在初期可以安全尝试的。如果她对神智学感兴趣，我当然不反对。目前看来，这里的专注氛围对她并无益处，反而会干扰到我们。请尽量劝她不要来这里。

从你的明信片中，我今天得知卡奈和其他人在克里希纳戈尔。请把那里的地址告诉我，如有必要，我会与他们直接联系。曼莫汗今天写信给吉大港的乔格什（Jogesh），谈关于接管克里希纳沙希的事宜。他已经照顾并几乎治愈了另一个同样病情的病人，希望这次他能取得同样的成功。

阿罗频多

[9]

关于克里希纳沙希和其他事项。

1923 年 2 月 14 日
《雅利安》办公室
本地治里

亲爱的巴林：

我已收到贝拿勒斯的汇款，随同此信有一封确认函，你可转交达斯。拉贾尼（Rajani）的 50 卢比汇款还未收到。

关于阿克希尔，我已写信给你，并且在曼莫汗 10 日发往吉大港的电报中也说明了，不要让他去巴瓦尼波尔，而是去筹款。等他办完事并且从高烧中完全康复后再来信，我们会给他回信。从你今日的电报得知，阿克希尔在收到曼莫汗电报之前就已动身了，除了之前给过的指示外，我没什么要说的。阿克希尔必须为来这里以及返回克里希纳戈尔或吉大港的旅程筹集足够的资金，如果做不到就不要来。我在这里的费用仅够每个人一年的开销，再无多余。在确定明年的开支及其他费用之前，我无法应付计划外的或是增加的费用。因此，他不能先到这里，然后因为没钱返回而无限期地等待，这行不通。必须遵守约定，否则会造成不必要的麻烦和混乱。

从你的来信和电报中得知，莫西尼（Mohini）正启程前往克里希纳戈尔带回克里希纳沙希。当然，在这种情况下，没有必要再像莫尼信中建议的那样继续等下去了。我已经三天没有收到关于克里希纳沙希的任何消息了。这种完全错误的、无视指示的做法，让我很难帮到他。请告诉莫西尼，要及时告知我克里希纳沙希在吉大港的情况。博罗达先生（Boroda Babu）的信很有意思，但没什么重要的新内容，也解决不了我的困难。可以看出，克里希纳沙希崩溃的部分原因是源于性，是我之前说过的来自生命体向上涌动的一部分能量。控制了他的生命力量，不论是以某个去世的朋友的模样或能量体（Pranic Body）的形式呈现，并没有太大差别，情况还是会和之前一样。如果只是精神上的混乱，过段时间就会消失，如果是大脑出现了某种缺陷，结果就不好说了。药物治疗的建议可能会有用，最好告知莫西尼。

至于拉贾尼的困难，你可以让他自己写信给我，说明具体的困难以及产生困惑的确切原因。据我所知，他的修习一直在稳健地推进，但有一段时间没有他进一步的消息了。如果他保持正确的态度、信念和毅力，就一定能在瑜伽修习上取得成功。他可能会在生命本性和身体意识方面遇到障碍，因为那里有很强的土元素，其他几个人也是如此。如果能坚持修习，他的进展很可能通过知识和意志获得，而不是通过丰富的精神体验，他不能因为自己没有或很少有精神方面的体验，就认为自己无法继续修习瑜伽。

你有封信中关于债务的一段内容非常混乱，我完全看不明白。首先，我想知道这 2000 卢比贷款的本金是多少，以及需要支付的确切金额，这样，我才能知道我们还需要为此付多少钱出去。其次，除了这个 2000 卢比的借款，我们还有多少尚未还清的本金及确切金额。例如，我们还欠卡比拉贾斯（Kabirajas）多少钱？其他小额借款的金额是多少？对我而言，无论是就钱的问题写信给阿马尔，还是试着去帮助你，都需要对整个账目往来有一个准确清晰的了解。而现在只有混乱、模糊和笼统的数目，我实在是理不出头绪来。特别是，未来我会更多地尝试从超心思，而不是头脑的层面来行动，超心思的首要条件就是整体、细节和相互关系的精确性、清晰性和有序性。如果你的数据具备这些特性，那我处理起来会非常便利，反之则非常麻烦。

关于莫西尼，我会再等等你的消息。从他的信中得知，他想和你一起修习一段时间。我的想法已由曼莫汗写给吉大港了，对大多数人来说，练习瑜伽最好从基础开始，比如综合瑜伽，其中涵盖了智慧瑜伽、奉爱瑜伽和行动瑜伽，先建立精神上的平静与平衡，然后再将瑜伽视为完全且直接的自我臣服。例外总是有的，但对大多数人来说这是最安全的修习方法。

阿罗频多

[10]

这封信是关于几位巴瓦尼波尔瑜伽中心的候选人，以及拉贾尼·佩利特（Rajani Palit）的儿子拉辛（Rathin）（另请参阅下文中给拉贾尼·佩利特的信）。

1923 年 4 月 2 日
《雅利安》办公室
本地治里

亲爱的巴林：

首先是关于照片。带相框的照片里的男人完全不适合瑜伽，这是一张空洞的脸，除了自命不凡，背后没有任何实质性的东西。敷衍他一下就好了，或置之不理。对那些在瑜伽上完全没有可能性的人，就算招进来也没有意义，我们应该只从最好的候选人中挑选。

没有相框的那张照片更糟！在他的眼睛里，我无法看到那些你看到的东西，我只看到疯癫，或者至少是狂躁，整张脸就像噩梦一般。在我看来，很明显，这个人不是被附体了，就是成了某种生命体的化身。完全不要再管他的闲事。只有当我们已经掌控了身心世界以及所有的身体层面，才能安全地与此类人打交道。但即便这样，我们也不会将他们引入瑜伽。

从这件事，以及你对拉辛的看法，我感觉你现在似乎被这些生命体的事件所吸引，这是很危险的，很可能会阻碍你的修习，或误导你的能量。你所说的与众不同的生命世界，无疑是有趣的，也有

419

一定的真实性。但你必须记住，这些与实相或神圣生命不同的世界，充满了魔力和幻觉，呈现出来的美丽外表，只是为了引诱、误导或破坏。它们是"罗刹岛"（Rakshashimaya）^①的世界，那里的天堂比地狱还要危险，我们必须了解它们，在必要的时候直面它们，但不能接受它们。我们的任务是关于超心思、关于超心思化的生命，在此之前，必须时刻警惕来自其他方面的所有诱惑。你所谈论的那些世界，对诗人、富有想象力的人和一些艺术家来说，有特殊的吸引力，但亦不乏危险性。那里尤其有一种被美化了的生命敏感或多愁善感，甚至是感性主义，这些都会影响到生命。一个人若想在诗歌、艺术和想象力创作上有更高造诣，这些都是需要被净化的事物之一。导致克里希纳沙希崩溃的部分原因，正是因为他受到了来自这些世界的某些影响。我不知道你在高哈蒂（Gauhati）要待多久，关于拉辛的事，我会直接给他的父亲写信。现在我只想说，如果他只是想从控制一个生命世界转换到控制另一个世界，那对这个孩子来说并没什么好处。他要先恢复身体健康，其他都是后话。

关于筹款的事，你应该再尝试一段时间，我相信，只要我们不轻言放弃，就一定能破除阻碍。我现在完全专注于将超心思下降到身体层面，这需要持续不断的努力，因此一直无法回信。关于克希提什的事情，待你归期临近时再决定。

阿罗频多

[11]

关于数个候选人。

---

① 罗刹：印度神话中一种邪恶的妖魔，具有恐怖的外貌和强大的力量。

亲爱的巴林：

先回复你 4 月 6 日的来信。之前说过，我已同意照片中那两个人来这里修习瑜伽。你认为比布提·布珊·达塔（Bibhuti Bhushan Datta）是一位天生的瑜伽士，没错，他的面容带有苏菲派或阿拉伯神秘主义者的特质，他的前世肯定是这样的，他将那时的大部分人格特性带入了现世。他的存在中还是有缺陷和局限的，你提及他头脑狭隘，虽然在神色上并没有显现，但从整个照片中还是能看出来，这可能会把他推上穷困潦倒的苦行之路，而不是完全地敞开自我，拥抱神性的丰裕。还有可能导致他在其他境况下产生某种狂热。但从另一方面来说，如果他获得了正确的方向，向正确的力量打开自己，缺陷和局限很可能会转变为有价值的元素，苦行的能力会成为他对抗身心危险的一种力量，可能的狂热也会使他对显现在面前的真理产生强烈的虔信。他的身心可能还存在其他障碍，但我还说不好其性质如何。因此，他的瑜伽修习并不是完全安全的，只有建立强大的身心基础，以及存在的不同部分达到一定的自然平衡，才能确保修习的安全推进。这种平衡必须来这里创造，而且完全是可能的。无论有什么风险都要勇于承担，他是为瑜伽而生的，不应白白浪费这一机遇，要让他充分理解整体瑜伽的特点和要求。

接下来是关于库马尔·克里希纳·米德（Kumar Krishna Mitter）。毫无疑问，他算得上富有的成功人士，还是其中最好的那类，有非常优秀的种姓传承。此外，他的面部表情还显示出一种非常少见的理想主义者的优雅与才情。当然，我们不能因为谁有钱就接纳谁来这里修习瑜伽，但另一方面，我们也不应因为富有而拒绝任何人。如果说财富是一个巨大的障碍，那它同时也是一个巨大的机会。我们工作的部分目标不是拒绝，而是为了神性的自我表达去征服生命和物质力量，其中也包括目前被其他影响所控制的财富力量。如果现在有这样的人，怀着真诚的意愿，准备将自己和他的力量投入我们的瑜伽修习中，我们没有理由拒绝。

他当然不是像比布提·布珊·达塔那样天生为瑜伽而生的人，但他是愿意为精神觉醒而打开自己的人。像他这种特质的人也许会因某些缺陷和不足而失败，但绝不是因为他的存在本身有任何不利因素。他必须理解并接受瑜伽的要求：首先是寻求更伟大的真理；其次要奉献自我，奉献自身的力量和财富去服务真理；最后，将他的全部生活转化为追求真理，不只是热情地将他的理想主义精神转向真理，还要以坚定而审慎的意志去面对真理。对于这些富有的人来说，他们尤其需要认识到，在我们这种瑜伽中，在付出精神努力的同时仍留有余力忙于世俗之事是不可行的，必须将整个生命和存在都奉献给瑜伽。也许正是因为无法兼顾，像阿伦辛哈（Arunsingh）这样的人，尽管有天赋，却无法在瑜伽上有所进步。如果能够理解并接受这一点，那他所说的奉献精神以目前情况看显然就是这条道路上的第一步。如果他决定开始，我可能会建议他修习一段时间后再来本地治里见我。当然这留待以后再议。

关于卡奈，我不反对他来这里做短暂拜访，但我觉得最好是等你来了以后他再来。

顺便提一下纳利内斯瓦尔（Nalineswar），我已经看了他的修习记录，这也证实了我对他能力不足的判断。他的精神、生命体和身体都很脆弱，充满了答磨，却还要承受修习的压力，其结果就是不断地感到虚弱和迟钝。但与此同时，他若一直坚持信念和自我臣服，就能克服这些障碍。在记录前的四五天里，他经验到了光芒，如果这种体验可以持续，也许最困难的部分就过去了。无论如何，任何持久性的体验都标志着某种根本性的安全状态，随着光和力量进入意识和生命体，其他缺陷会逐渐得以矫正。

关于乔蒂斯·穆克吉（Jyotish Mukherjee），照片中最明显的是他左右脸庞具有强烈的对称性，而这对称性又突显了双眼的不同，这通常标志着自性中的两面尚未和谐统一，一面可能是信仰和奉献，另一面是批判和消极，或者一面被更高的事物所吸引，而另一面则被土元素所压制。这很可能为他早期的精神修习带来巨大的劣势和困难，因为即使这种差异可以靠头脑努力去抑制，但依然存在。但如果能够建立平衡或统一，臻达圆满所必需的两个强大要素就会结合在一起，产生优势互补。他现在的修习，似乎主要是头脑和生命体（心理）的初级净化，为健全的品格做准备，但缺少一些积极的灵性的修习。不过，他的系统净化工作应该已经完成得差不多了，他已有一些短暂的灵性体验，如果时机成熟，他甚至有可能经验到超心思。如果能抽出时间，我会对他的体验单独给出意见，他若能理解并照做，会进步得更快。

关于紧急债务，正如之前和你说过的，我已要求阿马尔收到那200卢比后先不要马上寄出。你的账单显示还欠他291卢比，如果他依我说的去做，那就只剩91卢比需要偿还，这样总比让债务不断滚动并支付利息要好。给阿伦的欠条，必须签了，一旦我们有足够的富余资金，就要想着还上。这些债务是非常沉重的负担，任何你能筹措到的大额资金都可能用来还债。我正在考虑这件事，想清楚后再写信详细说明。

关于你的修行体验，你的解读可能是对的，你说的两种情况实际上是一种活动的两个方面。只有相对的或精神化的超心思控制意识，使意识向更高的或中层的超心思打开，并把它们带下来，相应的较低层级的开放和清理才能有效完成。反之亦然，只有当精神——生命体和身体打开，清理并转变后，相应的超心思活动才能掌控存在。这种相互作用会一直持续，直到两种运动之间达到某种平衡，使更高的心思能够不受任何干扰地控制存在，并使存在更多地向真正的超心思活动开放。在这个过程中你所采取的行动也许是必要的，因为你的存在中的动态部分，即低级本性中的缺陷非常明显且具有强大的控制力。

阿罗频多

附：这封信写完后，我收到了你 12 日的信。你提到库马尔·克里希纳，我再次明确地说一下对他的看法。我认为你说的这些不重要，所有强大的天性都具有活跃外向的罗阇属性，如果这种力量太强就不适合瑜伽，那就很少有人可以修习瑜伽了。至于担心头脑对瑜伽修习的影响，谁又没有呢？就我自己而言，多年来一直被这个问题所困扰，我怀疑的不是瑜伽理论的可行性，而是在当今世界和人类本性下，瑜伽修习成果是否具有确切的实用性。过去两年，我才完全摆脱最后一丝怀疑的阴影。自我主义也是如此，几乎所有强者都是以自我为中心的，但从他的照片上，我看不出像 P. 米特那样"一半强势，一半懦弱"的个性。只有随着精神修习的经验和进展，这些才会逐渐消失，而其背后的力量也会成为宝贵的财富。

你曾提到他之前有对声音的体验，感受到其中的浩瀚无边，如我所料，他身上有一种精神性的东西，已做好准备迎接随时可能到来的精神觉醒。我知道，他在等待理智上的信仰，这需要内在体验的确认，这一点无须多言，在我看来，这似乎是他唯一的问题。他若想挺过修习过程中所有的挣扎与危机，就需要对瑜伽有坚定、完全和绝对的意志与奉献精神。他的思想和行动之间有差异，这很自然，因为这是思想啊，只有发展成一种精神状态，生活和理想才能融为一体。

你还提到，奢侈的世俗生活会不会妨碍他培养完全的神圣意志？如果不会，那他还有机会。我不能肯定地说他是，或他会成为一个了不起的人物（Adhikari）①，只能说，他个性中最好的部分具备这个能力。我也不能说他是"最好的"，但比起那些我们已接收的人来说，他似乎更具天赋。我说的"最好"，并不是说他像恒星一样没有任何瑕疵和危险，没有这样的人。

当然，我的印象是基于我对他的相貌和外表以及心理迹象的观察，虽然是混杂的，但总体来说还是非常好的。我还没有见到他，目前你可以接受他所提供的金额，但现在和以后都不要给他太大压力。要让他不仅清楚地了解瑜伽是什么，还要知道瑜伽（修习）对自性的严格要求。看看他发展如何，再决定是否给他机会。

你对自己的精神修习描述得更全面了，这表明，通过下降到头脑中的启示之光，你可能看到超心思的本质和力量。若想完全实现超心思，必须对超心思的实际降临保持开放，你会发现一些更具体的内

---

① Adhikari：意为"权威""领袖"。

容，充满了真理的力量与实相，它会渗透到身体意识的所有层面中。

阿罗频多

　　最后，关于紧急债务的问题，有个问题一直在困扰我，我们是否要用精神工作和修习中心的运行资金去偿还债务？这很可能会让人感觉虚假和混乱。另外，将这两类资金混在一起，也会影响我们继续筹款。我还在思考单独偿还债务的方法，日后再写给你吧。在信的正文我提过，卡奈可能在你回来之后来这里，但我也有可能让他提前来。克希提什总要我点评他的修习，但他的进展非常顺利，修习思路也很清晰，我没什么可说的。

　　你上一封信说花费了 25 卢比的保险费，但总额并没有显示，是忘记了，还是有其他原因？

[12]

1923 年 5 月 30 日
《雅利安》办公室
本地治里

亲爱的巴林：

　　这段时间，我不得不把主要精力放在其他一些事情上（可能这就是你说的来自多方面的考验），这也导致了筹集资金的工作有所停滞，但我会看看是否可以重新运转起来。我还没让你回来，如果可能，最好完成资金募集后再回来，这样你就不必过段时间再跑过去处理。我还没想好要如何处理债务，或者说，我决定干脆不想了，以后再说吧。如果我没记错的话，你需要立即偿还卡马拉·佩利特（Kamala Palit）250 多卢比，偿还阿伦 600。另外还欠阿伦 2000，这笔可以等等再还。欠卡维拉杰和普林·米特（Pulin Mitter）共 1500 卢比。没有其他欠款了吧？最后两笔能等等再还吗？如果可以，能等多久？我们还要为明年这里的开支再筹措 1500 卢比。接下来，我们只偿还更紧迫的和大额的债务。我不反对用马尔瓦里（Marwaries）家族的钱来偿还大额债务，如果巴桑塔·拉尔·穆拉尔卡（Basanta Lal Murarka）真的能从他们那里筹集 5000 卢比，问题就迎刃而解了。如果达斯也能遵守承诺从其他地方筹到钱，我可以单独使用这些钱的话，那接下来的两年内就不用再操心钱的事了。

关于卡奈，在我看来，让他害怕的体验本身并不危险。所有修习强烈的灵性瑜伽的人都会经历这些，米拉在她的修行中至少经历过一千次类似的或更强烈的体验。除了敌对力量的干扰之外，唯一的危险来自身体意识的干扰，神经和肉体的恐惧与忧虑。我之前曾写过，无畏是修习这种瑜伽的首要条件。我们的身体和神经系统执着于日常意识和生活习惯，害怕任何被迫脱离常规的异常情况，于是就会恐惧、焦虑，感觉虚弱和不安。只有当生命离开身体时才需要立即保护，如果身体意识不去干扰，也不制造麻烦，那么灵性存在可以毫无危险地出离身体。但遗憾的是，卡奈的身体和神经系统似乎都很脆弱，与他的意识和精神属性不相称。他最好先专注于身体意识的准备。我说过，他要做的是为身体意识、神经系统和肉体建立平静、光明和力量的基础。若能彻底做到，所有的干扰都会消除，不会再有令人不安的震动，现在给他带来压力的所有精神和生命体验，就不再是恐惧的根源，而是知识与喜乐的源泉，都会成全他整体本性的扩展和达成。眼下我还专注于完成对身体的掌控，无暇顾及外部事宜，因此没有让他来这里，也无法根据你的建议给予他持续的关注。此外，身体是他最脆弱的部分，可能不太适合待在这里，除非我已构建了足够的安全屏障，可以保护他的身体层面免受攻击。不过，我会看看是否让他过段时间来。

关于拉贾尼，如果他确定拜访这里，我没意见，这对他现阶段的修习可能有帮助。

我忘记皮里·莫汗·达斯（Peary Mohan Das）和吉大港那个野心家是同一人了。你要把诺里尼信中关于这两人的内容合起来看。他修习体验中混乱的特性可能源于生命体内的某种被放大的障碍。对他来说，最好先在意识的所有层面，尤其是情感层面和生命层面上，建立一个平静与安宁的基础，这样才能健康有序地开展瑜伽修习。

阿罗频多

附：如果卡奈真的有精神恍惚的情况，他要注意，冥想时不要被外界粗暴地打断。

A.G.

［13］

乔蒂斯·穆克吉，是巴瓦尼波尔瑜伽中心的一位候选人。

这封信没有称呼，但显然是写给巴林德拉·库马尔·高斯的。打字稿的标题是"致乔蒂斯·穆克吉"，这表明这封信将由巴林转交给乔蒂斯。

1923 年 6 月 16 日
《雅利安》办公室
本地治里

我看了乔蒂斯·穆克吉的修习记录，看来，在一定程度上他已有了一个很好的开端，开始建立精神上的平静和某种灵性的打开，但还不是很深入。有可能是因为，他所做的这一切还是靠头脑的强大控制力，强迫心意、情绪和生命活动静止下来，尚未建立真正的只能通过体验或臣服于意识之上的更高存在来实现的灵性平静。只有做到这点，才能为更多实质性的进展打下基础。

他认为，内心的平静和静默不仅是外在工作的基础，更是一切内外部活动的基础，这个想法是对的。通过头脑的静默和寂止来平静心意，这通常是瑜伽修习的第一步，但这显然不够。头脑的冷静必须先转变为更深层次的精神平静、平和（Shanti），然后转变为超心思的平静和静默，充盈着更高的光、力量和喜乐。此外，只是心意平静还不够，还要打开生命和身体意识，在那里建立同样的基础。还有，他所说的奉献精神不应只是一种头脑的感觉，而是内心与意志深处对更高真理的渴望，存在可能上升到其中，也可能下降并掌管一切活动。

他头脑中感受到的空虚，其实是清除日常活动意识的必要条件，目的是开启一种更高的意识和全新的体验。但如果头脑中只有消极的存在，除了平静，没有任何积极的活动，在这种平静中停留过久，会带来令人厌倦的迟钝和惰性。所以他需要在头脑的空寂中打开自己，等待或呼唤头脑之上更高的力量、光与平和的到来。

在睡眠中仍残存有恶习，这很常见，也很容易解释。我们所熟知的心理规律是，意识中被控制的东西都会保留在潜意识中，并在醒态中（当控制力被移除）或睡眠态中重现。精神控制本身并不能完全根除存在中的所有东西。普通人的潜意识包括大部分生命存在、头脑以及精微身体意识，要想真正彻底改变，我们必须首先觉知到这些，清楚地看到还有哪些残余，再一层一层地清理，直到它们被完全从个人体验中移除。即便如此，它们可能还会继续停留在周围的宇宙力量中并返回到个体存在中，只有当个体意识的所有部分不再对这些较低层级的力量做出任何反应时，最后的胜利和转化才算彻底完成。

他还提到，每当他掌控了思想层面，他就感到过去的业的力量——也就是真正的旧的本性——都会加倍回到他身上，这也是一种常见的体验。心理学对此的解释可参见上一段。转化存在的所有尝试都是一场与处于掌控地位的宇宙力量的斗争，不要妄想它们在首次失利后就会投降，即使被驱逐，它们也会一直伺机夺回掌控权，只要个体意识或潜意识中有任何反应，它们就会卷土重来。面对这些攻击，我们很容易感到灰心丧气或无计可施，但要知道，宇宙力量会变得越来越外在，我们必须拒绝对其做出反应，直到这些力量被削弱并最终消失，不仅心质（Chitta）和菩提（Buddhi）要抗拒它们的作用，存在的低等部分，精神—生命体、身体意识和肉体也要这样做。

心意和分辨智的缺陷都是智性的一般缺陷，无法完全消除，除非智性被更高的超智性所取代，并最终被超心思智慧的和谐之光所取代。

接下来关于灵性体验。在头顶上感觉到光的区域，这是超心思的光芒在意识的高级层级的触碰或反射，整个意识和存在必须向这道光敞开，超心思才会下降并充满整个系统。闪电和电流的感觉是超心思太阳强大的火能量（Agni force）在触碰并试图进入身体。其他一些迹象则是未来的灵性体验的一种预兆。在向更高的力量敞开自我之前，这些都不是明确的实证。头脑层面的瑜伽修习只是这个真正起点的准备阶段而已。

以上是对这些修习体验的解释，在我看来，他的修习进展非常好，已为更高阶的修习奠定了稳固的基础。如果继续修习，他就必须虔信并臣服于至上存在（the Supreme Presence）和意识之上的超力量，内心还要有对追寻至上真理的渴望和意志。这样，他的整体意识存在才能在至上真理的下降和力量中得到转化。在冥想中，他要安静地向至上敞开自己，召唤一种更深沉的静默，然后让至上力量作用于整个系统。最后，在神圣真理的作用下，他会得以瞥见更高处的光芒倾洒下来照亮整个存在。

A.G.

［14］

1923 年 8 月，巴林德拉·库马尔从加尔各答返回本地治里。在室利·阿罗频多的建议下，巴瓦尼波尔的瑜伽中心在持续了一段时间后于 1925 年 9 月关闭。巴林一直留在本地治里，直到 1929 年 12 月离开修道院返回孟加拉。这封信写于 1928 年 6 月 7 日，约一年半后，巴林离开了本地治里。

1928 年 6 月 7 日

你想离开，去尝试严苛的苦行主义，如你所说"以自己的方式独自完成战斗"，这是一个错误的想法，来自敌对力量的暗示，这是阻碍你进步的真正原因。如果你走了，不仅会远离我们，还会远离瑜伽，迷失正道，而且你的状况也不会变得更好。困难也许会收敛几日，但还是会在你的本性中再次出现并如影相随。无论斗争有多么艰苦，唯一要做的就是从当下开始战斗，直到最后。

你的问题在于从来没有完全面对并克服真正的障碍。在你的本性中，非常强烈的个人主义与精神渴望，骄傲自负和勃勃野心混合

431

在一起，这是长期以来你的领导力、自信和独立自主的行事风格所形成的习性。你从未想过要打破这种个性，代之以更真实、更具神性的东西。所以，当神圣母亲将她的力量作用于你，或是当你将她的力量带向自己的时候，你天性中的这些东西阻碍了神圣母亲的力量施加作用。你的天性开始根据头脑的想法或某种需求来构建自己，试图以自己的"方式"，通过自己的力量、自己的修习、自己的苦行来创造"自己"。你从没有真正的臣服，也没有纯粹地将自己交到神圣母亲的手中。但这是成就超心思瑜伽的唯一道路。成为瑜伽士、桑雅士或苦行者不是我们修习的目标，我们的目标是转化，而转化只能通过比你自身更强大的力量来实现，只有真正像孩子一样依偎在神圣母亲的怀抱中才能实现。

　　如果能消除这一核心障碍，那动摇你的诸多困难也就无关大碍了。困难源于外在存在的弱点，而外在存在又总是被生活折磨，处于紧张而急切的状态，且过于狭隘，无法满足内心的冲动。这些都是可以修复的，但要保持平和、宁静和放松，不紧张，不对抗，自信地向神圣母亲的力量完全敞开，允许她重建、加强和扩大，直到形成稳固的身体基础。目前，在神圣母亲力量的压力下，这些弱点要么落入答磨，要么在被生命力触碰后，落入罗阇，无助地在罗阇之风中飘摇。如果能去除核心障碍，所有的改变就不会太难，虽然不会很快，但一定可以改变。因此，你要利用自己的隐修时间，全面地看待并战胜这些困难。

图 42 巴林德拉·库马尔·高斯

意识上的完全臣服是首要条件，但仅有这一点是不够的，真正的困难隐藏在表层意识的深处，只有找到它才能根除。只有在你做到这一点后，我对你的帮助（这些帮助一直都在）才能真正作用在你的精神和灵性修习中（不是作为苦行僧），从而改变你本性中最顽抗的那部分。

室利·阿罗频多

致赫里希克什·坎吉拉尔

赫里希克什·坎吉拉尔（Hrishikesh Kanjilal）是巴林革命团体的成员，也是阿利普尔爆炸案的被告之一。被判有罪后，他在安达曼群岛度过了十年。获释后，他拜访了本地治里的室利·阿罗频多。在加尔各答，他与巴林合作开办了几家企业，其中之一是樱桃出版社（Cherry Press）。

约1922年

赫里希克什：

从你的来信和态度看，你打算在右手边为上帝留出一席之地，而将你左手边的位置留给R，这样冥想时，就可以甜蜜地摇摆在两者之间。如果这是你想要的，那留在樱桃出版社吧，别来本地治里。如果你想来这里，就必须下定决心摆脱这种执着，做到完全的无条件奉献和自我臣服。

你似乎还不理解我们的瑜伽理念。古老的瑜伽要求修习者完全弃绝，继而放弃世俗生活。而我们的瑜伽目标是全新的、被转化的生命，它坚持彻底摒弃的是思想、生命和身体中的欲望及执着。为了在精神的真理中重塑人生，需要我们从根本上将心思、生命和身体转化为更高阶的意识层级。这意味着在新的生活中，所有的联结都必须紧密建立在精神和真理之上，而不是我们现在的联结方式。一个人必须准备好，在更高的召唤下弃绝所谓的自然情感，即便保留，也必须被转化、被改变。但无论它们是被弃绝，还是被保留和改变，都不是由个人欲望决定的，而是取决于更高的真理。所有这一切都要交托给瑜伽的至上之主（the Supreme Master of the Yoga）。

如果你还依恋头脑、生命和身体的欲望，这种转变和转化就不会发生。你对儿子的依恋是你生命的一部分，如果你还未准备好放弃它，这定会与瑜伽修习的要求发生冲突，并阻碍你的进步。

来到这里，你头脑、生命和身体上的障碍会被克服，从而帮助精神存在的打开，这是第一步，也是瑜伽目标中最重要的一步。然后是逐步打开心思和其他部分。由于某些强大的阻力，转化肯定会陷入停滞，你心中的怀疑与不解，以及对儿子的强烈依恋，都会是这些阻力的显现。如果你的心意和意志还是放不下这些，即便来这里，也可能会毫无进展。至上力量也许会粉碎你生命体的抵抗，但如果你的内在还在对抗，那这场战斗的性质和结果不会尽如人意，甚至会很惨重。这种瑜伽的力量是完全且彻底的，必将摧毁阻碍证悟真理的所有障碍，来本地治里就是要让这股力量能发挥出最为强大且持久的作用。

阿罗频多·高斯

给克里希纳沙希的一封信

克里希纳沙希来自东孟加拉邦吉大港，他在巴林主持的巴瓦尼波尔瑜伽中心修习时精神失常。另见上文给巴林德拉·库马尔·高斯的信件[4]—[9]。

本地治里

1923 年 1 月

亲爱的克里希纳沙希：

我看了你所有的修习记录，也收到了你和巴林的来信。如你所说，你的修习之路的确有别于他人，但这并不意味你坚持己见就完全正确。我先谈一下我是如何看待你的瑜伽修习的。

你最早的记录是关于心理—灵性和心理—精神方面的体验与信息，非常有趣也很有价值。后来的内容则更倾向于精神—情感方面，多少有些片面和含混，呈现出心理—生命和心理—身体的双重特质。我并不是指所有这些都是错的，但很明显，其中有很多不完全正确，应由你周边的人予以纠正，但他们却忽略了这些。另外，对于来自智性、生命体和外部的暗示，你不应轻易接受。这种含混的情况在修习初期是不可避免的，没有必要为此感到沮丧，但如果你坚持这种方式，就有可能偏离正道，最终破坏你的瑜伽修习。

你对精神存在和精神世界的本质还没有足够的体验，所以无法对所经验到的一切赋予真正的价值。当你的精神意识被如此自由且快速地打开时，它会接收到来自不同层面、不同世界、不同力量与存在的各种各样的事物、暗示与讯息。有一种真实的精神意识，它总是好的，但还有一种精神意识，它包含着各种各样的思想、暗示和讯息，无论好的、坏的、冷漠的，真的、假的和半真半假的，都一股脑地涌入你的头脑、生命以及其他世界。对此，我们不能全盘接受，而是要耐心地培养足够的知识、经验以及分辨力，帮助我们保持平衡，去除虚假和混杂的内容。不能只靠智性而忽略了分辨力的必要性，尽管智性是不可或缺的，但分辨力不是智性，而是一种精神上的分辨，是来自更高存在的超智性的心思。如果你还不具备这些，就需要其他已拥有这种分辨力，或已有长期精神体验的人的保护和指引。如果你只是完全依靠自己，或拒绝这样的指导，那结果将不堪设想。

同时你要记住，在修习的早期阶段有三个必不可少的规则。第一，打开自己去体验，但不要追求其中的享乐感受（bhoga）；第二，不要执着于任何一种特殊的体验；第三，不要认为所有的想法和暗示都是真实的，也不要觉得所有知识、声音或思想信息都是终极且确定无疑的。完整的真理才是真实的，当一个人上升到更高层级，他看到的真理也会随之改变。

你必须提防敌对力量的暗示和影响，在我们这种瑜伽中，它们会攻击所有的修习者。你对欧洲人的看法即表明这些不利的力量已盯上了你，虽还未采取行动，但它们已然准备就绪，它们伪装成真理的样子，给你微妙的暗示，而不是公开的攻击，这才是最危险的。我会提几种常见的情况。

对任何试图激起私我的暗示都要警惕，比如"你是一个比别人更伟大的修习者""你的修习很独特，特别高深"，你似乎已经收到了一些这样的暗示。在修习中，你有丰富的精神体验，而且进展很快，但准确来说，其他和你一起修习的人也有类似的体验，你的体验并不特别也不高深。就算你真有什么与众不同的体验，私我也是修习中最大的危险，绝不应从精神上认同它的存在。一切的伟大都属于至上者，而非任何人。

有些暗示会让你持续趋近并依附于不纯净、不完美的事物，混乱的意识状态，执着于普拉那中的欲望与激情或身体的疾病。对这些暗示要有所防范。用巧妙的理由和掩饰持续给你这样的暗示，是敌对力量的惯用伎俩之一。

还要警惕将敌对势力误认作神圣力量的念头。我理解你会认为"这都是至上者的显现，我必须接受这一切"。从某种意义上说，是的，一切都是至上者的显现，但人们通常对此有误解，将吠檀多的

437

真理用于解释谬误和谎言。很多事物都只是部分显现，必须被更完整、更真实的显现所取代，还有一些显现属于无知，当我们转向知识时，就会消失。除此之外，还有一些是黑暗力量的显现，必须与之战斗，摧毁或放逐它。你看到的欧洲人的影像就是黑暗力量的一种显现，这种力量已经破坏了很多人的瑜伽修习。你希望自己能拒绝智性，但智性，和你所接受的其他事物一样，都是至上者的显现。

如果你真的接受并把自己交托于我，那就必须接受我的真理。我的真理是：拒绝无知，走向知识；拒绝黑暗，走向光明；拒绝私我，走向神我；拒绝瑕疵，走向完美。我的真理不仅是巴克提或精神发展的真理，也是知识、净化、神圣力量和平静的真理，是将所有这些从精神、情感和生命形式层面上升到超心思的真理。

我说这些并不是贬低你的修习，而是让你的心思朝着日趋完整和完美的方向发展。

我现在不可能让你来这里。一来还不具备必要的条件，其次，只有当你充分准备好接受我的指导，才能来这里。

在目前的情况下，你应该回家，冥想，将自己转向我，试着为以后来这里做好准备。你现在不需要太多的精神发展，而是需要一种内心的平静和净化。平静的心意，平静的生命体，平静的身体意识，这是你未来发展和修习所需要的真正的氛围和基础。我不是让你完全停止精神修习，以后还有很多机会。只有拥有了这种平静，净化存在，完整且持续地保护好当下的生命和身体，你的心理—生命和心理—身体的瑜伽修习才会安全。

阿罗频多

致拉贾尼·佩利特

拉贾尼·佩利特是加尔各答的一名政府公务员，参加了巴瓦尼波尔瑜伽中心举行的见面会。后来，他经常拜访修道院。这封信是关于他的儿子拉辛的神秘疾病。

1923 年 4 月 6 日

《雅利安》办公室

本地治里

亲爱的拉贾尼：

今天我要说一下您儿子拉辛和他的"病"，如果可以称之为病的话。我会先简要说说疾病的性质及其通常的进展，也就是说，在没有精神或灵性力量能够消除它时，应采取的一般治疗手段。随后我会讲讲两种可能的治疗方法。

我认为，在这件事情上，我不能报喜不报忧，你们必须了解全部真相，这样才有勇气去面对。他的病并不是真正意义上的身体疾病，而是生命世界在试图掌控他。病情和其他身体症状只是表象，不是疾病本身，是他的自然存在在对抗敌对力量的压力。这个年龄的孩子出现这种情况，说明他身体遗传中的某种累积物为生命世界的入侵提供了机会或环境，特别是他的身体意识和心理—生命体中含有此类环境所需要的种子和养料。人类身体的成分一直处于持续变化中，每隔七年就会有一次彻底的更迭。如果父母在孩子天性中发现这种症状的倾向，并在最初的七年中进行明智有效的干预和训练，根除这种倾向，那么一般来说，疾病的种子就不会发芽，也就不会有进一步的危险。如果迹象在第七年显现出来，那么接下来的七年就是一个关键期，通常情况下，病症会以某种形式在第十四年或之前出现。

病情的发展通常有三种可能的情况。对这么小的孩子来说，处理病情的最大困难是他的心理，因为还没有完全成熟，所以对治疗没有什么（主动的）帮助。但是，随着他的心理在第二个七年中逐渐成长，只要不是特别虚弱（我认为他不属于这种情况），他就会更自主地对抗外在力量，辅以良好的控制和影响，就有可能成功驱散不利影响及其压力。在这种情况下，抗争带来的身体症状和其他迹象也会随之消失，怪异的品行和生命倾向也会在习性中淡化，孩子会成长为心理、道德和身体健全的正常人。

第二种可能性是，自然存在和入侵存在之间的斗争在精神层面没有明确的胜负，也就是说，入侵方没有完全掌控，但也没有被完全祛除。在这种情况下，任何事情都有可能发生，比如精神和健康的崩溃、身体的死亡，或是本性的紊乱、分裂和持续异常。

第三种可能性，也是最糟糕的一种，是入侵存在成功地处于完全掌控地位。在这种情况下，所有症状，包括暴力症状都会消失，孩子看上去身体痊愈，恢复健康，但他却是一个不正常的、极具危险性的人，化身为邪恶的生命力，具有所有可怕的倾向，拥有异常的力量，完全听命于入侵存在。

拉辛的情况还不算是被入侵存在完全控制，你信中提到他的怪异行为和习惯是由一种强烈的压力和影响所致，由入侵存在暗示和支配，并不是孩子本身的习性。他做事时表现出的所谓的"无畏和安全感"，也是被这些暗示鼓动的。这一次的病情发作证明入侵存在还未完全掌控拉辛，它们之间有过一场争斗，只是现在暂时停止了。

显然，他还处于关键期的早期，前面我已经谈了这种疾病的发病历程，但没必要全部经历，承受个中风险，因为还是有其他方法可以帮他彻底治愈。

第一种方法，也是最简单的，通过催眠暗示来治疗。如果运用得当，这个方法绝对有用。但前提是，使用这种疗法的人不能像某些催眠师那样，本身已受到邪恶力量的影响，如果这样只会令事情更糟。此外，治疗必须由受过相应训练、完全了解方法的人来做，因为任何一个错误都可能是灾难性的。最好是找到具备这方面知识和技能的人，如果这个人还能像你一样，和孩子有天然的连结，并对孩子有一定影响力，就更好了。

还有其他的治疗方法，那就是用精神的力量和影响。特定的精神—灵性方法，也会像其他方法一样可靠有效，但你们那里可能没有懂这方面知识的人。单靠精神影响也可以进行治疗，但可能会比较缓慢。一般情况下，必须有人进行现场传输，你自己就可担当此任。你需要全程始终保持一个念头：我在给予你能量，你要对此保持接收。把你的意志和对孩子的自然影响力作为能量传输的直接通道，让你的意志保持平静、冷静和自信，专注在孩子身上，但也不要过于执着，不要因抵抗而动摇，也不要因疾病的表现而愤怒或气馁。你对孩子的态度也应是一种保护性的情感，冷静而坚定，没有任何情绪化的波动。

首先要形成这样的影响力，才能在攻击来临时予以反制，逐步削弱攻击的力量以及显现出来的暴力。从你的信中可知，你已经开始建立这种影响，要让这种影响，无论距离孩子远近，都可以发挥作用。接下来，要在孩子周边建立一个能量保护层，当你不在孩子身边时可以保护他。其次，你必须能够持续不断地向孩子传递暗示，这样可以逐渐抑制他怪异的不良习性。我要提醒一下，但凡有任何形式的外部强迫，都不能有效地完成上述治疗，因为这会令那些冲动变得更加暴力。治疗靠的是意志和暗示，还有安静的影响力。如果你发现控制力在增强，不良习性在减少，那就说明治疗开始奏效了。但要全部完成可能还需些时日，因为这些入侵力量非常顽固且胶着，总是会反复进攻。有一件事可以加速治疗，就是让孩子形成自己想要改变的意愿，这样可以摧毁敌对力量影响的基础。正是因为孩子身上有某些元素欢迎并享受着敌对力量的影响，会将已被击退的入侵存在再次召唤回来，所以这些状况才会反复出现。当然，我会尝试远距离直接治疗，也会通过你进行治疗，有人和孩子面对面在一起可以极大地增强治疗效果，有时候这甚至是必不可少的。

再来说说你的修习。依我看，你未来进展的关键已经包含在你在克里希纳戈尔连续几天的体验中。你在2月9日的信中写道："一种充满知识、平静、力量和广泛意识的状态——所有问题都自动解决了——一股源源不断的力量通过前额中心进入身体——极其强大——充满活力，拥有不受干扰的平衡、平静的信念、敏锐的视见和知识。"这是真正的普鲁沙意识到自己的超心思存在，这会成为你的普通意识状态和超心思的基础。为此，头脑必须变得平静和强大，情感和生命必须得到净化，身体意识必须开放，以便身体可以承载并保持意识和力量。我注意到，你获得这种体验时，身体也有相应表达，这表明你的身体已具有这种能力。平静和力量自上而下，你要做的是打开并接受，同时拒斥所有低级本性的活动，这些低级活动被欲望和习性所控制，会阻止平静与力量，并与真实存在、真实力量和真实知识完全相背。当然，更高的力量也会向你显现，消除你本性中的所有障碍。前提条件是，不仅你的心思，你的生命、你的身体都必须敞开并臣服于它，拒绝所有其他力量。正如你所经验到的，这更高更大的意识会带来更高的意志和知识的发展。适当的灵性体验当然会大有助益，但就你的情况而言，在平静、知识、意志和平衡的意识遍布你的整个存在后，才会出现更丰富的灵性体验。

阿罗频多·高斯

关于库穆德·班杜·巴奇的信件（草稿）

1923 年，巴林·高斯定居本地治里后，库穆德·班杜·巴奇（Kumud Bandhu Bagchi）开始担任巴瓦尼波尔瑜伽中心的负责人，直到 1925 年该中心被关闭。

[1]

一封关于库穆德的修习的信，1926 年 2 月 6 日由室利·阿罗频多口授。

1926 年 2 月 6 日

库穆德必须以真诚和坦率的态度去认识某些事情，不要再迷迷糊糊或自我辩解了，否则他的修习只会在原地打转，甚至可能会失败，到最后一事无成。

首先，与他之前或现在相比，他必须对瑜伽有更真实的理解。我们的瑜伽既不是对世俗生活的弃绝，也不是外在的苦行主义，我们的目标既不是追求体验的快感，也不是金德讷格尔那帮人所说的除了满足膨胀的私我之外毫无意义的"证悟生命"。我们的瑜伽目标是向更高的神圣真理打开，让这真理超越并转化我们的心思、生命和身体。当整个底层（adhara）从根本上得以逐步净化，能够超越心智构造、身体欲望、身体意识和习性后，心思、生命和身体的转化才能发生，真理才能在其清晰无误的精神中、完美无瑕的光芒中，以及在真实的躯体中被认知。

他还有一个至今尚未克服的明显障碍，那就是由强烈的罗阇主导的生命私我。正因如此，他的思想才会对他的所作所为寻找借口强行辩解。对于生命私我来说，没有什么比披上瑜伽的外衣更合适了。想象自己是自由的、神化的、有灵性的，又具神通的，等等等等，或是想象自己正朝着这个目标迈进，但实际什么都没做，也什么都没发生，不过是新瓶装老酒，新的外衣下还是那个旧的自我。如果一个人不能怀着挚诚之心，时刻以严格的自我批判的双眼审视自己，就不可能走出这个怪圈。

除了祛除自我欺骗的生命私我之外，还要在精神层面消除与之相随的傲慢、虚假的优越感和知识上的炫耀。必须放弃所有的伪装与自命不凡，认为自己无所不知，而其他人则一无是处，必须放弃那种认为自己已进入更高灵性状态的虚荣与自负。

在与生命的罗阇性私我对抗时，你的身体还有明显的粗糙且沉重的答磨属性，精神和心灵也没有精进。这都是要被祛除的东西，否则都会阻碍生命和心思的真正彻底的转变。

仅靠经验，或精神和生命层面短暂的平静，只会不停地从一种状态变化到另一种状态，时而平静，时而波动，而同样的问题却一直都在。这些都需要有根本性的改变，否则是不会走到最后的。

要解决这些问题，需要存在的各个部分保持绝对真诚，这意味着绝对忠守真理，再无其他。还要勇于剖析自我，随时准备好向光明打开自我，不接受任何虚假，这样才能最终净化整个存在。

几乎每个修习者或多或少都会遇到这些问题，这很常见。只要足够挚诚，就能摆脱这些困扰。但是，如果这些问题占据了存在的核心，污染了修习的态度，修习者就会和问题站在一起，总想着去自我伪装、自我辩护，躲避自省的探察，无视内心的反对。这意味着瑜伽修习的失败。

[2]

这是一封解释心灵存在（phychic being）①的信，1926 年 3 月 23 日由室利·阿罗频多口述并于发送前再次修改。

1926 年 3 月 23 日

当心灵存在被唤醒，你的个体灵魂意识会成长，你会认识到自我。你不会把心思或生命误认为自我，也不会把它们误认为是灵魂。

当心灵存在被唤醒，会对神圣存在或古鲁产生真正的奉爱（Bhakti），这与心思或生命产生的奉爱截然不同。

在心思中，一个人可能会由衷地钦佩或欣赏古鲁的伟大智慧和灵性，会追随他，在精神上接受他的指令。如果这只发生在精神层面，那将无法引领你走得更远。当然，这也没什么害处，但如果仅此而已，那便只是建立了一种精神上的联结，无法打开整个内在。

生命巴克提（vital Bhakti）只是不停地索求。它会设置自己的条件，要求自己臣服于神圣存在，但却是有条件的臣服。一边对神圣

---

① 关于人的整体结构，室利·阿罗频多做了这样的解释："人的存在是由这些成分所构成的——在背后支持一切的心灵、内部的心思、生命和肉体，以及作为内部存在表现工具的表面的心思、生命和肉体。"（摘自《奥罗宾多》，朱明忠著，陕西师范大学出版社 2017 年版，第 79 页）。

存在说"你太伟大了""我崇拜你",一边想"现在你必须满足我的愿望或野心""让我变得伟大,让我成为伟大的修行者,伟大的瑜伽士"等。

未开悟的心思也会臣服于真理,但也会设置自己的条件。它对真理说:"证实我的判断和我的观点!"它要求真理进入自己的框架。

生命存在还坚持将真理融入自己的生命力活动中,它牵引着更高的力量,也牵动着古鲁的生命存在。

这二者(心思与生命)是精神有所保留的臣服[①]。

心灵巴克提(Psychic Bhakti)则不然,它背后联结的是神性,所以是真正的奉爱。心灵巴克提没有任何索求,也毫无保留。它安住于自身的存在。心灵知道如何以正确之道遵从真理。它将自己真正托付于真理或古鲁,正因为可以真正地托付,才能真正地接纳。

当心灵来到表层,看到心思或生命如此自欺欺人,会感到悲伤。它因圣洁被冒犯而悲伤。

当心思自说自话,或生命被冲动裹挟时,心灵会说:"这些都不是我想要的。""我来这儿到底是为了什么?""我为真理而来,不是为了这些。"

心灵的悲伤与心思的不悦、生命的痛苦或肉体的颓丧截然不同。

如果心灵是强大的,便能让心思或生命有所感知,并迫使它们改变。但如果心灵是脆弱的,则会被心思或生命利用。

在某些情况下,心灵会来到表层,扰乱心思和生命,打破它们固有的安排和习性,促成一种新的神圣秩序。但如果心思或生命比

[①] 此处,室利·阿罗频多用了法语和英语(arrière pensée / mental reservation)表述"有所保留的臣服"。

心灵更强大，心灵只会偶尔产生影响并逐渐消退。所有的呐喊消逝在旷野中，心思或生命继续它们的轨迹。

最后，心灵不会被表象所欺骗，也不会被虚假所迷惑。心灵拒绝被谬误压制，但也不会夸大真理。即使周围一切都在说"没有神圣存在"，心灵也不会相信，它会说："我知道有神圣存在，因为我能感知到神圣存在。"因为心灵不会被外表所欺骗，它知道背后的东西，能立即感知到力量。

同样，当心灵被唤醒，它会抛却情感存在中所有的糟粕，摆脱感伤主义或情绪主义的那些低级把戏。但心灵不会让心思枯竭，也不会夸大生命的感受。它只是适宜地触动每一种情感。

致美国人

（1926—1927）

这些信件是室利·阿罗频多给《雅利安》的美国读者的回信，其中大部分以手稿形式保存了下来。

致沙曼先生和夫人

莫德·拉尔斯顿·沙曼（Maude Ralston Sharman）是底特律的一位美国女性，嫁给了一位印度旁遮普人。

约 1926 年 1 月

亲爱的沙曼先生和夫人：

不久之前，我收到了你们的圣诞贺卡和问候，这让我想起了很久之前你们的一封来信，当时我希望能亲自回复，但因时间问题迟迟未动笔。来到本地治里后，我逐渐淡出了公共事务，也推掉了所有的外部活动，只为能全身心地投入漫长而艰巨的内在修习中。为此，我不得不停办《雅利安》，很长时间以来也没有动笔写任何东西，甚至没有写信。现在我仍需要高度的内在专注，但可以从事一些身体层面的活动了。虽然距离你们上一封信已经过去很久了，但收到你们的贺卡还是让我有机会弥补当时未写的回复。

从信中得知，你们身边有很多追求精神生活的人从我的作品中得到了些许帮助，我非常乐于进一步了解这些人，比如他们现在在做些什么。或许我们现在可以定期通信，因为即使我不能亲自回信，我的弟弟，以及其他几位和我一起修习瑜伽的人，他们可以在我的指示或口授下回复信件。当然，如果你觉得这样的信件对你有帮助的话。

1924 年你来信询问，除了已出版的书籍外，我是否还有其他关于瑜伽的更直接的指导，是否可以分享我在本地治里指导他人瑜伽的修习方法。我写了《瑜伽及其目标》（*Yoga and Its Object*）和《综合瑜伽》，这是根据我个人知识和经验所写，目的并不是为了指导他人，只是介绍瑜伽修习的一般路线、主要原则以及精神发展的广泛途径。除此之外，我并没有写过其他指导他人修习瑜伽的内容。所有直接的、私人的指导都发生在内在微妙层面上，因为对精神生活的指导必须是个人化的，并适合接收者，如果给出的指导能成为一种精神连接、一种引领，或产生有益的影响，那就是有效的。若你们需要，我很乐于提供帮助，这也是我提议我们之间保持通信的原因之一。

致前进分销公司

[1]

1926 年 1 月 18 日，宾夕法尼亚州匹兹堡的前进分销公司（Advance Distributing Company，一家不为人知的小公司）写信给雅利安出版社（室利·阿罗频多的著作在印度的主要出版商），希望购买一些《雅利安》期刊，并提议选择一些室利·阿罗频多的著作引入美国。下面这封信是室利·阿罗频多于 1926 年 3 月 9 日的回信。

449

《雅利安》办公室

本地治里

1926 年 3 月 9 日

致：

前进分销公司

匹兹堡，宾夕法尼亚州

您 1 月 8 日 [①] 的信已由雅利安出版社转交给我。

受政府限制的出版社不是雅利安出版社，而是普拉巴塔克出版社（Prabartak Publishing House），这家出版社已和我的作品没有任何关系了。我的书最初由多家机构代理，但最近做了新的安排，未来新书的出版和旧书的再版都会以固定条款优先由雅利安出版社负责。这样，我所有的已出版书籍都能得到保护。但这种安排仅适用于印度，我仍保留了在欧洲、美洲和其他地方分别或独家出版的权利。

我已建议雅利安出版社按您的要求向您提供我的作品，但被告知因为他们的规定，无法马上满足您的要求。该出版社是一家小公司，不太可能快速或大规模地向您供货，如果美国有任何紧急或大量的需求，那在美国出版可能会比依靠印度要方便一些。

所以，我乐于看到你们选择我的部分作品在美国出版。我会考虑将这些收益用来在美国推广与《雅利安》相关的作品。

第二卷的 8 号刊已没有单独版本，有位朋友愿意暂时将这一刊号的副本寄给你们，以供急用。我会随这封信一并寄出，用后请尽快归还。

---

① 此处日期有误，应是作者笔误。

本地治里有一套完整的《雅利安》期刊，已部分装订好，如果价格合适，其主人愿意将这套作品贡献出来，但由于印度不会再有全套的《雅利安》，所以他估计全套的价格为 500 卢比。如果您可以接受这个价格，整套《雅利安》将在汇款后寄至《雅利安》办公室。

我最近收到了来自美国各地的信件，似乎我的作品在美国开始有读者了。同时，出于其他一些原因，我一直希望我的作品可以在美国出版，包括那些尚未以书籍形式出版的作品。不知道你们是否会考虑接手这项工作，如果可以，请告诉我合作条款。所有与我作品相关的通信和汇款（除了从雅利安出版社订购我的书籍外），请按如下地址寄送：

室利·阿罗频多·高斯

《雅利安》办公室

本地治里

法属印度

您信中提到有学生在研究我的思想，他可以按上述地址给我写信，我很高兴能与他取得联系。

[2]

前进分销公司于 1926 年 5 月 2 日写信给室利·阿罗频多，信的作者谈到了在美国出版室利·阿罗频多书籍的相关实际问题，以及美国人精神追求的本质。在当年早些时候，宾夕法尼亚州格伦菲尔德的 C. E. 拉斐尔（C. E. Lefebvre）先生将《一些 I-L-O-F 信件》（Some I-L-O-F Letters）一书寄给了室利·阿罗频多。

致：

前进分销公司

匹兹堡，宾夕法尼亚州

　　我收到了您 1926 年 5 月 2 日的来信，以及为购买全套《雅利安》所寄来的 500 多卢比。根据您的建议，这一整套将保存在《雅利安》办公室，如有需要，随时供您使用。据我所知，还缺少第七卷的第 3 期和第 6 期，我正在写信给雅利安出版社，所有未售出的刊号都保存在那里，很可能有这两个刊号，有的话，他们会寄给您。如果找到其他人有这两个刊号，我也会告诉您。

　　其次，关于在美国出版之事，如果您愿意，我很高兴把出版之事委托给您，由您决定是保留您提议的书名，还是使用雅利安出版公司的书名。我不知道将内容严格限定在《雅利安》范围内是否为最好的选择，也许可将其作为核心内容，同时可以加上一些符合该书总体思路的其他内容。

　　关于出版标准，我认为您的建议是正确的。印度的情况不同，这里的出版标准并不适合美国，按我的理解，您所说的美国标准是合适的。同时，从财务回报的角度来看，我也同意以高级精美的限量版出售是最好的选择。在印度，我们的出版形式和价格必须满足一般教育程度的中产阶级的需求，在印度有限的阅读人群中，他们是主流读者。

我与雅利安出版社达成的协议比较特殊，不适合您的情况。从您的来信中我了解到，在美国，出版并销售像《雅利安》这样的出版物不会有什么利润，除非销量很大，但这似乎需要时间。如果按照销售量的几个百分点来计算，只是非常小的金额，把这点钱给到我，可能会影响您在美国的销售。而且这些小额回报对我目前来说用处不大，或许能解决一些小问题和工作上的琐事，但我还是有其他办法的。我对未来工作的安排，不论从方式还是范围上说，都是很大规模的，需要很多启动资金，需要像您在信中所说的斯瓦米·尤迦南达（Swami Yogananda）[①]那样筹集很多钱。因此，我希望目前你们可以集中精力在出版和宣传上，让人们更快更多地了解我的作品，您可以将所有的销售收入用于此项工作。如果后续需求量和利润有所增加，我们再考虑，是将销售收入的一定比例汇给我，或是另做安排。

关于发行顺序，您选择首先发行《战争与自决》（*War and Self-Determination*），这没问题。在我看来，《薄伽梵歌论》非常适合作为标准系列的首要书目，但这要等雅利安出版社出版该书第二辑后。第一辑正在重印，其中涵盖了《薄伽梵歌》的前六章，只有一个地方需要更正，几天后应该会出版。但第二辑是第一次出版成书，有大量的增补、修改和订正，并对语言文字进行重新润色。我已经把草稿发给了雅利安出版社，希望能在两三个月后正式出版，到时再寄给您。目前，我正在准备《人类统一理想》（*the Ideal of Human Unity*）

---

① 斯瓦米·尤迦南达：印度瑜伽大师，《一个瑜伽行者的自传》作者。1920 年，他前往美国传播克利亚瑜伽，在美国建立了自我了悟联谊会（self-realization fellowship），将印度灵性哲学带到西方。

的修订版，这本书曾在马德拉斯出版，但现已绝版。《社会发展心理学》（*Psychology of Social Development*）尚未以书的形式出版，我建议更名为《人类循环论》（*The Human Cycle*）。《综合瑜伽》内容浩繁，无法收录在一本书中，我建议分四部分在印度出版，每一部分介绍一种瑜伽：行动、智慧、虔信和自我完善，但还需再稍微改动一下，让每一部分更加独立完整。除了一些未完成的作品，《神圣人生论》和《未来的诗歌》（*The Future Poetry*）可以出版，内容保持不变，但需要写一篇序言。其他已出版的较小篇幅的书籍或小册子可按照您的建议集合成册，作为标准系列的一部分。这些关于《雅利安》所发表过的内容，鉴于美国的情况，我同意您提议的发行顺序，

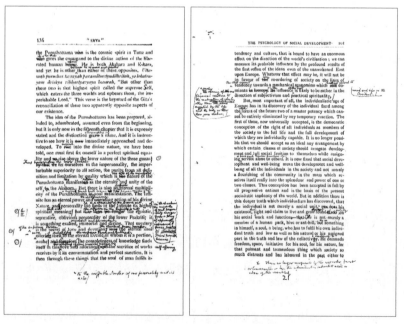

图43 室利·阿罗频多对《雅利安》上登载的《薄伽梵歌论》的修改　　图44 室利·阿罗频多对《人类循环论》第二章打印草稿的修改

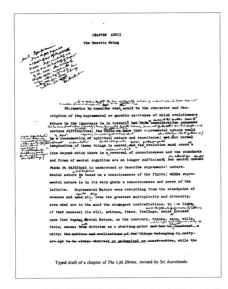

Typed draft of a chapter of *The Life Divine*, revised by Sri Aurobindo

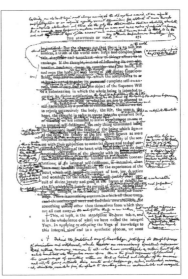

图 45 室利·阿罗频多对《神圣人生论》第二十七章
打印草稿的修改

图 46 室利·阿罗频多对《综合瑜伽》第二部
分打印草稿的修改

首先是《战争与自决》这本小册子，然后以《薄伽梵歌论》开始标准
系列，接着是《神圣人生论》。

我收到了《东西方》杂志的副本和赠书，斯瓦米·尤迦南达在
美国会如此成功，并不奇怪。他的宣传方式以及他对"业"等概念
的现代诠释都非常符合西方民众，尤其是美国人当前的精神、心理
和理解力。从杂志的信息上我无从知晓他称为瑜伽（Yogoda）的练
习或训练是什么性质。"萨桑伽"（Satsanga）是一个宗教教派，修习
一种特殊的奉爱瑜伽，在孟加拉很成功。但杂志中所说的修习风格
和方式，似乎与萨桑伽迥然不同。我认为美国的这种修习方式在印
度很难成功。印度有悠久的传统，印度人的精神生活虽然不尽完美，
存在谬误，但却更为精微，我们遇到的困难是人们普遍无法超越古

老的思想和形式。虽然印度的资金规模无法与美国相提并论，但还是有大量资金用于正统宗教、修道院或其他精神修习组织，主要的修习形式是苦行，或其他因循沿袭和广泛认可的修习形式。由于民众的普遍思想还停留在旧有的观念和形式中，他们无法理解我现在所从事的事情，认为我离经叛道，不遵循传统规范。

　　而美国有一个显著优势，人们对新事物有着无尽的渴望和开放的心态。美国的精神未来尚未成型，还在平衡的过程中，要看美国人是否愿意走进更深刻更真实的精神生活。未来的各种可能性取决于美国人自己的行动，如若不然，美国将重蹈其他西方民族的覆辙。精神生活和物质生活二者必然相遇并成为一体，而印度和美国恰巧处在两极的位置，一个在精神实现上表现出卓越的能力，另一个在物质层面上遥遥领先。为了更高品质的生活，美国应大方地接受印

图 47 在美国出版的室利·阿罗频多的　图 48 在美国出版的室利·阿罗频多《整
　　　《神圣人生论》　　　　　　　　　体瑜伽》

度的（精神）财富，并慷慨地以自身的（物质）予以回报，这是美国的一次机遇。目前，这只是一种可能，让我们拭目以待，看这份成功与完美能否达成。

我已收到《一些 I-L-O-F 信件》一书，并静候作者的来信。

给 C.E. 拉斐尔的信件（草稿）

这是一封未注明日期的草稿，回复 C.E. 拉斐尔先生 1926 年 6 月 13 日的来信。拉斐尔在来信中自称是前进分销公司 1926 年 1 月 18 日的信中提到的"学生"，但众多参考信息表明，拉斐尔正是前进分销公司的两封来信的作者。在 6 月 13 日的信中，拉斐尔谈到了美国人精神追求的本质，并总结："美国人似乎只能接受初级指导。"

约 1926 年 7 月

我花了很长时间考虑要如何回信，或者，我在让答案慢慢成熟并显现。要回复你提出的请求颇为不易，印度和美国相隔甚远，即便不远，单靠通信远程指导瑜伽修习，没有面对面的交流，也是非常困难的，在我过去的经验中，这种方式的效果并不尽如人意。书信只能交流思想，却很难沟通精神影响、心灵交流和警醒控制，而这恰恰都是瑜伽指导的内容。以目前的情况，我还是会尽力满足你的请求。

首先我要说，吸收思想、重塑精神目标和态度是一回事，重塑内在生命和意识，并最终重塑外在生命却是另外一回事，而后者才是瑜伽的目的。前者可以在某种程度上通过你提到的推广方式得以实现，但你会看到，真正的瑜伽指导不可能以同样的方式进行。瑜伽指导因人而异，只能在少数人身上成功，接受指导的人依其个体能力与自性，在吸收理解后，需要在生活中踏踏实实地去实践。这就是为什么我认为斯瓦米·尤迦南达的工作非常初级，不可能是真正的瑜伽——瑜伽不是在学校的课堂上传授的。求道之人，或修习之人，必须接受私人的指导，通过艰苦的渴求与努力，将全部意识和本性，将思想、心灵、生命、存在的每个部分以及所有行动转化为更高的真理，这绝非普通人所能想象。能做到这样的人寥寥无几，但在每个地方还是能找到一些，所以在我看来，认为美国民众只能接受初级的"指导"是没有道理的。真正的真理，伟大的路径必须向他们敞开，至于他们能走多远，取决于他们自身的个人能力以及所能得到的帮助。

写给及关于安娜·博根霍姆·斯隆的信件

根据安娜·博根霍姆·斯隆（Anna Bogenholm Sloane）给室利·阿罗频多的来信中附带的印刷版简历来看，她是瑞典人，1907 年前定居美国。她活跃于各类教育机构，并撰写了儿童教育故事。她对灵性感兴趣，是拉尔夫·莫里亚里蒂·德比特（Ralph Moriarity deBit，1883—1964，一位美国大师，后来被称为 Vitvan）的学生。时任洛杉矶神圣科学学院院长的德比特在 1926 年 6 月 30 日的一封信中将斯隆介绍给室利·阿罗频多。斯隆于 1927 年初，也就是室利·阿罗频多隐退几个月后，抵达本地治里。

[1]

1926 年 6 月 5 日，斯隆在给室利·阿罗频多的一封信中列举了一些她称之为"开示"（initiation）的内在体验。

致：

安娜·博根霍姆·斯隆

阿什瓦达（Ashirvada）

我怀着极大的兴趣读了你的来信，毫不迟疑地同意了你的请求，来印度见我吧！在我看来，你所经历的这些体验非常清晰明确。正如你在信中提议的，我想你会准备好来这里住上几年。虽然你已快速打开了通往更高阶、更广大的意识的第一个入口，即你称之为"开示"的体验。这些体验充满光明，极具决定性，但在这之后，你仍需通过漫长的过程建立更加坚实稳定的基础，获得更全面的发展，逐步转化你的本性，重新构建全新的意识，这需要多年的自律、努力和坚持。

请在启程前通知我，并告知抵达日期。

[2]

[2]—[4] 是三封未注明日期的草稿，是为回复斯隆的一封信而写的。她在信中询问室利·阿罗频多是否就是"克里希那：地球的至高无上之神"，并怀疑母亲指导她的能力。她要求由室利·阿罗频多亲自指导。没有迹象表明，这些信件以草稿或其他任何形式发给过斯隆。

1927 年 8 月至 9 月

我不打算回答你关于我或母亲的问题，我已立下规矩，对此类问题不予回应。但即使没有这个规矩，回复也无助于你现阶段的修习。

你来信的重点是，你认为母亲对你没有任何帮助，因为她不了解你的体验，也从未有过类似的体验。鉴于此，我只能请她不要再浪费时间了，因为你已然认定母亲的工作毫无价值。

另一方面，我无法同意让我替代母亲指导你的请求，如果你不能从她的帮助中获益，你会发现我对你的助益会更少。任何情况下，我都不会改变这一规定——所有弟子的灵性发展都必须接受母亲的直接指导，而不是我；所有弟子都应从母亲那里接收光和力量，无一例外。这样的安排不是出于一时的考虑，而是因为，只要弟子保持开放和接受，母亲的力量和指导是唯一真实有效的方法。

[3]

1927 年 8 月至 9 月

我认为没有必要回答你提到的关于我个人的问题，也没有必要宣称在灵性层面我到底是谁。如果我的确是你所暗示的那样，那也应由其他人来揭示，而不是由我自己宣称。

我也不想回复你提到的关于母亲的问题，至少不是以你提出的方式回复。我想说，也只需说，母亲正在从事她为之而生，并自童年起即为此孜孜准备的工作。她的力量可以带来超心思的下降，使弟子们的本性向超心思的光和力敞开，从而引导他们向神性的转化。正是因为具有这种力量，她被委以重任。

但每个人的内在都是自由的，可以接受，可以拒绝，可以选择这条道路，或其他道路。母亲能为弟子做什么取决于弟子是否有意愿，是否有能力打开自己，是否有全然的信任与配合，去接受她的帮助与影响。如果能做到这些，修习结果将是完美且真实的；如果无法做到，头脑与生命缺陷所引发的曲解会破坏修习；如果持否定态度，结果将一事无成，或者，更确切地说，什么都不会发生，因为如果在这种情况下还试图继续修习，只会导致本性的崩塌，而不是神性的重建，迎来的只会是敌对力量，而不是真实的光与力。这是精神层面的关系法则：弟子的意愿应时刻保持自由，弟子的信任必须是全然的，弟子对指导的服从必须是绝对的。

最近这个问题确实凸显在我们之间。修习中的疑惑并无大碍，怀疑本就是无知的物质头脑的天性。但是，你的怀疑已让你明显偏离了在母亲指导下实现超心思的道路，转而屈从于另一种神秘的影响力。你质疑母亲的瑜伽经验和知识，并以此推论母亲无法继续帮到你。你对母亲的质疑，以及你和她之间发生的事情，都源自你自负的头脑意识的判断和怀疑，对此我不会过多理会。但现在你的质疑是如此强烈，你生命本性中某些部分不愿再接受母亲的指导，你认为母亲的指导会干扰你的修习，那我就不能听之任之了。

无论如何，我都不会同意由我来代替母亲指导你。很显然，如果你无法从她那里得到帮助，那同样也无法从我这里得到帮助，因为作用在我们二人身上的力量和知识是相同的。我不会将工作降至个人层面，这与神性的本源和本性背道而驰。

[4]

1927 年 8 月至 9 月

当你从美国给我来信，描述了你的一些内在体验，清晰表明了你对新的超心思生命的渴求时，我们就明白，在我们的工作中，出现了一种来自更高层级的力量，正试图通过你的人格显现出来。渴求只是开始，只有历经磨炼，它才会成为一个笃定不变的抉择。此外，每当这种更高力量试图显现时，外在人格上的对立活动也会异常活跃，就好像每一种神性力量，都要在自己选定的战场上征服对手，才能在物质层面完美显现。

当你来到这里，母亲认为可以让你先按自己的方式独自修习，所以并没有像要求其他修习者那样去要求你。她所做的一切是打开你的各个中心，迎接超心思的光和力的下降。这部分工作很快完成，总体来说也很成功。

但是，打开这些中心只是一个开始，接下来才是弟子最艰难的时期之一。意识不仅向真正的光和力敞开，也向来自四面八方的形形色色的体验和影响敞开。这是一个内在活动极为强烈的时期，新的意识与力量开始形成，勾勒愿景并发挥作用。如果这时弟子陶醉于体验中的光辉与喜悦，就很容易偏离至上之道。因为，这些体验背后的力量和存在，有时是对立活动和负面力量，有时是来自头脑与生命层面的有限的神性。无论是哪种情况，它们都另有所图，试图把持并利用个体表现它们所代表的思想与力量，而不是至高真理。

这时候，弟子有三种保护措施：第一种是，祈求神性永久的平和、平静与寂止能进入心思、生命和身体。在这种平和与静默中，心思和生命的变化才有可能停止，超心思的下降才会有空间。第二种是，即使面对最诱人的体验，也要保持完全的超然，只是观察，而不是迷失在那耀眼的光芒中。洞察力和分辨力会慢慢地自上而下形成，弟子将能够分辨出高级和低级的真理，就像区分真假一样。第三种保障是，绝对遵循精神导师的指导，因为他们已经走过了这条道路。

这就是你面临的严酷考验，很遗憾，你似乎在这一关键时刻背离了母亲的指导。因为害怕修习停滞不前，你似乎有意摒弃了生命的平和与静默。结果是，生命形成的强烈习性开始发挥作用，你召唤光和力，并以自己的方式构建一切。当弟子不再完全信任自己的上师时，上师唯一能做的就是不予干预，让弟子独自前行，因为坚持指导很可能会激起弟子的怀疑和反抗，使其走向对立面。在这种情况下，最终弟子也许会再次需要上师的指导并重回正道，也许会听从内在命运的召唤，选择一条自己的道路。

如果你对我们没有全然的信任，无法绝对服从我们的指导；如果你没有将超心思的真理视为唯一目标；如果你没有准备好放下所有的骄傲、固执与自负，去经历一个漫长、艰难且痛苦的自我清空和完全重塑的过程；如果你认为真理与你同在，而非与我们同在，那么很明显，你留在这里已毫无益处。去留由你选择。

最后我想说，你似乎对我从事的工作有很深的误解，例如，你误以为我正通过精神手段在全球范围内引发一场白人和有色人种之间的冲突与战争。这纯属无稽之谈。母亲肯定告诉过你，对于灵性工作，我不相信任何粗俗和暴力的外部手段。至于按肤色划分人类，这就是一种无知，我绝不会以此作为我行事的基础。如果有这样的世界灾难发生，那也是业力的结果，对我的工作非但没有帮助，反而会成为严重的阻碍。我的工作是一种精神上的创造，而不是物质上的破坏。任何事物的消失或改变，是通过开启超心思之光和力去实现的，至于哪些是需要改变的，是由无所不知的光和无所不能的力决定的，而不是由人类狭隘的思想和虚伪的欲望来决定。

[5]

斯隆向本地治里的英国领事提出了对室利·阿罗频多、母亲和修道院的指控，据此，室利·阿罗频多写了这份报告。日期来自这封信的法文译本，据推测此信也发送给了本地治里的法国当局。

斯隆女士从美国写信给我，询问是否可以来这里修习瑜伽。她是由拉尔夫·德比特先生推荐来的，德比特先生是她的精神导师，也是美国神圣科学学院的负责人，我们曾就他的工作以及我的著作通过一两封信。我回信同意斯隆女士来本地治里。

后来，她与德比特先生之间起了争执，为此，她推迟了来印度的行程，忙着破坏拉尔夫的工作，并提起了对他的诉讼。后来，这一诉讼毫无结果，那些指控根本没有得到证实。现在，她在这里故伎重演。

她来的时候，我已完全隐退，无法见她。我们只在 8 月 15 日见过一面，未做过任何交谈。我们从未接纳她为修道院成员，除了拜访过波特尔（Potel）夫人两次，她只认识母亲和另外一位英国弟子达塔（Datta），她本人对修道院一无所知。在适应期，她与其他修习者自始至终都没有一起修习。后来人们发现，这位女士将自己的欲望和想象包装成真理和事实，最终发展成强烈的妄想。为她考虑，我们决定不再继续指导她，当她意识到我的沉默即是拒绝时，她疯狂地说要留在这里毁掉我和我的工作，还要在英国领事的帮助下，把我送进监狱，等等。她现在的活动就是为了实现这一计划。

她的其他指控，大多是单纯的捏造，或与她自己的幻想混杂在一起的无稽之谈，无须回应。至于她指控我在瑜伽的掩护下从事政治活动，这可能是来自她对未来的某种幻想与想象。不久前她开始沉迷于此，预言世界大战会爆发，军队将进驻巴格达，又说英国和伊斯兰民众之间会发生战争，等等，她甚至定下了这一切发生的具体日期。一开始我就明确告诉她，我的工作与政治无关，当她在臆想政治和民众的未来时，似乎总想着使用灾难性的、幼稚愚蠢的暴力，对此我非常反对。一开始，她并没有把我和她的那些幻象混在一起，但在母亲停止对她的指导后，她突然在自己的各种体验中写道（例如，她感受到体内有一个神灵在闪闪发光），她看到我是湿婆的化身，并凭直觉发现，我正在用自己的精神力量计划在明年春天发动一场白人和有色人种之间的战争。这就是她陈述的全部依据。

我的精神工作和政治之间没有任何关联。不仅如此，就连阿尼尔巴兰·罗伊（Anilbaran Roy）这样的外界政治人士或领导人，在被接纳进入修道院之前都必须放弃政治。所有事实和我的一言一行都可以证实这一点。如果斯隆或其他任何人需要更好的证据来佐证对我们的指控，那除了直觉，就只能凭空捏造了。

室利·阿罗频多·高斯

信件草稿

（1926—1928）

这四封信件草稿是在室利·阿罗频多 1926—1928 年使用的两个笔记本中发现的。第一封信的收件人不详。后三封，修道院内部资料显示，是写给在此期间居住在修道院的玛丽·波特尔（Marie Potel）夫人的。

写给一位不知名的人

带着全然的真挚和宏大的愿景，你已经看到了需要看到的一切。根源在你的低级生命层面，正是在生命层面形成的人格持续不断地带来虚伪的因素，削弱了你的自性、渴望和精神修习。

这部分工作已顺利完成。现在，你只需最终将这些因素及其影响驱逐出你的心思、生命和肉体，清出空间，迎接真我的临在，并使其遍满其中。尽力去做吧，力量与恩典必将降临于你。

写给及关于玛丽·波特尔的信件

1911 年或 1912 年，玛丽·波特尔（Marie Léon Potel）在法国遇到母亲。她可能是第一个将母亲视为她的主人和精神母亲的人。1926 年 3 月，波特尔来到修道院，一直待到 1928 年 3 月。

你的体验本身是很好的，摆脱了与旧的体验的混杂，但你对体验的理解不太正确或者并不清楚。在最后一页，你尝试概括和分析你的体验，这时候，旧有的思维马上冒出来了，挡在了你与实相之间，你的想法和表述不但混乱而且满是错误。最好再等等，积累更多内在体验，让对实相的感知慢慢升起，这样，当真正的超心思开显时（不是头脑的努力），你就会找到准确的理解和表达方式了。但现在，你的思维在作祟，扰乱了你的表达。

* *

为什么"可是"（pourant）[①]*？*

"本质"（essence）更容易被心灵和内在感知捕捉，而不是被头脑。因为心灵与精神相连，内在感知是头脑的基本运作形式，而不是其外在显现的活动。与活跃的头脑相比，心灵和内在感知通过识别或直接沟通更容易靠近知识，而"本质"通过识别或直接沟通只能被捕捉。活跃的头脑若想靠近知识，必须进入静默，依存于心灵和内在感知。

* *

宇宙意识并不是什么"天父圣母的特质和身体"。毫无疑问，你的意思是，宇宙意识如同宇宙的生命和身体一样，是神圣存在的实体表达的一种形式，但其背后的精神实体才是真实的本质。如果你需要一个意象，那相对贴切的说法是，这种精神实体是神圣存在的最根本的特质和形体，而头脑、生命和物质只是次一级的鞘层，是

---

① pourant：法语，意为"然而""可是"。

表层或外层。

＊　＊

将"本质"描述为"非物质"不太确切，也不能帮助理解。如果你指的是实体性物质，在某种意义上，在某种体验中，一切都是物质——精神、存在、意识、喜乐都是物质，心思、生命和实体性物质都是物质。不仅如此，其实一切都是同一种物质，只不过呈现为不同等级的各种能量而已。除实体性物质外，其他都可以称为非实体性物质。

你想问的是，这种本质或精神实体是构成一切的真正物质吗？它是真我和梵的实体，存在于一切之中，一切之上。当它作为真实存在、意识和喜乐降临到个体时，会让灵魂与心思、生命和物质体分离，不与其纠缠，而是观察、作用并改变它们。如果这是你感受到和看到的，那就是真实的，但你没有表述清楚。

但请注意，这在很大程度上取决于它所呈现出的能量。如果它只是宇宙意识中的精神实体，可以将心思提升到最高能量，但不会更多了。只有当它表现为超心思力量中的精神实体时，意识、力量和喜乐才能带来转化，这是我们的瑜伽目标。

＊　＊

之后，你又混淆了神圣存在的诸多不同面向，造成更多的混乱。毫无疑问，一切都是那个"一"，都是神圣母亲，但若把它们混为一谈，不仅没有厘清"同一性"，反而让人更困惑。无论如何，"本质"都不是神圣母亲将天父与人类子民联结在一起，而是个体灵魂通过精神实体感受到与自在天的合一，与神圣母亲的合一。个体灵魂来自母亲，母亲向个体灵魂显现这种同一性，但这是另外一个话题了。

468

神圣母亲不仅仅是本质，可以说，真我与精神显现了至上，显现了神圣母亲，但这只是最初的示现，至上或母亲不止于显现在真我和精神上。

那么什么是"精神的精神""物质的物质"呢？（是"本质"吗？）① 所有这些似乎过度解释了"本质"，要么是你放大了你的体验，要么是你的语言表达有问题。

一元和二元的至上即是"精神的精神"——至上灵魂（the supreme Spirit）、至上的梵（supreme Brahman）、至上的自在天（supreme Ishwara）、至上的沙克提（supreme Shakti）、至上的原人与原质（supreme Purusha with supreme Prakriti）。至上者（the Supreme）是唯一的存在，将其描述为宇宙精神的本质是荒谬的。当你试图描述灵性—精神体验之外的东西时，枯竭智力下那些抽象笨拙的语言就显得词不达意了。你必须找到一种更贴切、更生动的语言。

＊　＊

另外，在这里谁是天父，谁是圣母，人类子民又在其中扮演什么角色？

一元和二元的至上显现为至上沙克提。她是超然的圣母，超拔于所有层级的所有生灵之上，支撑于所有层级的所有生灵之后。她在至上之中，支持她所做的一切和至上所创造的一切，但同时她也承载着至上。

在创生中，圣母显现为二元至上——她承载着自在天和摩诃沙

---

① 括号里的这句话被室利·阿罗频多删去了。——原注

克提，同时也显现为原人—原质的二元力量。摩诃沙克提来自自在天，依靠自在天的支持进行创生。[①]

无明充斥着人的精神存在，只有当人从半意识的物质体回归到全意识的精神体时，才能摆脱无明。这是一种既强烈又诱人的体验，一种无法被超越的体验。这是个体的本我与"那"（That）、与至上合一的体验，"那"即是至上。然而，人根本不知道什么是至上，只要生而为人，就无从知晓，人只是试着用抽象的术语来描述至上及其各个面向，并把这种有关本我或灵性的体验视为终极体验。更为荒谬的是，人试图通过否认或摆脱圣母来实现本我与至上的联结，或仅仅将圣母视作与天父结合的一种方便手段，或者认为圣母是至上的单一原人面向。所有这些都反映在你的文字中，只是在混乱地重复着一些你自以为的吠檀多学说。

至上不单单指原人，人必须通过两个面向的联结才能臻达至上。圣母本身也不仅仅是原质，她是至高无上的、遍在的沙克提能量，既包含原人也包含原质。其次，人们通过精神化的头脑所经验到的自我或"本质"，并不是终极体验。正如使用身体的东西超越身体本身，"那"也超越了本我，本我不过是"那"的精神实体。

* * *

以下五个段落是对前几段的修改。

宇宙意识不是天父圣母的"特质和身体"。它就像生命与物质一样，只是物质的一种表现形式，一个鞘层或外层。它是精神实体，你可以把它想象为神圣存在的特质和形体。

---

① 室利·阿罗频多把这一段和前面两段都删掉了，但后来他又重新拿回了其中的一些观点和语言。——原注

你说的"本质"，我推测指的是自我或精神实体，但为什么你又称其为非实体性物质呢？生命和心思也可被视为非实体性物质，以非实体性物质被感知或被看见。

还有，你说的"自我存在"又指什么？你通过心灵中心与这个"自我存在"相联结，而"自我存在"又将你与宇宙意识相联结吗？它是头脑的产物还是心灵存在，抑或是其他？你所说的这些都是混乱和模糊的。"自我存在"只是一种表述形式，通常指的是吉瓦（Jiva），即灵魂和精神，与宇宙生命或物质相联结，与宇宙意识并没有特殊的联结。

如果"本质"是神圣存在所显化的精神实体，是一切的真实所在，心思、生命和身体所在的物质层级都较低，那么毫无疑问，当它以真实存在、意识和喜乐的状态倾泻而下时，它不仅能够视见宇宙意识、宇宙生命与身体，还能够作用并转化它们。不过，这些是你已然见到的吗？还是另有其他？

无论如何，"本质"都不是神圣母亲将天父与人类子民联结在一起。母亲从精神实体中显化出自己的孩子，因此与天父和圣母的合一是通过精神实体感知到的。但天父与圣母绝对不仅仅只是一种精神实体。

[2]

这份草稿可能写于 1927 年 4 月，是对波特尔用法语写来的一封信的回

471

复。手稿中以"另外，在这里谁是天父"开头的一段和接下来的两段，共计三个段落被删掉了。室利·阿罗频多在 1927 年底写的《母亲》第六章中重新采纳了这些想法。

米拉给我看了你的信。似乎每隔一段时间，你就会受到来自同一种敌对力量的暗示和干扰，但每次，你不仅不去探寻并拒绝暗示的根源，反而接受它们，并忙着为自己的错误行为辩解，总是用同样病态的想法和语言说自己"被怀疑""被误解"等。什么时候你才能彻底明白这些行为和表达不是也绝不会成为真实意识的一部分，它们只是在表达你过去本性中某些微小且病态、琐碎又晦涩的东西，敌对力量正是利用这些东西牢牢地抓着你，让你从之前的进步中又退转回来。

在这些事情上，不存在我们对你有无信心，或你需要我们对你有信心这类问题。我们只需根据实情看到你有哪些进步，你的瑜伽修习有哪些障碍，并予以调整。你肯定也不希望我们不经检视就全然接受你对自己现阶段修习的评价。

你向米拉提出的问题和你所抱怨的身心虚弱并没有什么联系，那种练习也无法帮助你的身体更好地接受来自更高意识的真理之光。无明的头脑让你过分看重这种"实用神秘主义"，也正是这个头脑让你把两个不相关的东西扯到一起。这会令你犯下最荒谬的错误，甚至当别人指出这些错误时，你仍一意孤行。于是，你的头脑想象出一个纯粹的"内部圈子"，尽管已有人明白告诉你那些简单平实的原因，你的头脑却始终坚信这是一个真实而"深刻"的印象，仍在依恋虚假和谎言。正是因为你的这种持续虚假的思维，我们才告诉你要保持精神沉默，让自己独自面对光。即便我们告诉你，"你现在就

472

在超心思的中心，沐浴在超心思的光中，你只是身心比较虚弱"，这又有什么用呢？只有当你发现自己头脑的无明，并开始接收有益的知识时，你才会更接近超心思。对精神存在保持谦卑，对自身的无明保持清晰的认知，这是走向超心思真理的第一步。否则，你只会生活在各种杂乱的、似是而非的讯息和暗示中。它们有些来自真理，有些来自部分真理的不同面向，有些来自虚幻和错误，而你又没有能力加以区分。

没有人怀疑你努力的诚意和已取得的进步，但你要时刻记住，这条道路是漫长的，已取得的进展与尚待完成的工作相比，根本不值一提。如果每一次，只要你的要求没有得到满足，你的情绪没有得到尊重，又或是你的看法没有得到证实，你就感到灰心丧气，如果你总是认同来自私我的欲求，又怎么能期望快速而稳妥的进步呢？每一次的进步都是在向我们揭示修习中的美中不足，每一段的收获都是在告诉我们之前体验的尺瑜寸瑕。[1]

顺便说一句，主动臣服并不是跟随自己的想法或指引，而是要克服自身的不足和弱点，只遵循昭示于你的真理之道。

[3]

这封信大约写于 1928 年，信中所提到的人几乎可以肯定是于 1928 年 3 月离开修道院的玛丽·波特尔。

自从她离开后，情况有了很大的变化，目前让她回来，对她来说并没有任何益处，我们也不建议这样做。我仍然处于退隐状态，没有任何提前复出的打算。母亲也逐渐退隐，不再每天冥想，也没

---

[1] 室利·阿罗频多在页边空白处添加了最后这句话。——原注

有固定的日子去指导修习者，只是偶尔看看他们。除非我们完全确定能够掌控物质层面，否则这种退隐可能会持续并有所增加。在这种情况下，她回到这里也没什么意义。她应留在欧洲，直到这里的情况有所改变，我们再写信建议她回来。

第三节　其他关于瑜伽和生活实践的信件
（1921—1938）

本节包含两类信函。第一类是写给那些承诺为修道院募集或提供资金的弟子。第二类是写给那些出于各种原因写信给室利·阿罗频多的公众人物。

关于瑜伽和修道院筹款的信件
（1921—1938）

这些信是写给两位帮助孟加拉和古吉拉特邦的修道院筹集资金的人。除了筹款之外，这些信件还涉及两人的修习，以及其他主题。

写给及关于杜尔加达斯·谢特的信

杜尔加达斯·谢特（Durgadas Shett），来自金德讷格尔一个富裕的实业家族。1922 年之前，他通过莫提拉尔·罗伊向室利·阿罗频多提供了大量资金。1934 年，他将分到的大部分家族财产交给了室利·阿罗频多。之后，他过着朴素的生活，有时靠室利·阿罗频多提供的现金用于日常开销。室利·阿罗频多写给杜尔加达斯的这二十三封信很有趣，显示了室利·阿罗频多对金钱的态度，以及他对弟子的精神和物质福祉的关切。信件［2］［4］［5］是室利·阿罗频多写给他的秘书诺里尼·坎塔·古普塔的，要求他代表自己回复杜尔加达斯。

本地治里

1921 年 5 月 12 日

亲爱的杜尔加达斯：

我前天收到了你的信和寄来的 400 卢比，这笔钱会用来准备一所房子，供来这里练习瑜伽的人居住。目前房子已经找好了，预计将在 15 日准备就绪。

你深陷于信中所流露出的那种精神状态中，这不应该啊。你说感觉自己不被接纳，已无可救药。不是这样的，那些真诚地把自己交托于我的人，是不会被拒绝的。巴林和萨蒂恩（Satyen）只是希望你来这里时，能够完全无私，已准备好弃绝所有可能阻碍你臻达圆满的东西。你的主要障碍是情绪上的自我放纵，以及业力的潜在印记等，你似乎把这些障碍看得比更加宏大深远的瑜伽目标更重要。我们的瑜伽是为了培养人类的神圣意识，其余都是次要的。我们的行动只有成为神性在个体中的表达才有价值，我们的行动是由神性完成的，而不是私我，行动并不属于你，也不是用来满足你的 ___ 感受的。同样，情感上的自我放纵会妨碍真正的平静与喜乐，这些都属于神圣意识。如果你从一开始就能认识到自己本性中的这些障碍，就会比较容易消除它们，否则你在修习初期将面对诸多内在的困扰和痛苦。

我们瑜伽共修团体（Sangha）的成员都是为了追求神圣至上而摒弃了低级意识和低级本性的人，只为了某项特定的"工作"而组建某个团体并不是我们真正的理想。只有当我们都培养出内在神性，才是真正的共修团体。来这里之前，你要清楚地理解这一点，并准备好自己。此外你还要知道，我不会一边拒绝你，一边收下你的钱。金钱不算什么，它仅仅是一种手段和便利，至上者会在任何时候，以任何程度给予我，以达到其目的。所以重要的是你自己，你的灵魂。

尝试去理解这些事物的真谛，做好准备来这里，全然接收我所给予你的一切。同时，在精神层面建立与我的联结，以一种被动但敞开的心态来接纳我，等待我的召唤。我准备好了，就会召唤你。

阿罗频多

［2］

以下内容是室利·阿罗频多写给秘书诺里尼·坎塔·古普塔，指示他应如何给杜尔加达斯回信。诺里尼显然是用孟加拉语回复的。

1927 年 12 月 29 日

《修行者巴瓦》（Sadhak Bhav）是阿尼尔巴兰的一篇译文，原文是拉梅什瓦尔出版社（Rameshwar & Co.）以《母亲》为题出版的几篇作品中的一篇。单独出版这一份译本似乎没什么太大的意义，英文译本没什么问题，已经交给拉梅什瓦尔出版社了。

阿尼尔巴兰说，他的译作必须经过认真的修改才能以书籍形式出版，他说得没错。如果出版这本书，必须交给拉梅什瓦尔，他希望他的所有作品都能交由拉梅什瓦尔出版社负责。

大约四个月前，杜尔加达斯来了封信，是关于他的一位朋友的事情，我忘记回复了。从寄来的照片中看不出什么，至于提到的疾

477

病，显然是一种身体神经的病症，这类恶疾会攻击身体的不同部位，引发或伪装成其他不同的疾病。也可能是黑热病对生命有机体造成破坏的后遗症。大多数情况下，这表明生命体不足以应对来自低级生命世界的敌对力量的影响和压力。

[3]

这是室利·阿罗频多对杜尔加达斯 1928 年 7 月 16 日来信的回信草稿。室利·阿罗频多没有写完这封信，而是转而写了一张便条给秘书诺里尼·坎塔·古普塔（见下一封信），对杜尔加达斯信中的内容给出了他的看法，大概是为了让诺里尼用孟加拉语回复杜尔加达斯。

关于你上一封来信，我已经给巴林回信了，但可能还没寄出，也可能因铁路罢工而延误或丢失了。

你正在创办的那种报纸并不属于我工作的一部分。我的工作都集中在本地治里，由母亲统一管理。她安排修习者在其他地方做的事情，她所做的一些对现在或未来助益的事情，也都是工作的一部分。其他都属于旧有的活动，或属于外部世界。一个人只要仍保留过去的心态，过着从前的日子，就会做这类事情，依他的财力和能力，有时成功，亦会失败。如果理由充足，我可以提供一些帮助，但我对这项工作及其结果无法承担任何责任。

苏雷什目前不是"我们中的一员"，恰恰相反，他已经离开了，还对我们心存敌意。你完全不了解目前修行者的心态和修行团体的现状，才会提出让诺里尼和其他人去那里担任编辑。你写得好像一切就还像七八年前一样，实际上，从那以后一切都变了，类似担任编辑这样的事情再也不可能了。

来信时谈谈你的近……①

[4]

从杜尔加达斯的信中很难理解他到底想表达什么。据我推测，他的生活和财务状况都不尽如人意，而他的内心状态，就算不是很糟，也好不到哪儿去。总而言之，他缺少生命的活力和生活的乐趣。但一切都表达得极为含混，我很难帮到他。他的问题出自他的思想，充满着不确定性、无意义的复杂性，对自身的纠结与犹疑。总的说来，现在是他内心、生命力和精神力量做出真正改变的一个机会。若想获得有效的帮助，他应该全然地向我们敞开心扉，毫不犹豫地接收我们的影响。

至于那个报纸，与我的工作并无特别的关联。但鉴于目前情况，他是可以参与的。

最后，关于他打算邀请莫尼，请写信告诉他，莫尼已经离开我们了，不再是"我们中的一员"，不仅如此，他甚至对我们怀有敌意，公开反对我的工作，因此不可能邀请他去那里。

[5]

1929 年 6—7 月

诺里尼：

请给杜尔加达斯（用孟加拉语）写封信，说明以下几件事情：

我们无法从这里派人去布巴内斯瓦尔（Bhubaneshwar）带他过来，我们发了电报给乔蒂斯·穆克吉，让他在布巴内斯瓦尔停一下，带他一起来，但乔蒂斯在收到电报之前就已动身了。赫里希克什·坎

---

① 未完成。——原注

479

吉拉尔最近要从孟加拉来这里，我们可以请他帮忙，但这需要一些时间。如果他想即刻起身来这里，那最好是自行安排。

关于他需要的钱，如果他从家人或朋友那里筹不到钱，我们会想办法，但倘若他能自行解决是最好的，因为修道院的开销很大，且仍在不断增加，我们目前的资金并不充裕。

接下来，关于他来这里之后的事情。上一封信中，他说只是待几天处理一些事务，但这封信中，他又随口提出来了之后就不走了，但又没有明确说想在本地治里定居。这里的内外部状况，与他之前来时相比，已经发生了很大变化。从各方面来说，这里的要求更为严格，整体的修习氛围颇具压力，迫使人们专注修习，改变自性。他来之后，我们需要看看他能否适应这里的状况或承受这种压力，如果可以，留在这里就没问题。但通常在这里长期修习的人会发现，以往那些与这里的氛围不相契合的兴趣爱好会渐渐淡化或消失，如果他想留下，就要为这种变化做好准备。

他在信中还说想要见我，谈谈他的报纸和其他事业，这不可能。一年中我只有三天会面见其他人，即使见面，我也不会和任何人说话。一定要对我讲的事情，都是通过与母亲口头沟通，或写信给我，母亲与我商议后会做出决定。这条规矩没有例外。

至于他的健康问题，为什么认为发烧、虚弱或肠道疾病是无法治愈的呢？他需要的是完全向神圣力量敞开自己。瑜伽修习者在遭受这种病痛时，其原因往往是他们的心思、生命和身体的某些部分存在某种阻力或怠惰，无力或不愿打开自己，与作用于他们的神圣力量相调和。自性的一部分是开放的，但另一部分仍关闭着，只遵循自己的冲动和想法，这样就产生了失衡、失调和疾病。此外，如果他想康复，就一定要对康复抱有信念和意志，不能总想着死亡或认为终有一死，他必须下定决心积极治疗。

最后，关于他在第一封信中提到的立遗嘱的事。他并没有明确表明他的意见，在这件事上，我和他有不同的想法。我想等他来了，这些事情都会解决的。目前对他来说，最应该做的就是，不要再犹犹豫豫，不要总想着困难，想办法来这里。只要来了，用金德讷格尔的话来说，就会有一个全面的"清理"。

[6]

马林街9号（9 Rue de la Marine）

本地治里

1929年7月5日

杜尔加达斯·谢特：

赫里希克什已于2日从迈门辛市谢尔布尔县（Sherpur）发来电报，他将在一周内动身，带你一起来本地治里。不知道他是否写信或发电报给你，所以我写信告知你此事。如果你不能独自前来，就和他一起吧。目前不方便安排其他人带你来，可能会引起尴尬。因为很长一段时间以来，修道院只允许以下这些人来此居住：修道院的修行者、来访或短暂停留的弟子、得到特别许可来此接受瑜伽启引的人，以及得到特别许可前来参加室利·阿罗频多公开达显的人。其余外来人员不得在修道院居住，但可以自行安排住在其他地方。

有一件事，我在上一封信中忘记说了，这里我必须提一下。你在信中讲了最近从事的工作，看上去这好像是室利·阿罗频多工作的一部分，而与你一起工作的那些人，就好像是室利·阿罗频多的精神追随者或弟子。事实上，室利·阿罗频多对你在做的事情和那些帮助你的人几乎一无所知。当你就"斯瓦德西市场"（Swadeshi Bazaar）给他写信时，你自己也怀疑这家企业是否与他的工作有关，而他的回答是，没有任何关系。后来，他了解到这是特别关注经济和本地工业与贸易的每周回顾，如果你感兴趣，他并不反对你参加。对于非修道院成员，室利·阿罗频多通常不会干涉他们的外部活动，他们只是以修道院的精神目标和纪律自我约束，还没有将自己的内外在生活臣服于他的指导和控制。然而，室利·阿罗频多从你的上一封信得知，现在和你在一起共事的人是某政治派系的工作人员，如果确实如此，而你仍然将你的工作与室利·阿罗频多联系在一起，这就太令人诧异了。你一定要清楚，室利·阿罗频多已切断了与政治的一切联系，他的工作是纯粹的精神工作，他不支持任何政治派系、团体或政党，也与其没有任何关联。修道院还有一条规矩，任何修道院成员必须放弃与政治的所有关联，并停止一切此类活动。我写这些是要澄清目前你头脑中的各种误解，等你来到修道院，我们会对所有事情给出完整的解释。

[7]

本地治里

1930 年 11 月 26 日

亲爱的杜尔加达斯：

你 29 日前应该能收到我今天的回信。

在你的三个提议中，我倾向于第一个，即一次性资助 5 万卢比。

第三个提议几乎不可能，因为在加尔各答租一套房子非常困难也不方便，且根本办不到。

在我看来，第二个提议缺少确定性，无论如何，我更喜欢快速且彻底的方案，而不是为期数年的某种临时安排。如果有更好的选择，我不会推荐任何人接受 3.5% 利息的政府本票，因为这类产品的市场价值低于其面值的三分之二。况且，我对这种投资从来不感兴趣。从你的来信也能看出来，你自己也不确定把财产投入其中能获利几何。

关于银行，最简单的方法是将钱存入加尔各答帝国银行（该银行与本地治里印度支那银行有关系），然后寄给我一张由帝国银行签署开具给母亲（M. Alfassa）的支票，方便我们在这里兑现。如果这张支票以我的名字开具，可能就没那么容易兑现了，因为加尔各答的银行不认我的签名，我在这家银行既没有账户，也没有以个人名义进行过任何交易。待将来时机成熟，我们再考虑这个问题，或是其他任何替代方案。我提及这个方法，是因为它最简单、最便捷，也是我们已经采用过的，依我看，没有必要再寻求其他方式。

室利·阿罗频多

[8]

本地治里

1930 年 12 月 9 日

亲爱的杜尔加达斯：

马德拉斯和本地治里之间的铁路中断了，我 8 日下午才收到你 3 日的信。你应该已在第二天早上收到了我的电报回复。我完全理解你的第二个和第三个方案的财务优势，特别是第三个方案。但依我个人经验，清晰的现金交易通常是最好的方式。在进行这些长期或涉及财务的规划时，我经常发现，捐助方和接收方各自的状况会干扰甚至破坏预期的财务收益。因此，我仍坚持最初的意向。

银行通常收取 2% 安那（annas）[①] 的手续费，5 万卢比的手续费就是 62 卢比 8 安那，如果支票以母亲的名义开具（必须是以上一封信中给你的样式，M. Alfassa），银行可能会减少手续费。我想，国民银行的支票也可以，只是该银行与印度支那银行没有直接关系，兑现时间要长一些。

室利·阿罗频多

［9］

1933 年 4 月 24 日

杜尔加达斯：

母亲的护佑永远与你同在。永远相信她，祈求她的平和、力量和光明抵达你，以平静、力量、喜乐和安适来平息不安，治愈虚无。

室利·阿罗频多

［10］

本地治里

1934 年 4 月 30 日

杜尔加达斯：

我已收到你 26 日的来信。你不用管利息，我们自己能安排，更重要的是寄送方式。在任何情况下，你都不能将政府债券切成两半。政府几年前就曾发过公告，不接受任何剪开的票据，不知道为什么很多人仍然对此一无所知。因为剪开的纸币和政府债券根本不会被承认和接受，我们已经遇到过很多困难。因此，请务必妥善安排寄送一事。

---

① 安那：印度货币单位，1 卢比 =16 安那。

你信中没有提及自己的情况，希望在以后的信中能告诉我们。

室利·阿罗频多

［11］

1934 年 5 月 14 日

杜尔加达斯：

关于寄送政府债券，有一个非常简单的方法，不会有任何麻烦，那就是让杜莱斯瓦米在马德拉斯的银行为债券背书，并通过其在加尔各答的分行转寄至马德拉斯。杜莱斯瓦米经常通过他的银行为我们协调大额的政府本票和银行本票，因此不会有什么困难。我已请他起草一份说明，以便你确切知道该怎么做，现随信附上。你只要按此去做即可。

室利·阿罗频多

［12］

1934 年 9 月 30 日

杜尔加达斯：

我本打算收到你的资助后就写信给你，但你曾告诉我们，在获知你的新地址之前不要寄信，所以我一直没有给你写信。听说政府票据要贬值了，我决定将其兑现，并将当初约定好的 5 万卢比存入修道院的账户，这样这笔钱就不会转作他用了。剩余部分（约 2.5 万卢比）留作自由支配。

从信中得知，你的健康状况并无好转，有时还非常糟糕，甚至有偶发的病危状况。但从你的描述以及我了解的情况看，我相信这种病态是由神经系统衰弱引发的，这是生命体和神经组织的问题，而不是什么具体的疾病。如果是这样，可以通过强化神经系统来解决健康问题。对此，你应该坚定信心，不要理会那些令人消沉的暗示，更不应因为这样或那样的原因而产生轻生的念头。从信中可以看出，你的内在已有所进步，并因此受益。既然如此，你更有充分的理由相信你将会受益更多而不是更少，也一定会继续进步。

从信中我看不出来你现在在做什么。之前你说过，在来这里之前，你还要和过去的某些事情做个了断，这方面进展如何？从信中得知你在钱的方面遇到些困难，当时为何不给我来信呢？我不知道你需要什么，但我随信寄去 100 卢比，若有任何需求，也请第一时间告诉我。在寄信和寄钱之前，我必须先与你确认地址，所以明天我会发一封电报（回电已付费）来确认这一信息。

若你有任何想要询问或告知的，请尽管来信，我希望能定期收到你的来信，让我了解你的一切。因为繁重的工作压力，我只在周日才有一点空闲时间，所以可能无法立即回复你的信件，或亲笔回复。但若有必要，我一定会写信给你，除此之外，你也一直会得到我无形的支持与帮助。

室利·阿罗频多

[13]

1934 年 10 月 28 日

杜尔加达斯：

很遗憾，我很难按时给你写信，更难写长信，对大多数的外部来信，我都要拜托诺里尼在我的指示下代笔，即便如此，仍有大部分来信未及时回复，我还是没有足够的时间工作。除你之外，还有另外三位非修道院成员，我会亲自给你们写信，但以目前情况，我只有周日能挤出一点时间做这些。出于同样的原因，我无法写更长

486

的信了。但以你的经验应该知道，我的帮助总是悄无声息地来到，虽然现阶段信件是必要的，但能起到的作用微不足道。

之前你提到的问题已经解决了，那我也就不再多问了。我只想说，你在家庭财产分配问题上采取的态度和做法是正确的。这包含了我想表达的一切，无须赘言。

得知你的健康状况持续不佳，我感觉很难过。显然，你的能量场或神经组织存在弱点，使疾病有可乘之机。这只能通过强化神经组织来解决。宜居的气候和远离焦虑的生活只能部分缓解你的健康问题，唯一的根治方法是更高意识的力量下降到神经和身体层面，重新加固神经组织。这取决于你修行的进展，请随时向我报告你的健康状况，看看我能做些什么。

我详细阅读了你信中有关修行的内容，但我想更准确、更具体地了解你达到了哪个阶段，以及力（the Force）在你不同存在层面上的运作情况。

你愿意收到修道院内部流通的关于瑜伽的信件吗？（我们通常称之为"讯息"[①]。）目前这些信息很少传播到外面，但有时我还是会写，也许某封信会对你有帮助。如果可以的话，我会让诺里尼寄给你。我最近写的大部分内容会收录在一本名为《瑜伽之光》的书中，不久将会出版。

最后关于你对结婚的想法。关于那位女士，我希望能了解更具体的信息，如果可能的话，让我看看她的照片。很显然，你要迈出的这一步意义重大。你是打算过居家的生活，还是把婚姻当作生活

[①] 英文为 message，指修道院内部流通的关于瑜伽的信件和短文。

中的修行？

室利·阿罗频多

[14]

1935 年 1 月

杜尔加达斯：

我一直想写信给你，谈谈你的精神修习，但实在抽不出时间，最近我在工作中碰到许多困难，亟待解决。

关于你上一封信，我想说的是，当有了你所描述的那些体验和领悟，你就不会再丧失信心了。诚然，即使一个人拥有了内在意识，依然很难将意识，或意识的结果带到外部存在和生活中。这是每个人都会遇到的难题，需要用耐心的修习和时间来克服。

这些领悟应该能帮你打消放弃身体的念头。一旦建立了内在意识，也就有了在外部生活中实现觉醒的可能性。无论遇到什么障碍与困难，无论周遭的人或环境如何令人失望，你都不会再有放弃身体的想法了。

要实现生命觉醒，有两个条件不可或缺，全然的信仰和平静的心意——不受任何事物的干扰，因为所有事情都是由神圣意志所决定的，意志是神圣力量的工具，在存在的不同层面运作。不论是内部还是外部存在都要具备这两个条件。周围的人与环境也许无法达到你的期望和要求，要知道，这几乎或永远不可能，但这不是他们的问题。神圣存在及其神圣力量才是你真正的依靠。

你在信中把关于精神修习的一切都讲得既清楚又准确，但谈到你的外部生活却含混不清。现在，我更想清楚地了解，你的现状如何？你希望或打算做什么？特别是，在物质层面上我可以为你做些什么？当你向修道院捐助了最初承诺的5万卢比，并将剩余的房产份额也捐出来时，你说你已保留了日常所需的费用，日后如有其他需求也会来信告知，我也是以此为基础来安排的。但我对你的需求一无所知，也不清楚你希望我以何种方式帮助你。我不知道我的推测是否准确，但从你之前的来信内容，我感觉你对我寄给你的一封保价信颇有微词。我很想知道你希望我每次寄多少钱给你、多长时间寄一次，以及用何种方式寄送。如果你能准确告知我这些，我就安心了，因为如果没有准确的信息，在物质层面的事情就很难进行。希望你不会介意我如此直接地问这些问题。

室利·阿罗频多

[15]

1935年1月27日

杜尔加达斯：

上一封信中我说了给你汇款的事，本来在收到你14日的信后，我打算立即寄钱给你。但你说让我先等等，因为你还不确定地址，你会再写信告诉我。我希望你马上写信告知我有何需要，不能让你依靠别人的帮助过日子，但我又不知道你的需求，只能等你写信告知。我们最好是能把这些事情安排得清楚一些，无论如何不能让你陷入窘境，你必须在有需要时第一时间写信给我。

我不知道你想做什么样的工作，你在信中也没有任何明确的想法。在修道院，所有的一切都是为精神转化做准备，这是我们瑜伽的目标，而工作是转化本性的实践层面。精神转化是很难达成的，我们面临很多内外部的困难。在目标达成之前，除了书籍出版工作之外，我们已放下了其他具体的工作。万丈高楼平地起，我们一定要打好根基。除此之外，任何外部的工作也同样是我们修习的道场，让内在成长与外在行动更加和谐与完美，这是总的原则。但具体到你则是另一个问题：你想选择什么领域和方向？

关于你的健康问题，你希望我对你说什么呢？应该治疗（如果有好的治疗方法）还是改变环境？归根结底，你的健康问题是我们大家都曾经历过的，这种困难是由正在下降的光和力与模糊的身体意识之间的不和谐造成的，而身体意识已习惯于对不和谐的力量做出反应。正因如此，我们才努力修习，问题才会凸显出来。如果治疗对你有帮助，那就接受治疗，同时改变环境，但内在胜利才是问题的最终解决之道。

室利·阿罗频多

[16]

本地治里

1935 年 2 月 24 日

杜尔加达斯：

2 月 21 日前后的这段日子，我完全无法给你写信，我们已经被形形色色的人、信件和工作淹没了。现在我的时间只够写几行。

我给你寄了 100 卢比的汇票，后续会不时地寄出相同数额。我现在终于了解了你的境况和发生的事情。如果收到下一笔汇款前，你已经没有钱了，或者出于某一特殊目的你需要额外款项，请一定要马上写信告诉我。

关于其他事情，待我稍做喘歇后再详谈。

室利·阿罗频多

[17]

1935 年 12 月 1 日

杜尔加达斯：

我收到你从德拉敦（Dehradun）寄来的信时，你已离开那里了，所以我只能拍电报确认你是否还在那里。你频繁地更换地址，这有碍于我们之间的通信。我很难马上回信，等我有时间回信时，你又搬走了，也没有留下确切的新地址。我已给你寄了一张 100 卢比的汇票和一封给贝拿勒斯的信，但你已离开，它们与你"擦身而过"，又回到了我这里。

我一直想寄钱给你用于日常花销，但不知道你需要什么，我又不能自作主张，所以还是要问你。我已经寄出 100 卢比。不知道每月 50 卢比是否够用，如果不够，尽管告诉我。你欠朋友的钱也要告诉我，我可以如数汇给你。只要你让我清楚知悉，我会妥善安排，这些都不是问题。

我也说不准你应该待在哪里。如果修道院的氛围不那么混乱，也没有那么多疾病和动荡力量的侵扰，我会请你来这里住。但考虑到你的健康状况和敏感脆弱的生命本性，我还是有些犹豫。因为我不知道你的生命和身体是否能够承受物质和较低生命层面的强烈挣扎。另一方面，我也没有找到其他适合你的气候或环境，如果你能提供一些选项和其周围环境的信息，我会更容易做决定。

你不要总是想着我可能会出于某些原因，或是发现了你的什么过错，就抛弃你，收回我对你在精神与现实生活中的支持。请放心，我的帮助和祝福始终与你同在。你知道从内在来说，我一直与你同在，在外部生活中，我也希望能尽快改善，让我们可以离得更近

491

一些。

室利·阿罗频多

〔18〕

1936 年 2 月 12 日

杜尔加达斯：

恐怕我耽搁了太久才给你寄钱，希望没有给你造成任何不便。繁重的工作压力让我忘记了时间。现在，我可以寄出汇票了。

我一直没有为你找到满意的住处。唯一的可能是斯瑞什·戈斯瓦米家附近的房子，他之前住在豪拉，现在住在杰尔拜古里，他可以照顾你。他自己家里没有多余的房间，否则那会是最好的安排。我不知道杰尔拜古里是否适合你，如果你认为可行，我可以请斯瑞什做些必要的安排，一旦准备就绪，你就可以过去了。

就先简要地写这些吧，希望这封信不要被耽搁。

21 日前我会多一些时间回复你的上一封信。

室利·阿罗频多

〔19〕

本地治里

1936 年 6 月 8 日

杜尔加达斯：

很高兴收到你的新地址，但很遗憾看到你的精神状态还是非常低迷无望。自杀不是解决精神问题或困难的方法，死后并不能从痛苦中解脱，生命中的痛苦还会继续。自杀也不是为以后做更好的准备，因为来世的境况会更糟糕，同样的问题还会出现。所有对自杀的暗示都来自一股敌对力量，它们想要粉碎你的生命和精神修习。

492

我希望你能完全抛弃这种想法。精神修习者只有一条道路，那就是，保持对至上者的信任，穿过困境与痛苦，摆脱所有执着，培养坚韧与平静之力，直到拥有内在的力量与平和，实现自我。

关于信中你提出的问题，我的回答是肯定的，我会尽我所能来帮助你。

现在我只简短回复一下你的来信，以免耽误投递。

送上我的祝福。你已经或多或少地意识到，有一种力量可以帮助你渡过难关，愿它重建你的信仰与信赖，带领你征服自己和本性。

室利·阿罗频多

附：我寄给你一张 100 卢比的汇票，望妥收。

[20]

本地治里

1936 年 6 月 29 日

杜尔加达斯：

我很晚才收到你的信，周六无法拍电报，你说周一早上可以，于是我今天早上（周一）第一件事就是发了一封加急电报。为了更好地理解你对某些事情的看法，我又看了一遍你之前的信件，我的回信还没写完，还要花很长时间。与此同时我先给你写这封信，如果你不能按照我在电报中要求的那样等下去（你说要在星期四离开），请至少让我知道你已离开，并留下你的新地址，以便我可以把信寄到那里。

简单来说，你认为自己的行为违背了真理（你的真理），必须接受死亡的惩罚。我无法理解，到底是什么行为？又违背了什么真理？

你并没有说清楚。你提到了几点，包括自己做的错事、恶人对你做的坏事，甚至我对你做过的不好的事情（我自己完全没有意识到，当然这肯定不是我的本意），还是我不同意你的婚姻？但这些你根本都没有说明白啊。我只好泛泛地回复你，可能不是你想要的答案。

我想说的是，自杀或让自己死去，在我看来，绝不是遵循真理，而是违背真理的行为。如果个体需要受到惩罚，那应该是一种赎罪，唯一的赎罪方式（如果有的话）应该是不断纠正自己的错误，坚持不懈地、坚定不移地在生活中追求并实践真理，直至达成。

再说一下你的婚姻，如果你坚定地认为，婚姻对你来说就是真理所在，或是真理中不可或缺的一部分，我会是最后一个劝阻你的人。但我没有这样做，而是让你内在的真理指引你去发现，就像以前你解决其他问题那样。我会再写一封长信谈谈其他我想说的。我只想通过这封信清楚地表明，如果你将婚姻视为追寻内在需求的过程，我并不反对，但如果你只是想找些事情来填补自己的空虚与绝望，那不是结婚的理由。

试着冷静下来，控制内心的躁动，不要让自己被那些只会带来失败和灾难的决定所裹挟。

室利·阿罗频多

[21]

1936 年 7 月 21 日

杜尔加达斯：

我今天收到了你的来信，现寄去 7 月和 8 月的钱 100 卢比，还有 150 卢比用于额外开销，共计 250 卢比。我只是告诉你一声，以免耽搁，就不写其他内容了。

494

我坚信，对未来的绝望终将远去，崭新的希望定会到来，并将赋予你面对生活的力量，引领你通往神性觉醒的道路。

室利·阿罗频多

［22］

1937 年 6 月 25 日

杜尔加达斯：

我收到了你的来信，这会儿有点时间，我就给你写几句。

很高兴得知你一切安好，并没有出现你所担心的麻烦或困难。我当然也会尽力为她①未来的幸福予以精神上的支持。

请向所有帮助过你的朋友转达我和母亲对他们的祝福。我们的爱和祝福与你同在。

室利·阿罗频多

［23］

本地治里

1938 年 5 月 24 日

杜尔加达斯：

收到你的信我很高兴，很长时间没有你的消息了。在信的最后你说，如果能得到所需的帮助，你希望找一个地方独自生活。我很乐于为你提供所需的帮助。请尽快告诉我你想去哪里，想要怎样的独居地方，具体需要什么帮助（包括每月所需的费用，日常的和额外的），我会立即为你安排。

如果你想来修道院住一段时间，或永久留在这里，可随时告诉

---

① 这里是杜尔加达斯想要结婚的对象。

495

我们。但这里不是一个独居的地方，现在大约有 170 人在此过着集体生活，每个人都有自己的房间。只要人们愿意，依然可以过类似独居的生活，但这里不是离群索居的生活，和一个人以自己的方式独居不一样。如果你愿意，可以来看看修道院这种形式是否适合你。将来，等我们有了资金，我希望我们的团体能有更多的灵活性，可以容纳不同的、分散或是聚集的生活方式。

至于我对你的期望，一直以来，我都希望你可以以一种你满意且适合你的方式加入我正在筹备的生活和工作中。但我从未直接问过你，因为现在我只有这间筹建中的修道院，除了修道院内部一些小规模的工作外，再无其他。在精神以及其他层面准备就绪之前，我不想一开始把摊子铺得太大。但任何时候，只要你愿意来，并能够适应这里的环境，我都会很高兴。这些你可以完全根据自己的需要自由决定。

室利·阿罗频多

写给及关于普南查德·穆汉拉勒·沙阿的信件

普南查德·穆汉拉勒·沙阿（Punamchand Mohanlal Shah），来自古吉拉特邦的帕坦（Patan）。1919 年，他在本地治里遇到了室利·阿罗频多，四年后，与室利·阿罗频多一起居住并修习。1927 年至 1931 年间，他大部分时间都在古吉拉特邦，为新成立的修道院筹集资金。1927 年 8 月，室利·阿罗频多给普南查德写了三封关于无惧、工作和金钱的信，于 1928 年收录在《母亲》一书中出版（第三、四和五章）。以下是另外十三封室利·阿罗频多写给他，或与他有关的关于筹款和其他主题的信件。

1921 年

普南查德：

1. 将原人和原质分开，从而建立心灵与意识的平静。

（1）分离的原人（普鲁沙），平静，观察原质。

（2）原质在心灵和意识中保持平静。

2. 奉献所有的行动，将生命中所做的一切都视为对至上者的献祭。

3. 认知到是更高的、神圣的沙克提能量在进行所有的工作。

（1）始终秉持一个信念，即所有的工作都是由沙克提完成的。

（2）感受神圣的沙克提从意识之上降临，并推动整个存在。

[2]

本地治里

1923 年 8 月 15 日

送信人普南查德·穆汉拉勒·沙阿是我的弟子，现在和我一起在本地治里修习瑜伽。他在所有事情上都是值得信赖和托付的，我完全信任。

阿罗频多·高斯

[3]

1927 年 10 月 3 日

普南查德：

1. 钱杜拉尔（Chandulal）的母亲捐助的饰物。

当然，你可以接受并寄过来。我不知道你为什么会有所顾虑，奉爱者的馈赠，无论是金钱、有价值或有用的东西，都不要拒绝，可以接受，这些也应当被接受。当然，也会有例外，比如非常不合适或粗制滥造的东西，但我们所谈的显然不属于这种。

2. 与哈里巴伊（Haribhai）的谈话。

吸取这个教训，别再想这事了。你的错误在于用无知的头脑试图干涉母亲已经决定的事，就好像你比母亲更明白一样。通常，当我们的头脑如此行事时，就会做出不当的推论，犯下愚蠢的错误。看似你是让哈里巴伊在捐钱还是捐衣服或其他物品之间选择，他会两样都选，但其实并没有选择的必要，这类权衡利弊的事情也不利于他的灵性进步。事实上，其他来自工厂的衣服也没什么不同。那是另一回事，要求也不同。至于你提到的其他可能性，和之前的安排以及最近的要求毫无关系，只是一种将来的可能性而已。我写这么多只是想告诉你，这些心理活动有多么荒谬，但你无须再为此事担心了。

3.《母亲的四个面向》（the Four Aspects of Mother）已经写了一半，不久便可完成。这四篇文章会和 2 月份的讯息一同在加尔各答出版。莫提拉尔·梅塔（Motilal Mehta）可以用这些内容作为 8 月15 日的发言。

[4]

本地治里

1928 年 1 月 1 日

普南查德·M. 沙阿：

我已收到你的来信，会将此回信与给哈里巴伊的信一同寄出。我认为没有必要，也不建议你在古吉拉特邦以公开募集的方式进行筹款。当我的工作有了更广泛的基础，创立了新生活和外部组织的典范，而且这种范式可以在整个印度茁壮成长，并以印度为灵性核心辐射到其他国家时，才有必要公开募集资金，因为那时肯定需要大量资金。

目前，我正在建立较小的早期基地，是一个精神训练场和精神修习者的初级团体。在这里，他们在瑜伽中修习，成长，学会从真正的意识中行动，拥有真正的知识和力量。这里也会开展一些基础工作，设立小规模的学院，为将来更大更明确的工作做准备。我需要资金购置土地和房屋，为初期的学院添置用品，还需要资金接纳越来越多的修习者和工作人员。尽管我们需要资金，但目前没有必要公开募集，我更希望在修道院基本成形，并为人所知时再考虑公开募集。如果你能积极努力地找到合适的人选，那通过私人捐赠筹集所需的资金，应该不是一件难事。

如你所料，尽管现在只是初步工作，所需的资金却不止一两万而是数万卢比，目前需要立即筹集到的最低金额是 1 万卢比，这样才能保证我们的工作可以稳步向前推进，不因缺乏资金而受挫。当然，如果你能筹措到更多，那再好不过，我们的工作可以更从容、更快捷地开展起来，短期前景也会更有保障。请保持正确的意识和态度，向神圣的沙克提敞开自我，让她通过你来完成任务。

[5]

本地治里

1928 年 6 月 2 日

普南查德：

来信得知，维塔尔达斯（Vithaldas）愿意每月资助 500 卢比用于修道院的开支，但你却没有立即接受，对此我感到很诧异。事实上，你信中的措辞似乎表明，这笔捐助几乎被你无礼且轻蔑地拒绝了，希望这是我的误解。这样的帮助正是我们当下亟须的。只要每个月的费用都有赤字，我们就得动用修道院的月度维护资金来填补缺口，而这些资金本应用于固定资产的支出。在这种境况下，从财务角度看，修道院仍缺乏基本保障。如果每月的基本费用有所保证，修道院的经济状况和继续筹集大额资金的工作就有了稳固的基础，我们也无须受困于这些日常用度而分散精力。因此，我们现在迫切需要的正是这类捐款。

维塔尔达斯似乎感受到了我们面临的压力，并做出了积极的回应。而你却没有立即抓住这个机会！我之前警告你时想要说的就是这点，你要向母亲的力量敞开心扉，而不是按自己的想法和计划一意孤行。你现在唯一要做的，就是立刻和维塔尔达斯谈谈，看他是否还保留对我们的资助。如果是，请你马上接受，越早拿到钱越好。修道院的修习者在持续增加，费用也在不断攀升，我们的赤字已经超过了 800 卢比。如果维塔尔达斯可以每月定期提供 500 卢比，几乎可以弥补现有的资金缺口，这样，我们一直面临的资金困难也就迎刃而解了，接下来继续募集也会更容易一些。如果你还没有接受他的捐助，也未安排定期转账事宜，请立即行动。

母亲不想用筹集来的钱为自己买纱丽，以目前的财政状况，她完全不考虑这类问题。先要确保收支平衡，还要为建造修道院筹措资金。其他事情以后再说。

室利·阿罗频多

［6］

普南查德：

关于维塔尔达斯每月 500 卢比的汇款，以及你账户中的支票，我认为你应该很清楚，这笔钱与你的账户无关。这笔钱应单独保管，并且每月收到后就应立刻汇到这里，在任何情况下，都不得扣留或挪作他用。

至于你的账户中显示的开销，你最初要求的日常用度是在孟买每月 70 卢比，在帕坦每月 30 卢比。但这几个月你每月的实际支出一直都超过 200 卢比。这可不是小数目，我之前也说过，这样的开销会"吃掉"所有你筹来的钱。我不知道接下来你打算如何维持这样的高消费，也不清楚你将这些钱用到了哪里。

[7]

1928 年 12 月

尚帕克拉尔（Champaklal）：

请写信给普南查德，维塔尔达斯已经见过母亲，他应该与母亲直接沟通他的修习体验和遇到的困难。关于精神修习，普南查德或其他任何人都不应介入，哪怕只是作为一种沟通渠道。母亲的力量必须直接给出，不受任何其他干扰。

[8]

1928 年 12 月

尚帕克拉尔：

关于吠陀"词典"，请写信给普南查德，我不希望在我没有完成的作品中出现任何此类内容。如果一定要做，那也是以后的事，也必须在我的明确指导和监督下进行。

[9]

1929 年 4 月 16 日

写信给普南查德，问一下我们今天收到的 500 卢比是哪里来的，每次他汇款时，要同时告知这是什么钱，谁捐助的。

另外，关于他信中提及的警探的拜访以及他的提议，告诉他，只要他定期将账户明细发给我，包括金额、姓名等详细信息，他就是安全的。他只需简单回复警探：所有的钱都已入账，所有的信息都已发给我。另一方面，如果他对账户和金钱的管理太过随意，就会让这种谣言有机可乘，造成不利的局面。如果有捐赠人问我，是否足额收到了通过普南查德给我的捐助，在没有清晰账目的情况下，我也无凭无据，无法确认。他并没有遵守承诺将过去几个月的账目寄来，自从他到访并离开后，我们什么也没有收到。

[10]

本地治里

1930 年 9 月 14 日

普南查德：

如果你想从维塔尔达斯的钱中支取每月用度，最好先尝试说服他在不减少对本地治里捐助的情况下，再单独安排另外 150 卢比。如果他不同意，你可以从他的捐款中提取 150 卢比，再将 550 卢比寄到本地治里，但条件如下：

1. 你只能从维塔尔达斯的捐款中提取这笔钱，不能动其他款项。

2. 你要立即将所募集到的其他所有款项汇至本地治里。

3. 你的支出不应超过固定限额，也不应借钱而让我们担责，或从修道院的捐款中提取。

4. 母亲会将 550 卢比作为维塔尔达斯的捐款存入她的账户。那150 卢比应被视为维塔尔达斯对你的直接资助。

至于纳兰吉（Narangi），很明显，他并不想按照你提议的方式去帮助你。他一定有自己的理由，而母亲也不愿强迫他。他已经全心全意、尽其所能地完成了那些合理的请求，不要再苛求他做不愿意做的事了。在我看来，如果你能成为真正的力量通道，没有他的帮助你也可以取得成功。

关于这方面，我以前没有提及，是觉得没太大必要，但现在我觉得有必要说一下，且只会说这一次。你在工作中经历的困难，部分源于金钱力量与神性召唤之间的整体对抗，但很大程度上也是源于你自己生命体的欲望和利己主义的态度。你的生命本性总是充满了欲求，你也认为这些欲求理应被满足。在金钱方面，你总是大手大脚，总是把到手的钱很随意地花掉，你借出借进的习惯也过于随意，不顾及是否有能力给予或偿还。正是因为这种随心所欲，无论你拿到什么钱，都认为是你自己的钱。我可以举一个很小但却很典型的例子，你拿母亲的钱借给你的私人朋友，这绝不是正当的用途。当一个人可以轻松获取财富时，就有可能养成这些习惯，但这些习惯一定会对你的工作和瑜伽修习产生不良影响，还会影响到信任你并将工作托付于你的人。

起初，你筹到了一些金额不大的捐款，但随着资金经你手滚滚流入，你开始不加克制地把越来越多的捐款用在你自己、查巴（Champa）和迪克史特（Dikshit）的个人花销上。除了母亲批准的每月 70 卢比，其他的花费也越来越多，以致你一个月的总开支超过了 200 卢比。你为自己创造的这种需求——当然，你有各种理由和借口——影响了你整个态度。正确的态度应该是将母亲的工作放在首位，将自己的需求放在最后，你全部且唯一的愿望应该是尽可能多地向修道院汇款，尽可能少地花在自己身上，只留下日常开销和筹款所需的费用。如果你能秉持这个态度，神圣力量自然会做出相应的安排，创造环境，使你有足够的钱来平衡个人开支。但实际情况却恰恰相反，你首先将钱用作自己的开销，如有剩余才寄给母亲。到目前为止，只有像维塔尔达斯和坎塔（Kanta）这样明确注明用于修道院的捐款没有被你挪用。事实上，除了这些款项和最初的两三千卢比之外，你几乎没有寄来任何钱，募集到的钱都被你在孟买花掉了。

这种态度和行为导致的后果显而易见，情况也随之发生改变，募集到的钱多用于你的个人花销，修道院收到的捐助却越来越少，仅靠维塔尔达斯的钱在勉强维系。现在，当这些钱都不够你挥霍时，你就要打维塔尔达斯捐款的主意了，这是第一个后果。第二个后果是孟买的人对你和修道院的筹款失去了信心，甚至开始质疑你的诚意。最后一个后果是，你的态度成为捐助人和我们之间的障碍，你与他们保持联系，却切断了我们对他们的影响。我们付出了极大的努力，才使得局面有一些改变，即便是现在，孟买捐助人的抵触情绪还很严重。

我完全清楚，你会找出许多理由来解释你的行为，证明我说的不对，但这些都没有什么意义。生命的习性总能找到一些事物来说服心意，并为欲望辩护，而环境通常会据此自我塑造，进一步证明那些欲望是合理的，因为是我们的内心创造了我们的外部环境。现在最要紧的是，你的内在将来要采取怎样的立场。如果没有特殊情况，你必须确保从今以后，严格执行维塔尔达斯资金的安排计划，把所有关乎自己的事情抛诸脑后，专注于你的工作，时刻记着你去那里的唯一目的是为修道院募集款项，再无其他。要知道，这是你在古吉拉特邦的唯一工作，其他所谓的工作不过是你自己的臆想罢了。你可能认为自己现在唯一能做的是让有财力的人对修道院产生兴趣，这没错，但在这种情况下，你必须能让他们和修道院发生直接关系，否则这些兴趣也无法产生效用。他们的钱必须募集到这里，而不是滞留在孟买，当他们准备好，一定要亲自来本地治里，尽可能地受到这里的影响。

你描述自己看到的幻象是生命攻击或向你袭来的生命危险的迹象。你看到一个红色的铜质半身像，显然这是来自敌对生命世界的强大力量。如果你认为这就是你的存在，那一定是因为你生命本性中有某些东西，对这种形式所体现的力量做出了反应。那条蛇是它体内邪恶力量的象征。这个半身像的特点似乎表明，这种力量源自生命的各种各样的贪婪（lobha）和欲望。半身像用嘴吹气这一点似乎也证实了这一解释，这就是一种虚假的力量（moha, mithyâ）。无论如何，恩典和护佑一直与你同在，但你必须停止对这些攻击做出回应，恩典和护佑才能发挥作用。抽打面庞、碾碎面具、把蛇向上拎出，这些迹象都表明，你有机会摆脱敌对力量，摆脱生命本性中的贪婪、利己和欲望。你要抓住机会，为这个异象赋予一个完美结局。

室利·阿罗频多

[11]

关于普南查德。

第一，放弃孟买的工作，留在这里。

第二，返回孟买。如果是这样，让他做什么工作？怎么做？

关于第一点：

我怀疑，在习惯了孟买的生活方式后，他是否能够适应修道院的纪律并留在这里，毕竟与他上次来时相比，修道院的要求发生了很大变化。如果他留下来，该安置在哪里？

关于第二点：

如果回孟买，他要如何生活？我们不可能给他寄钱，这点他不要奢望。将来，我们也不会对他可能签订的任何贷款负责，这点他也必须清楚。

最糟糕的情况莫过于他把所有或大部分筹集的款项都花在自己身上。这会让他在人们眼中颜面尽失，也会破坏募款这件事和修道院的信誉。人们一旦知道真相就会停止捐助。此外，如果所有收到的钱都成了募捐的费用，而不是募捐款，那募款的意义又是什么呢？

因此，只有一个解决方案，那就是让他为自己的花费定一个上限，然后找一个人每月给他这笔钱（现在不能再找维塔尔达斯了）。所有其他款项必须悉数寄到本地治里。无论如何他的开支决不能超过规定的上限。在我看来，如果他回到孟买，这是唯一的解决办法。

关于工作：

最开始，他和迪克史特向遇到的每个人寻求捐款，现在他们似乎不可能那样做了。也许他还能做的是，像之前结识纳兰吉和拉姆纳拉扬（Ramnarayan）那样，尽量去结识更多的人，让他们对修道院感兴趣，并帮助他们来修道院参观，我们在这里看看能做些什么。如果在这个过程中能得到这些人的捐助，就再好不过了。但他们必须是能够提供资助的人，无论是一次性的大额捐助，还是用于每月开支的固定捐助。

[12]

本地治里

1931 年 9 月

他（普南查德）可以让纳兰吉翻译《吠陀经》，但我不希望译本被广泛传播，因为那还只是初稿，不是最终版。他可以看讯息（Message）和信件，但还不能参加晚间谈话。我还未看到相关报告，所以还不能授权，其中肯定有很多内容不能发表，或者不能以他们的形式发表。对此，我不能承担责任。

[13]

普南查德：

在新译本完成之前，没有必要做阿陀利颂歌（Atri Hymns）[①]的词汇表。旧译本中的词汇太随意了。

阿陀利颂歌的新译本还没有完成。

从《吠陀的秘密》中收集词汇没有多大用处。

巴拉瓦伽颂歌（Bharadwaja Hymns）[②]的词汇表做得很好，最好都按这样做，之后可以把它们合在一起。

不，修订后的颂歌的词汇表必须与其他内容分开。有时间的时候，我会仔细看看其他内容该怎么做。

逗号是个错误，应省略。

[①] 阿陀利是一位吠陀圣人，印度传统中七大吠陀圣贤之一。他被认为创作了大量对吠陀神的赞美诗。

[②] 巴拉瓦伽是一位吠陀圣人，印度传统中七大吠陀圣贤之一。据说他是著名的学者、经济学家、语法学家和医生。

写给公众人物
（1930—1937）

这部分是写给王室成员、政府官员和公众人物的信件。

致马哈拉尼·钦纳拜二世的信函（草稿）

伽拉拜·噶特（Gajrabai Ghatge），后来的马哈拉尼·钦纳拜二世（Maharani Chimnabai II），于1885年与巴罗达大君萨亚吉拉奥三世（Maharaja Sayajirao III）结婚。室利·阿罗频多在1893年至1906年间为巴罗达大君工作时见过她。二十多年后，她写信给室利·阿罗频多，谈到她的个人生活。出于礼貌，室利·阿罗频多在回信时，使用了给印度皇室成员写信时必须使用的官方要求格式。

巴罗达马哈拉尼殿下：

的确，通过练习瑜伽，我获得了更高的精神意识，随之而来的还有某种力量。这股力量使我能够与那些已准备好的人沟通，帮助他们达到某种精神状态。当这种状态臻达完美时，人们可以获得一种长期稳定的内在平静，时刻处于充满力量和极乐的状态。但是，这种精神上的平静与喜乐与我们心理层面所感知到的平静与幸福完全不同，如果没有精神上的训练，是无法达到的。

我不知道这样说能否向殿下解释清楚。简单来说，人有两种意识状态，处在其中任何一种中都可以生存。一种是更高的意识，它位于生命游戏之上并支配它，这被称为一个人的本我（the Self）、灵性（the Spirit）或神性（the Divine）。另一种是人们在生活中的一般意识，是一种表层的意识，是圣灵游戏人间的工具。处于一般意识中生活和行动的人，完全受制于心意的普遍活动，自然而然受制于悲伤、喜悦、焦虑、欲望及其他构成俗世生活的一切事物。在一般意识状态下，人们可以获得心理上的平静和幸福，但无法长久也不稳固。如果一个人可以完全生活在精神意识（spiritual consciousness）中，那毫无疑问，光明、平和、力量和喜乐，就会自然而然地、永久地属于他。即使一个人只是部分地处在精神意识中，或持续地向精神意识敞开心扉，也能获得足够的精神之光、平和、力量和喜乐，从而帮助他面对生活中的艰难险阻。如果一个人向这种精神意识保持开放，他能获得的取决于他想寻求的。如果寻求的是宁静，就能获得宁静；如果寻求的是光或知识，一个人就能沐浴在伟大的光芒中，获得比人类普通头脑所能获得的更深刻、更真实的知识；如果寻求的是力量或能量，就能获得内在生命的精神力量，或指引外在工作和行动的瑜伽能量；如果寻求的是幸福，那他所获得的至福会远远超过那些普通生活所能给予的所有欢乐或幸福。

有许多方式可以开启或进入这种神圣意识。我对他人的开示是，通过持续的习练，走进自己的内在，通过对神圣存在的渴望打开自己，一旦意识到神圣存在及其行动，就将自己完全交托于他。这种自我交托意味着，没有任何企求，只愿与神圣意识保持持续的联结与合一，渴望它的平和、力量、光明与喜乐，别无他求。个体生命及行动只是神圣存在的工具，用以完成他赋予我们在世间的所有工作。如果一个人能够被启引并感受到神圣力量，即精神意志在身、心、灵中运作的力量，余下的就是保持对它的忠诚，始终呼唤它，允许它降临并发挥作用，同时还要拒绝较低意识和较低本性的所有低级力量。

之所以写这么多，是为了说明我的立场以及我的瑜伽力量的本质。通常，我不会要求所有人都习练这种瑜伽，只有那些从一开始就有，或已经培养了对这种瑜伽的强烈使命感的人才有可能习练这种瑜伽，其他人是无法坚持到底的。我也不会像许多瑜伽士那样，去帮助那些只追求某种外在本性平静的人，尽管在某些情况下我也会这样做。我的目标是创建一个精神生活中心，让更高的精神意识下降，成为一种力量，不仅是为了"拯救"，更是为了世人的神圣人生。正是出于这个目标，我退出了公众视野，在本地治里创立了这间修道院（姑且称其为"修道院"，因为没有更好的词，它不是桑雅士的修道院，而是为那些致力于这项事业而抛下一切的人所创立的地方）。与此同时，我在印度各地也有少数弟子住在自己家中，即便距离遥远，他们也能从我这里得到精神上的帮助。

这是我对殿下的全部回答。至于我所说的这些是否与您所寻求的相关，全由殿下判断。

1930 年

圣雄甘地提议的拜访

莫罕达斯·卡拉姆昌德·甘地（Mohandas Karamchand Gandhi）于 1934 年 2 月 17 日访问本地治里，当时他暂时从政界退休。正如他在给室利·阿罗频多的信中所描述的那样（其中部分内容见以下室利·阿罗频多 1934 年

1月7日的回信），自1915年从南非返回印度以来，他一直希望能与室利·阿罗频多会面。为了安排会面，他写信给室利·阿罗频多的弟子戈文德拜·帕特尔（Govindbhai Patel），戈文德拜曾与甘地组织的运动有联系（有证据表明，戈文德拜早些时候曾写信给甘地，建议会面）。1934年1月2日，甘地直接写信给室利·阿罗频多。以下是按时间顺序排列的室利·阿罗频多给戈文德拜和甘地的答复。

[1]

戈文德拜·帕特尔：这是甘地寄来的明信片。如果您认为他会在您那里有所收获，请允许他与您见面。

* *

你必须写信告知甘地，我不能与他会面。很久以前，我就立下了一条绝对的戒律，不与任何人会面，甚至不和我的弟子们说话，一年中只给他们三次静默的祝福。因此我只能拒绝所有人提出的会面请求。这条戒律是出于修行的需要，不是为了图清净或任何其他原因。现在还不是破除这条戒律的时候。

1933年12月28日

[2]

M.K. 甘地：……也许您知道，自从我回到印度，就一直热切地渴望与您会面。由于不能见面，我派儿子去见您。现在，几乎可以肯定我要去本地治里了，您能给我几分钟时间和我见上一面吗？我知道您不愿意见到任何人。但是，如果您没有明确的禁戒誓言，我希望您能给我几分钟的时间……

1934年1月2日

* *

1934 年 1 月 7 日

亲爱的圣雄：

　　的确，我没有发誓，因为我从未发过誓，但只要我还在退隐状态中，退隐的理由还存在，我就会遵守禁戒。我想您会理解，这不是个人或头脑的选择，而是来自更深的源头，是内在的工作和修行所必需的。因此我无法与您会面，除了继续遵循过去这些年一直恪守的戒律以外，我别无选择。

室利·阿罗频多

［3］

　　戈文德拜·帕特尔：我听说您已经给他①回信了。他真的写了什么吗？②

＊　＊

　　没看到信，我也不好讲。他在信中只是表达了长期以来一直想见我的愿望，他说如果我的退隐不是誓言，他希望能与我见面。我回信说，只要我退隐的理由尚在，我就不能违背戒律。

1934 年 1 月 9 日

［4］

　　戈文德拜·帕特尔：甘地写信说，他还没有收到室利·阿罗频多的答复。我听说他请室利·阿罗频多至少亲笔回复一行，但室利·阿罗频多亲笔写了一封完整的信——他通常不会这样做。这是真的吗？

＊　＊

---

① 此处指圣雄甘地。
② 此信中其他内容已丢失。——原注

512

是的。我给他写了一封简短的信，解释了我退隐的性质，也很遗憾地表示，只要我退隐的理由尚在，就不能打破这个戒律。这封信寄到了班加罗尔，应该已经送达了，除非被 CID① 扣留。我想，即便他离开了班加罗尔，信件也会转交给他的。你也可以写信向他转告上述内容。

1934 年 1 月 12 日

[5]

戈文德拜·帕特尔：我相信他会多逗留些时候去看望母亲。母亲毕竟是母亲，让他接受母亲的爱抚吧。我相信他不会用政治话题去叨扰母亲。如果他要谈什么，应该是他对真理的探求。

*　*

他的提议不可行，我不觉得做这些有什么用。无论如何，请你告诉他无须过多逗留，这完全与我们的意愿相左。他是在自己的既定道路上寻求真理，母亲在这方面无从置喙，他也并未言及需要任何帮助。修道院也不会令他满意，因为我们修习的并不是苦行路线，与他的思想大相径庭。

1934 年 1 月 24 日

[6]

戈文德拜·帕特尔：正如他写信让我通知您的那样，我是否能回复他，母亲不能见他，还是我缄口不提此事？如果他问起看望母亲的事，我是否能说母亲不能见他？

*　*

---

① 这里 CID 应该是指英国刑事调查部。

513

你可以告诉他，以目前的情况 ①，母亲不能接待他的来访。

1934 年 2 月 16 日

致萨瓦帕利·拉达克里希南博士

萨瓦帕利·拉达克里希南（Sarvepalli Radhakrishnan），1962 年至 1967 年间任印度总统。在写这封信的时候，他正在英国做学者（1935 年，他被任命为牛津大学斯波尔丁东方宗教和伦理学教授）。1934 年 8 月，他通过迪利普·库马尔·罗伊与室利·阿罗频多取得联系，请室利·阿罗频多为他的一本关于当代印度哲学的书撰写一篇文章。在 1934 年 9 月的一封信中，室利·阿罗频多要求迪利普代他推辞此事。拉达克里希南坚持请求，室利·阿罗频多便直接给他写了这张纸条。[拉达克里希南的书《当代印度哲学》（*Contemporary Indian Philosophy*）于 1936 年由乔治·艾伦与昂温出版有限公司（George Allen & Unwin Ltd）出版，其中并没有收录室利·阿罗频多的文章。]

1934 年 10 月 2 日

亲爱的拉达克里希南教授：

很遗憾，您的新书由于我的文章尚未完成而不能按时出版。我曾向迪利普透露过，这对我来说几乎不可能，况且我也不会做出难以兑现的承诺。但我觉得他仍希望我能想方设法抽时间完成此事。

目前，我的时间完全被繁重和紧迫的工作所占据，一刻也抽不开身，没有精力或时间做其他任何事情。我只得暂时搁置所有的思

---

① 室利·阿罗频多所指的"情况"是指法属印度政府对修道院及其财务状况进行的调查。室利·阿罗频多是在 1934 年 2 月 16 日或在之前几天得知这项调查的。——原注

514

想或文学作品，甚至连《雅利安》中未出版作品的修订工作也被无限期地搁置了。短期内，这种状况不会有任何改变，对我来说，目前手头的工作是一定要做的，我别无选择。因此，希望您理解我无法满足您的请求。非常抱歉，让您失望，这实属无奈之举。

室利·阿罗频多

写给及关于莫拉吉·德赛的信函

莫拉吉·德赛（Morarji Desai），1977 年至 1979 年间任印度总理。

[1]

1934 年，德赛提议和他的朋友昌杜拉尔·马努拜（Chandulal Manibhai）一起来修道院，马努拜写信给 A.B. 普拉尼，请求允许他们参加达显。以下是室利·阿罗频多写给普拉尼的答复。

A.B. 普拉尼：这是昌杜拉尔·马努拜博士发来的电报。他在电报中提及了另一位先生——莫拉吉·德赛，他原本是一位地区副署长，在不合作运动中辞职了，此后一直从事公共生活。我听说他有灵性追求的倾向。

如果他们被允许参加达显，他们可以待在外面。明天 16 日回电报也来得及，他们应该有时间赶到这里。

＊ ＊

他们最好没有时间赶到这里。我搞不懂，为什么这些知名的政治家要这样成群结队地来这里？你最好发电报告诉他们太迟了，来不及参加了。

1935 年 2 月 15 日

[2]

德赛于 1935 年 8 月来到修道院。逗留期间，他给室利·阿罗频多写了一封信，询问有关精神修习的问题。德赛在他的书《我一生的故事》(*The Story of My Life*) 中发表了室利·阿罗频多的答复。

莫拉吉·德赛：自 1930 年以来，我一直以我的理解努力将《薄伽梵歌》中所宣扬的瑜伽之道付诸实践……然而，我还不能说自己已经踏上了正确的道路，每天我都意识到，放下各种执着，过平凡的生活是多么困难。

作为一个谦卑的问道者，我来到这里寻求指引，请您告诉我，我是应该继续目前的修习道路，还是我已走错了，应该换另一条路？如果您认为我应该继续目前的瑜伽道路，请您指引我，该如何放弃所有的执着。如果您建议我改变道路，请为我指明并阐释新的方向。

* *

1935 年 8 月 17 日

室利·莫拉吉·德赛：

我不知道能否对你选择的道路给出指导意见，对我而言，如果只是根据信中的内容，而没有更确切的信息，很难给出明确的指导。

你没有必要改变自己选择的生活及工作之道，只要你觉得这源自你的本性（svabhava），或者这是由你的内在存在所主导的，又或者出于某种原因，这是你的正法。这是三种检验手段，除此之外，我不认为有任何固有的工作或生活方式被认为是《薄伽梵歌》的瑜伽之道。外在的形式依事物性质的不同而千差万别，最重要的是工作时所秉持的精神或意识。因此，当一个人还没有稳定地经验到神圣存在的力量在掌控行动，那就先只按照自己的本性行事，随后，神圣存在的力量会决定该做或不该做什么。

除非我们内在的精神体验能有一个快速且全面的成长，否则摆脱所有执着势必困难重重，只能依靠长期的精神修习才能达成，这也是《薄伽梵歌》教义的实质。当所有的工作都成为一种对神圣存在的自发献祭时，当我们向神圣存在敞开心扉时，当我们经验到众生万物的神性时，我们才能停止对结果的渴望，或对行动本身的执着，才能生出对所有生灵、万事万物无有是非曲直的平等心，才能彻底放下小我——这对于完全的不执最为必要。这种意识或体验不单来自头脑或思想，而一定是来自存在（sarvabhavena）的每一部分及其所有的活动，这样才能轻松放下所有执着。我谈的是《薄伽梵歌》的瑜伽之道，在苦行修习中，人们靠不同的方式达到不执，即斩除与所有执着对象的联结，通过弃绝使执着本身枯萎消亡。

室利·阿罗频多

贾瓦哈拉尔·尼赫鲁提议的访问

贾瓦哈拉尔·尼赫鲁（Jawaharlal Nehru）于 1947—1964 年担任印度第一任总理。他在自由运动期间是国大党的领导人之一，曾四次担任国大党主席。1936 年，与尼赫鲁相识的修道院成员迪利普·库马尔·罗伊提议，如果尼赫鲁来到本地治里，他想邀请尼赫鲁与他同住。室利·阿罗频多在给迪利普的回信中写下了这些意见。

[1]

迪利普·库马尔·罗伊：尼赫鲁可能会在本月 17 日左右来这里。我打算邀请他来我房间和我同住一两天，您意下如何？接下来，他肯定会请求与母亲见面。当然，我会尊重您的意见。

* *

恐怕你的提议不大可能实现。贾瓦哈拉尔作为国大党主席来这里，是肩负着政治使命的，而我们不仅要远离政治，还要远离所有与政治相关的人和事。如果他出现在修道院的房间里，那我们就麻烦了！一份激烈的报告会马上由英国驻德里领事送到伦敦，再从伦敦送到巴黎。当下我们必须特别小心，因为友好的总督即将离开，也许 3 月份能回来，也许不能。如果那里的殖民地部长询问我们的情况，他必须能够提供对我们有利且无可挑剔的报告。未来可能会很动荡，这动荡很可能会席卷到本地治里，我们必须从现在开始保持警惕。所以，请不要让贾瓦哈拉尔对这次会面有所期待，这是不可能的。让我们耐心等待事态的发展。也许以后某个时间，当贾瓦哈拉尔不被外部压力和动荡所裹挟的时候，他可以来这里。

[2]

迪利普·库马尔·罗伊：当然，我会以个人名义来做这件事，如此一来，我多少是出于礼貌，像邀请朋友一样邀请他过来。

* *

这在英国领事和其他旁观者看来没什么不同。肯定有人会嚷嚷："啊哈！啊哈！看看他们搞的小把戏！"此外，尼赫鲁不会独自前来的，我想他一定会带着他的随从或手下一起来。至少在我那个年代，

518

所有的国大党主席都是如此行事。此外，本地治里并不是一个重要的地方，他们不太可能让尼赫鲁在这里逗留太久的。

1936 年 10 月 5 日

致比伦德拉·基肖尔·罗伊·乔杜里

比伦德拉·基肖尔·罗伊·乔杜里（Birendra Kishore Roy Chowdhury）是东孟加拉邦当地的一名贵族，也是一位实业家和政治家。1937 年 1 月，他当选为孟加拉立法委员会委员。然而，他最广为人知的身份是音乐家（他以印度斯坦风格演奏维那琴①）和音乐学者。

1937 年 2 月 21 日

比伦德拉·基肖尔：

我已经立下戒律，不再写任何关于政治的内容。此外，像联大这样的团体该做些什么，取决于具体情况，取决于局势的实际需要，而局势又是瞬息万变的。这样的团体的工作并无任何精神属性。所有的工作都可以通过背后的精神意识来完成，但是，除非一个人已经有很高的精神意识，否则他早期仍需按工作本身的必要性和工作性质的要求行事。既然你已加入了这个政党，就要遵守它的纲领，并为此全身心地奉献自己的全部觉知和能力。你没有任职是正确的，因为你已有承诺在身。无论如何，一个进入政界的修习人不应一心为己，而应报效国家。如果他任职，也只是通过职位为国家效力，

---

① 原文为 Veena，即维纳琴，印度最古老的弦鸣乐器之一。

而不是为了证明自己的品格和能力。你应该以高标准行事，这会为你赢得尊重，甚至包括来自对手的尊重，同时也会证明选民们的选择没有错。

室利·阿罗频多

第三部分　有关印度和国际事件的公开

声明及信件

(1940—1950)

第一节　有关印度和国际事件的公开声明、
言论、信件及电报
（1940 —1950）

自 1910 年退出民族运动后，室利·阿罗频多不再就当代政治问题发表言论。1918 年，他写给《新印度报》和《印度斯坦报》编辑的信（见第二部分第一节）是他二十多年来最后一次就政治话题发表公开声明。1940 年，他第一次打破沉默，就第二次世界大战发表言论。之后，他发言支持克里普斯提案和英国向印度民族运动领导人提出的其他提议。印度获得独立时，他应邀在一些场合发表了讲话。

第二次世界大战
（1940 —1943）

室利·阿罗频多一生中大多数时间都在反对欧洲帝国主义，但当法国沦陷后，他站出来支持英国及其盟友。他认为，无论盟军在他们的殖民地上犯了什么错误，他们仍然受到更高进化力量的影响，而希特勒的德国则被极度反神性的力量所控制。

对盟军战争基金的捐款

这封信的日期是 1940 年 9 月 19 日，由室利·阿罗频多和母亲共同签署。

随同这封信，室利·阿罗频多和母亲向马德拉斯战争基金捐款 500 卢比。这封信于同日在马德拉斯的《印度教徒报》上发表。后来，信的第二段被收录在一份题为"室利·阿罗频多对战争的看法"的传单中，标题为《仅限于室利·阿罗频多（瑜伽）的修习者》（*For Sri Aurobindo's Sadhaks Only*），在修道院和修道院的朋友中分发。再后来，它被收录在《论战争》的小册子中。

在马德拉斯总督阁下（H.E. the Governor of Madras）的支持下，我们特此向马德拉斯战争基金（the Madras War Fund）捐款 500 卢比。这笔捐款是为了继续从资金上支援盟军事业（法国不幸溃败前我们已向法国国家防御基金捐款 1 万法郎，停战后又旋即向总督战争基金捐款 1000 卢比），以表达我们对英国人民和大英帝国抵抗纳粹帝国侵略战争的全力支持，和对其为之奋斗事业的深切同情。

我们认为，正在进行的这场战争，不仅是那些饱受德国统治和纳粹制度威胁的国家的保卫战，更是对世界文明、对人类所追求的最高的社会、文化和精神价值观，以及对整个人类未来的捍卫。为此，无论发生什么，我们都会给予坚定不移的理解与支持，并期待着英国的胜利，期待最终能迎来一个各国之间和平与团结的时代，以及一个更美好、更安全的世界秩序。

1940 年 9 月 19 日

为战争基金捐款的说明

[1]

这封信来自室利·阿罗频多的手写草稿，在室利·阿罗频多生前并没有

523

被公开发表。草稿中虽没有注明日期，但显然是在上述声明之后不久写的。

　　你建议对战争基金捐款一事进行说明，对此，室利·阿罗频多并不热衷于公开解释他的行为或回应关于此事的任何争议。在信中，室利·阿罗频多已明确表示，他全力支持这场战争以及支持的原因。在他看来，希特勒和纳粹主义，以及他们对世界统治的步步为营是一股强大的反动势力，这是完全的阿修罗力量，是对人类文明最高价值的攻击。如若得逞，将意味着至少三大洲的人民人权、民族自由、意志自由、生命权利、宗教和精神自由被无情摧毁。

　　在欧洲，事态已暂时平息，但几个小国的形势仍令人不安。一旦英国被打败，欧洲局面则无回旋余地。随之而来，亚洲民族的崛起或重振，目前所获得的所有进展，亦将悲惨地化为乌有。对印度来说，我们对自由的希冀将化为往昔岁月中的泡影，或是在遥远未来都难以企及的梦想。纳粹将有色人种贬谪到卑微境地，这是众所周知的，如果纳粹征服并统治了世界，印度的命运可想而知。作为一个共同体，人类将重陷野蛮的境地，跌入社会与道德困境的深渊，那里只有统治者的残暴和被奴役者的顺从。因此，只有英国展现出反抗与生存的勇气和力量，在抵抗这股毁灭势力的斗争中取得胜利，才能解除这场危机。

　　这是室利·阿罗频多对战争的观点，秉持这一观点，他已尽己所能，没有理由被误解。如有必要，您可以对任何提出疑问之人予以解释。

[2]

　　下文提到的这封信是由室利·阿罗频多的弟子阿尼尔巴兰·罗伊于1940年10月22日写给一位熟人的。室利·阿罗频多在这封信的背面写了这张纸条。

不应发出这封信，此时应保持缄默。我不希望我的捐款和写给马德拉斯总督的信引发任何政治活动或政治争议。事情本身会说明一切。任何时候有必要对此事做进一步说明，我会亲自处理。

1940 年 10 月 22 日

关于战争：一份未发表的声明

1940 年 9 月 23 日，阿尼尔巴兰·罗伊写了一篇文章，捍卫了室利·阿罗频多在 9 月 19 日的信中（见上文）对战争的立场。他将文章提交给室利·阿罗频多批准。室利·阿罗频多对文章进行了彻底的修改和扩展，增加了七个新段落，将它变成一篇全新的作品。改后的文章几乎没有留下阿尼尔巴兰的原始文本，所以可以被认为是室利·阿罗频多自己的作品（修改时第三人称"室利·阿罗频多"被保留）。

室利·阿罗频多让秘书将此文制作了一份放大的打字版本，并做了进一步修改，但他似乎没有向任何人展示最终版本，而且此文在他有生之年也未发表。

战争伊始，室利·阿罗频多就决定对反抗希特勒的斗争给予道义上的声援，像以往一样，这都源自他对事物内在的看法，以及内心的暗示。他觉知到了能够发挥作用的力量，以及在至上存在所引领的世界中这股力量的重要意义，他也觉知到了培养精神力量所需的外部条件，并从中看到人性的真正希望所在。也许在此谈论这种观点没什么用处，但是，讨论一些所有人都很容易理解的外部因素，可能有助于向公众解释他的行为，尽管这并不能表达全部的意义，

525

也只是基于目前形势而言。

这场战争本质上并不是两个帝国主义国家——德国和英国之间的冲突，一个侵略，另一个自卫，这只是外在的一个方面，甚至不是外在表象的全部。因为德国和意大利相信，他们正在确立一个新的文明和世界秩序。英国认为，他们不仅在捍卫自己的帝国，亦在捍卫英国作为一个自由国家的存在，同时也在捍卫那些已被德国征服和受到轴心帝国势力扩张威胁的国家的自由。要实现和平，他们就要解放已被占领的国家，并确保其他国家免遭进一步的侵略。英国还相信，若纳粹得逞，文明的准则必将付之一炬，正因如此，他们要挺身而出。在衡量这场战争的意义时，必须考虑这些信念。

事实上，这是两种世界力量之间的对峙，争夺对整个人类未来的掌控。一种武力试图摧毁过去旧的文明，并以一种新的文明取而代之，但这种新的文明实质上是一种倒退，是要恢复统治力量的旧有原则，以及僵化的外部秩序，完全否定确立已久的社会、政治、伦理和精神价值观，这其中包括迄今为止被认为是人类最宝贵的价值观，即个人的权利、民族自由的权利和思想的自由。这一武力甚至要粉碎宗教自由，只留下屈从于国家控制的宗教。所谓的"新伦理"蔑视并拒绝"人道主义"一词涵盖的所有原则，将其视为谎言和软弱，唯一被承认的道德价值观是（统治阶层的）统治力量，和（被压迫人民的）盲从和顺服、自我贬抑和为国服役。无论这种"新文明"控制了哪里，或是已然让人们感受到了其威力，这都是所谓的"新伦理"寻求建立的一种"新秩序"。它（纳粹势力）并不满足于在一两个国家建立这种"新秩序"，而是要不断扩张，征服全世界，令世界各地都实施并维护这种"新秩序"。德国，作为始作俑者，正通过对反抗的无情镇压和铁棍政策，系统且彻底地执行着他们认为正确的规则和方法。

另一种力量具有进化的趋向，在过去一段时间内一直指引着人类的进程，直到最近，似乎注定要塑造人类的未来。它所发挥的作用好坏兼具，它发展出的恢宏的价值观包括个人自由、民族自由、思想自由、越来越趋于平等的政治和社会自由、完全的宗教自由、人道主义原则及其所有结果，以及寻求更完整的社会秩序，即在妥善组织集体社会生活的同时，尊重个体自由，完善个体生活方式并尽一切可能帮助其发展。而这些恰恰都是纳粹势力极为抵制的。这股进化的世界力量还在发展中，其效力不甚理想，所能作用的仍然只是局部，并不完整，其中还包含许多过去顽固的残余势力，这些都是需要消除的。另一方面，在这种力量中，过去人类文化中的精神元素被丢失或被削弱了，没有得以恢复并存续下来，仍有许多人否定民族自由和其他原则，而这些应被视为真正的理想，并付诸实践。在以英国和其他民主国家为代表的这一力量的作用下，任何地方都不可能有完全的个人自由或民族解放。但现在的形势越来越朝着这个方向发展，如果这种进化力量继续占据主导，它的发展会更加完整。

这两种力量都不是我们未来所需要的。在整个人类活动中，第一种力量的某些想法或元素也许具有自身价值，但总的来说，在制度和实践上，它信仰并崇拜武力，其结果是残酷无情的暴力统治以及对个体的压迫，是对所有反对者和持有不同信仰之人的野蛮灭绝，对所有自由思想的镇压，对宗教信仰和精神生活自由的干涉，以及在极端倾向下，对所有形式的宗教和信仰的蓄意"清算"。而另一种更进步的力量，其在观点上往往有所局限，实践上存在严重缺陷，过分依赖过去，且频频背离理想，但同时它也具备进步的必要元素和条件，即人类思想和精神不断丰富，人民及国家关系中的理想主义日益增强，宽容和人道的心态持续发展。目前，两种力量在理论上都是（或基本上是）唯物主义，但区别在于，一种是压制精神，一种是包容精神，在后者中，只要坚持其生存与胜利的力量，精神就有继续成长的空间。

目前，人类思想和行动发展的天平并没有偏向更宏大的进化力量，以民主主义和民主国家为代表的进化力量在欧洲各地日暮途远，以极权主义政府和组织为代表的反抗力量却大行其道。极权主义思想甚至在战前就已经获得了各方支持，现在，以希特勒为主要代表，这股势力开始图谋统治世界，如若得逞，无论哪里都会是一样的结果，那就是个体和民族解放的消失，僵化的"新秩序"的出现，自由思想和言论被彻底压制，蓄意虐待并排除异己，所有反抗势力被迫害。纳粹思想所到之处，皆是否认人类思想的暴力种族主义，在欧洲以外，则预示着有色人种将沦为低等种族，甚至是亚人类。带着这种"新思想"和"新秩序"，现在希特勒几乎掌控了欧洲除英国和俄罗斯之外的所有地方。他提出要夺取直布罗陀海峡和苏伊士运河，并迫使英国舰队离开地中海及其海岸，如果该计划成功，他将得以与盟国一起控制非洲，并通过叙利亚和巴勒斯坦转向亚洲。那时，除了俄罗斯，他的进攻之路上再无障碍，但俄罗斯似乎无心反抗，这种态度助长了希特勒的气焰。众多欧洲国家已丧失主权，中东和中亚各国人民的独立亦将消亡，生死攸关且迫在眉睫的危险来到了印度面前。

这些都是当前显而易见的形势，可能面临的危险和险恶的后果。要如何遏制事态的发展？当前唯一挡在中间的实质力量就是大英帝国顽强而英勇的抵抗，以及他们将斗争进行到底的坚定决心。只有英国海军才能让战争远离我们的大门，并将其控制在欧洲的陆地和海洋，以及北非的一片狭长地带上。如果失败，或是英国及其殖民领地的实力在极权国家面前落于下风，整个欧洲、非洲和亚洲都将难逃极权势力的魔爪。在极权势力的政权和人生观里，完全没有任何形式的民主和自由，随着他们的不断推进和扩张，民主政体将不复存在，任何地方都不可能再出现拥有自由制度的政府。当前印度经济穷困，武装力量薄弱，面对欧洲大国毫无还手之力。相反，如果英国胜利，情况将发生逆转，先进的进化力量将获得巨大成功，局面一旦打开，印度就能在不久的将来充分实现对自我命运的掌控。自由距离我们近在咫尺，在未来很长一段时间内都不会再有这样的机会。

战后，旧秩序将发生改变，如若没有，社会动荡、经济紊乱和武装冲突将再次重演，直到必要的改变再次发生。人类的生活实际上已成为一个庞大但松散关联的单元，基于这一事实，必然会有新的与之相应的世界秩序。民族利己主义不可能在孤立的独立中发展并自足，因为现在一切都依赖于整体。德国自称独立自持，最终却引发了威胁所有其他民族的生死之战，有些国家试图以自私的中立态度保护自己，但已尝到这种盲目性带来的恶果，其他国家若仍持此态度，迟早会面临相同的命运。人类要么完全受控或附属于那三四个霸权国家，要么必须建立一个人人自由、安全的世界秩序，但这需要所有人为了共同的利益团结在一起。尽管印度（对独立）有迫

529

切需求，但若能认识到民族利己主义已不再适用，也是件好事。无论新秩序或战后格局如何，印度都必须为自己争取自由和平等，同时还要认识到，国际化的理念及实现这一理念已变得同样迫切、必要且必然。

如果极权主义大国获胜，确实会有一个新的世界秩序，最终可能是统一，但这将是一种由赤裸裸的野蛮武力、镇压和剥削构建的"新秩序"，对亚洲和非洲人民来说，这是前所未有的屈辱。阿拉伯人也认识到了这一点，他们战前还在巴勒斯坦与英国作战，而如今已经转向了英国一方。不仅欧洲、亚洲和非洲，就连遥远的美国也不再安全，尽管他们拥有所有的武器和资源，但美国自身也已意识到这一问题，并嗅到了危险的气息，开始匆忙武装自己准备迎战。另一个应对手段是，不仅需要建立一个更自由的新秩序，还要有体现新秩序的形式，随着该想法逐渐成熟，英国和其他地方的进步力量已开始切实的计划，这个计划也许不会立即实现，即使实现了也可能不尽完美，但在不久的将来，一定会出现这种秩序的最初形态。

这些都是较为明显的外部因素，基于此，室利·阿罗频多向战争基金捐款，并写了一封信。这一认知很简单，即英国在这场战争中的胜利不仅符合包括印度在内的全人类的利益，也是保障人类未来的必要条件。由此，至少给予英国完全的道义上的支持，是我们的责任与义务。

有人反对印度在战争中支持英国，因为英国拒绝印度独立自由。但在上述说明中，答案不言自明。目前阿修罗力量席卷全球，而印度和世界的当务之急是在这场猛烈攻击下幸存下来。印度的自由，无论是何种形式的自由，只能由战争的胜利带来。战前，在世界范围以及大英帝国自身中，已经清晰出现了为争取自由而付出的各种努力。爱尔兰、埃及获得了独立，伊拉克获得了独立，欧洲和亚洲出现了许多自由的民族，独立自由也离印度越来越近，这一目标一定会实现。但如果极权主义的"新秩序"扩张到亚洲，所有这一切都将灰飞烟灭，所付出的全部努力也将付诸东流。若极权主义失败，则再没有什么能阻止印度实现独立自由，即使将来的民族自治政府一定会受到诸多打压与限制，但不会长久。无论如何，在印度对自由的主张和支持英国反对希特勒的斗争之间并没有道义上的矛盾，因为这将是印度实现自身完全自由的机会，也是对三大洲甚至整个世界人民免受压迫与奴役的强有力的支持。

仍然会有人认为所有战争都是邪恶的，不应支持任何战争，只能依靠灵魂力量，或某种精神或道德力量。唯一可行的抵抗是消极抵抗、不合作或非暴力不合作。这种抵抗形式，虽然在过去曾被个人或在有限的范围内使用过，但最多只能反对已经建立的压迫统治，远不足以抵抗并驱逐外国军队的入侵与占领，尤其是纳粹军队。问题是，我们能否要求一个国家心甘情愿地承受外国入侵的威胁或强占的荼害，而不进行任何实质性的抵抗？此外，世界上是否有国家有能力进行这种长期和大规模的抵抗，或者在道德和精神上已充分发展，能够抵御外国军队，特别是抵御像纳粹这样有组织有规模的残酷军事入侵？无论如何，只要还有其他选择，都不应该冒这个险。战争本身的确是一种邪恶，一种灾难。从道德上讲，战争就像大多数人类制度一样，是一种混合体，大多数情况下（但不是所有），在大量的恶之中还夹杂着一些善。有时直面战争是必要的，以免招致或遭受更严重的灾难。可以说，只要生命和人类如此，就会有正法之战①。毫无疑问，在人类精神化的生活或完美的文明中，最高的理想状态是没有任何战争或暴力，但目前人类在心理上和物质上距离这个理想状态还很遥远。要达到这个理想状态，要么需要立即进行精神上的变革（但目前没有可行性），要么改变思想和习惯。倘若极权主义思想及其制度得逞，这种改变将无法实现，因为极权势力会强制推行完全相反的思想和习惯，一方是极权统治下的暴力和暴行，而另一方则是卑躬屈膝的不抵抗。

1940 年

印度与战争

[1]

日本军队于 1942 年 2 月 15 日占领新加坡，3 月 7 日占领仰光。他们迅速北上，迫使英国和印度军队撤退到印度。这时候，许多住在加尔各答和其他地方的室利·阿罗频多的弟子为了自己和孩子们的安全，要求进入修道院。这段文字显然是私下传达给个人的，在室利·阿罗频多生前没有发表。

加尔各答现在处于危险地带。但母亲不希望任何人因为危险而离开自己当前的处所，那些迫切希望转移自己的孩子的人可以这样做，但任何人都不要幻想还有其他安全的地方。

1942 年 4 月 6 日

---

① 指《薄伽梵歌》中所宣扬的正法之战。

2

室利·阿罗频多大约在与上篇文字同一时间写了下面这段话。同样在生前没有发表。

似乎有些人认为本地治里是个避风港，这是他们留下来的原因之一。这恐怕是严重错误的。除非日本人认为本地治里没有军事目标，也不具有港口或工业中心之类的重要地理位置，因此不值得他们关注，那这里才算安全。即便如此，本地治里仍位于战区，炸弹随时有可能因意外或失误而掉落。当前形势可能还是会令日本人将这里视为一个重要的军事目标，鉴于此，本地治里将暴露在现代战争的所有危险和恐怖之中，被军事占领，继而沦为战场。

那些选择留在这里，希望人身安全得到保障的人，应趁早打消这种念头。他们要么是那些宁愿死在这里也不愿去别处生活的人，要么至少已准备好面对随时可能发生的任何状况、风险、痛苦与磨难。现在没有任何安全和舒适能得到保障，这是一个严峻考验，一个需要冷静、耐心和极大勇气的时刻。对神圣意志的信赖依然存在，但不是为了维持生命、为了有保障或舒适的生活而与其讨价还价。

关于战争：公开的私人信件

[1]

这封信全文或部分摘录曾以传单形式发布，还和1940年的有关向战争基金捐款的信函一起收录在两本或两本以上的小册子中发布。传单和小册子的标题是《仅限于室利·阿罗频多（瑜伽）的修习者》。随后，这些内容都被收录在一本名为《论战争：室利·阿罗频多和母亲的信》（*On the War:*

533

Letters of Sri Aurobindo and the Mother）的小册子中，由位于加尔各答的雅利安出版社于 1944 年出版发行。

　　你曾说自己开始怀疑这是不是神圣母亲的战争，并请我再次帮你确认。我坚定地予以确认，是的，这是神圣母亲的战争。你不应将这场战争视为某些国家为了反抗其他国家，或是为了印度的斗争，而应将其视为为了在人类世界中树立理想而进行的斗争。真理尚未完全实现，我们仍需与黑暗和虚假抗争，因为它们伺机在不久的将来征服世界和人类。我们要看到战斗背后的力量，而不是这样或那样的表面情形。只盯着国家的缺陷或错误毫无意义，因为所有国家都有不足并犯过严重的错误，重要的是他们在斗争中站在哪一边。这是一场为谋求人类解放而进行的斗争，在这样的前提下，人们是自由的，在内在之光的指引下，他们有思考和行动的空间，并在至高的真理与精神中壮大。毫无疑问，如果黑暗势力获胜，这样的自由和对光明与真理的希冀都将被终结，想要完成的事业也将成为人类不可能完成的任务。对于大多数人类来说，等待他们的将会是一种虚假和黑暗的统治，一种残酷的压迫和屈辱，人们如同坠入无尽的绝望，没有梦想，即使有也根本无法实现。如果为了人类自由未来而战的一方获胜，这种可怕的危险即可得以避免，人们会有机会和条件，让理想生根发芽，让神圣的工作得以完成，让我们立足于世的精神真理得以实现。那些为此事业而战的人是在反抗阿修罗的威胁统治，是在为神圣意志而战。

　　　　　　　　　　　　　　　　　　　1942 年 7 月 29 日

　　　　　　　　　　　　　　　　　　　室利·阿罗频多

[2]

这篇文章是室利·阿罗频多写给弟子迪利普·库马尔·罗伊的一封信的摘录版。迪利普在信中说:"我最近收到记者和朋友的反对意见,反对我们将盟友称为'现代般度族'(modern Pandavas)。般度族①是正法和无私的代表,很难说盟军是这样的。盟军难道不是弱小种族的剥削者,是帝国主义吗?或多或少的帝国主义?"

此摘录版经室利·阿罗频多修订,于1944年2月发表在季刊《降临》创刊号上,并加了注释:"室利·阿罗频多已向公众表明了他对当前战争的立场,他无条件和无保留地支持盟军。他认为,盟军的事业是人类的事业,也是印度的事业。本摘录来自前段时间为回答某些疑虑而写的一封私人信件,进一步阐明了室利·阿罗频多的立场。"

本信的摘录版发表在修道院发行的一本小册子上,也收录在《论战争:室利·阿罗频多和母亲的信》中。本信完整版发表在《室利·阿罗频多全集》第三十五卷《关于他和修道院的信》(*Letters on Himself and the Ashram*)中。

我们并不是说盟军没有犯过错,而是这次他们站在进步力量的一边。这不是随便说说,而是有明确依据的事实。你提到的是其阴暗的一面,所有的国家和政府——至少那些有实力、有机会的——都是如此,我不相信真的有,或曾经有过高尚善良的政府和无私无罪的民族。事情总有两面性,你谴责盟军是有理由的,以过来人的视角看,基于当前国际行为的现代准则,所有人好像都有黑历史。但是,是谁创造了这些理想(自由、民主、平等、国际正义,等等),又是谁为此付出了巨大的努力?好吧,是美国、法国、英国等——现

---

① 般度族:婆罗多族的一支后裔。在《摩诃婆罗多》中,般度族和另一支婆罗多族的后裔俱卢族,围绕王位继承权展开战争。

在的同盟国。他们都曾是帝国主义，都背负着过往的罪责，但他们仍试图传播这些理想，传播体现这些理想的制度。无论这些具有怎样的相对价值，无论在进化的道路上这个阶段是多么不完美，这都是必经的过程（其他国家又能好到哪里去？例如希特勒说，让有色人种接受教育是犯罪，他们必须被当作农奴和劳工）。英国曾帮助某些国家获得自由，而不谋求任何私利，并在一场斗争后承认埃及和爱尔兰独立，继而在没有斗争的情况下承认伊拉克独立。英国一直在稳步（尽管缓慢）地从帝国主义转向协力合作。这是前所未有的，也是独一无二的，这是通往新世界的开端和方向。英国也正在朝着某种世界联盟的理念前进，在这一理念下，不会再有侵略，其新一代领导正在逐渐抛弃对帝国及其使命的过时的顽固信条。英国提出了印度在战后独立，甚至可以完全脱离英国而独立，这将由印度人民自己选择，并拟定印度的自由宪法。如我所说，所有这些都在朝着正确的方向发展，尽管进展仍然缓慢、不尽完美且犹疑不决。美国已经放弃了过去在中美洲和南美洲的帝国主义政策，承认了古巴和菲律宾的独立。轴心国那边不也有类似的趋势吗？一个人必须全方位地看待事物，才能不断观察，全面了解。再重申一次，我们应关注背后的力量，而不是迷失在表面的细枝末节中。只有未来得到保障，才能解决和消除当前的难题和矛盾。

* *

对我们来说，不存在这样的问题。我们已在公开信中明确指出，我们不认为这场战争是国家和政府之间的斗争（更不是好人和坏人之间的战斗），这场战争是神圣意志之光明与阿修罗之黑暗两种力量之间的斗争。我们要看的是人民和国家选择站在哪一边。选择站在正义一边的人们，会立即成为神圣意旨的工具，尽管他们会有缺陷、差错、不道德的活动和行动，但这是人类集体的本性。同盟国的胜利将为进化力量开辟道路，而另一方的胜利则会使人类严重退化、堕落，最坏的结果甚至可能导致人种的最终灭亡，就像过去进化过程中其他人种的失败与毁灭一样。这是问题的关键，所有其他因素则无关紧要。尽管同盟国可能经常违背自己的最高理念（人类总是这样），但至少他们支持全人类的价值观。希特勒则代表邪恶的，或被错误执行而最终走向邪恶的价值观（例如 Herrenvolk [①] 的美德）。这并不意味着英国或美国就是毫无瑕疵的天使，而德国就是充满邪恶和罪恶的民族，但这是一个至关重要的标志。

＊　＊

俱卢之战 [②]，虽不是与当前战争完全相同的类型，但同样发生在两股世界力量之间，最终得到神圣意志之恩典的一方取得了胜利，因为胜利方的将领们将自己视为神圣意志的工具。[③] 这场战争不应被设定为美德与邪恶、好人与坏人之间的战斗，毕竟，即便是般度族，难道就德无瑕疵、无私无欲吗？般度族难道不是为了自己的主权和利益而战吗？当然，毫无疑问，般度族是为了公平与正义而战，但不也是为了个人的主权和利益吗？他们的战斗是一场正法之战，但

---

① Herrenvolk：德语，字面意义"master-race"，指纳粹德国鼓吹的"统治民族，天生优越的民族"。

② 俱卢之战：《摩诃婆罗多》中婆罗多族的两支后嗣般度族和俱卢族为争夺王位所发动的战争，战事为期 18 天，最终般度族赢得了战争，俱卢族则面临灭族之果。

③ 室利·阿罗频多此处是回应修道院发表的一篇诺里尼·坎塔·古普塔的文章中的一段话，其中诺里尼将同盟国比作般度族，将轴心国比作俱卢族。室利·阿罗频多对此表示反对。——原注

这只是为了他们自己的公平和正义。如果帝国主义以武力建立了帝国，在任何情况下都被认为是邪恶的，那般度族也有同样的污点啊，他们正是利用这场胜利建立起帝国，后续又有继绝王（Parikshit）和镇群王（Janamejaya）。现代人文主义与和平主义难道不应指责般度族吗？因为这些般度族的高尚之人（包括奎师那）带来了一场巨大的杀戮，才成为印度众多自由独立人民的最高统治者。

这是用现代理念考量历史事件的结果。事实上，般度族的帝国是朝着正确的方向进步。就像现在，自由民族组成的世界联盟亦将朝着正确方向迈进，在这两种情况下，都是由一场可怕的杀戮带来正义的结果。

我们应该记住，征服并统治臣服的子民，这在古代、中世纪或近代并没有错，而是伟大和光荣的，人们不会认为征服者或征服国是邪恶的，只会评价他们对臣民的治理是否公正，仅此而已——当然，不排除会有剥削。关于这个话题的现代思想，比如个人和国家都应享有自由的权利、武力征服和帝国主义的不道德性，或者其中的一些妥协，例如英国培养人民关于自由、民主自由的观念，这些都是新的价值观，是一场进化运动，是刚刚起步的，正缓慢地影响着这个世界的新的"正法"。但如果希特勒成功地完成了他的"化身"使命，并在全球建立起新的"宗教"，那这一新生的正法就会被永远扼杀。被征服的各个国家和民族当然接纳新的正法，并严厉批判旧有的帝国主义，希望当他们自身变得强大、富有，拥有权利时，可以践行现在所宣扬的新的正法。最好的情况是，新的世界秩序得以发展，即使初期障碍重重或尚不健全，但可以阻止旧秩序卷土重来，这项任务非常艰巨，但依然有成功的希望。

即使人在美德、良善、神圣和纯净方面并不完美，神圣意志仍将人当作他的工具，视人如其所是。如果人是善意的，用希伯来经典的话来说，只要人站在上主的一边，就足以完成这项使命。即使我知道同盟国会滥用他们的胜利或破坏和平，哪怕是某种程度上会破坏这场胜利带给世界的机会，我依然会全力支持他们。无论如何，事情不可能比希特勒的统治更糟糕。通往神圣意志的条条道路仍然是敞开的，保持开放是最重要的。让我们坚持真正且核心的事实，即必须消除威胁印度和世界的黑色奴役和野蛮复苏的危险，把所有次要问题、细枝末节或假设性的问题留待以后处理，否则，我们将看不清当前最主要最危险的问题。

室利·阿罗频多

1943 年 9 月 3 日

印度独立
（1942—1947）

1910 年从活跃的政坛退隐后，室利·阿罗频多拒绝了所有重新加入民族运动或担任政治职务的提议。第二次世界大战期间，局势的严重性使他公开发声支持 1942 年的克里普斯提案。后来应要求，他就另外两项英国的倡议发表了公开声明：韦弗尔计划（the Wavell Plan）和内阁使团提案（the Cabinet Mission Proposals）。

克里普斯提案

1942 年 3 月，战争内阁工党成员斯塔福德·克里普斯爵士带着英国政府的提案来到印度。印度领导人被邀请参加战争委员会，并承诺在敌对行动停止后举行制宪会议。克里普斯在 1942 年 3 月 30 日的广播讲话中宣布了该提案的细节。室利·阿罗频多以多种方式做出回应。

［1］

3 月 31 日，室利·阿罗频多给克里普斯发了一封电报，表示公开支持这一提案。克里普斯于 1942 年 4 月 1 日电报回复了室利·阿罗频多。室利·阿罗频多的电报发表在许多报纸上，并收录在小册子《室利·阿罗频多与母亲的讯息》（*Messages of Sri Aurobindo & the Mother*，1949 年）中，随后又多次被转载。

斯塔福德·克里普斯爵士

新德里

我听了您的广播讲话。作为一名曾经的民族主义领导者，一个为印度独立而奋斗的人，尽管我现在已退出政治领域，只在精神领域活动，但我仍希望借此机会感谢您为实现这一提案所做的一切。因为这是印度的一个机会，为了自由团结起来，主宰自己的命运，并在世界自由之林拥有一席之地。我希望人们能够抛开所有的不和谐和分歧，采纳并正确执行这份提案。我也希望，英国和印度可以以友好的关系取代过去的争斗，这是迈向更大的世界联盟的一步。作为一个独立自由的国家，印度的精神力量将有助于人类创建更加美好与幸福的生活。鉴于此，我愿意公开表示支持，希望能对您的工作有所帮助。

室利·阿罗频多修道院

本地治里

1942 年 3 月 31 日

* *

斯塔福德·克里普斯爵士在 1942 年 4 月 1 日的电报中回复：

您充满善意的来信令我十分感动和欣慰。我可以告诉印度，在印度青年心中拥有特殊地位的您，信任国王陛下的政府将会赋予印度民族主义长期以来为之奋斗的自由。

斯塔福德·克里普斯

[2]

1942 年 4 月 1 日，室利·阿罗频多派遣他的弟子——马德拉斯的著名辩护律师杜赖斯瓦米·伊耶（Duraiswami Iyer）前往德里与国大党工作委员会

541

成员圣雄甘地、毛拉纳·阿扎德（Maulana Azad）、C.拉贾戈帕拉查里（C. Rajagopalachari）等人见面，讨论克里普斯提案。他给了杜赖斯瓦米这封信，授权他代表自己发言。

鉴于局势紧迫，我派杜赖斯瓦米·伊耶先生传达我对当前谈判的看法，并说明我向印度领导人施压以解决问题的理由。我授权他代表我发言。

室利·阿罗频多

1942 年 4 月 1 日

[3]

4 月 2 日，室利·阿罗频多给前民族主义者联盟、印度教大会领导人 B.S. 穆涅（B.S. Moonje）和马德拉斯国大党领袖 C.拉贾戈帕拉查里发了电报。

穆涅医生

印度教大会

新德里

解决印英问题迫在眉睫，印度的未来面临严重威胁，难道没有办法在保留权利的同时阻止祖国分裂吗？以合作为目的接受印联盟？已派律师杜赖斯瓦米·伊耶去与您会面。

室利·阿罗频多

1942 年 4 月 2 日

＊　＊

拉贾戈帕拉查里

博拉公馆（Birla House）①

新德里

与其决裂，难道不能妥协和解吗？一些亟待解决的问题面临重大危险。鉴于紧迫性，已派律师杜赖斯瓦米·伊耶前去会面。旧有殖民统治正在走向自我毁灭，恳请您拯救印度于危难之中。

室利·阿罗频多

1942 年 4 月 2 日

[4]

4 月 9 日和稍后的日期，室利·阿罗频多发电报给孟加拉立法党的成员，他的旧时革命伙伴阿玛伦德拉·查特吉（Amarendra Chatterjee）②，要求他发挥更积极的作用。

阿玛伦德拉·查特吉 M.L.A.

德里

无法离开本地治里。正在等待国大党为国家行动做出必要决定。已经私下呼吁国大党领袖与英国达成谅解，保卫印度。

室利·阿罗频多

1942 年 4 月 9 日

＊　＊

感谢你在祖国危难时刻所做的努力，祝你成功。

室利·阿罗频多

---

① 博拉公馆：印度独立运动中众多名人经常聚议和谋划反英大业的场所。

② 阿玛伦德拉·查特吉：印度独立运动活动家。

韦弗尔计划

1945 年 6 月 14 日，总督韦弗尔勋爵（the Viceroy，Lord Wavell）向印度领导人提出了一项新计划，旨在"缓解目前的局势，推动印度实现完全自治的目标"。室利·阿罗频多以两种方式表达了他的赞同：1945 年 6 月 15 日，他向秘书诺里尼口述了一条信息，由诺里尼签署发表在 6 月 19 日《印度教徒报》和其他印度报纸上；同样在 6 月 15 日，他给国大党工作委员会成员赛义德·马哈茂德博士（Dr. Syed Mahmood）发了电报，后者向甘地和委员会其他成员传达了室利·阿罗频多的观点。

[1]

我们昨天听了总督的广播讲话。室利·阿罗频多表示，这些提议足够得体，在某些方面似乎比克里普斯提案还要好。印度人将负责外交事务，并在国外有自己的代表，这是印度实现自治的一种方式。当然，室利·阿罗频多个人并不支持其中的部分内容，例如，政府部门的建立显然是以群体为基础而不是以政党联盟为基础。然而，这些不应成为拒绝该提案的理由。对此计划应进行公正的评估，并在具体实施中检验。

室利·阿罗频多

本地治里修道院

1945 年 6 月 15 日

[2]

给赛义德·马哈茂德博士的电报。

建议接受这一比克里普斯提案更好的提案。

1945 年 6 月 15 日

内阁使团提案

1946 年 3 月 24 日，英国内阁的三名成员来到印度，以解决印度的宪法僵局。调查了局势之后，内阁代表团于 5 月 16 日提出了一项新的建议。提案最突出的特点是提出了所谓的"分组制"（group system），通过这种制度，西北、东北和印度其他地区的省份将在更大的印度联盟内形成半自治集团。

1946 年 3 月，在获悉提案的所有细节之前，《甘露市场报》询问室利·阿罗频多的初步反应。室利·阿罗频多于 3 月 24 日写下了这封信，以他的秘书诺里尼·坎塔·古普塔的名义在 3 月 26 日的《祖国报》（*Patrika*）上发表，后来在其他报纸上重印。

室利·阿罗频多认为没有必要主动发表个人声明，但如果被官方正式询问，他会给出自己的观点。他的立场众所周知，他一直主张印度的完全独立，他是首位公开且毫不妥协地倡导印度完全独立的人。在他看来，这是唯一值得追求的理想。1910 年，他授权公开了自己的预言：在经历了长期的战争、世界范围内的动乱以及四年后的革命，印度将获得自由。最近，他又说，自由很快就会到来，没有什么能阻止它。他同时预见到，最终英国将与印度达成友好协议，承认印度的自由。现在这点即将变成现实，英国内阁代表团就是一个信号，印度国家领导人应适当并充分地把握好这次机会。无论当下结果如何，不可否认的是，最高力量已经作用在这一事件上，印度的解放，必将是最终的结果。

1946 年 3 月 24 日

1947 年 8 月 15 日的广播讲话

印度于 1947 年 8 月 15 日独立，这天是室利·阿罗频多的七十五岁生日。在活动开始之前，室利·阿罗频多接受全印度电台（Tiruchirapalli）的邀请发表一个广播讲话。室利·阿罗频多为此写了以下的文章。8 月 9 日，全印度电台的技术人员录制了母亲朗读该讲话的录音，后来由于播出时长限制，室利·阿罗频多缩减了文本，简版于 8 月 14 日播出（录音因在易腐烂的蜡介质上制作，没有保存下来）。

［1］

这个简短的版本于 1947 年 8 月 14 日在全印度电台播出，随后作为传单印刷。两年后，它被收录于《室利·阿罗频多与母亲的讯息》（1949 年）。从那时起，这篇文章被多次重印。

1947 年 8 月 15 日是自由印度的生日，这一天标志着一个旧时代的结束和一个新时代的开启。让我们用生命和行动让这个日子成为一个新起点。从今天起，印度作为一个自由国家屹立于世界之林；从今天起，印度将融入人类政治、社会、文化和精神的新纪元。

8 月 15 日也是我的生日，我很高兴这个日子承载了如此重大的意义。我并不认为这是一个巧合，而是开启我的生活，指引我的行动的神圣力量的许可和确认。在今天，我希望在有生之年看到的世界范围内的运动，几乎都实现了，尽管当时它们看起来像是遥不可及的梦想。这些运动有的业已胜利，有的正走在通往成功的道路上。而自由印度，是这些运动中非常重要的一部分。

我的第一个梦想，是通过一场革命运动，创立一个自由和统一的印度。今天的印度是自由的，但还未实现统一。有那么一刻，她

546

似乎已踏上了自由解放之路，但又再次陷入英国占领之前各邦分裂的混乱局面。幸运的是，现在看来，这种危险是可以避免的，一个虽尚不完整但强有力的联盟即将诞生。此外，制宪会议明智有力的政策，使得在不出现分裂或分歧的情况下解决贱民阶层问题成为可能。

但是，如果当前的分裂持续下去，印度可能会被严重削弱，甚至陷入瘫痪状态，内乱成为可能，甚至被其他国家入侵并占领，印度的发展和繁荣会受到严重阻碍，国际地位会被削弱，印度的命运将会受损甚至挫败。这些绝不能发生，必须消除分裂。必须不断认识到，我们不仅需要安定与和谐，还需要共同采取行动，只有通过共同行动才能创造出消除分裂的方法。让我们期冀统一终会到来，不论何种形式的统一，形式并不是问题的关键，最重要的是形式的实用性。无论用何种方法，必须结束分裂，统一必须也必将实现，这对印度的未来极为必要。

我的第二个梦想是亚洲人民的复兴与解放，重新发挥在人类文明进程中的巨大作用。亚洲已经崛起，大部分地区已获得自由，或即将解放，其他仍被压迫的地方也正为自由而战。只需再稍加努力，胜利就会到来。在这一进程中，印度展现出的能量和能力，以及所发挥的作用，已展现出我们对印度未来的掌控以及在国际社会的地位。

我的第三个梦想是建立一个国际联盟，为全人类过上更加公平、光明和高尚的生活奠定外部基础。人类大团结正拉开序幕，尽管初始阶段的进展并不完美，且面临着巨大困难，但势头已然兴起，必将势如破竹，直到最后胜利。在这一历史进程中，如果印度能够展现出大家风范，不局限于当下的事实和眼前的可能性，更着眼于未来并一步步去实现，印度将会成为决定这一进程是胆怯缓慢还是大胆迅速的重要因素，并在其中发挥重要作用。这一发展进程会被重重困难阻挠、中断或破坏，但即便如此，最终结果仍不可撼动，因为团结统一是自然进程中的必然结果。对世界各国来说，团结统一的必要性也是显而易见的，如若不然，小国和弱国人民的自由永远不会得到保障，大国和强国的命运也很难安稳。因此，团结统一符合所有人的利益，人类的愚昧和愚蠢的自私是实现这一目标的唯一绊脚石。但仅有外在的基础是不够的，必须培养一种国际精神和国际观，发展国际形式和国际机构，以及双重或多边公民身份、自愿交流或文化融合等。民族主义也需要放下激进，发挥作用，不再认为这些东西与他们的自我保护和其观点的完整性格格不入。一种全新的合一精神将主宰人类。

第四个梦想，在这多灾多难的时代，越来越多的人将寻求希望的目光投向印度的心理与精神实践之法。印度的灵性正以迅猛的势头进入欧洲和美国，印度的精神将不断发展，为世界呈上一份精神礼物。

我最终的梦想是人类进化道路上的一步，将人类意识提升到更高更广的层次，解决人类自有思想以来一直困扰我们的问题，追求完美的个人和社会生活之终极理想。这仍然是我个人的希望和想法，是一个已经开始在人类前瞻性思维中生根发芽的理想。这条道路上的困难比任何其他领域的困难都更为艰巨，但只要至上意志与我们同在，就一定能克服困难。这一进化的发生，必须依靠精神和内在意识的成长。

这是我为印度解放日所写下的，这些梦想的实现，或在多大程度上的实现，将由崭新的自由的印度决定。

[2]

这个全版由于长度问题，无法在规定的时段内播出。后被印刷成传单，并在马德拉斯的《星期日泰晤士报》等报纸上转载。

1947 年 8 月 15 日是自由印度的生日，这一天标志着一个旧时代的结束和一个新时代的开启。这不仅对印度，对亚洲乃至对整个世界都意义重大，因为这标志着一个极具潜力的新生力量将走入国际视野，并在人类政治、社会、文化和精神未来等方面开始发挥重要作用。

就我个人而言，我尤感高兴，因为这一天也是我的生日，那些接受我精神讯息的人每年都会庆祝这个本来只属于我个人的日子。现在，想必这个日子也能为他们带来巨大的影响。作为一个神秘主义者，我并不认为这是一个巧合，而是开启我的生活，指引我的行动的神圣力量的许可和确认。在今天，我希望在有生之年看到的世界范围内的运动，几乎都实现了，尽管当时它们看起来像是遥不可及的梦想。这些运动有的业已胜利，有的正走在通往成功的道路上。

在这个伟大的时刻，有人请我发表些言论，但我可能没有资格说什么。我能做的就是谈谈自己自童年和青年时期即抱有的目标和理想，现在我正目睹这一切在慢慢实现。这些梦想与印度的自由相关，是印度未来的一部分，也是必将引领我们的方向。一直以来，我坚信印度的崛起不仅是为了自身的物质利益，更是为了实现发展繁荣的目标。

这些目标与理想依次是：通过革命实现印度的自由与统一；复

549

兴并解放亚洲，使其恢复在人类文明进步中的重要地位；重振一种全新的、更伟大、更光明也更高尚的人类生活，实现这一目标，从外部来看，取决于世界不同族群的国际团结，不仅要维护并保障各自的国家生活，还要建立在此之上的统一体；印度的灵性知识和实践方法是送给全世界和全人类的精神生活的一份礼物。最后，我最终的梦想，是人类在进化过程中迈出新的一步，将人类意识提升到更高更广的层次，解决自人类有思想以来一直困扰我们的问题，追求完美的个人和社会生活之终极理想。

印度是自由的，但却是分裂与破碎的自由，并未实现统一，甚至有段时间，印度看上去很可能会再次陷入英国占领之前各邦分裂的混乱局面。幸运的是，当前我们很大程度上可以避免重蹈覆辙。制宪会议明智有力的政策，使得在不出现分裂或分歧的情况下解决贱民阶层问题成为可能。

但是，目前印度的分裂似乎已经造成了印度在政治上的永久分治。希望国大党和全国人民不要认为这一局面是永久性的既定事实，或者将其视为暂时的权宜之计。如果这种形势持续下去，印度可能会被严重削弱，甚至陷入瘫痪状态，内乱成为可能，甚至被其他国家入侵并占领。必须消除分裂，希望能够通过缓和紧张局势，逐步理解安定和谐的意义，不断协调采取共同行动，甚至为此制定联合机构等各种方式来结束国家的分裂。不论何种形式的统一，形式并不是问题的关键，最重要的是形式的实用性。无论用何种方法，分裂必须结束。如若不然，印度的命运会极大受挫，我们绝不能让这种情况发生。

亚洲已经崛起，或即将解放，其他仍被压迫的地方也正为自由而战。只需再稍加努力，胜利就会到来。在这一进程中，印度展现出的能量和能力，以及所发挥的作用，已展现出我们对印度未来的掌控以及在国际社会的地位。

人类大团结正拉开序幕，尽管初始阶段的进展并不完美，且面临着巨大困难，但势头已然兴起，必将势如破竹，直到最后胜利。在这一历史进程中，如果印度能够展现出大家风范，不局限于当下的事实和眼前的可能性，更着眼于未来并一步步去实现，印度将会成为决定这一进程是胆怯缓慢还是大胆迅速的重要因素并在其中发挥重要作用。这一发展进程会被重重困难阻挠、中断或破坏，但即便如此，最终结果仍不可撼动，因为团结统一是自然进程中的必然结果。对世界各国来说，团结统一的必要性也是显而易见的，如若不然，小国和弱国人民的自由永远不会得到保障，大国和强国的命运也很难安稳。如果印度继续分裂下去，则无法确保自身的安全。因此，团结统一符合所有人的利益，人类的愚昧和愚蠢的自私是实现这一目标的唯一绊脚石。民族主义要充分发挥作用；培养国际精神和世界观；建立各种形式的国际机构，以及发展双重或多边公民身份。在变革的进程中，可能会出现不同文化的自愿融合，若抛开激进的看法，民族主义精神可能会发现这种融合与其自身观点的完整性完全一致。一种全新的合一精神将主宰人类。

在这多灾多难的时代，越来越多的人将寻求希望的目光投向印度的心理与精神实践之法。印度的灵性正以迅猛的势头进入欧洲和美国，印度的精神将不断发展，为世界呈上一份精神礼物。

最后一个梦想，是我个人的希望和想法，是一个已经开始在印度和西方的前瞻性思维中生根发芽的理想。这条道路上的困难比任何其他领域的困难都更为艰巨，但只要至上意志与我们同在，就一定能克服困难。这一进化的发生，必须依靠精神和内在意识的成长，这一灵性进化的起点与最重要的转变来自印度，并将遍布全世界。

这是我为印度解放日所写下的，这些梦想的实现，或在多大程度上的实现，将由崭新的自由的印度决定。

图 49 印度为纪念室利·阿罗频多发行的邮票，1964 年

印度法属殖民地的整合

（1947—1950）

1910 年至 1950 年，室利·阿罗频多居住在本地治里，法属印度的五个殖民地之一。作为一个英国人眼中的危险分子，室利·阿罗频多感谢历届法国地方政府对他的款待。当英属印度即将独立时，本地治里的亲法和反法的政党之间展开了政治辩论和暴力冲突，以决定殖民地的未来。室利·阿罗频多希望本地治里成为印度联盟的一部分，但保留一定程度的自治，成为印度和法国之间的"窗口"。这一局面一直持续到 1954 年，直到法国在印度的所有殖民地事实上成为印度联邦的一部分。最终法律上的转让于 1962 年完成。

未来联盟（纲领 A）

室利·阿罗频多在 1947 年 6 月或之前为法属印度社会党撰写（更确切地说是口述）了这个"纲领"，该党和室利·阿罗频多在法属印度殖民地整合问题上的立场在某些方面一致，但这一纲领不应被视为室利·阿罗频多对此事看法的明确陈述。室利·阿罗频多支持该党在本地治里的政治地位方面的立场，但并不代表他支持该党在其他问题上的观点。1947 年 6 月，本文以一份题为《法属印度社会党发布/1947 年 6 月》的小册子的形式未署名发布。

在这个具有划时代意义的变革时期，印度正在实现第一种形式的自由以及决定自己命运的权利，我们法属印度有责任考虑自身的处境，并为自己的未来做出决定，这将使我们与周边的新印度和新世界和谐相处。在此时刻，社会党希望按照我们的设想来确定法属殖民地的政策和未来前景。

很长一段时间以来，我们热切关注英属印度为自治和独立而进行的斗争，尽管我们不能参加，但感觉这是我们自己命运的一部分，这些成就伴随并预示着我们自身的成长，所有人都渴望我们能从依赖他人的殖民地走向自由和自治。

印度已经实现了自由，但目前仍是有限制的自由，现在还不是享受最后胜利的时候，因为这不是我们所希望的统一的印度，而是一个分裂的，面临着危险、困难和阻碍的印度。这是内部分裂和纷争导致的不幸结果。领导人们只是勉强同意并遗憾地接受了这一和解的方案，对此并不抱有任何热情，也没有坚定的决心去充分利用已经取得的成果，克服困难和危险，为印度在世界争取一席之地，为分裂的印度争取尽可能多的权力和繁荣。

就我们而言，我们已收到了自治的承诺，这将使我们成为法兰西联盟（the French Union）内的自由公民，但这还只是一个承诺，或只是一项已宣布的政策，目前还没有实现这一政策的具体措施。我们一直在要求像英属印度一样尽快落实这项政策。因为一些复杂问题和意见分歧，英属印度尚未达成一个简单的早期方案，但我们这里没有这些问题，我们一直以来都非常团结，我们的诉求也非常一致，已经决定的改变是可以且应当立即实施的。

然而，如果人民的愿望无法得到立刻实现，目前的局面就会变得复杂且棘手。法属印度从一开始就具有双重特征，如果没有可以调和这两种特征的第三种解决方案，它的未来命运就会出现两种截然不同的可能性。

一方面，从存在的根本来讲，法属印度的居民并不是一个独立的民族，我们与五个法属殖民地边界另一边的居民是兄弟、是亲人，我们有着同样的国籍、宗教、传统，还有同样的生活方式和习惯、文化和观点、语言和文学。我们是印度人，属于同一个社会，对我们共同的国家有着同样的爱国情怀，我们的土地是印度不可分割的一部分，我们并不感觉分离。所有这一切都会使我们自然而然地渴望团结在一起，成为统一印度的一部分。这种感觉并没有消失，现在我们更要大声呐喊我们的政策和诉求，很多人站在我们这一边，面对两种可能性，自然倾向于这一解决方案，因为任何印度人都会期待这样的统一能在未来得以实现。

　　另一方面，过去两个世纪的历史培养了法属印度居民某种特性，使他们成为一个共同的独立存在体。法属印度形成了自有的、不同的政治、行政、司法、教育体制，拥有自己的工业、劳工立法，以及众多不同的特点，这里还有法语和法国文化的深刻印记。所有亚洲国家都已发展出融合的认知、公共生活和社会观念，我们的生活基础来自亚洲，而上层结构则取自欧洲。在英属印度，这种上层建筑通过英语作为受教育阶层的共同语言，通过对英国政治思想和制度以及英国文学的学习而形成。在法属印度，上层建筑通过法语构建，在法属殖民地居住的孟加拉人、泰米尔人、安得拉人和马来人一直通过法语交流并从事共同的公共生活，我们通过学习法语、法国文学、法国习俗和体制观察外面的世界。这一切都产生了不同的影响，使我们可能很自然地接受成为法兰西联盟内的自由公民的提议。但是，这一解决方案得以长久执行的前提是，我们必须与印度其他地区的工业、经济保持某种密切的联系和联合，因为我们的食物和生活必需品以及社会的普遍繁荣依赖于印度其他地区，如果切断联系，我们甚至无法生存。抛开所有的情感因素，上述这一无法回避的事实需要新印度和法属印度之间的密切合作。

在共同的爱国主义精神和与印度其他地区团结一致的情感推动下，一些人提出，无论当前的冲突中会诞生怎样的印度联盟，我们都应毫不犹豫地立即加入。我们不能接受这样一种轻率且片面的观点。在我们的政治决策中，必须考虑英属印度的事态发展，但如果认为我们应该效仿英属印度在所有政治事务中的做法，那是错误的。这表明我们缺乏对当地情况的了解，也缺少在印度最关键且最具建设性的历史时期所必需的创造性思维。有些人甚至极端地提出，法属殖民地应以一种"自我消亡"的方式加入印度联盟，这意味着，在英属印度的广大地区，我们的城镇极有可能变得毫不重要，并失去现有的独特制度，以及居民生活的地位、尊严和活力，继而对现有的公众利益带来严重的损失和破坏。在我们看来，这种剧烈的变化和抹杀是最不可取的，它不会给印度其他地区带来更好的生活或有利的条件，也不会给法属印度带来除了贫困之外的任何好处。如果法属印度要加入印度联盟，不应该以这种方式加入，而应该作为一个保留独立性和自身特点的自治体加入。所有决策都应适当考虑特定情况，所有决定都应根据其当选代表的意愿做出。我们还应明确自己的经济、社会和行政立场，以确保任何变革都不会对任何一部分居民产生不利影响。

此外，如果对印度未来各邦和我们在其中的地位没有任何准确的了解，在没有任何具体替代计划的情况下，就打破我们现有的社会、文化、行政和司法体制，这是彻头彻尾的愚蠢。兼具生命活力和独特性的自治体一直以来就是印度的一大特点，是国家政治和文明的一部分，也是国家伟大、文化丰富且多样的原因之一。印度的统一令人向往，但不是机械的统一，印度领导人也不是这样设想的，他们希望建立的是一个拥有强大中心的自治体联盟。在寻求政治统一和独立的过程中，我们绝不能继续服从像西方和英国政治经济体制这样的外来观念。最近的事态发展证明，靠机械强求的统一和中央集权所形成的政治上的外在统一是失败的。无论我们做出什么决定，让我们保持一个原则，即通过众多文化和权力中心的自治体来完成统一，这是最适合印度这一独特而伟大的国度以及在此居住的人民的身心生活的解决方案。

在讨论任何仓促加入印度联盟的提议时，我们还要考虑其他阻碍因素，在现有的特殊但并不令人满意的局面下，我们必须谨慎考虑印度当前的形势和各种可能性。现在的局面并不是印度人民及其领导人自由选择的结果，并不能创造出一个自由统一的印度。这是英国为了摆脱目前焦灼的困境，结束内乱和纷争而迫不得已接受的一项计划。这不是一个确定的解决方案，更像是一个尝试朝着真正目标努力的新时期的开端。独立不会马上实现，而是先建立两个英国自治领地，相互之间没有任何协调或共同行动，处于各自不同的，甚至截然相反的原则和动机，预计在一年左右的时间内，两个独立的印度将产生各自不同的宪法。人们还希望，所有人都能接受这种分裂的方案，并将其视为最终的解决方案，两个印度能各自安定下来，进入和平的内部发展时期，目前的激烈分歧、暴力和毁灭性的骚乱以及血腥冲突最终会消失。但这并不确定！内部斗争的任何一方都对该解决方案不满意，如果新的国家继续在其内部分裂成由团体机构领导的团体阵营，其中的团体会向外部势力寻求指导和保护，那么紧张局势将继续存在，潜在的斗争可能会在骚乱、流血事件中爆发，最后可能是公开的战争。

法属印度不愿陷入这种境地。我们之间的群体纠纷并不普遍，所有社区都友好地生活在一起，和平地参与公共生活。但如果进入这种持续冲突的紧张状态，我们都将不可避免地被"传染"，将出现不同的团体，出现分裂和其他问题。因此，我们应该谨慎行事，不要像部分人提议的那样做出草率的决定，而是以各自的身份等待更明确的事态发展。

与新印度建立更密切的关系是可取的，也是必要的，因为我们是印度人，法属印度是印度的一部分，与印度其他部分紧密相连，其繁荣和生存亦都依赖其他地区。但这并不意味着要采纳以上提议，或抹杀我们的独立地位，破坏我们的过去及其成果，并丧失我们的个体存在。我们存在的双重特性与历史发展之间的调和是最理想的结果，也是有可能的。

有些人似乎认为，我们只需请求加入新印度联盟就能自动实现，且没有任何困难，但事情并非如此简单。毫无疑问，印度人民曾设想一个不可分割的统一的印度，废除葡萄牙和法国等外国统治的小飞地势在必行。但当前形势有所变化，印度还未形成一个不可分割的统一体，印度联盟已接近统一的印度，融合或成为可能，但该联盟尚未（完全）建立，仍需在当前困难的情况下巩固自己的实力。在这个过程中，它正在寻求与所有外国势力建立友好关系，并且已与法国建立了这种关系。毫无疑问，它希望与法属印度建立结盟或更密切的关系，但并不急于通过与法国的争端或冲突去实现这一目标。

当然它可以在不使用军事力量的情况下施压，使法属印度的独立变得艰难和痛苦，甚至很难实现，但它可能更倾向于以一种尊重法属印度人民意愿的解决方式，协调相互的经济和其他利益，这也符合与法国政府和法国人民之间的友好协议和双边关系。如果利用自决权，我们决定作为一个自治民族留在法属联盟内，那么印度联盟政府肯定会尊重这一选择，并可能会欢迎这样一种安排。这将使法属印度不会成为麻烦的导火索，反而成为一种文化纽带、一个团结与合作的区域，甚至可能成为法国和印度之间长期友好结盟的基础。

考虑到所有这些情况，我们得出的结论是，当前的最佳做法是保持我们的独立性，并专注于发展作为一个自治民族的自由性。接受法国的提议，在法兰西联盟中享有一席之地，在此基础之上，与新印度建立更紧密的关系并与之合作，这将满足我们在情感上的诉求，对我们的繁荣乃至生存至关重要。

在考虑所有这些因素后，社会党提出了以下纲领，并希望获得法属印度所有人民的支持。

1. 法属印度在法兰西联盟内形成一个自治区。

2. 为此，必须尽快终止目前的殖民制度及其官僚政府。除了少数因个人利益与旧体制紧密相关的人，其他所有人和所有政党都不愿意继续受制于旧体制。旧体制的长期维系，会在情感上给人民带来沉重的压力，人们会越来越多地加入那些支持立即和完全断绝与法国所有关系的政党，这将促使法属印度在不顾及新印度未来形势的情况下匆促加入印度联盟。

3. 立即将权力移交给法属印度代表大会（French India Representative Assembly），负责管理国家的总体事务，并拥有唯一的地方立法权。总督通过法令进行管理的权力应该取消。

4.行政部门对代表大会负责。总督应由法国政府与议会协商后任命，该总督将是法国和法属印度之间的纽带，并在一个部长执行理事会的协助下主持行政。

5.法属印度人民的地位应该是自由自治的，可以自由地决定在法兰西联盟中的去留，并自由决定与该联盟之间必需的关系。

在这个自由的法属印度，目前的商业、工业和其他机构将继续保持运转，除非代表大会进行合法调整。法语将继续作为法属印度不同地区之间，以及代表大会和一般行政部门的交流语言。教育系统、新大学和学院将与法国的大学和教育系统相连。与法国文化的联系将被保留和扩大，但我们自己的印度文化必须被赋予更大的空间。希望自治的法属印度成为强大的文化发展与交流中心，成为欧亚文化的交汇点，成为世界团结的精神要素，而团结正是当今世界最重要的趋势。因此，法属印度在保留其个性和历史发展的同时，亦将走向更广阔的未来。

另一方面，作为纲领的重要组成部分，我们建议与印度其他地区建立更紧密的团结。我们已经有了常设机制，印度政府管控邮政和铁路系统并承担相应的责任，已有的关税同盟消除了英国和法属印度之间的关税壁垒。鉴于法国殖民地的面积较小且地理位置分散，这样统一的交通系统对我们非常有利且极为必要。从我们的角度来看，还是有必要在关税同盟中进行一些调整，但消除障碍的原则以及之前因关税壁垒而引起的摩擦和冲突必须是在可接受的范围内。此外，考虑到我们未来经济的发展，需要与印度工商业进行磋商，为此，应建立一个沟通合作的协议与机制。

我们进一步建议，应破除将我们分隔为两个互相排斥的国籍的人为障碍，并达成一项协议，即居住在法属印度的新自由印度国民应享有所有公民权利，同样，居住在新自由印度的法属印度国民也应享有公民权利。所有法属印度人可以担任印度政府职务，加入印度武装部队，进入印度教育机构获得在印度研究、接受科学培训和获取知识的机会。同时，所有印度国民也应在法属印度享有这些权利，因此，在法属印度建立的大学也对印度其他地区的学生开放。甚至可以有进一步的机制，使人们可以作为一个整体更密切地参与整个国家的政治生活。

关于法属印度居民的双重身份，最好的解决方法是特定条件下的双重公民身份，这样，法属印度可以保留在法兰西联盟之内，并在没有人为障碍的情况下完整参与新印度的生活。现有国际法反对双重国籍，但这是我们生活的两个方面的自然表达。一方面，我们身处印度，与印度人民拥有相同的基本国籍、文化和宗教以及社会经济生活。另一方面，我们长期受法国文化的影响，一直与法国有紧密的联系。双重公民身份的机制很可能会成为发展中一个自然组成部分，促进人民之间更大的团结，打破始于旧金山的旧壁垒，并在消除旧的分裂主义、对立和不相容的运动中迈出重要一步，而分裂、对立和不相容是我们在民族主义中，在走向国际团结，发展新世界以及构建人类未来的进程中不愿意看到的。

我们认为，如果这一纲领在公众舆论的支持下得到妥善执行，它将确保在未来的发展进程中不会出现暴力或冲突。我们将能够更充分地参与印度的整体生活，同时成为各国更加紧密团结的工具，并在人类的国际生活中发挥作用。

我们呼吁法国的所有进步力量支持这一发展路线，以使我们之间的实际关系从现在的宗主国和附庸国的关系，转变为相互理解的兄弟关系，法国和印度能够更加紧密团结地屹立于世界面前。

我们热切地向金德讷格尔、雅南（Yanon）、马埃（Mahe）、卡来卡（Karikal）和本地治里①的所有兄弟姐妹呼吁，向泰米尔人、马来人、安得拉斯人和孟加拉人呼吁，不要切断我们之间的联系！在过去几个世纪，无论种姓和信仰，我们一直生活在一起，没有任何内部冲突，这是我们最伟大的成就。现在，我们要展示一个超越所有区域主义和地方主义的团结典范，让我们像以前一样团结起来！当前，我们必须为国家的福祉采取决定性措施，而不是从纯粹的利己主义出发仓促行事，或以懒惰的思想提出快速解决方案。

兄弟姐妹们，企盼我们不要被那些希望继续被法国帝国主义统治的人，或那些以似是而非的借口期待混乱和无序的人所误导。

让我们承担任务，为人民建立强有力的阵线，超越所有分歧，执行我们的计划，发挥我们的作用，在自由印度开创一个独立团结的民族，同时助力创造一个团结的人类世界。

1947 年 6 月发表

1947 年 8 月 15 日本地治里的骚乱

1947 年 8 月 15 日傍晚，也就是印度独立之日，武装暴徒袭击了修道院，造成一名修道院成员死亡，数人受伤。随后，加尔各答的《政治家日报》报

---

① 上述地名均属法属印度地区。

道，政治分子们在修道院前发起了"Satyagraha"（非暴力不合作运动）。室利·阿罗频多在8月20日口述了这封信给他的助手尼罗德巴兰并由他的秘书签名发送给《政治家日报》的编辑。

致：

《政治家日报》编辑，加尔各答

1947年8月20日，本地治里

亲爱的先生：

《政治家日报》专栏文章中提到，在室利·阿罗频多修道院前发生了一场非暴力不合作运动，这是没有根据的谣言，没有任何形式的非暴力不合作运动。实际情况是，修道院遭到袭击，一名成员被刺死，其他多人受伤，建筑物被石头砸中。这种"非暴力不合作运动"形式前所未有！袭击发生在8月15日达显结束几个小时之后（此次达显非常成功，有数千人参加），袭击者大多是镇上的地痞流氓，他们是专门为此目的雇用和组织的。我们认为，这是某个反对修道院的政党所为，他们在过去两年中不断发表演讲、散布文章和小册子，试图以各种方式破坏修道院在公众心目中的形象，这次是他们长期活动的结果甚至是高潮。这不是出于政治原因，袭击与政治问题无关。

修道院是一个非政治机构。但有三种人强烈反对修道院的存在，达罗毗荼斯坦（Dravidisthan）①的拥护者、极端的印度天主教徒和共产党人。本地治里的每个人都无一例外地支持法属印度人民的自决权，室利·阿罗频多一直是世界各地人民自决权的坚定支持者。在

---

① 达罗毗荼斯坦：南亚所有非婆罗门达罗毗荼语使用者的拟议主权国家。

这里，没有人支持"法国统治的延续"，但人们准备接受法国关于在法兰西联盟内建立一个自由和完全自治的法属印度的提议。只有当法国政府提出的改革承诺无法兑现时，才出现了立即移交权力和将法属印度并入印度联盟的呼声。室利·阿罗频多不是法属印度的公民，他没有公开发表自己的观点，但私下支持法属印度社会党在宣言中提出的观点。该宣言要求结束殖民统治，在法兰西联盟内实现完全自治，同时拥有双重公民身份，并与印度联盟建立密切联系，而印度联盟应管控海关、交通和共同的工商系统。因此，没有任何依据或理由进行任何形式的非暴力不合作运动。我代表修道院，并在室利·阿罗频多的指示和全权授权下，以此篇文章作为官方驳斥。

谨启

秘书

室利·阿罗频多修道院

本地治里

给苏伦德拉·莫汉·戈什的信

关于收件人苏伦德拉·莫汉·戈什，请参见本部分前文。本小节中所述信件内容是由印度政府与法属印度政府之间的外交冲突引起的。

[1]

1949 年 4 月，印度政府在法属本地治里周围设置了海关警戒线。这使得修道院很难获得食物和其他必需品。室利·阿罗频多于 1949 年 4 月 1 日危机开始时口述了这封给苏伦德拉·莫汉的信。

我拍电报说会写一封解释信，但没有写，因为我无法获得关于目前局势的确切信息，甚至有消息说会拒送汇票，但这个问题也没有确切说明。有人怀疑，这是人们误以为法属印度和法国以及其他法国领土一样，是硬货币流通区，由于美元兑换困难，所以会对汇票有所限制。但法属印度已被宣布为软货币流通区，以卢比和英镑兑换，所以不会出现这种困难。到目前为止，仍有汇票可以送进来。

关于食品问题，据说现在班加罗尔的蔬菜和水果被允许入境，而其他受海关监管的食品也将被允许入境，前提是商家必须出示许可证。有关禁运的谣言是因为从今天开始运作的关税线引起了印度联盟和本地治里商人的恐慌，以及有传言称将采取严厉措施迫使法属印度加入联盟。如果事态正常发展，最多也就是物价飞涨，不会有比这更最糟糕的事情了。

但与此同时，也有一些局势紧张的迹象，不知会如何发展。例如，据说除了报纸和易腐货物外，铁路已停止接受本地治里的货物预定。同样，据说法国当局禁止当地货物从法属印度过境进入印度联盟，并设立了一个哨所以防止其通过。这就是目前的情况，我想，等海关恢复正常后，我们就可以得到更明确的信息。

事态如有进一步发展，我会写信告知我们在法属印度面临的困难。但目前，我们急需一些可靠的信息来了解法属印度可能的命运。一方面，法属印度市政当局已确定将在 12 月举行全民公投，如果公投能按照通常的方法顺利进行，其结果会是当地政府的意愿，而不是公民投票的真正结果。除非古伯特①他们再次尝试与马德拉斯或德里的政府达成协议，否则就不可能加入或并入印度联盟。另一方面，

① 古伯特：即爱德华·古伯特（Édouard Goubert，1894—1979），他和下文的兰伯特·萨拉瓦内于 1947 年 7 月创立了法属印度社会党。

也有大量信息暗示不会举行全民公投，法属印度的命运将由巴黎和德里的政府之间直接谈判决定。但何时呢？我们曾被告知，作为高级专员的男爵将于4月或6月返回，但这里的政客们坚决不允许他回来，因为他会受到修道院的影响，正如萨拉瓦内（Saravane）、库努马（Conuouma）^①、安德烈（André）等都因同样的原因被排除在所有权力职位之外，因为他们都支持加入印度联盟。

1949 年 4 月 1 日

［2］

室利·阿罗频多于 1949 年 5 月 6 日口述了这封信，当时海关封锁造成的问题处于最糟糕的状况。

以下是负责修道院餐食部门的杜曼（Dyuman）^②提供的一份关于目前食物供给状况和前景的说明。现在有一个新情况：此前，水果被拦截，蔬菜还可以过关，海关人员对修道院很好，没有给我们制造麻烦。但现在这一切都结束了，看来已经下达了非常严格的禁令——严禁任何物品通关。从马德拉斯发来的少量个人用品无法运进来，为我们提供食物和其他商品的加尔各答商人也无法再获得许可证。我们还被告知，铁路公司不再接受运往本地治里的货物。现在我们的菜园里还种植了一定数量的优质蔬菜，但目前还不确定由外部供应的种子是否还能送进来，如果不能，我们的物资将会消耗殆尽。

---

① 库努马：这里应该是指帕德马纳班·库努马（Padmanabhan Counouma，1908—1991）。1968 年起，库努马任室利·阿罗频多修道院董事会成员。1969 年起担任董事会的律师和法律顾问，并代表董事会签署所有信件以及执行董事会的一般业务。

② 杜曼（原名 Chunibhai Patel）：古吉拉特人，1955 年母亲任命其为室利·阿罗频多修道院信托创始人受托人之一。

马德拉斯的负责人还发表了声明，要对法属居住点实行某种形式的货物封锁。好在这里的铁路人员已经撤回了对我们书籍的禁运声明，并开始发送我们的杂志［《降临》、《孟买年鉴》(*Bombay Annual*)、《曼迪尔之路年鉴》(*Path Mandir Annual*)、《阿底提》(*Aditi*)等］，因此无须担心杂志会丢失或被滞留。我还要再补充一点，由于送奶人没有足够的饲料供应，我们将无法获得充足的牛奶供应，帮助过我们的雀巢公司的供应也被切断了。

关于我们向卡马拉杰·纳达尔(Kamraj Nadar)[①]求助的事情，目前还没有最终或确切的消息。他最近才从锡兰回来，之后将处理我们的事。他告诉我们在马德拉斯的代表，其中一些事务属于马德拉斯政府管辖，有些只能由德里决定，他会找出确切对口的政府部门，并尽他所能帮助我们。每件事都需根据实际情况来处理。现在是5月6日，我们还没有听到任何消息，目前所有情况暂时就是这样。

1949 年 5 月 6 日

关于一项法律草案的批注

这是室利·阿罗频多对一项法国拟议的法律草案(projet de loi)写下的批注。他的弟子萨纳特·库马尔·班纳吉(Sanat Kumar Banerji)将草案条款发给了他，请他发表评论。班纳吉是印度行政服务局的成员，被任命为印度驻本地治里的总领事。当时，法国和印度政府还没有就此草案展开讨论。

我不知道是否有必要对这个草案的细节说太多，在我看来，这

---

① 卡马拉杰·纳达尔：即库马拉斯瓦米·卡马拉杰(Kumaraswami Kamaraj, 1903—1975)，印度独立活动家和政治家。

个草案似乎需要在很多方面做更详细的阐述和说明，以便更完整准确地理解宪法对新领地的意义，比如，宪法中规定的新领地和中央政府的权力，以及印度政府给予法国及法国国民的权利的范围和限制。

顺便提一下，地方政府的"关税"是什么意思？我以为旧海关将在港口重建，法属领地和印度其他地区之间将不会有海关，只有按需规定配额的有限货物被允许从法属地进口到印度。如果是这样，地方当局就没有征收关税的余地。至于联合国办事处（UNO），我认为，就目前情况而言，不可能就隶属领土的人民政府和印度政府之间的任何问题进行直接干预，而只能在法国政府与印度政府之间进行干预。

还有很重要的一点。法国政府自然希望其让与的地方议会和地方机构的民主权利能够充分实施下去，毫无疑问，印度政府也希望新领地拥有与印度一样的民主宪法。但是，如果地方局面没有任何改变，某些政客和政党为了一己私利仍有机可乘，形成阻碍势力。如果这样，旧态势将被拖延，新领地会很容易沦为政府管理不善和腐败的温床，情况将变得比过去更糟。只有通过强有力的控制，彻底净化政治生态，并经历一段时期的政治规训，培养人们的公共精神，学习正确行使他们所掌握的权利和民主制度，才有可能确保形势的好转。这可能需要很长一段时间，单靠一纸宪法是办不到的，只有人尽其才、各司其职才能确保这一点。

如果两国政府先就协议原则及主要方面达成初步一致，其余的可经仔细考虑和讨论后再得出，我个人觉得这样更稳妥一些。否则，可能会出现意见分歧，从而阻碍甚至危及协议的成功实施。但据我所知，印度政府在这一问题上的立场已迫使巴黎政府倾向于现在的方法。我希望你的建议有助于印度政府妥善处理这些问题。

1950 年 2 月 12 日

印度和国际事件

（1948—1950）

室利·阿罗频多应邀口述了以下三条讯息。另外三封是私人信件（其中一封是摘录），后被公开发表。

圣雄甘地遇刺事件

圣雄甘地于 1948 年 1 月 30 日遇刺。

［1］

2 月 4 日，卡纳塔克邦加达格的昆比（Kumbi）先生给室利·阿罗频多发来电报："黑暗的悲伤在印度迅速蔓延，巴普吉（Bapuji）①走了，孩子们在祈祷。"室利·阿罗频多回复了以下电报。于 2 月 7 日在《印度教徒报》上发表。

在黑暗中保持坚定，胜利的曙光就在前方。②

1948 年 2 月 4 日

［2］

2 月 5 日，全印度广播电台就圣雄甘地遇刺一事向室利·阿罗频多征询看法，他写了下面这段话，后由该电台播出。2 月 8 日，《印度教徒报》发表

---

① 巴普吉：印度人对自己的父亲或受人尊敬的长辈的尊称。
② 电报原文：REMAIN FIRM THROUGH THE DARKNESS THE LIGHT IS THERE AND WILL CONQUER。

了这段话，马德拉斯季刊《降临》于2月底转载。修道院印发了单独的传单，同时也收录于1949年的小册子《室利·阿罗频多与母亲的讯息》。

面对周围的境况，我宁愿保持沉默。发生这样的事情，任何语言都是苍白无力的。但我要说的是，虽然统一尚未实现，但曾指引我们走向自由的火光仍在燃烧，并将继续燃烧，直到胜利。我坚信，这个国家和人民必将走向伟大而团结的未来，在争取自由的道路上带领我们经过重重苦难与斗争的力量，终将引领我们实现统一的目标，这也是逝去的领袖在最后的悲惨时刻心之所系。自由已经实现，统一必将来临，无论面对怎样的冲突与纷争，一个自由而统一的印度一定会诞生，她的儿女们将聚集在她的身边，凝聚成一股伟大而团结的民族力量。

室利·阿罗频多

1948年2月5日

国际局势

（1948年7月）

这是室利·阿罗频多写给他的弟子迪利普·库马尔·罗伊的一封信，加尔各答的《室利·阿罗频多曼迪尔年鉴》(*Sri Aurobindo Mandir Annual*) 曾收录此信，也曾印刷为单独的传单，同时收录于1949年的小册子《室利·阿罗频多与母亲的讯息》。

对那些哀叹现状的来信者，我恐怕只能给他们一个冰冷的安慰了。事态很糟糕，而且还在加剧，如果可能的话，会随时变得前所未有的糟糕。在当前这个动荡不安的世界里，任何看似矛盾的事情都有可能发生。对他们来说，最好是能认识到这一切都是必要的，因为，某些可能性必须浮现出来，才能被消除，才能诞生一个崭新且更美好的世界。只是一味地拖延是没有用的。就像在瑜伽修习中一样，存在中活跃的或潜伏的问题必须在光明中有所显现，才能从深层的蛰伏中慢慢浮现，才能被设法解决并消除，达到最后的净化。他们应记得那句格言：黎明前的夜晚最为黑暗，但曙光必将到来。他们也须谨记，我们设想的新世界不是换汤不换药的旧世界，而是必须以其他方式从内部，而不是外部去实现的新世界。因此，最好的办法是不要过分专注外部发生的那些令人遗憾的事情，而是要专注自身内在的成长，随时做好准备，迎接无论以何种形式显现的新世界。

1948 年 7 月 18 日

室利·阿罗频多

语言省份

（给安得拉大学的发言稿）

1948 年 6 月 28 日，位于沃尔代尔的安得拉大学（Andhra University）[①]的副校长 C.R. 雷迪博士（Dr. C.R.Reddy）[②] 写信给室利·阿罗频多，询问他是否愿意考虑参选该大学的国家人文学科杰出成就奖。7 月 15 日，室利·阿罗频多回信表示同意。10 月 30 日，马德拉斯总督（安得拉大学当时的校长）写信说，该大学的评议特别委员会已决定将该奖项授予室利·阿罗频多。随

---

① 安得拉（邦）大学：成立于 1926 年，是一所非营利性公立高等教育机构。
② C.R. 雷迪：即卡塔曼奇·拉马林加·雷迪，教育家、政治思想家和文学评论家。

572

后，雷迪博士写信要求室利·阿罗频多为颁奖典礼写一段发言。室利·阿罗频多通过电报回复说，虽然他"通常不会发言，除非它来自一些内在的灵感"，但他确信"在目前情况下，灵感和发言都会到来"。室利·阿罗频多随后写下这一发言，详细地论述了语言省份问题和安得拉邦的一个尖锐的政治问题。发言于12月5日完成并寄出，于1948年12月11日在大学的一次集会上宣读。

该发言于1948年12月12日在《印度教徒报》上发表，随后在其他报纸上发表，如1948年12月22日的《甘露市场报》。后收录于1949年的小册子《室利·阿罗频多与母亲的讯息》。

你们请我致辞，既然是写给安得拉大学的，如果可以以此来称呼的话，那我说的内容应该与安得拉大学的职能、性质和工作相关。但在当前这一特殊时期，对我来说有些困难，因为就在这个关键时刻我们要做出的重大决定，不仅会影响国家政府和行政管理的形式与模式，还会决定国家未来命运的范式和民族性格的塑造和组成，影响印度在世界上的地位，以及与其他国家的关系。这是印度对未来的选择，但这些并不是我今天想讨论的。

今天我想关注并讨论目前印度面临的一个与我们每个人都息息相关的问题，即要求将英帝国人为划分的省份和管辖区重新进行自然分区，形成一个建立在印度自古以来"蕴多样性于统一性"原则之上的新体系。

印度被喜马拉雅山脉和海洋隔开，一直是一个独特的民族家园，有着自己与众不同的特点和独特的文明、生活方式、精神方式，独立的文化、艺术和社会建设。它吸收了所有外来元素，打上印度的烙印，将最多元的元素融合为统一的基础。它聚集了多样的民族、土地、王国，以及早期的共和国、不同的种族、具有鲜明特征的亚民族，发展出不同类型和形式的文明和文化，和许多成功融入印度普遍文明和文化的艺术和建筑流派。印度的历史自始至终都有一种趋势，即不断努力将所有这些多样性元素团结为单一政治体，从而在中央帝国的统治下将印度的政治和文化融为一体。即使在宗教和社会结构迥异的伊斯兰教民族入侵印度造成分裂之后，政治统一的不懈努力，文化的相互影响与融合仍在继续。在这一趋势下，印度甚至有创建一种建立在两种不可调和的信仰之上的共同宗教的勇敢尝试。

但纵观印度历史，政治上的统一从未完全实现，有几个原因：一是空间广阔，沟通不足，阻碍了不同民族的融合；二是试图统一的方法是一个人或一个王朝对其他国家的军事统治，造成了一系列的帝国更迭，没有一个是长久的；三是没有任何意愿去消除不同的王国，融合不同的民族，迫使它们成为单一形式的实体。

后来大英帝国来到印度，他们为了自己方便，无视地区民族划分原则，将整个国家人为划分为各个自治省，分裂依然没有消除。因此，在这些原始特征的基础上，印度自然形成了一个具有不同语言、文学和传统的亚民族体系，即四个达罗毗荼族系、孟加拉、马哈拉施特拉、古吉拉特、旁遮普、信德、阿萨姆、奥里萨、尼泊尔、北方印地语民族、拉杰普塔纳和比哈尔。英国的统治及其各省政府并没有将这些民族团结起来，却将一种统一的管理方式强加给他们，英语作为沟通语言促进了交流，而统一的教育更是创造出更广泛、更具战斗力的爱国主义，带来了对解放的渴望和在实现解放的斗争中对团结的迫切要求。充分的斗争团结是为了赢得自由，但获得的自由并没有带来国家的完整统一。

在从英国人手中接过政权的过程中，我们不可避免地要选择阻力最小的路线，沿用了英国人为划分的省份。现在看来，这种临时安排有可能成为永久性的。有些人认为，地方区域曾阻碍了印度全面彻底的团结和统一，现在这种安排使我们不必维护地方区域，是有利于国家统一的。他们认为唯一真正的统一，是通过一种单一的民族语言实现国家行政、语言、文学、文化、艺术、教育的全面严格标准化的统一管理。

人们无法预测这一构想在未来能否实现，但目前显然不可能，印度是否真的需要这样的统一也值得怀疑。印度古老的多样性既有很大的优势，亦有弊端。由于这些差异，这个国家成为许多生活、艺术、文化的活动中心，于统一中呈现出丰富多彩的多样性。所有这些不是由几个省会城市或一个帝国大都市以及其他一些不活跃甚至文化休眠的附属城镇和地区带来的，只有整个国家在众多方面都过着充实的生活，才会极大增加我们整体的创造力，这样的多样性不会危及或削弱印度的统一。

科学的进步和通信手段的迅速发展，消除了广袤的地理带给人们亲密和充分互动的空间障碍和分离效应。人们认识到联邦的理念及其完美运作的整体机制，将使之充分发挥作用。最重要的是，人民心中已经牢固树立起了爱国统一的精神，很难被抹杀或削弱，如果拒绝让地方区域自然发挥作用，不去满足他们的合法愿望，那将更加危险。在印度独立日的前几天，国会已经承诺要建立语言省份，如果不能立即实行，那么应在可能的时候尽早完成，这是明智之举。印度的国民生活将建立在她的自然优势和多样性统一原则的基础上，这对她来说是种常态，也充分体现了印度存在的基本过程及其本质："蕴多样于一体"（the Many in the One），这将使印度依其内在属性和命之法（swabhava and swadharma）为未来发展奠定坚实基础。

这一发展很可能被视为印度未来的必然趋势。达罗毗荼人民正在要求他们独立的自治权，马哈拉施特拉邦预计会做出类似的让步，这将意味着古吉拉特邦也会有同样的事态发展，英国制造的马德拉斯和孟买的总统职位也会消失。旧的孟加拉总统府已经四分五裂，奥里萨邦、比哈尔邦和阿萨姆邦地区的人民现在已实现自治。中部省份印地语地区和印度联盟的合并将完成这一进程。废除印度分治可能会对此有影响，但不会实质性地改变这一总体趋势。国家和地区人民的联盟将再次成为印度统一的形式。

在这一新体制下，您的大学富有职责与使命。安得拉大学的起源与印度其他大学不同，其他大学是在外国政府的倡议下建立的，目的是将外国文明引入印度，通常位于总统府的省会，是纯粹的教学、考试和学术机构。贝拿勒斯和阿利加尔有着不同的起源，是为印度两个主要宗教社区服务的印度机构。安得拉大学的创建源自一个安得拉爱国人士的倡议，它不在省会，而是位于安得拉镇，自觉地为当地人民的生活服务。安得拉邦是一个强健、刚毅且精力充沛的民族家园，过去在印度政治生活中发挥了重要作用，在艺术、建筑、雕塑、音乐方面取得了巨大成就。安得拉邦曾经有过辉煌的帝国岁月，曾是相继统治大部分地区的帝国和帝国王朝的所在地，它承载了最后一个荣耀的印度教帝国维贾亚纳加尔（Vijayanagar Kingdom）[1]，对

---

① 维贾亚纳加尔帝国，历史上最后一个印度教帝国，是南印度历史上的黄金时代。

任何人来说这都是恢宏的历史。

安得拉大学作为学习、知识和文化的中心而享有崇高的地位，应更多更好地培养安得拉的年轻人，使其不愧对他们的祖先。伟大的过去应该造就同样伟大甚至更加伟大的未来。教育不只是科学、艺术，也不只是书本上的知识和信息，文化和品格的成长也都是真正教育的一部分，帮助个人发展自己的能力，培养思想家、创造者以及对未来有远见和行动力的人，这也是大学教育工作的一部分。此外，安得拉人民的生活不应是封闭的，这里的年轻人必须接触印度其他民族的生活，不仅在工业、商业和其他实际生活领域，也要在思想和精神方面与他们连接互动，相互影响。

此外，他们不仅要学习成为安得拉的公民，还要学习成为印度的公民，国家的生命就是他们的生命。必须培养能充分了解重大国家事务或问题的精英，能够代表安得拉邦参加国家议会，在所有活动和事业中代表国家利益，承担责任，得到人民的支持。在印度还有一个更广泛的领域，即国际领域，需要来自全国各地德才兼备的人投身其中。现在的印度扮演着非常重要的国际角色，随着时间的推移，其重要性会越来越高，很可能会在全球主要国家中占有一席之地，这些国家的发声是最强有力的，其领导和行动决定了世界的未来。印度现在急需训练有素，富有才华与天赋，兼具品格力量的人才，培养这样的人才是当务之急。在所有这些领域，安得拉大学都可提供高等教育服务并做出不可估量的重要贡献。

现在是印度独立的第二年，这个国家还必须面对许多棘手的问题，未来有巨大的可能性，但也危机四伏，如果处理不当，后果不堪设想。战争留下了混乱的世界局势，充满风险、苦难和匮乏，并有可能再次发生灾难，只有通过各国人民的共同努力才能解决，只有通过像在旧金山刚刚诞生的联合国的努力才能真正应对。但到目前为止，在实践中还未取得成功，所以仍需继续努力，寻找新的手段，这将有助于我们更容易从过去以及现在的危险分裂局面过渡到和谐有序的世界秩序，否则就无法摆脱持续的灾难和崩溃。

印度自身也有更深层次的问题，因为在某些诱惑的驱使下，像许多其他国家一样，她可能会成为这样一个国家——工业和商业繁荣发展，具有强大的社会和政治生活组织，强大的军事力量，高度成功的强权政治，积极护卫并扩张她的利益和收益，甚至统治了世界的大部分地区。但在这个看似宏伟的进程中，却丧失了她的"本命之法"，她的灵魂，与之一起消亡的还有古印度和她的民族精神，我们将只拥有一个和其他国家别无二致的国家，这对世界和我们来说都不是真正的获益。

所以问题是，从外在来讲，印度是否可以在不造成危害的情况下更加繁荣地发展，并保持其内在丰富且固有的精神体验和智慧力量。世界其他地方越来越多地转向印度寻求精神帮助，而如果这个时候，我们却抛弃了自己的精神遗产，那无疑是对印度命运最可悲的讽刺。这绝不能也绝不会发生。但危险依然存在，事实上，这个国家正面临着，或很快将面临许多难题，毫无疑问，我们会取得胜利，但我们绝不能掩饰这样一个事实：在经历了漫长的压迫和限制后，我们内在和外在寻求解放和改变的力量都被削弱了，只有我们在内在和外在都取得巨大进步，印度才能实现掌控自己的命运。

1948 年 12 月

与安得拉大学奖相关的信件

[1]

这是室利·阿罗频多于 1948 年 7 月 15 日写给 C.R. 雷迪博士的信，授权允许以他的名字参选安得拉大学的国家人文学科杰出成就奖。

室利·阿罗频多修道院

本地治里

1948 年 7 月 15 日

致：

C. R. 雷迪博士

副校长

安得拉大学，沃尔代尔

由于意外的原因，您 1948 年 6 月 28 日的来信我未能尽早回复。作为本地治里修道院的负责人，我对您的提议有些疑虑。我不是桑雅士，我的瑜伽不会远离生活，但我始终遵循不接受任何政府或公共机构授予的头衔、荣誉或殊荣的原则，即使是最高级别的，我也会拒绝或回避。

但经过长时间的考虑，我认为安得拉大学提议授予我的荣誉，其性质有所不同，与我的原则并不冲突。无论如何，我认为自己不能无视安得拉大学的提议，选择我作为这项荣誉的候选人。即便情况却非如此，我也认为自己必须接受这一特例，不能拒绝像贵校这样的机构选择我获得这一奖项的决定。因此，我同意您将我列为候选人，如果贵校确认我最终获选，我将接受你们授予的国家奖项。

还有一个难题，您也许知道，我一直生活在完全隐退的状态，只在四个达显活动的时候出现在公众面前，接见居住在修道院的人们和来自印度各地的访客。其他情况下，我不会离开居住的房间，更不会离开修道院或本地治里。所以我不可能去沃尔代尔接受这个荣誉。鉴于这种情况，我希望您能对此做特殊处理。

室利·阿罗频多

[2]

这封信是室利·阿罗频多在安得拉大学决定授予他这一奖项后的一个星期写给马德拉斯总督阁下的，于 11 月 6 日发出。

室利·阿罗频多修道院

本地治里

1948 年 11 月 6 日

致：

马德拉斯总督阁下

安得拉大学校长

我收到了您 10 月 30 日的来信，信中通知我安得拉大学评议特别委员会理事会已决定向我颁发今年的国家人文学科杰出成就奖。我非常高兴收到贵校授予我的这一荣誉，并欣然表示接受。从来信中得知，您会在达显日为此亲自来本地治里，我非常高兴并期待与您见面。

室利·阿罗频多

[3]

这封信，连同"给安得拉大学的发言稿"，一起于 1948 年 12 月 5 日寄送给 C.R. 雷迪博士。

室利·阿罗频多修道院

本地治里

1948 年 11 月 6 日

致：

C.R. 雷迪博士

副校长，安得拉大学

我将写好的发言寄给您，但篇幅过长，大约需要念诵半个小时，而不是五分钟。我知道，我所写的这一主题很有争议，希望不会因为这个原因而被认为不适合在这个场合朗读，或无法安排所需的时间。我对这两点有些顾虑，若能悉数安排，我将非常高兴。

室利·阿罗频多

当前的黑暗

（1950 年 4 月）

这一段是写给迪利普·库马尔·罗伊的一封信的摘录，这封信在写完后不久就公开发表于 1950 年 4 月 17 日的《印度斯坦标准报》，此后不久又在其他报纸上发表。1950 年 4 月的马德拉斯《降临》杂志曾发表这封信的更长的一段摘录，其中包含这一段。每次发表时，提到尼赫鲁总理的全部或部分句子都被省略了。室利·阿罗频多所指的"巴基斯坦纷争"是指东巴基斯坦对印度教徒的袭击、印度的报复性袭击以及随之而来的人口双向流动所造成的危机。有关这场危机的更多信息，请参阅下文《〈尼赫鲁—利亚卡特条约〉及之后》。

你在来信中表达了对当前黑暗世界的感觉，这一定是导致你如此沮丧且无法振作的原因之一。对我来说，黑暗的世界并没有让我气馁，也没有让我"帮助世界"的意愿变得毫无意义，因为我知道黑暗一定会出现。在自然世界，黑暗一定会显现，这样它们才能被耗尽，被驱散，一个更美好的世界才能出现。最终，外在的事情必须完成，才能准备好去帮助内在的事情。例如，印度自由了，这对于完成神圣工作是必需的。现在围绕印度的困难可能会在一段时间内加剧，特别是巴基斯坦纷争，是必须解决的问题。为防止不可避免的冲突，尼赫鲁所做的努力在短时间内可能不太奏效，但也没有必要跑到德里给他一巴掌，然后替他拿主意。最终会有一场完全的清理，不幸的是，在此过程中会有很多人遭受痛苦。之后，才更有可能为至上者工作，我们的梦想——带领世界走向灵性之光的梦想

图 50 室利·阿罗频多在他的房间，1950 年 4 月

（如果这是梦想的话）才有可能成为现实。因此，即使身处黑暗之中，我也不认为帮助世界的意愿注定会失败。

1950 年 4 月 4 日

第二节　给公众人物和《印度母亲》编辑的私人信件

（1948—1950）

给公众人物的私人信件

（1948—1950）

室利·阿罗频多在 1948 年至 1950 年口述了这四封信，以回应向他寻求指导的政治领导人。

致苏伦德拉·莫汉·戈什

苏伦德拉·莫汉·戈什年轻时是 Anushilan Samiti 的成员，这是一个由室利·阿罗频多和其他人于 1902 年创立的革命组织。后来他加入了国大党，从 1938 年起担任孟加拉邦国大党委员会（BPCC）主席。在 20 世纪 40 年代，他与室利·阿罗频多进行了一系列私人会面，其间两人谈到了政治和瑜伽。1946 年，他成为制宪会议成员，负责起草印度宪法。1948 年和 1949 年，室利·阿罗频多就政治问题给他写了几封信，其中两封收录在有关"法属殖民地的整合"一节中，另一封关于内阁使团提案，收录在有关"印度独立"的小节中。本节中的信写于 1948 年 6 月 6 日，在苏伦德拉·莫汉·戈什告知室利·阿罗频多他希望辞去孟加拉邦国大党委员会主席的职务后。

我强烈反对您放弃国大党委员会主席的职位。但我承认，您是有充分理由的，您不想让贾瓦哈拉尔·尼赫鲁失望，但您在达卡

（Dacca）①的工作也非常重要。如果您在看到孟加拉新形势的全面发展后，最终决定放弃主席职务，不会阻碍或损害西孟加拉的工作，那么我会撤回这一反对意见。

1948 年 6 月 12 日

致凯拉斯·纳特·卡朱

凯拉斯·纳特·卡朱博士（Kailas Nath Katju）是一名律师，1937 年之后成为国大党领袖。1948 年，他被任命为西孟加拉邦州长。1949 年 8 月，他以这一身份在加尔各答主持了一场公开庆祝室利·阿罗频多七十七岁生日的活动。当月 20 日，他写信告诉室利·阿罗频多他过去和现在所从事的活动，以及他对国家的希望和担忧。两周后，室利·阿罗频多口述了这封信作为答复。

由于上个月非常繁忙，我现在才有时间回复您于 8 月 20 日的来信。您发来了您在 Mahotsav 节②上的完整讲话，我也收听了您在大雄节（the Jayanti）③上的讲话。您的这些讲话鼓励并振奋了那些在孟加拉努力工作的人，并有力地推动了孟加拉的局面。我写这封信，是感谢您在大雄节之际所做的一切。

我很早就知道您的名字，也知道您作为印度争取自由斗争的领导人之一，获得独立后，在艰苦卓绝的环境下，为组织国家的独立

---

① 达卡：孟加拉国首都。

② Mahotsav：类似于中国的"植树节"，时间为每年 7 月的第一周。

③ 大雄节：该节日是锡克教创始人 Guru Nanak Dev Ji 的诞辰纪念日，全球锡克教和信德社区都会庆祝这个节日。

和应对日益严峻的任务所做的繁重而艰巨的工作。

正如您所说的，那些为世界和平与福祉而努力的人们正面临着巨大的难以克服的困难，对他们的支持并没有达到应有的广泛程度。现在，全世界范围内都有很大的恐惧和低落，彼此之间也缺乏合作的意愿。

我想，现在还不能确信这些困难很快就会过去，坚强的人们必须以极大的勇气坚持下去，直到可以说"已完成"的那一天。工作是艰巨的，但我相信其结果也一定会是令人满意的。孟加拉有您担任州长是一件非常幸运的事情，请相信，我的祝福会一直伴随着您的工作。

1949 年 9 月 3 日

致 K.M. 门希

K.M. 门希（Kanaiyalal Maneklal Munshi）曾在室利·阿罗频多任教的巴罗达学院接受教育。后来，他成为古吉拉特邦国大党的主要成员，1946 年成为制宪会议成员。印度独立后他加入联合政府任农业大臣。在 1949 年和 1950 年，他两次向室利·阿罗频多寻求建议。室利·阿罗频多向普拉尼口述了他的答复，并由普拉尼署名后发给门希。

[1]

1949 年 9 月 3 日，在制宪会议任职期间，门希打电话给本地治里的修道院，询问室利·阿罗频多对印地语中数字使用的意见，印地语正在被推广为国家语言。9 月 15 日，室利·阿罗频多的回复至少在两家报纸上发表。

M. 门希：在制宪议会中，关于是否在印地语中使用国际数字的

586

问题存在争议。如果不使用国际数字，整个南印度不会接受印地语作为国语，非印地语省份也在支持南印度。有组织的印地语团体以雅利安文化为根基反对使用国际数字。

* *

对于这一问题，室利·阿罗频多并没有明确的意见。在他看来，如果南印度人民和其他非印地语省份坚持，为了这件事上的团结和统一，也为了国际上的方便，讲印地语的人们也许应该做出让步。

1949 年 9 月 3 日

［2］

1950 年 7 月 30 日，门希写信给室利·阿罗频多，就他的个人修行和整合印度文化的工作计划寻求指导。

M. 门希：我希望得到您对未来印度教教义（Sanatan Dharma）的指导。从您在乌塔尔帕拉的演讲开始，多年来，您的话语一直是我的灯塔。我一直在为印度文化的再次整合而努力，但我既不是渊博的学者，也不是深刻的思想家。我只有我的信仰和被赐予的一点点能量，我祈求能给予我力量来传播先知的讯息。在我看来，您是唯一幸存的传道者，我现在该怎么办？

* *

亲爱的卡努拜（Kanubhai）：

关于你 1950 年 7 月 30 日写给室利·阿罗频多的信，他要求我代为回复以下内容。

你认为印度文化应该在现代条件下重新整合是完全正确的。这是必须完成的工作。在室利·阿罗频多看来，印度精神文化有着广阔而光明的未来。它是未来可能主宰世界的力量。

所以，你关于这项工作的努力方向是完全正确的，在这项工作中，你会得到他的全力支持和祝福。

1950 年 8 月 3 日

写给《印度母亲》编辑的笔记和信件
（关于 1949 年至 1950 年印度和国际事件）

1949 年 2 月，一份新的双周刊《印度母亲》在孟买发行，编辑是 K.D. 塞斯纳，他在 1928 年至 1938 年一直是修道院的常驻成员，并与室利·阿罗频多保持着密切联系。室利·阿罗频多称呼他为 Amal Kiran，意为"最纯净的光"。《印度母亲》发表了很多有关瑜伽、文学评论和诗歌的文章，以及对政治事务的评论。塞斯纳在撰写此类文章时经常写信给室利·阿罗频多寻求指导，室利·阿罗频多也经常回复。本节收录了其中的七封信。

巴基斯坦

此信是回复塞斯纳 1949 年 3 月 12 日的来信。

有一点非常清楚：我不想让巴基斯坦遭受痛苦。分裂必须结束，但这并不意味着允许分裂以某种形式持续下去。我并不认为印度会以被分成印度教和穆斯林两个联邦的方式实现统一，即使这两个联邦以某种方式联系在一起。

1949 年 3 月

英联邦和世俗主义

此信是针对 1949 年 4 月 5 日塞斯纳的一封信中的两段话而写的。塞斯纳的第一段话：也许应该添加一个段落作为结论，建议我们的宪法尽快支持"世俗"一词，并公开确定世俗与灵性并不矛盾而是彼此认可。若非如此，"灵性"一词应被替换，并释义为是支持"世俗"所代表的所有最好的内涵，而不是"世俗"的对立面。塞斯纳的第二句话：室利·阿罗频多和母亲对英联邦问题的看法是什么？

印度不能继续作为自治领地。它决定成为一个自由的共和国，这是不能改变的。在此基础上，如果愿意，印度可以与英联邦建立关系。

灵性是不能在政治宪法中得到确立的，你可以在精神生活中增加灵性，但不是在宪法政治中。

1949 年 4 月

团结党

1949 年 4 月 21 日，塞斯纳在信中询问室利·阿罗频多，是否同意《印度母亲》关于印度统一应由团结党主导这一观点。团结党当时在孟加拉非常活跃，其党书记 S.P. 森（S.P. Sen）偶尔会为《印度母亲》撰稿。在写完这封回信后几天，室利·阿罗频多在一封电报中进一步写道："（团结党的）政策不是由我决定的，那是阿罗频多主义者吗？政策主要由阿尼尔巴兰指导。无论是反对还是赞成，都应根据他们的行为来做评判。"

Amal：

室利·阿罗频多说，不能说团结党代表了室利·阿罗频多的观点，（也不能说）他们的政治纲领得到了他的支持。但如果不必承诺的话，你也许可以说，除了著名的前进集团（Forward Block），还有一个政党在孟加拉为印度的团结而努力工作，他们目标一致但路线不同。

1949 年 4 月 25 日

法属印度和巴基斯坦

1949 年 6 月 14 日，室利·阿罗频多修道院的秘书诺里尼·坎塔·古普塔接受一家新闻机构（API）的采访，采访记录以"室利·阿罗频多支持法属印度的合并"为题于 6 月 25 日在《印度母亲》上发表，文中写道：

> 6 月 14 日，室利·阿罗频多修道院的秘书诺里尼·坎塔·古普塔告诉 API 的特别代表，室利·阿罗频多以他自己至高无上的精神方式为印度的团结和伟大而奋斗。诺里尼说，室利·阿罗频多确信并不止一次表达了这一观点，即印度的不同地区，无论目前是由谁来统治，都必将加入统一的祖国。自由和团结的印度将成为一个充满活力的精神力量，为饱受战争创伤的世界和遭受苦难的人类带来和平与和谐的力量。
>
> 诺里尼还说，作为一个精神家园，修道院本身对本地治里当前紧迫的问题，即关于未来法属印度殖民地的公投采取中立态度。然而，另一方面，他强烈驳斥了认为修道院亲法的观点，并提到室利·阿罗频多在公开声明中的说法："这里（修道院）没有人支持法国在印度的统治。"

6 月 22 日，在发表上述文章之前，塞斯纳写信给诺里尼，询问室利·阿罗频多对法印问题和当前印巴冲突的看法。他写道:"尊敬的发言人代表修道院所发表的声明将在下一期的第12页刊登。"收到这封信后,诺里尼起草了一封致塞斯纳的信,称该文章"不能充分代表室利·阿罗频多的观点",不应被发表。室利·阿罗频多随后口述更正了诺里尼的回信,并增加了一段关于巴基斯坦问题的内容。修改后的信由诺里尼·坎塔·古普塔签名打字寄给了孟买的塞斯纳。

Amal:

我给你发了一封电报,要求撤销发言人声明。这份声明不应被发表在《印度母亲》上。该声明并未充分代表室利·阿罗频多的观点。它过分强调了某一观点,而忽略了其他同样重要的观点。

无论如何,室利·阿罗频多不想再看到任何关于他对法属印度问题的看法的文章。过去的事情就过去了,他希望在未来保持沉默,除非极有必要发表声明。

现在,室利·阿罗频多不希望强烈攻击国大党政府的政策,因为政府的行动,特别是马德拉斯政府的特殊政令,使修道院的很多困难和需求得以解决,所以室利·阿罗频多不想成为政府的敌人或对手。政府所做的某些事情可能看起来令人生疑,但目前他不希望给政府太多的压力,除非十分必要。

你的关于法印问题的文章,主要的反对意见是母亲不希望自己以这种方式(或任何方式)被代表,她反对以任何特定方式被当作法国或法国文化的代表。这篇文章现在不合时宜,它包含许多应该修改或根本不该提出的陈述。

至于当前的印巴冲突,室利·阿罗频多认为你可以等等看政府的下一步行动或态度,是不作为,还是意欲完全禁止和巴基斯坦的一切来往？然后再确定您的周刊对这些或任何极端行动的态度。这并不意味着您得无限期地推迟任何必要的决定。如果您认为有必要，可以引用尼赫鲁的讲话，这可以让我们避免陷入目前的任何冲突。

1949 年 6 月 27 日

"新年思考"一文

1949 年 12 月，塞斯纳将一篇题为《关于和平主义的新年思考》的社论发送给室利·阿罗频多。室利·阿罗频多在新年的第一天写了这篇回复。这篇文章于 1951 年 1 月 7 日在《印度母亲》上发表，包含了室利·阿罗频多在这封信中建议的修改。

你说一个人如果没有宗教信仰，或高度的宗教信仰，或不是神秘主义者，或是神秘主义者但不自知，那这个人就不可能有崇高的道德。文章中类似这样的一些陈述在我看来并不十分令人信服。我指出这句话是我的一种观察而不是反对意见，这篇文章的内容非常多面，多面性是一种优点，不应被反对。我只是感觉有些读者读过本文后，可能会感觉自己很难达到所有面向。

还有，我的名字出现在最后一句话中显得有些突兀，最好隐去吧。至于尼赫鲁，我想文中你对他的抨击不会被视为一种冒犯，但就我个人来看，最好也不要提他的名字了。

1950 年 1 月 1 日

圣哲作为领导者

这封信是回复塞斯纳 1949 年 12 月 31 日的来信。

文章可以按照你的建议做社论，其他安排也都可以。但我必须坚持删除最后一句话：直到我们把自己交托给一些领袖中的圣哲。我不知道谁会被推举为你所说的"圣哲"，因为唯一被公认有资格获得这一头衔的人不可能从蒂鲁瓦纳马莱（Tiruvannamalai）[①]被召到德里，他肯定拒绝同意调任。而你的读者会立刻将目光投向本地治里，并认为这是在要求任命我担任 C.R. 的职位或尼赫鲁担任的令人钦佩的职位。我不是担任这两个职位的合适人选，任何关于我担任这些高级职位的建议都应该留给其他宣告者，而不是《印度母亲》。所以不要提"圣哲"了。如果你喜欢，可以改为"直到印度领导人的眼睛看得更清楚，我们可以在你们左右各守其位"，或任何其他类似的中性措辞。

1950 年 1 月

论军事行动

这封信写于 1950 年 3 月 6 日，是对塞斯纳的一封来信（已不可考）的回复。信中室利·阿罗频多谈到 1950 年的印巴关系。

Amal：

室利·阿罗频多的观点是，印度政府不能因不愿采取局势要求

[①] 蒂鲁瓦纳马莱：安纳马莱山麓的文化、精神和经济中心，其丰富的历史和遗产可以追溯到 9 世纪。

的最强有力的行动而被指责。困难在于联合国组织的态度，以及从军事角度来看，行动后是否可以控制局面并按照预期的那样发展。而军事成功所需要的某些手段，我们只能从美国获得。最好不要仓促下笔，或只基于目前了解的事实来写。这并不意味着不采取行动，而是不能轻率地采取行动。如果稍加延迟并采取某些隐蔽和谨慎的态度，就可以克服或避免困难，这虽令人不悦，但也许是必要的。

1950 年 3 月 6 日

第四部分　关于室利·阿罗频多修道院和 瑜伽的公开声明和通知 （1927—1949）

室利·阿罗频多于 1910 年来到本地治里，全身心地投入瑜伽修习中。他起初和几个来自孟加拉的年轻人住在一起。之后，其他一些来自不同地区的人加入了这一行列。1926 年时，这个社群有四十人左右。在 1926 年 11 月的一次重要的瑜伽体验后，室利·阿罗频多停止了与日益增多的访客和社群内人员的见面或交谈。大约在那个时候，该社群被称为"室利·阿罗频多的修道院"（Sri Aurobindo's Asram），后来更名为"室利·阿罗频多修道院"（Sri Aurobindo Ashram）。

第一节　关于修道院的公开声明和通知
（1927—1937）

关于修道院的公开声明
（1927 年和 1934 年）

修道院的财务问题（1927 年）

1927 年 5 月 6 日，森·古普塔（Jatindranath Sen Gupta）的一篇题为《室利·阿罗频多的修道院：同住者的日常生活——一位访客的记录》的文章在马德拉斯的《印度教徒报》上发表。森·古普塔在文章的第一段中指出："尽管在印度各地，甚至在印度以外，人们都迫切希望了解本地治里的这个修道院内到底发生了什么，但很少有人有机会了解这些。另一方面，各种虚假丑陋的谣言却被一些别有用心之人竭力散播。"

森·古普塔的文章是正式发表的关于修道院的第一篇文章，似乎也是第一个使用"室利·阿罗频多的修道院"这一名称的出版物。室利·阿罗频多看了整篇文章后予以认可，并于 1927 年 5 月亲自写了下面"关于修道院的财务问题"这段文字。这是室利·阿罗频多唯一一次公开呼吁公众提供资金帮助，后来他明确禁止了这种方法。

室利·阿罗频多的这段文字是森·古普塔文章的一部分，所以这里使用了第三人称。

许多人想知道修道院是如何维持的。事实上，修道院目前还没有固定的收入来源。一直以来，修道院是靠少数几个有能力并支持这项工作的人的帮助来维持的，但这些并不足以满足未来的需求。我知道室利·阿罗频多的工作必须经过三个阶段：第一阶段，寻找灵性道路并奠定灵性修习的基础；第二阶段，建立一个灵性追求者中心和一些机构作为他的工作基础，这项工作现在已经开始；最后一个阶段，将这些工作广泛地拓展到整个印度和海外。因为室利·阿罗频多的修习不只是为了他自己或少数弟子，而是为了印度和全世界的一项伟大的精神工作。

在第一阶段，室利·阿罗频多与为数不多的弟子们一起生活，个人需求少而简单，因为没有其他开销，所以不需要太多帮助。但现在到了第二阶段，情况已发生改变。修道院将不得不购买现在租用的房屋，以防止任何被遣散的可能性。弟子们开始大量涌入，无论生活多么简单，维持的费用都在大幅增加，而且还会继续增加，即将启动的机构也将需要设备和维护资金。所有这一切都意味着修道院现在和以后都需要大量的资金来源。如果资金来源有保障，修道院的成员们期望在接下来的两三年内继续并彻底巩固第二阶段的工作，继而推进到第三阶段。

满足这个条件并不难，在印度，室利·阿罗频多是一个具有号召力的名字，当人们得知这些要求后，我认为在众多尊重并信任他的人中，那些有能力的一定会伸出援手。

1927 年

修道院（1934 年）

1934 年 2 月，迫于英国领事的压力，法属印度政府开始调查修道院的运作情况，主要是关于修道院的法律地位。新闻报道称修道院是一个拥有"共同基金"的"机构"，但却未在政府注册为法律或金融实体。事实上，当时的修道院并不是一个公共机构。修道院所在的所有房屋都是以室利·阿罗频多或母亲的个人名义注册。希望在他们的指导下练习瑜伽的个人只有在室利·阿罗频多和母亲允许下才能使用这些设施。尽管如此，室利·阿罗频多还是不得不认真对待政府的调查。为了说明情况，他在 1934 年 2 月（可能是 2 月 16 日）写了《关于修道院》（见下文）和《室利·阿罗频多的教义》两篇声明（见下一节）。

这两个文本于 1934 年 2 月 20 日在马德拉斯的《印度教徒报》中以"室利·阿罗频多修道院：澄清一些误解"（*Sri Aurobindo Ashram: Some Misconceptions Cleared*）为标题一起出版。1934 年 3 月和 8 月，这两个文本在本地治里和马德拉斯以题为《室利·阿罗频多的教义和修道院》（*The Teaching and the Asram of Sri Aurobindo*）的小册子出版。（本地治里：巴拉西出版社；马德拉斯：凯萨里印刷厂）。

大约同时，这两个文本的法语译本由本地治里的 Imprimerie de Sandhanam 出版发行。在这本名为《室利·阿罗频多的修行和修道院》（*L'ensignment et l'ashram de Sri Aurobindo*）的法语小册子中，日期记录为 1934 年 2 月 16 日，这可能是这个文本（或两个文本）的英文原文的写作日期。五个月后，1934 年 8 月，这两个文本的英文版，连同孟加拉语和印地语译本一起出版，名为《室利·阿罗频多的教义和修道院》（金德讷格尔：拉梅什瓦尔出版社）。1945 年第二版发行，只收录了英文文本（加尔各答：雅利安出版社）。这两个文本都收录于《室利·阿罗频多和他的修道院》第一版和第二版中（本地治里：室利·阿罗频多修道院，1948 年和 1951 年）。

《室利·阿罗频多的教义》一文继续发行，随后收录在 1972 年版的《关于自己》中，但《室利·阿罗频多的修道院》一文自 1951 年以来一直没有印刷。K.D. 塞斯纳于 1937 年写给母亲的一封信有助于了解背后的原因。在考虑是否应该将《室利·阿罗频多的教义和修道院》小册子发给某人时，塞斯纳注意到，文中关于修道院"不是一个公共机构，等等"的声明"是对 1934 年本地治里反修道院运动的一个直截了当的回应"。母亲同意他的说法，并告诉塞斯纳不需要寄出这本小册子，因为室利·阿罗频多在《室利·阿罗频多的修道院》一文中所说的不一定适用于今天的室利·阿罗频多修道院。

这篇文章每次都与《室利·阿罗频多的教义》一起出现。出于其历史意义，在此收录。

为了消除对位于本地治里的修道院的诸多误解，室利·阿罗频多认为有必要发表以下明确的声明。

一个修道院是一位老师或灵性导师的居所，是接待前来求教和修习的人的地方。修道院不是一个协会，也不是一个宗教团体或寺院——它只是上面所说的，仅此而已。

修道院中的一切都属于导师，跟随导师修习的灵性追求者在修道院的任何事务上都没有要求或发言的权利。他们可以选择留下或离开。导师收到的任何钱款都是个人财产，而不是公共财产。修道院不是信托或基金，不是公共机构。早在基督诞生之前的几个世纪，印度就有这样的修道院，至今仍大量存在。修道院的一切都取决于导师，并随着导师的离世而结束，除非有另一个导师接替。

本地治里的修道院就这样应运而生。室利·阿罗频多起初和几位同住者一起住在本地治里，后来又有几个人加入。1920 年母亲加入后，人数开始大量增加，因此有必要提供住宿，所以修道院购买和租赁了房屋，于是也必须维护修缮和新建房屋，以提供食物以及体面的生活和卫生。所有这些都是母亲制定的私人规则，完全由她自行决定增加、修订或改变，这其中没有任何公共性质。

修道院的所有房屋由室利·阿罗频多或母亲拥有，所有花销出自室利·阿罗频多或母亲。许多人捐钱帮助室利·阿罗频多的工作。有些人在这里捐出他们的收入，但这是捐给室利·阿罗频多或母亲的，而不是捐给作为机构的修道院，因为没有这样的机构。

修道院不是一个协会，没有组织机构，没有官员，没有协会拥有的共同财产，没有理事会或委员会，没有任何具有公共性质的活动。

修道院不是一个政治机构，住在这里的人放弃了与政治活动的一切联系，并禁止任何宗教、政治和社交活动。

修道院不是一个宗教组织，这里的人来自各种宗教，有些人没有宗教信仰。这里没有教规教义，没有宗教管理体制，只有室利·阿罗频多的教义，和某些专注和冥想等心理练习，以扩展意识，接受真理，控制欲望，发现隐藏在每个人内在的神圣自我和意识，以实现本性的更高进化。

1934 年 2 月

图 51 室利·阿罗频多修道院外景

图 52 室利·阿罗频多的写字台和扶手椅

图 53 室利·阿罗频多的冥想房间

图 54 室利·阿罗频多修道院内部

图 55 室利·阿罗频多修道院远景画

修道院通知

（1928—1937）

本小节包含由室利·阿罗频多本人（而非秘书）撰写的给修道院成员的通知，大部分是针对临时情况而写的，其中一些被纳入修道院的规定清单。这些通知在 1928 年至 1937 年间在修道院张贴或传阅。

通知（1928 年 5 月）

室利·阿罗频多在母亲身患重病后写下了这三份通知。他坚持改变修道院的活动时间表，以减轻母亲的工作压力。

[1]

有必要改变一些一直以来个人和集体修习的形式和方法，尤其是在食物分发、集体冥想和修行者与母亲的个人接触方面。现有的方法，初衷是在外部物质层面上保持一种精神和心灵的交流，通过这种交流，能量得以交换，高阶意识得以在物质层面不断增加，修习者的外在本性得以更加快速改变，以促成超心思之光和力更多地下降到物质中。

但要做到这一点，就需要一个真正和谐的交流，由母亲带领，修习者跟随她的证悟和进步。母亲自我奉献出她的能量，修习者在自身实现她的证悟，这需要修习者具有坚定的意愿，放弃狭隘的个人欲求和小我，完全献身于这一神圣的工作，并报之以修习的进步。

这一初衷在开始阶段可以实现，但现在这种能量互动越来越少。修习者们的进步全都依赖于母亲，母亲付出越来越多的能量，但接收到或交换到的能量却越来越少，母亲的意识越多地在光芒中进步，就越被拉回到不变的黑暗的外在世界中。这给母亲带来了既难以忍受又毫无意义的压力，使得现有的方法既无效又不安全。必须找到其他方法，同时，必须调整一些细节和规定。

1928 年 5 月 26 日

[2]

除周三和周五外，一周中的其他日子安排冥想。

周二和周四献花，周六、周日和周一不安排献花。

1928 年 5 月

[3]

冥想时间是早 7 点，和往常一样。

取消所有修习者与母亲见面的固定时间。母亲每天会安排她想见的人。任何其他想见她的人需要在当天早晨或前一天晚上通知诺里尼，并写下要求见面的理由。见面会被允许，或根据情况以其他方式处理。

晚上在室利·阿罗频多家楼下的走廊分发汤食。所有需要的人须在晚上 8 : 30 到场并在坐姿中保持静默，等待母亲。分发之前，将有几分钟的静默。

取消晚间冥想。

*　*

每月第一天的晚上 8 点，在母亲到场的情况下在小商店分发物资。

1928 年 5 月

通知（1929—1937年）

这些是1929年至1937年间由室利·阿罗频多书写，并由其秘书打字并张贴在修道院布告栏上的通知。其中许多是为了规范修道院成员与室利·阿罗频多之间的通信。在20世纪30年代中期，他每天要用多达十个小时来处理这些通信。

[1]

所有希望参加抽奖的人，须在7日星期六喝完汤后，到室利·阿罗频多家楼下的走廊领取门票。

1929年9月5日

[2]

不建议所有人都立即停用牛奶。如果要这样做，必须先找好牛奶的替代品。

不喝牛奶的唯一理由是，两只奶牛生病了，不健康的牛奶与其他牛奶混在了一起。不过现在这两只生病的奶牛已经被送走，没什么大问题了。

1929年9月17日

[3]

最近发生了几起事件，修道院的成员在为来访者登记时，对陪同前来的法国警察表现出粗鲁和霸道的行为。这种行为没有任何借口，特别是警方已经同意我们在此事上的建议，我们也已承诺向警方提供所有必要的信息。室利·阿罗频多曾发出警告，不希望在修道院和当局之间制造麻烦。应该没有必要再次重复这一点。

最近修道院有很多外来人，所以必须特别小心。如果警察来查

606

问信息，不能粗鲁地赶走他们，而应该请他们等候，并立即通知普拉尼来处理此事。

1929 年 8 月 1 日

［4］

修道院现有近一百人，维持运作需要很大的花费，虽然修道院免费接纳那些一无所有的人，也不会向他们索取任何东西，但希望少数拥有财物的人能付出一些。如果希望修道院全面负责他们的精神和物质生活的未来，那么公平起见，他们应该付出所有的财产。

1929 年 12 月 1 日
室利·阿罗频多

［5］

现在有一个特别的机会，修道院可以收购到一块非常有价值的土地，这块地足够大，可以满足修道院所有人对大米、蔬菜等的需求，还可以饲养奶牛，保证我们有自己的牛奶供应。这块地现在的售价非常优惠，已从最初的 6.6 万卢比降至 2.5 万卢比。

母亲想知道，修道院中是否有人与此事有关联，或富有同情心，可以帮助修道院筹到所需的金额，这样我们就不会失去这次机会。

1933 年 3 月 3 日
室利·阿罗频多

［6］

鉴于圣雄甘地即将到来的访问，在此提醒修习者，参加任何公开示威活动，如会议、讲座、集会或游行，都是违反修道院规定的。希望所有人严格遵守规定。

1934 年 2 月 3 日
室利·阿罗频多

[7]

由于母亲需要完全休息，所以不会有礼拜（Pranam）① 或晚间的会面。在另行通知之前，所有的见面都被取消，也请不要向母亲发送任何书籍或信件。

室利·阿罗频多

今天，也请修习者最好不要发给我任何工作。

1934 年 6 月 14 日

[8]

今天没有礼拜或会面，也不要发送书籍或信件。

室利·阿罗频多昨晚收到的信件，将于今天或者明天答复。

1934 年 7 月 17 日

室利·阿罗频多

[9]

晚间的所有信件都应在 8：30 之前送出，所有书籍应在 9：30 之前送出。在这些时间之后，只接收有关紧急事项（例如疾病等）的信件。而之后收到的书籍和信件不能确定是否会得到处理，也不会回复。

1. 从现在到 8 月 15 日以及以后，要求修习者的信件仅限必要且重要的内容。

2. 那些每天送书给母亲的人（部门报告除外）被要求每周在固定的日子只寄两次，或最多三次。

---

① 礼拜：一种向神或显现神性的人表达崇敬的仪式。参加者双手合掌放于胸前，然后将指尖放在额头上，口念 "Pranam"，意思是 "我向您心中那位慈爱、全能、无所不在的神深深鞠躬"。

之所以必须提出这些建议，是因为目前母亲的工作量过多，既不能充分休息，也不能集中精力去做更重要的事情。太多的通信，干扰或完全阻碍了更重要的工作，也没有给礼拜和会面留出足够的时间。有必要合理安排时间，达到平衡状态。希望修习者们能配合完成此事。

1934 年 7 月 17 日

室利·阿罗频多

[10]

关于念珠台的通知 ①

未经母亲的特别许可，非本院修习者不得进入念珠台。

1934 年 8 月 4 日

[11]

1. 等待礼拜的人在母亲到来之前应保持静默，希望通过专注来为冥想做准备的人都可以这样做，一起为冥想创造适宜的氛围。

2. 从冥想开始到结束，任何人都不得进出。

3. 在礼拜进行期间，禁止在大厅大笑、私语或交谈。

4. 任何人都不应将礼拜视为正式的例行程序、强制性仪式或认为自己被迫参加。礼拜的目的不是让修习者每天向母亲表达仪式性的敬意，而是让修习者在接受母亲祝福的同时，也可以接受和吸收母亲的灵性助益及影响。为此，保持安静的集体氛围非常重要。

1934 年 8 月 11 日

室利·阿罗频多

---

① 这份通知的标题由母亲书写。——原注

609

〔 12 〕

从今天起至 24 日后的一周，暂停寄送书籍和信件。在此期间，只可发送紧急讯息（如医疗报告）、必要的信息和重要的事情。

1934 年 11 月 16 日

室利·阿罗频多

〔 13 〕

从 12 月 3 日星期一开始恢复通信。同时，我必须提醒修习者，我在去年 8 月 15 日发布了通知，但自那以后形势并没有好转。相反，信件、书籍和报告的数量大大增加，母亲通常一天只能休息不到四个小时。这样的压力不能继续下去了。因此，我必须再次要求修习者在这件事上更加谨慎，这样就不必靠增加非通信天数或制定限制性规定来控制通信量。

1934 年 12 月 1 日

室利·阿罗频多

〔 14 〕

未经母亲特别许可或命令的修习者，请勿去药房取药或治疗，除非另行通知。

1934 年末

〔 15 〕

带领访客参观修道院时，请勿参观药房。

1934 年末

〔 16 〕

照例，鉴于即将到来的达显，暂停书籍寄送和日常通信，直到 21 日之后，何时恢复将另行通知。医疗报告收发照常。

610

不能拖延的紧急、必要或重要信息可以发送，但应尽可能简短。

1935 年 2 月 7 日

室利·阿罗频多

[17]

当 1935 年 2 月 7 日的这个通知被撤下时，室利·阿罗频多在打印副本的底部给他的秘书写下以下文字。

诺里尼：

塔达尔（Tajdar）已经取消了这个通知，但我不希望海量的书籍和信件再次出现。你应该张贴一个通知，说明撤回并不意味着所有的书籍和信件都可以像以前一样送来，目前只应发送必要或重要的内容。

作为对此的回应，诺里尼起草了下文，1935 年 3 月 20 日的通知。

撤回之前的通知并不意味着可以像以前一样发送书籍、信件等。目前只发送必要或重要的内容。

1935 年 3 月 20 日

室利·阿罗频多

[18]

鉴于达显日的临近，从 7 月 27 日星期六起暂停书籍和信件的发送，恢复时间另行通知。鉴于近两三个月通信量又如之前繁重，有必要特发此通知。

例行的医疗报告和部门报告、紧急和重要事项的沟通可以照常发送。

那些习惯于定期记录修习情况的人，如果认为有必要，可以在此期间每周写一次。

1935 年 7 月 26 日

室利·阿罗频多

[19]

由于进餐人数大幅增加，请大家按时用餐。迟到者不得进餐，因母亲的工作被耽搁的迟到者除外。

1935 年 8 月 7 日

[20]

鉴于即将到来的会面，本月剩余时间内暂停通信，紧急或必不可少的通信除外。医疗报告和母亲认为有必要继续发送的部门报告照常发送。

1935 年 11 月 10 日

室利·阿罗频多

[21]

撤回之前的通知并不意味着可以像以前一样发送书籍、信件等。目前只发送必要或重要的内容。

以后，请在晚 7 点前寄出信件和个人书籍，不得晚于 7 点。

由于下午没有足够的时间，可能有必要停止下午的信件，需紧急答复的除外。①

1935 年 12 月 2 日

室利·阿罗频多

---

① 1935 年 12 月 2 日的通知是 1935 年 3 月 20 日通知的扩充版本（见通知 [17]）。室利·阿罗频多手动添加了后面两段文字。——原注

[22]

请修习者注意 12 月 2 日的通知。

我们现在完全无力继续处理大量信件，母亲工作一天后，还要因为这些信件忙到凌晨，而我整晚都在写回信。在这种情况下，我们无法完成真正重要的工作。

请修习者将通信限制在最低程度的必要范围内。

同时必须遵守晚上 7 点之后不得发送信件的规定。我们不能直到深夜还接受私人书籍和信件的涌入。

还需要记住一个事实，即星期日是完全不通信日。最近，这条规定似乎被完全忽视和遗忘了。

室利·阿罗频多

[23]

鉴于即将到来的达显，暂停通信，直至另行通知。部门报告和医疗报告照常进行。

1936 年 7 月 31 日

室利·阿罗频多

[24]

有必要提醒修习者注意两条关于通信的规定，这些规定现在被忽视了：

星期日是非通信日。

信件必须在晚上 7 点之前或最迟在晚上 8 点之前送达。只有部门的书籍和报告可以稍后发送，但也不能太晚。

如果信件持续涌来，就不可能得到处理。

1936 年 8 月 31 日

室利·阿罗频多

[25]

鉴于即将到来的达显，整个 11 月份暂停通信，例行报告（医疗报告等）除外。

1936 年 11 月 1 日

室利·阿罗频多

[26]

现在有必要延长非通信期限，结束时间另行通知。

1937 年 2 月 28 日

室利·阿罗频多

[27]

从今天起，在达显期间，暂停通信。

1937 年 8 月 1 日

室利·阿罗频多

图 56 室利·阿罗频多和母亲在达显日，1950 年 4 月 24 日

图 57 达显日的修道院，日期不详

第二节 关于室利·阿罗频多瑜伽之路的公开说明
（1934 年和 1949 年）

室利·阿罗频多的教义

室利·阿罗频多在 1934 年和 1949 年写了这些文章，向公众解释他的瑜伽体系。

此文与《室利·阿罗频多修道院》一起于 1934 年 2 月 20 日发表在马德拉斯的《印度教徒报》上，以及 1934 年 3 月和 8 月一起收录在题为《室利·阿罗频多的教义和修道院》的小册子中。从那时起，这两篇文章被多次发表。

随后，它被收录在《室利·阿罗频多和他的修道院》中，于 1948 年首次出版，并多次重印。它还被收录在《室利·阿罗频多：关于自己和关于母亲》（1953 年）和《关于自己》（1972 年版及之后的再版）中。

室利·阿罗频多的教义始于印度古代圣贤的教导，即在宇宙的表象背后有一个存在（Being）和意识（Consciousness）的实相（the Reality），一个万物一体且永恒的自我（Self）。所有的存在都在唯一的自我（One Self）和精神（Spirit）中结合在一起，但被某种意识的分离性——对真正的自我和心思、生命和身体的实相的无明分开。通过某种心理修炼有可能去除这种分离的面纱，并意识到真正的自我（the true Self），即存在于我们和所有事物中的内在神性（the Divinity）。

室利·阿罗频多的教义指出，这一存在和意识涉及物质，其自我解放的方法就是不断进化。意识萌发在看似不自觉的状态中，一旦出现，就会自我驱使来到越来越高的层级，同时扩大和发展到渐趋完美的状态。生命是这种意识释放的第一步，心思是第二步，但进化并未就此结束，而是等待融入更伟大的内在，一种纯精神和超心思（supramental）的意识状态。进化一定是朝着这个方向发展的，这是意识存在的主导力量。只有这样，万物中的神性才能完全释放，生命才有可能表现出完美。

在植物和动物生命中，其本性是在无意识的状态下完成进化的前几个步骤，但对人类来说，本性得以进化的工具是意识。然而，仅靠人的精神意志是无法彻底完成进化的，因为心思只能到达某个节点，然后便陷于一种循环。因此必须进行转化，一种意识的转化，由此心思进入更高的层级。通过古老的心理修炼和瑜伽修习可以找到转化的方法。

过去，这种转化是通过远离世界和消融于最高自我或神我来实现的。室利·阿罗频多教导说，更高层级意识的下降是可能的，它不仅将精神自我从世界中解放出来，还将它置于世界之中，用一种超心思的真理意识替代意识的无明或有限的知识，这将是内在自我的有力工具，使人类能够积极地向内发现自己，并从动物性进化为神性。瑜伽的心理训练可以通过更高的、隐深的超心思的下降和运作，打开存在的所有层级以进行转化，从而达到这一目标。

然而，这不可能马上实现，也不可能在短时间内完成，更不可能通过任何快速或神奇的转变来完成。在超心思下降之前，修习者必须完成许多步骤。人类主要生活在其表层心思、生命和身体中，但在人的内在，有一个具有更大可能性的存在，人只能接受到它非常有限的影响。人类必须坚持不懈地追求更伟大的美好、和谐、力量和知识，因此，瑜伽的第一个过程是打开这个内在存在的范围，并由内向外，通过内在的光和力来管理外在生活。在这个过程中，人在自己身上发现了真正的灵魂，不是外在的心思、生命和身体的混合物，而是这些背后的实在，是来自神圣之火的火花。人必须学会活在他的灵魂中，并由灵魂引领、洗涤，去追求真理和高级本性。

随之而来的是更高存在的上升和下降。超心思的光和力不会立刻完全到来，因为在人类的普通意识和超心思的真理意识之间，还有几个意识层级。必须打开这些中间层级，并将它们的力量带入心思、生命和身体。此后，真理意识的全部力量才能作用于本性。因此，这种自律或修习的过程是漫长而艰难的，但即使只修习其中一小部分，也会收获颇多，因为这会让最终的解脱和完美变得更为可能。

在这条修习道路上，许多旧体系的修习方法还是必要的：意识向更广阔的空间、自我和无限敞开，与宇宙意识相融，控制欲望和激情。外在的禁欲主义不是必需的，但征服欲望和执着以及控制身体及其需求、贪婪和本能必不可少。与旧体系相结合，通过分辨实相与表象来获得知识、内心的奉献、爱与臣服，将行动的动机从自身利益转向寻求真理，以及让行动服务于更伟大的存在，而不是私我。必须训练人的整体存在，当更伟大的光和力下降时，本性才能做出反应并被转化。

在这项训练中，导师的临在，他对弟子的引领、激励，以及在弟子艰难时刻加以控制是必不可少的，如若不然，太多的阻碍和错误会阻碍成功的机会。导师是一个已经上升到、显现出并代表着更高意识和存在层级的人，他不仅通过他的教导和自身的榜样力量及影响力，更是通过能量传递将自己的经验传达给他人。

这是室利·阿罗频多的教义和修习方法。他并不想发展任何一种宗教，或合并某些旧的宗教，也不想建立任何新的宗教，因为这些都会偏离他的中心目标。他的瑜伽之路的唯一目标是人的内在自我的发展，沿着这条道路，人可以发现唯一的自我，进化出更高的意识，一种精神和超心思的意识，最终使人的本性得以转化和神化——实现神圣人生。

1934 年 2 月

给美国的讯息

这封信是为在纽约举行的室利·阿罗频多七十七岁生日的公开庆祝活动而写。当时纽约的庆祝活动印制了传单，其中包括这篇文章以及母亲的一封信。这封信随后在印度报纸上转载，此后多次发表，特别是在《室利·阿罗频多：关于自己和关于母亲》（1953 年）和《关于自己》（1972 年及随后版本）中。

我被要求在 8 月 15 日这个场合向西方传达一条讯息，但我要说的话可能同样是传达给东方的信息。人们总是列举东方和西方这两个人类大家庭的不同部分之间的分裂与差异，甚至将它们相互对立，但我更愿意专注于东西方的合一和团结，而不是分裂和差异。东方和西方有着同样的人性、共同的人类命运、同样强烈的愿望去追求更伟大、更完美，比人类自身更高的存在，并一同朝着内在和外在的目标努力。

有一种倾向，认为东方即是灵性或神秘主义，西方即是唯物主义。但其实，虽然西方没有如此众多的圣哲和神秘主义者，但对灵性的追求并不亚于东方。东方也有唯物主义倾向，同样丰富的物质世界，以及相同的与物质世界的互动方式。东方和西方总是或多或少地相遇、融合，并相互影响。如今，人类本性和共同命运让这一影响愈加强烈。

怀抱共同的希望，背负共同的命运，人类既需要精神也需要物质。我们不应只看到分裂和差异，而应将注意力转向团结、联合以及追求和实现共同理想所必需的同一性。这一理想是人类注定的目标，是人之本性在初始之时即悄然设定的目标，只有凭着人类越来越多的知识之光，驱散原初的无明，才能朝着目标不断地坚持下去。

那么，人类的那个理想和目标是什么呢？这取决于我们对生命实在和至高实相的构想。

我们必须认识到，当前的趋势是，东西方之间虽没有绝对的差异，但却存在着越来越大的不同与分歧。最高的真理是精神的真理，一种至上精神，在这个世界和所有存在中无处不在，但又超越这个世界。它支持并引导人的本性从原始模糊的无意识状态，通过意识的逐渐成长，走向自我实现的目标。在这个发展过程中，意识是存在的一个面向，为我们寻找人类存在的秘密和世界的意义提供了线索。

东方一直并越来越强调精神的至高真理，甚至在其终极哲学中，将世界视为幻象，将精神视为唯一的实在。西方则越来越关注这个现实世界，关注意识与生活和物质世界的关系，人类对物质世界的

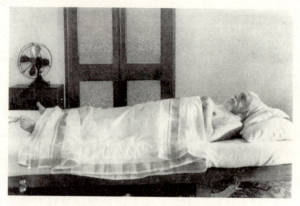
图 58 室利·阿罗频多进入摩诃三摩地，1950 年 12 月 2 日

掌控、意识和生活的完美，以及某些人类存在的自我实现。最近，这一思潮已经走向极端——对精神世界的否认，甚至将物质加冕为唯一的实在。

一方面，将精神完美视为唯一的理想；另一方面，种族、社会、人类意识和生活，以及物质生存的完美发展，也已成为人类未来最大的梦想。然而，两者都是真理，可以看作精神在自然世界的意图的一部分。两者并非互不相容，相反，分歧必须得到弥补，应被调和并纳入人类对未来的共同愿景中。

西方科学发现进化是这个物质世界中生命及其过程的秘密，但它更着重于形式和物种的成长，而不是意识，甚至，意识被认为只是一个附属品，而不是进化的全部秘密。东方的某些哲学思想和圣典也承认某一种进化，但这种进化是指个体灵魂通过形式和个体的多次生命的持续，抵达个体的最高实在。如果生命形式中有一个意识的存在，那么这个存在不可能是一个暂时的意识现象，它一定是

图 59 室利·阿罗频多在修道院内的葬礼，1950 年 12 月 9 日

一个自我实现的灵魂，而自我实现的前提是灵魂的回归，即灵魂在连续多次的生命和身体中回到这个世界。

进化的过程是从潜意识中的一种无意识物质，发展到有意识的生命——首先是动物生命中的意识，然后是有意识且能思考的人类，这是本性目前能进化到的最高层级，也被认为是人类精神存在所能达到的最高和最终程度。我们还可以设想更进一步的进化——在人类不完美的意识之上，本性还可能拥有一种超越无明的意识状态，其内在本质即是真理。

《吠陀经》中有一种真理意识，我称之为超心思，（在超心思中）人拥有知识，不用追逐也不会错过。有本《奥义书》中讲道，知识存在被认为是精神存在的更高阶段，灵魂从中升起，获得精神存在的完美喜乐。如果本性可以进化到这个阶段，那将臻达圆满。我们可以在此生获得生命的圆满，在这个身体中，甚至在一个完美的身体中，实现完满的精神生活。我们甚至可以在地球上获得一种神圣人生，人类所梦想的完美将会实现，与此同时，人类宗教和精神先知们、思想家们曾经渴望的"天堂"将在地球上得以实现。

　　人类灵魂的最高目标和根本所在可以上升到至高灵魂，因为那是至高无上的实在。但至高灵魂及其力量也可能下降进入世界，证明物质世界的存在，赋予其意义和神圣的目的，并解开其中的谜团。在人类追求最高远最伟大理想的路途中，东方和西方得以调和，精神拥抱物质，物质亦在精神中找到隐藏在万物中的真实存在。

1949 年 8 月 11 日

室利·阿罗频多

附录 1　本书主要人物分类列表

家族成员：

阿拉温德·阿克罗伊德·高斯（Aravind Acroyd Ghose，1872—1950）：室利·阿罗频多原名。

拉杰·纳拉扬·博斯（Raj Narayan Bose，1826—1899）：外祖父。

克里希那丹·高斯（Krishnadhan Ghose，1844—1892）：父亲。

克里希纳·库玛尔·米特拉（Krishna Kumar Mitra，1852—1936）：姨父。

贝诺布桑（Benoybhusan，1867—1947）：大哥。

曼莫汗（Manmohan，1869—1924）：二哥。

萨罗吉尼（Sarojini，1877—1956）：妹妹。

巴林德拉·库马尔·高斯（Barindra Kumar Ghose，1880—1959）：弟弟。

密娜里尼·博斯（Mrinalini Bose，1887—1918）：妻子。

布帕尔·钱德拉·博斯（Bhupal Chandra Bose，1861—1937）：岳父。

乔金德拉纳特·博斯（Jogindranath Bose）：大舅。

索林·博斯（Saurin Bose）：室利·阿罗频多妻子的堂兄弟。

主要弟子：

A.B. 普拉尼（Ambalal Balkrishna Purani，1894—1965）：秘书、传记作者。著有《室利·阿罗频多的生平》一书。

K.D. 塞斯纳（Kaikhosru Dadhaboy Sethna，1904—2011）：1928 年至 1938 年一直是修道院的常驻成员，并与室利·阿罗频多保持着密切联系。室利·阿罗频多称呼他为 Amal Kiran，意为"最纯净的光"。1949 年 2 月，塞斯纳任《印度母亲》创刊编辑直到 2000 年退休。

K.N. 迪克西特（Kesarlal Nanalal Dixit，1891—1988）：来自巴罗达。20 世纪 20

年代，他五次访问本地治里，并于 1929 年在修道院定居。

V. 钱德拉塞卡拉姆（Veluri Chandrasekharam, 1896—1964）：在马德拉斯大学获得学士学位。20 世纪 20 年代初期，他经常来本地治里，在室利·阿罗频多的指导下阅读《吠陀经》并修习瑜伽。

K. 阿姆里塔（K.Amrita, 1895—1969）：原名阿拉瓦穆达查里·艾扬格，本地治里人，1913 年 8 月 15 日与室利·阿罗频多第一次见面，1913—1915 年间，他们经常见面。1919 年，在马德拉斯完成高等教育后，阿姆里塔回到本地治里，与室利·阿罗频多永久生活在一起。1926 年底，他开始担任修道院总务，后来成为修道院信托基金会的成员。从 1919 年到 1969 年的五十年里，他一直为室利·阿罗频多和母亲服务。

阿尼尔巴兰·罗伊（Anilbaran Roy, 1890—1974）：作家，1926 年加入室利·阿罗频多修道院，1966 年离开，修习室利·阿罗频多的瑜伽四十年。

查鲁·钱德拉·杜特（Charu Chandra Dutt, 1877—1952）：曾任孟买地方法官，1904 年第一次见到室利·阿罗频多，1940 年加入室利·阿罗频多修道院。

迪利普·库马尔·罗伊（Dilip Kumar Roy, 1897—1980）：音乐家、歌手、作家，1928 年加入室利·阿罗频多修道院，一直到 1950 年离开。

杜赖斯瓦米·伊耶（Duraiswami Iyer）：马德拉斯的著名辩护律师，1942 年被室利·阿罗频多派往德里与国大党工作委员会成员圣雄甘地等人见面，讨论克里普斯提案，并授权他代表自己发言。

杜曼（Dyuman, 1903—1992）：原名 Chunibhai Patel，古吉拉特人，1924 年初次见到室利·阿罗频多便臣服于他，1927 年加入室利·阿罗频多修道院。1928 年 11 月 24 日室利·阿罗频多为其改名为 "Dyuman"，意为 "发光的人"，在修道院负责餐厅和粮仓。1955 年母亲任命其为室利·阿罗频多修道院信托创始人受托人之一。

戈文德拜·帕特尔（Govindbhai Patel）：民族主义者，精神修习者，是室利·阿罗频多修道院早期的三十位弟子中较年轻的一位，在室利·阿罗频多和母亲的指导下修习了八年。

尼罗德巴兰（Nirodbaran, 1903—2006）：室利·阿罗频多的助手，文学秘书和私人医生，1933 年加入室利·阿罗频多修道院，直到 2006 年在修道院的疗养院离世。

诺里尼·坎塔·古普塔（Nolini Kanta Gupt, 1889—1984）：秘书，于 1909 年至 1910 年间与室利·阿罗频多一起为孟加拉语周刊《达摩》工作。1910 年 10 月或 11 月间，他在本地治里跟随室利·阿罗频多修习瑜伽，接下来的九年，大部分时间都在本地治里。

帕维特拉（Pavitra, 1894—1969）：法国人，原名菲利普·巴比尔·圣伊莱尔，1925 年来到本地治里室利·阿罗频多修道院，直至罹患癌症离世。

普南查德·穆汉拉勒·沙阿（Punamchand Mohanlal Shah, 生于 1898 年）：来自

624

古吉拉特邦。1919年，他在本地治里遇到了室利·阿罗频多，四年后，与室利·阿罗频多一起居住并修习。1927年至1931年间，他大部分时间都在古吉拉特邦，为新成立的修道院筹集资金。

苏雷什·钱德拉·查克拉瓦蒂（Sureshchandra Chakravarty，1891—1951）：又名莫尼（Moni），16岁结识室利·阿罗频多后毕生追随，在室利·阿罗频多去世五个月后安详离世。

其他修习者：

安娜·博根霍姆·斯隆（Anna Bogenholm Sloane）：瑞典人，1907年前定居美国，活跃于各类教育机构，并对灵性追求非常感兴趣。

蒂鲁帕蒂（V. Tirupati）：修道院的一名激进的精神修习者，私自修习一种极端的奉爱瑜伽，结果导致精神失常。

杜尔加达斯·谢特（Durgadas Shett，1895—1958）：来自金德讷格尔一个富裕的实业家族，1922年之前，他通过莫提拉尔·罗伊向室利·阿罗频多提供了大量资金。1934年，他将分到的大部分家族财产交给了室利·阿罗频多。

赫里希克什·坎吉拉尔（Hrishikesh Kanjilal，生于1879年）：巴林革命团体的成员，也是阿利普尔爆炸案的被告之一。被判有罪后，在安达曼群岛度过了十年。获释后，他拜访了本地治里的室利·阿罗频多，为他的瑜伽修习寻求指引。

克里希纳沙希（Krishnashashi）：一位来自吉大港的年轻人，在加入巴瓦尼波尔瑜伽中心后，他的瑜伽修习遇到了危机。

库穆德·班杜·巴奇（Kumud Bandhu Bagchi，生于1901年）：1923年起担任巴瓦尼波尔瑜伽中心的负责人，直到1925年该中心被关闭。

拉贾尼·佩利特（Rajani Palit，生于1891年）：加尔各答的一名政府公务员，参加了巴瓦尼波尔瑜伽中心举行的见面会。后来，他经常拜访修道院。

玛丽·波特尔（Marie Léon Potel，1874—约1962）：1911年或1912年在法国遇到母亲。她可能是第一个将母亲视为她的主人和精神母亲的人。1926年3月，波特尔来到修道院，一直到1928年3月离开。

政治伙伴及朋友：

J. S. 科顿（James Sutherland Cotton，1847—1918）：英国人，亨利·科顿爵士的弟弟，南肯辛顿自由俱乐部秘书，室利·阿罗频多在南肯辛顿自由俱乐部借住时，通过他认识了巴罗达大君。

P. 米特（Pramathanath Mitra，1853—1910）：著名的大律师，曾在加尔各答高等法院执业，孟加拉新民族主义运动的杰出领导人之一，著名的瑜伽士比乔伊戈·斯瓦米的弟子。

阿玛伦德拉·查特吉（Amarendranath Chatterjee，1880—1957）：印度独立运动活动家，孟加拉立法党的成员，阿罗频多的旧时革命伙伴。

巴尔克里什纳·希瓦拉姆·穆涅（Balkrishna Shivaram Moonje，1872—1948）：那格浦尔的一位执业医生和政治活动家。室利·阿罗频多在 1907—1908 年间认识他时，他是民族主义党派的领导人之一。后来他帮助建立了印度教大会。

保罗·理查德（Paul Antoine Richard，1874—1967）：法国律师、作家、政治活动家、精神修习者。

贝平·钱德拉·帕尔（Bepin Chandra Pal，1858—1932）：印度国大党激进派领袖之一、印度民族主义运动领导人之一。创办了《向祖国致敬》日报，后任《独立报》编辑。

贝乔伊·查特吉（Bejoy Chatterji，1879—1943）：《向祖国致敬》的主要作者之一。

布拉玛班达布·乌帕德亚（Brahmabandhab Upadhyaya，1861—1907）：印度孟加拉神学家、记者和自由斗士。

德瓦布拉塔·博斯（Devabrata Bose）：《新时代》编辑之一。

赫门德拉·普拉萨德·高斯（Hemendra Prasad Ghose，1876—1962）：《向祖国致敬》的主要作者之一。

吉德伦金·达斯（Chittaranjan Das，1870—1925）：加尔各答的一名律师，因在阿利普尔爆炸案中成功为室利·阿罗频多辩护而闻名。后来进入政界，成为印度自治党的领袖。

贾廷·德拉纳特·班纳吉（Jatindranath Banerji，约 1877—1930 年）：孟加拉人，年轻时在巴罗达接受军事训练，1902 年被室利·阿罗频多派往加尔各答，开始在孟加拉的革命工作。

克沙夫拉奥·迦内什·德什潘德（Keshavrao Ganesh Deshpande，1869—1939）：室利·阿罗频多在英国和巴罗达的密友，律师，《印度教之光》的编辑。

马达夫拉奥·贾达夫中尉（Madhavrao Bhagwantrao Jadhav，1873—大约 1940 年）：室利·阿罗频多在巴罗达最亲密的朋友之一，巴罗达大君的远亲。在巴罗达期间的大部分时候，室利·阿罗频多与他一起住在其哥哥卡塞罗·贾达夫的宅邸。

曼达亚姆·室利·尼瓦萨查理（Mandayam Sri Nnivasachari）：室利·阿罗频多在本地治里最亲密的朋友之一。

莫提拉尔·罗伊（Motilal Roy，1882—1959）：室利·阿罗频多在金德讷格尔避难时，一直由莫提拉尔·罗伊照顾，抵达本地治里后，也一直与他保持书信往来，通过他与秘密革命社团保持着一些私下联系。1915 年 9 月之后，莫提拉尔开始出版孟加拉语日报《普拉巴塔克报》，后成为《旗手》的编辑。

尼薇迪塔修女（Sister Nivedita，1867—1911）：原名玛格丽特·伊丽莎白·诺布尔（Margaret Elizabeth Noble），爱尔兰修女，印度宗教改革家、作家、社会活动家、学校创办者，辨喜的女弟子。

帕塔萨罗罗提·阿扬格（Parthasarathi Aiyangar，1880—1929）：室利·阿罗频多的朋友和伙伴，曼达亚姆·室利·尼瓦萨查理的弟弟。

毗湿奴·巴斯卡尔·勒勒（Vishnu Bhaskar Lele）：马哈拉施特拉邦的瑜伽士，帮助室利·阿罗频多在瑜伽修习上迈出了重要的一步。

萨蒂什·穆克吉（Satish Chandra Mukherjee，1865—1948）：教育家，继室利·阿罗频多后负责孟加拉国民学院工作。

室利·米拉·黛维（Sri Mirra Devi，1878—1973）：原名米拉·阿尔法萨（Mirra Alfassa），在法国出生的犹太人。米拉出身贵族，从小多才多艺，后倾心于精神哲学，1914 年随丈夫保罗·理查德（米拉是他的第二任妻子）来到本地治里见到室利·阿罗频多。1920 年 4 月再度回到印度，开启了伟大的精神事业。她是室利·阿罗频多修道院的精神大师，被尊为"院母""神圣母亲"或"母亲"。

苏博德·穆里克（Subodh Chandra Mullick，1879—1920）：室利·阿罗频多在政治和革命工作中的朋友和亲密同事之一，与尼罗德·穆里克都是《向祖国致敬》的主要财政支持者。

乌朋·班那吉（Upendranath Banerji）：《新时代》编辑之一，也是《向祖国致敬》的副主编。

希亚姆·桑达尔·查克拉瓦蒂（Shyam Sundar Chakravarty，1869—1932）：《向祖国致敬》主要作者之一，多年后成为加尔各答温和的民族主义报纸《孟加拉人报》的编辑。

印度近代政治历史人物：

C. 拉贾戈帕拉查里（Chakravarti Rajagopalachari，1878—1972）：印度杰出的政治家、自由斗士、政治家和律师。马德拉斯国大党领袖，曾担任马德拉斯总统府总理、西孟加拉邦州长、联邦内政部长和马德拉斯邦首席部长。

K.M. 门希（Kanaiyalal Maneklal Munshi，1887—1971）：曾在室利·阿罗频多任教的巴罗达学院接受教育。后来，他成为古吉拉特邦国大党的主要成员，1946 年为德里制宪会议成员。印度独立后任农业大臣。

阿斯维尼科马尔·班纳吉（Aswinicoomar Banerji，1866—1945）：律师、劳工领袖和民族主义政治家。

艾伦·休谟（Allan Hume，1829—1912）：英国人，英属印度政府公务员，印度国大党之父，1885—1908年间任该党的秘书长。

安妮·贝赞特夫人（Annie Besant，1847—1933）：出生于英国，19世纪著名的社会改革家及精神领袖、神智学者、思想家与教育家。1893年来到印度，积极从事教育和慈善事业，帮助推进印度民族独立。1916年创建印度自治同盟，任主席。1917年任印度国大党主席，1933年在印度马德拉斯去世。

巴尔·甘加达尔·提拉克（Bal Gangadhar Tilak，1856—1920）：又名洛卡曼亚·提拉克（Lokamanya Tilak），印度国大党激进派领袖，印度民族解放斗争的杰出领导人之一。

比伦德拉·基肖尔·罗伊·乔杜里（Birendra Kishore Roy Chowdhury，1901—1972）：东孟加拉邦当地贵族，音乐家、实业家和政治家。1937年1月当选为孟加拉立法委员会委员。

布彭德拉·纳特·博斯（Bhupendra Nath Bose，1859—1924）：印度政治家，1914年任印度国大党主席。

达达拜·纳奥罗吉（Dadabhai Naoroji，1825—1917）：印度棉花贸易商人，印度民族解放运动早期著名的活动家，国大党奠基人之一。

戈帕尔·克里什纳·戈卡尔（Gopal Krishna Gokhale，1866—1915）：印度国大党早期活动家，"温和派"领导人，印度社会和政治改革家。

贾瓦哈拉尔·尼赫鲁（Jawaharlal Nehru，1889—1964）：1929年当选为国大党主席；1947—1964年任印度开国总理。

凯拉斯·纳特·卡朱博士（Kailas Nath Katju，1887—1968）：律师，国大党领袖之一。1948年，被任命为西孟加拉邦州长。

拉拉·拉杰帕特·拉杰（Lala Lajpat Rai，1865—1928）：印度作家、自由战士和政治家，主张武力反抗英国的民族主义者。

拉什·比哈里·博斯（Rash Behari Bose，1886—1945）：印度自由斗争的革命领袖之一，金德讷格尔的一位革命者，策划了1912年12月在德里对哈丁勋爵的炸弹袭击。

莫罕达斯·卡拉姆昌德·甘地（Mohandas Karamchand Gandhi，1869—1948）：尊称"圣雄甘地"（Mahatma Gandhi），印度民族解放运动的领导人，印度国民大会党领袖。

莫拉吉·德赛（Morarji Desai，1896—1995）：印度政治家，1977年至1979年间任印度总理。在印度独立斗争中，曾四次被捕入狱，被监禁长达七年之久。

维塔尔拜·帕特尔（Vallabhbhai Patel，1875—1950）：印度律师和政治家，印度国大党领导人之一，印度独立后担任过印度副总理、内政部长、信息部长和国务部长。

萨瓦帕利·拉达克里希南（Sarvepalli Radhakrishnan，1888—1975）：印度哲学家、政治家。1962年至1967年间任印度总统。

苏伦德拉·莫汉·戈什（Surendra Mohan Ghosh，1893—1976）：国大党领袖之一，1938年起担任孟加拉邦国大党委员会主席。德里制宪会议成员。

苏伦德拉·纳特·班纳吉（Surendra Nath Banerjea，1848—1925）：印度民族解放运动早期著名的活动家，国大党温和派领袖。

约瑟夫·巴普蒂斯塔（Joseph Baptista，1864—1930）：律师、民族主义政治家、自治运动的参与者。他是1916年成立的印度地方自治联盟的第一任主席，1925年当选为孟买市长。

其他历史人物：

V.V.S.艾亚尔（Varahaneri Venkatesa Subramaniam Aiyar，1881—1925）：早期泰米尔革命家，现代泰米尔短篇小说之父。

巴罗达大君室利·萨亚吉拉奥·盖克沃尔三世（Maharaja of Baroda Sri Sayajirao Gaekwar III，1863—1939）：1875—1939年作为大君萨亚吉拉奥·盖克沃尔三世在位，统治巴罗达土邦。

德莱威特先生（William. H. Drewett，1842—?）：曾是一名神职人员，后成为曼彻斯特等地区的公理会月刊编辑，也是一位拉丁语学者。德莱威特夫妇在英国曼彻斯特为室利·阿罗频多提供早期家庭教育。

伽拉拜·噶特（Gajrabai Ghatge，1871—1958）：马哈拉尼·钦纳拜二世（Maharani Chimnabai II），1885年与巴罗达大君萨亚吉拉奥三世结婚。

哈丁勋爵（Lord Hardinge，1858—1944）：英国外交家，1910—1916年任印度总督。

卡塔曼奇·拉马林加·雷迪（Cattamanchi Ramalinga Reddy，1880—1951）：即C.R.雷迪博士，教育家、政治思想家、散文家、经济学家、诗人和文学评论家。

寇松勋爵（Lord Curzon，1859—1925）：英国政治家。1898—1905年间任印度总督。

拉宾德拉纳特·泰戈尔（Rabindranath Tagore，1861—1941）：印度诗人、文学家、社会活动家、哲学家和民族主义者。代表作有《吉檀迦利》《飞鸟集》，第一位获得诺贝尔文学奖的亚洲人，印度近现代"三圣"之一。

萨卡拉姆加·迦内什·德斯卡尔（Sakharam Ganesh Deuskar，1869—1912）：马

哈拉特邦人，孟加拉语作家，民族主义革命团体的代表人物。

莎拉达玛尼·黛薇（Saradamani Devi，1853—1920）：印度圣人罗摩克里希纳的妻子和精神配偶。

斯塔福德·克里普斯爵士（Sir Stafford Cripps，1889—1952）：20 世纪上半叶的英国工党政治家。1942 年受英国政府委派前往印度，提出了许诺"二战"结束后给予印度独立地位的"克里普斯提案"，但土邦有权不加入新建立的印度联邦。

斯瓦米·布拉玛南达（Swami Brahmananda，1863—1922）：罗摩克里希纳的弟子，罗摩克里希纳教团的首任主持。

斯瓦米·韦维卡南达（Swami Vivekananda，1863—1902）：又称斯瓦米·辨喜，印度近代伟大的哲学家、社会活动家、印度教改革家、瑜伽士，罗摩克里希纳的弟子。

苏布拉马尼亚·巴拉蒂（Subramania Bharati，1882—1921）：印度作家、诗人、记者，印度独立活动家、社会改革家，现代泰米尔诗歌的先驱。他的许多诗歌作品在印度独立运动中点燃了印度人民的爱国主义和民族主义热情。巴拉蒂也是国大党的积极成员。1908 年，英属印度政府因为他的革命活动对巴拉蒂发出了逮捕令，迫使他逃到本地治里，直到 1918 年。

夏拉特·库马尔·穆里克（Sharat Kumar Mullick，即 S. K. Mullick，1869—1923）：一位对民族主义政治和国民教育感兴趣的医生，1908 年在国立医学院担任讲师。

附录 2 本书主要著作及报刊列表

室利·阿罗频多的作品：

《薄伽梵歌论》 *The Essays on the Gita*

《吠陀的秘密》 *Secret of the Veda*

《母亲》 *The Mother*

《人类统一理想》 *The Ideal of Human Unity*

《人类循环论》 *The Human Cycle*

《社会发展心理学》 *Psychology of Social Development*

《神圣人生论》 *The Life Divine*

《室利·阿罗频多全集》 *The Complete Works of Sri Aurobindo*

《伊莎奥义书》 *The Isha Upanishad*

《瑜伽的基础》 *Bases of Yoga*

《瑜伽及其目标》 *Yoga and Its Object*

《瑜伽信札》 *Letters on Yoga*

《瑜伽之光》 *Lights on Yoga*

《战争与自决》 *War and Self-Determination*

《综合瑜伽》 *The Synthesis of Yoga*

诗歌作品：

《爱与死亡》 *Love and Death*

《巴吉帕布》 *Baji Prabhou*

《萨维特里》 *Savitri*

《维杜拉》 *Vidula*

《未来的诗歌》 *The Future Poetry*

《致默蒂拉之歌》 *Songs to Myrtilla*

其他汇编作品：

《关于他和修道院的信》 *Letters on Himself and the Ashram*

《关于自己：笔记和信件汇编》 *On Himself: Compiled from Notes and Letters*

《关于自己》 *On Himself*

《论战争：室利·阿罗频多和母亲的信》 *On the War: Letters of Sri Aurobindo and the Mother*

《室利·阿罗频多：档案与研究》 *Sri Aurobindo: Archives and Research*

《室利·阿罗频多：关于自己和关于母亲》 *Sri Aurobindo on Himself and on the Mother*

《室利·阿罗频多和他的修道院》 *Sri Aurobindo and His Ashram*

《室利·阿罗频多曼迪尔年鉴》 *Sri Aurobindo Mandir Annual*

《室利·阿罗频多与母亲的讯息》 *Messages of Sri Aurobindo & the Mother*

报纸，刊物及出版社：

《阿底提》 *Aditi*

《辩论日报》 *Journal des Débats*

《达摩》 *Dharma*

《独立报》 *Independent*

《甘露市场报》 *Amrita Bazar Patrika*

《故土报》 *Janma bhumi*

《行动瑜伽士》 *Karmayogin*

《黄昏》 *Sandhya*

《降临》*Advent*

《九种沙克提》*Nava Shakti*

《马德拉斯时报》*The Madras Times*

《星期日泰晤士报》*The Sunday Times*

《曼迪尔之路年鉴》*Path Mandir Annual*

《孟加拉人报》*The Bengalee*

《孟买纪事报》*The Bombay Chronicle*

《孟买年鉴》*Bombay Annual*

《普拉巴塔克报》*Prabatark*

《旗手》*Standard Bearer*

《向祖国致敬》*Bande Mataram*

《新生》*Udbodhan*

《新时代》*Yugantar*

《新印度报》*New India*

《雅利安》*Arya*

《印度教徒报》*The Hindu*

《印度教之光》*Indu Prakash*

《印度母亲》*Mother India*

《印度斯坦报》*Hindustan Times*

《印度斯坦标准日报》*Hindusthan Standard*

《政治家日报》*The Statesman*

《祖国报》*Patrika*

印度报业托拉斯 Press Trust of India

雅利安出版社 Arya Publishing House

全印度电台 Tiruchirapalli

附录 3　室利·阿罗频多年谱
（1872—1950）

1872 年—1888 年

童年时期，印度 & 英国

1889 年—1892 年

青少年时期，英国

1893 年—1906 年 2 月

巴罗达

1906 年 3 月—1910 年 3 月

加尔各答

1910 年 4 月—1950 年

本地治里

1872 年

8 月 15 日，出生在印度西孟加拉邦首府加尔各答。

父亲是当地有名的医生，是第一批去英国接受教育的印度人之一。

1877 年

和兄弟们被父亲送到大吉岭的一所爱尔兰修女学校开始接受全欧洲式教育。

1879 年

与两个哥哥一起被父亲带往英国，寄养在曼彻斯特的一位牧师家中，接受私人教育至 1883 年，学习法语、拉丁语和其他科目。

1883 年

发表第一首短篇诗歌《光》。

1884 年

9 月，进入伦敦圣保罗学校。

1887 年

最为穷困潦倒的一段时期，和大哥贝诺布桑借住在南肯辛顿自由俱乐部。

1888 年

开始进修印度公务员公开考试的课程。

1889 年

参加了剑桥大学国王学院的课程考试。其考试论文被著名学者和作家奥斯卡·布朗宁视为其担任考官十三年中见过的最优秀的作品。

1890 年

10 月 11 日，被剑桥的国王学院录取，学习两年，获得最高古典文学奖学金。

同年，通过了印度公务员的公开考试，开始试用期。

1892 年

参加印度文官考试，后因未参加骑术考试而被取消了服务资格。

加入剑桥大学的印度学生组织"莲花剑社"。

11 月，在伦敦会见巴罗达大君萨亚吉拉奥，获得在巴罗达担任公职的机会。

1893 年

1 月，乘船"迦太基号"离开英国返回印度。归国途中，父亲病重猝死。

2 月 6 日，在孟买的阿波罗码头踏上印度土地的那一刻，即感受到一股巨大的宁静，这种宁静持续了数月之久。

2 月 18 日，先后在巴罗达土邦政府的税务部和巴罗达大君的秘书处任职。

6 月，在《印度教之光》上就政治问题发表一系列文章，标题为"辞旧迎新"。

1895 年

辞去巴罗达土邦政府职务。应邀到巴罗达学院任教。

1898 年

在巴罗达学院担任英语和法语教授。

出版第一本短诗集《致默蒂拉之歌》。

1899 年

完成印度两大史诗《摩诃婆罗多》和《罗摩衍那》的英文译稿。

1901 年

4 月，与密娜里尼·博斯结婚。

5 月，前往北安查尔邦的度假胜地奈尼塔尔度蜜月。

1902 年

派孟加拉青年贾廷·德拉纳特·班纳吉前往加尔各答，开始在孟加拉的革命工作。

加入马哈拉施特拉邦的一个秘密革命社团。

12 月，参加印度国大党艾哈迈达巴德会议，与提拉克会面。

1903 年

5 月至 9 月，在陪同巴罗达大君的克什米尔之行中被任命为私人秘书。

行走在克什米尔的塔赫特苏莱曼山脊上时，意识到空寂的无限。

1904 年

开始向瑜伽寻求精神力量。在朋友的帮助下学习了基本的调息法，随后开始自我精神修习。

1905 年

在巴罗达学院担任副校长兼英语教授。

12 月，在贝拿勒斯召开的一次国民大会上，与提拉克，拉杰帕特·拉杰等人明确提出"斯瓦德西"运动。"斯瓦德西"后来成为民族主义党公共纲领中的一个重要项目。

1906 年

离开巴罗达，前往加尔各答。

3 月 12 日，在其弟巴林德拉的建议下，创办一份名为《新时代》的报纸，宣扬公开反抗和绝对否定英国的统治，发表了一系列游击战指南的文章。室利·阿罗频多亲自撰写了早期的部分头版文章，并始终全面负责《新时代》。

4 月 14 日，作为观察员参加国大党巴里萨尔会议。

8 月，担任《向祖国致敬》报的助理编辑及社论作家，并说服民族主义领导人将此报作为党报，加入国大党内部新成立的以提拉克为首的"激进派"。

8 月 14 日，担任新成立的孟加拉国民学院院长。

1907 年

4 月，在《向祖国致敬》上发表了一组评论消极抵抗的文章。

7 月 30 日，在《向祖国致敬》办公室被捕。

8 月 2 日，放弃孟加拉国民学院院长职位。

8 月 15 日，被殖民当局以煽动叛乱罪起诉，不久被无罪释放。

12 月，主持了在苏拉特举行的民族主义者大会并发表了讲话，第一次走上公开政治舞台。

1908 年

1 月，在巴罗达与马哈拉施特拉邦的瑜伽士毗湿奴·巴斯卡尔·勒勒相遇，并一起冥想。

5 月 2 日，因涉嫌参与巴林德拉领导的革命团体的行动而在阿利普尔阴谋案中被捕。在阿利普尔监狱的一年里，阅读《薄伽梵歌》和《奥义书》，冥想，修习瑜伽。

1909 年

5 月 6 日，因指控证据不足，被关押一年后无罪释放。

出狱后，创办两份周刊，一份是《行动瑜伽士》，关于民族和宗教思想、文学和哲学的英文版周报，第一期出版于6月19日；另一份是孟加拉文版的《达摩》，创刊于8月23日。

9月，参加在胡格利召开的国大党省会议并发表讲话。

7月和12月，在《行动瑜伽士》上分别发表了两封"致同胞的公开信"。

1910 年

2月，离开加尔各答前往法属印度的金德讷格尔，秘密退隐。

4月4日，乘船"杜普莱号"抵达法属印度的本地治里。此时，因在《行动瑜伽士》上发表的署名文章而被第三次起诉。

1912 年

7月3日，在给莫提拉尔·罗伊的信中写道"我们现在的处境是，手头只剩大约1.5卢比"。当时生活极其困窘，没有收入来源，仅靠朋友及外界的资助维持生活及工作所需。

8月15日，证悟以及安住于超梵状态，个人的修行实现了某种圆满。

1913 年

10月，搬到位于弗朗索瓦马丁街的宾馆。生活持续窘迫，衣物匮乏，食物简单，开始吃素，并戒了烟、酒和茶。

1914 年

3月29日，与来自法国的初次访问本地治里的米拉·理查德女士（即后来阿罗频多修道院的院母）会面。

8月15日，发行哲学月刊《雅利安》，开始在此刊连续发表题为"神圣人生论"的系列文章，至1919年4月止，后以专著出版。

1915 年

9月15日，开始在《雅利安》连续发表题为"人类统一理想"的系列文章，至1919年7月止，后以专著出版。

1916 年

8 月 15 日，开始在《雅利安》连续发表题为"社会发展心理学"的系列文章，至 1919 年 7 月止，后更名为《人类循环论》出版。

8 月，同时在《雅利安》开始发表《薄伽梵歌论》第一辑和第二辑，至 1920 年 7 月止。

1917 年

12 月 15 日，发表《未来的诗歌》第一部分。

1918 年

8 月 10 日，就蒙塔古-切姆斯福德改革致信《新印度报》。

12 月，妻子密娜里尼病逝。

1920 年

4 月 24 日，母亲米拉定居本地治里，协助阿罗频多指导弟子们的精神修习。随着室利·阿罗频多的完全隐退，母亲全面负责修习社团的物质和精神工作。

1921 年

1 月 15 日，《雅利安》最后一期。

开始安排弟子们为瑜伽修习和修道院募集资金，直至 1938 年。其中来自金德讷格尔一个富裕的实业家族的杜尔加达斯·谢特向室利·阿罗频多提供了大量资金。

1922 年

9 月，阿罗频多和母亲搬到了位于本地治里马林街 9 号的房子，后来此处成为修道院的一部分，老房子则用于接待来访者和弟子们的修习。

其弟巴林德拉在加尔各答的巴瓦尼波尔开设瑜伽中心，后于 1925 年 9 月关闭。

1926 年

11 月 4 日，在一次重要的瑜伽体验后，室利·阿罗频多停止了与访客和修习团体成员的见面或交谈，只保留每年的达显活动。社团正式更名为"阿罗频多修道院"，委托母亲米拉全面负责修道院的各项事务。

1927 年

2 月 8 日，室利·阿罗频多和母亲搬到了弗朗索瓦马丁路 28 号的房子，后来这里也成为修道院的一部分。室利·阿罗频多余生都在此居住。

1928 年

2 月 15 日，会见拉宾德拉纳特·泰戈尔。

《母亲》出版。

1930 年

阿罗频多修道院人数达到 85 人。

1934 年

2 月，为应对法属印度政府对修道院的调查，写了《关于修道院》和《室利·阿罗频多的教义》两份声明。

修道院人数达到 150 人。

1935 年

2 月，出版《瑜伽之光》书信集。

1936 年

4 月，出版《瑜伽的基础》书信集。

1938 年

11 月 24 日 2:20，在达显前滑倒，致右股骨骨折。

修道院人数达到 172 人。

1939 年

出版《神圣人生论》第一部。

拆除绷带，转为物理治疗。

1940 年

健康有所改善。

出版《神圣人生论》第二部。

就第二次世界大战发表言论。

9 月，向盟军战争基金捐款。

1941 年

出版《阿罗频多诗集》。

1942 年

3 月，以电报形式公开支持克里普斯提案。

4 月，派弟子杜赖斯瓦米·伊耶代表自己前往德里与国大党工作委员会成员会谈。

阿罗频多修道院人数达到 350 人。

1943 年

12 月 2 日，在阿罗频多修道院建立一所小学，后来发展为阿罗频多国际教育中心。

1944 年

2 月 21 日，《降临》创刊，这是一本专门阐述室利·阿罗频多未来愿景的季刊。

发行小册子《论战争：室利·阿罗频多和母亲的信》。

1945 年

6 月，赞同韦弗尔计划，旨在"缓解目前的局势，推动印度实现其完全自治的目标"。

1947 年

8 月 15 日，印度独立，这一天也是室利·阿罗频多 75 岁的生日，应邀在全印度电台发表了著名的广播讲话。

1948 年

出版《综合瑜伽》第一部分。

7 月，接受安得拉大学授予的国家人文学科杰出成就奖。

1949 年

出版《人类循环论》。

8 月，应在美国纽约举行的室利·阿罗频多 77 岁生日公开庆祝活动之邀，发表公开信《给美国的讯息》。

1950 年

出版《萨维特里》第一部分。

出版《人类统一理想》。

4 月 24 日，达显。

11 月，尿毒症病情加重。拒绝接受医疗帮助，拒绝自我治疗。在被问及"为什么"时，回答说："无法解释。你们不会明白的。"

12 月 5 日 01：26，进入摩诃三摩地。终年 78 岁。

心之所向：室利·阿罗频多精神自述
XIN ZHI SUOXIANG：SHILI·ALUOPINDUO JINGSHEN ZISHU

著作权合同登记号桂图登字：20-2024-181 号

图书在版编目（CIP）数据

心之所向：室利·阿罗频多精神自述 / （印）室利·阿罗
频多著；梁海翎，包佳琨，韩笑译. -- 桂林：广西师范大学
出版社，2025. 3. -- （梵澄译丛 / 闻中主编）. -- ISBN 978-
7-5598-7896-0

Ⅰ. B351.4

中国国家版本馆 CIP 数据核字第 2025VW5123 号

广西师范大学出版社出版发行

广西桂林市五里店路 9 号　　邮政编码：541004

网址：http://www.bbtpress.com

出版人：黄轩庄

全国新华书店经销

北京博海升彩色印刷有限公司印刷

北京市通州区中关村科技园区通州园金桥科技产业基地环宇路 6 号

邮政编码：100076

开本：710 mm × 960 mm　1/16

印张：42.75　　字数：452 千

2025 年 3 月第 1 版　　2025 年 3 月第 1 次印刷

印数：0 001~5 000 册　　定价：98.00 元

如发现印装质量问题，影响阅读，请与出版社发行部门联系调换。